日本古代の豪族と渡来人

—文献史料から読み解く古代日本—

加藤謙吉　著

雄山閣

序

本書は、筆者が二十一世紀に入って作成した論考のうち、主だったもの十四編（付論一編を含む）を選び、それを補訂・加筆して一冊の書にまとめたものである。各論考を内容別に大別して三部構成とし、それぞれ「『日本書紀』の成立とその編纂者」（第一部）、「中央・地方の豪族と大和政権」（第二部）、「七・八世紀における渡来人の活動」（第三部）との標題を付した。

筆者の専門分野は日本古代の氏族研究であり、これまで一貫して大和政権を構成する豪族層と王権との関わりを基軸に、考察を進めてきた。第二部と第三部に収めた論考は、そうした継続的な研究活動の過程で生じた様々な疑問や問題点を検討し、その成果を私見として発表したものであるが、第一部第一章は二〇〇三年三月に「史料としての『日本書紀』―その可能性を探る―」をテーマに開かれた日本史研究会の例会に報告者として参加し、その時述べた内容を成文化したもので、筆者が従来あまり扱うことのなかった新たな研究分野へ一歩踏み出す結果となった論考である。

いわばそれは古代の歴史を『日本書紀』に描かれる側からではなく、描く側から観察し、その実像に迫ろうとする試みである。その編纂・撰述を行ったのが、ウヂや集団ではなくヒト（個人）であることを前提に据えるならば、それまでの筆者の研究とは、方法的に明らかに異なっている。しかし『日本書紀』の編纂がいかなる目的で行われ、誰がそれを主導し、どのような人々が編纂者・撰述者に任ぜられたのかを探っていくと、結局背後に浮かび上がってくるのは、王権や豪族たちの政治的思惑や氏族顕彰意識にほかならない。したがって、逆に視点を変えて文献史料の成り立ちを、内面から分析することによって、王権の実態や豪族たちの有り様が、より鮮明に把握できるように思われるのである。

第一部の三編の論考は、いずれもこのような意図のもとに執筆した。第一章では『日本書紀』の原資料の性格を通して、その成立の過程を跡づけ、第二章では藤原不比等との関係に立脚して渡来系知識人の編纂事業への参加を推察。第三章では壬申紀の記述にみられる特殊な傾向を指摘して、その述作者像を探ることを心がけた。

第二部は、中央・地方の豪族と国政との関わりをテーマとするが、筆者はかねがね中央豪族と地方豪族の政治力に大きな差を認め、国政への参与はもっぱら中央豪族に限られ、地方豪族は畿外にあって付随的にそれを補佐する存在にすぎないとする通説に対して強い疑念を抱いていた。第一章の論考はそのような疑念にもとづき、通説を批判したもので、中央豪族も地方豪族も本来、政治的な立場は対等で、地方豪族の多くはウヂの成立とともに中央に出仕するようになるが、彼らは「両貫制」とでも言うべき居住形態のもと、出身地と畿内の両所に拠点を構えていたことを指摘した。

第三章では、中央祭祀機構が整備された欽明朝頃に、神事・祭祀や呪術に携わっていた集団の中から新たな伴造職として「中臣」職が創設され、系統を異にする複数の「中臣連」が成立したこと、中臣連常磐の後裔である御食子・鎌足らは、傍流の中臣連の系統に属し、本来は東国の鹿嶋・香取神に奉仕した卜部の出身であり、大和国高市郡の藤原の地に移住して、六世紀末以降、中臣連の本流の地位に就いたことを論述したが、このような中臣氏のケースもまた両貫制に依拠した地方豪族の出仕形態の一例として捉えることができよう。

同様のことは第四章、およびその付論で取り上げた膳（高橋）氏についても該当する。第四章では『高橋氏文』の記述などを踏まえて、大王への御食供進の職務を統轄した伴造を膳臣一氏に限定することは誤りで、御食供進のトモの組織が、膳・安曇・襷多治比・雀部などの諸氏が支配する並立的な構造より成り立っていた事実を指摘。次いで付論では『高橋氏文』の磐鹿六鴈命伝承を分析し、それを東国発生の伝承と位置づけ、膳氏のウヂの組織内に地方出身者が含まれ、東国出身のそれがかなり有力な存在であったことを推定した。中央の統轄的伴造によるトモの一元的支配を否定するとともに、中央の伴造とされるウヂの内部に、地方の勢力が混在する可能性を説いたが、これも第一章における推定事実と重なり合う部分が少なくない。

第六章では、尾張氏のウヂの組織を、尾張国内の各地に拠った在地首長たちの結集により成立した擬制的な同族団組織と推断。この氏は六世紀の継体朝以降、畿内の河内や大和に進出するが、その後も勢力基盤は依然として本国の尾張にあったことを明らかにした。尾張氏のケースもまた、両貫制にもとづく居住形態の典型と解して差し支えないであろう。

これに対して第二章は、四世紀末～六世紀前半・半ばにかけて、紀ノ川の水運を利用して南大和から紀伊水門に出、さらに朝鮮半島へと向かう交通路が、対外交渉や軍事行動の主要なルートになっていた事実を、紀ノ川流域に展開する諸豪族の動向を踏まえて検証しようとした論考で、時期的には五世紀後半を境に「葛城氏」（葛城地方の在地土豪の連合体）と紀臣の前身勢力が連携して紀ノ川ルートの主導権を握っていた段階（第一期）と、「葛城氏」が滅び、王権の直接支配のもと、大伴氏や紀氏（臣）がルートを掌握した段階（第二期）の二つに区分できることを指摘した。対外交渉をめぐる王権と中央諸豪族との関係の推移を、紀ノ川水運の利用を通して解明しようとしたものである。

第五章は国宝『和気系図』（『円珍俗姓系図』、園城寺蔵）などを参照して、讃岐国の地方豪族の実態を検討した論考である。讃岐の有力豪族には東部の讃岐凡直、中部の綾公、西部の佐伯直の三氏があり、いずれも讃岐国造に就任した可能性が高いが、三氏の勢力はほぼ均衡関係にあることから、讃岐国造の職位は一氏に固定されることなく、三氏の間を移動したとみられること、円珍の生家である因支首は、佐伯直（讃岐国造）配下の県稲置《コホリノイナギ》で、讃岐国西部所在のコホリを管掌した一族であること、因支首の実質的な祖にあたる忍男（忍男別君）は伊予国から到来し、因支首の女性を娶ったため、その子孫が母姓を名乗ったとされるが、これは伊予別公の同族と称し、和気公への改姓を求めた因支首が、改姓の理由を正当化するために主張した造作にすぎないことなどを指摘した。

第三部は筆者が一九九〇年頃から積極的に推し進めてきた渡来人研究の一部をなすものである。すでに主要な渡来系氏族・集団に関しては、別に詳しく論じ、その活動形態や歴史的な存在意義についてある程度自分なりの見解をまとめることができたが、なお論じ残した点は少なくなく、とくに七・八世紀の渡来人のあり方をめぐっては、未解決の問題が山積しているように思われる。

第一章では七世紀後半以降、ウヂとして成立間もない藤原氏が積極的に渡来系の有識者と結び、彼らをブレーンとして掌握していった事実を明らかにした。おそらくそれは大化前代のオホマヘツキミであった蘇我氏と東漢氏・フミヒトなどとの関係を前提とし、それに倣ったものとみられるが、このような渡来系知識人との交流が、藤原氏を政界の第一人者に引き上げる原動力となったと推察されるのである。

第二章では、行基の出自について、「大僧正（正）舎利瓶記」の記事に全面的に依拠する通説への疑問を提示し、妄説とされた『日本霊異記』中巻七の所伝の再検討を行った。行基の父である古志（高志）史才智がフミヒトの職務の一環として、コシ国のミヤケなどの公的施設に派遣された可能性があることを説き、行基の母も『霊異記』に掲げる蜂田薬師の一族の女性とする説の方が正しく、『霊異記』の出自記事にも史実として評価すべき点があることを指摘。第三章では四天王寺を厩戸皇子の創建とする説を否定し、この寺（荒陵寺）は難波吉士が中心となって推古三十年頃に創建した准官寺的な寺院（荒陵寺）で、大化以降、左大臣の阿倍倉梯麻呂が造営を引き継ぎ、国家的支援のもとに護国的体質が強化され、寺号も孝徳朝から天智朝にかけて「四天王寺」と改められた事実を推定した。

第四章では霊亀二年（七一六）の武蔵国高麗郡の建郡を、肖奈行文や高麗福信を出した高麗氏（肖奈氏）の一族と結びつけて論じ、この一族はかつて高句麗の国王を出した高句麗五部の「消奴部」の系統に属するか、もしくはそのように認知されていた一族で、高麗郡の建郡にあたって、多くの高句麗系渡来人を率い、北武蔵の未開地の開発にあたらせる目的で、郡司（領）に任命されたと説いた。なお、高麗氏（肖奈氏）の場合も、肖奈行文や高麗福信のように、都に移住した一族と武蔵国高麗郡にとどまった一族の間に、両貫制にもとづく居住形態の存したことが明らかである。

以上、収録した十四編の論考の概要を述べたが、本書と初出論文との関係を示すと、次の通りである。

第一部第一章　『日本書紀』とその原資料―七世紀の編纂事業を中心として―
　原題同じ　『日本史研究』四九八号、二〇〇四年二月

第一部第二章　『日本書紀と渡来人』
　原題同じ　大山誠一編『聖徳太子の真実』（平凡社、二〇〇三年十一月）所収

第一部第三章　『日本書紀』と壬申の乱―壬申紀の述作者をめぐって―
　原題同じ　新川登亀男・早川万年編『史料としての『日本書紀』―津田左右吉を読みなおす』（勉誠出版、二〇一一年十月）所収

第二部第一章　地方豪族の中央出仕形態と両貫制
　原題同じ　加藤謙吉編『日本古代の王権と地方』（大和書房、二〇一五年五月）所収

第二部第二章　古代対外交渉と紀ノ川の水運―紀路・紀ノ川周辺域の豪族層の交流とその活動形態―
　原題同じ　加藤謙吉・佐藤信・倉本一宏編『日本古代の地域と交流』（臨川書店、二〇一六年五月）所収

第二部第三章　中臣氏の氏族組織と常磐流中臣氏―中臣とト部―
　原題同じ　篠川賢・増尾伸一郎編『藤氏家伝を読む』（吉川弘文館、二〇一一年一月）所収

第二部第四章　御食供進のトモの組織の構造
　原題同じ　あたらしい古代史の会編『王権と信仰の古代史』（吉川弘文館、二〇〇五年十月）
　＊なお、本章には、『東アジアの古代文化』一三七号〔大和書房、二〇〇九年一月〕に発表した小論「安曇氏の遠祖、『大栲成（大栲梨）』について」の一部を付け加えた。

付　論　磐鹿六鴈命の伝承

原題　〈研究余録〉磐鹿六鴈命の伝承
『日本歴史』六六二号、二〇〇三年七月

第二部第五章　讃岐の国造勢力と因支首―『和気系図』の解釈をめぐって―
原題同じ　『東アジアの古代文化』一三二号（大和書房、二〇〇七年八月）

第二部第六章　尾張氏・尾張国造と尾張地域の豪族
原題同じ　篠川賢・大川原竜一・鈴木正信編著『国造制の研究―史料編・論考編―』（八木書店、二〇一三年五月）

第三部第一章　初期の藤原氏と渡来人の交流
原題同じ　佐伯有清編『日本古代中世の政治と宗教』（吉川弘文館、二〇〇二年五月）所収

第三部第二章　古志史とコシ国『日本霊異記』―中巻七の記事の解釈をめぐって―
原題同じ　佐伯有清編『日本古代史研究と史料』（青史出版、二〇〇五年十月）所収

第三部第三章　四天王寺と難波吉士
原題同じ　大山誠一編『日本書紀の謎と聖徳太子』（平凡社、二〇一一年六月）所収

第三部第四章　高麗若光と高麗福信
原題同じ　金鉉球先生退官記念論文集『東アジアの中の韓日関係』上巻（J&C　二〇一〇年五月）所収

目次

序 …… 1

第一部 『日本書紀』の成立とその編纂者

第一章 『日本書紀』とその原資料
　　―七世紀の編纂事業を中心として― …… 15
はじめに …… 15
第一節 「帝紀及び上古諸事」の記定事業 …… 17
第二節 墓記の上進と撰善言司の設置 …… 23
第三節 百済三書の成立とその性格 …… 32

第二章 『日本書紀』と渡来人 …… 40
はじめに …… 40
第一節 養老五年の進講と『日本書紀』の撰者 …… 40
第二節 フミヒト系の『日本書紀』撰者 …… 49
むすびにかえて …… 61

第三章　『日本書紀』と壬申の乱
―壬申紀の述作者をめぐって― …… 68
第一節　壬申紀の記事の偏向性 …… 68
第二節　壬申紀の述作者 …… 84
むすびにかえて …… 88

第二部　中央・地方の豪族と大和政権

第一章　地方豪族の中央出仕形態と両貫制 …… 95
はじめに …… 95
第一節　天武朝の朝臣賜姓と地方豪族 …… 96
第二節　下道氏と両貫制 …… 105
第三節　京畿を本貫とする地方出身氏族の実態 …… 111
第四節　ウヂの成立と地方氏族の出仕形態の変化 …… 120
むすびにかえて …… 124

第二章　古代対外交渉と紀ノ川の水運
―紀路・紀ノ川周辺地域の豪族層の交流とその活動形態― …… 131
第一節　紀ノ川の景観 …… 131
第二節　葛城道・巨勢道沿道の豪族とその動向 …… 133

第三節　紀路・紀ノ川沿いの豪族とその動向……142
むすびにかえて……155
第三章　中臣氏の氏族組織と常磐流中臣氏
　　—中臣と卜部—……160
はじめに……160
第一節　常磐流中臣氏の実態とその発展過程……161
第二節　中央祭祀機構の形成と「中臣」職の成立……170
むすびにかえて……194
第四章　御食供進のトモの組織の構造……199
第一節　御食供進のトモの組織とその後身官司……199
第二節　御食供進のトモの組織の構造……202
むすびにかえて……213
付論　磐鹿六鴈命の伝承……216
第五章　讃岐の国造勢力と因支首
　　—『和気系図』の解釈をめぐって—……221
はじめに……221

第一節　凡直国造の性格……222
第二節　讃岐国造の諸系統……224
第三節　因支首の実態……228
第四節　因支首と佐伯直……234

第六章　尾張氏・尾張国造と尾張地域の豪族……245
第一節　尾張氏の氏族的構造……245
第二節　尾張氏中核勢力の実態とその故地……251
第三節　尾張国の他の在地首長……257
第四節　尾張氏の中央進出……260
むすびにかえて……263

第三部　七・八世紀における渡来人の活動

第一章　初期の藤原氏と渡来人の交流……269
はじめに……269
第一節　鎌足と渡来人……270
第二節　不比等・県犬養三千代と渡来人……280
第三節　武智麻呂・仲麻呂と渡来人……284
むすびにかえて……290

第二章　古志史とコシ国
　―『日本霊異記』中巻七の解釈をめぐって― …… 294
　第一節　問題の所在 …… 294
　第二節　フミヒトの地方派遣 …… 297
　第三節　コシ国と古志史の関係 …… 305
　第四節　古志史の変転 …… 307
　むすびにかえて …… 314
第三章　四天王寺と難波吉士 …… 320
　第一節　四天王寺の創建年代 …… 320
　第二節　難波吉士と四天王寺創建の経緯 …… 328
第四章　高麗若光と高麗福信 …… 335
　第一節　高麗若光の実像 …… 335
　第二節　東国の高句麗系渡来人 …… 341
　第三節　肖奈公から肖奈王へ …… 344
　第四節　行文・福信と肖奈氏 …… 350
あとがき …… 356

第一部　『日本書紀』の成立とその編纂者

第一章　『日本書紀』とその原資料
―七世紀の編纂事業を中心として―

はじめに

『日本書紀』（以下、『書紀』と略記）の全体像を解明することは、容易なわざではない。『書紀』には上表文や序文がないため、編纂の目的や事情が分からず、撰者も『続日本紀』（以下、『続紀』と略記）により、舎人親王を統轄者として編纂事業が進められ、和銅七年（七一四）二月以降、紀朝臣清人と三宅臣藤麻呂が撰修を行ったことが確認できる程度である。『弘仁私記』序は、舎人親王とともに太朝臣安麻呂も『書紀』の撰者と記し、『日本紀竟宴和歌』奥書に、彼を養老五年（七二一）の『日本書紀』講書の博士とするので、安麻呂も撰者の一人に加えてよいと思われるが、[(1)]彼を入れても、判明する者は僅か四人にすぎない。

この四人以外にも、当然『書紀』の撰者は存したと考えるべきであるが、史料的にそれを確証することができる人物は存在しない。状況証拠の積み重ねによって、周到にその候補者を割り出す方法が必要となろう。さらにこれと関連して、『書紀』の編纂事業の出発点を何時に求めるかという問題も存する。通説のように、川嶋皇子以下十二人に詔して、「帝紀及び上古諸事」を記定させたとする天武紀十年三月丙戌条の記事を『書紀』編纂事業の第一段階と位置づけるならば、[(2)]『書紀』完成の養老四年まで四十年近い年月を数え、編纂事業の推移にあわせて、その間多くの撰者の変動や交替が行われたとみなければならない。

筆者は後述のように、この記定事業を『書紀』編纂の嚆矢とみて差し支えないと思うが、その場合も、記定事業が原資料の蒐集や整理を主体とした準備段階にとどまるのか、あるいは『書紀』の骨格となるような歴史的構想がすでに用意され、国史編纂に向けて、本格的な活動が開始されていたのかを、見極めることが必要となる。『書紀』・『続紀』は『書紀』の成立に関わるものとして、右の天武十年の記事と養老四年の『書紀』完成記事の間に、持統五年の大三輪氏ら十八氏の墓記上進、和銅七年の紀清人・三宅藤麻呂の国史撰修（前述）の二条の記事を掲げるが、従来はただこれらの記事を年代順に並べ、点と点を結ぶように、その展開を図式的に推し量ることで、成立過程を論じようとする傾向が一般的であった。編纂事業の中断の有無という問題も含めて、各段階での具体的な進捗状況については、ほとんど何も解明されていないのが現状である。

研究の停滞を招いた原因は、史料的な制約もさることながら、実は『書紀』撰者群の推定という検討方法がこれまであまり重視されてこなかったことにあると思われる。撰者群の検出はいきおい推測に頼らざるを得ず、確実性を欠く嫌いがあるが、それを恐れていては、何も得ることはできない。撰者と思しき人物を探り、その性格や傾向を見定めることが、『書紀』成立の経緯を究明する第一歩につながると思われる。

筆者は先に『書紀』の撰述と渡来人との関係について小論を発表し、[3] 山田史三（御）方・楽浪（高丘連）河内・刀利宣令・伊吉連博徳・船連大魚・白猪史（葛井連）広成などの渡来系の文人・官僚が、八世紀の『書紀』編纂事業に参加していた事実を推定した。彼らは中・南河内を基盤としたフミヒト（史部）系の渡来人や天智朝の亡命百済人の二世（もしくは一世）であり、いずれも藤原不比等を中心とする藤原氏と私的に結びつく人々である。

八世紀の『書紀』編纂事業は、不比等の主導の下に推進された形跡があり、右の渡来人たちは、不比等の推挙により撰者に抜擢された人々とみることができる。さらに上記の人物群のほか、田辺史百枝や首名のような田辺氏一族の者、持統紀五年九月条に「音博士」と記す薩弘恪[4]なども、不比等とのつながりで、編纂事業に加わった可能性がある。かくして『書紀』の撰者群を時代ごとに解明していくことは、当面、最優先の検討事項とすべきであろう。以下、かかる方向性のもとに論考を進めるが、書記完成に至るまでの全過程を考察の対象とすることは、量的に無理がある。したがって本章では、『書紀』編纂の第一期とも言うべき七世紀代を中心に検討を行うことにしたい。

第一節　「帝紀及び上古諸事」の記定事業

天武十年（六八一）三月、天皇は川嶋皇子以下十二人の王族・豪族たちを大極殿に集め、帝紀と上古諸事の記定を命ずる詔を発した（前述）。十二人の顔ぶれは、王族が川嶋皇子・忍壁皇子・広瀬王・竹田王・桑田王・三野王の六人、豪族が上毛野君三千・忌部連首・阿曇連稲敷・難波連大形・中臣連大嶋・平群臣子首の六人で、中臣連大嶋と平群臣子首の二人が、みずから筆をとって記録にあたった。

記定事業の参加者中、王族は実にその半数を数える。また豪族については、中臣氏を除いて、大化以後に左・右大臣（大臣）、御史大夫などの要職に就いた有力氏（阿倍・蘇我・巨勢・大伴・紀）の出身者が存在しないことが注目される。忌部連首は壬申の乱の際に将軍大伴吹負の命で、飛鳥古京を近江朝軍から守った人物である。難波連大形は渡来系の難波吉士の同族団（後述）に属し、旧姓は草香部吉士で、右の記定事業の始まる二ヶ月前の天武十年正月に小錦下の位を授けられ、難波連の新氏姓を賜わった。

忌部連首が天武九年正月に首から連を賜姓されていることや、天武朝のこの前後の時期の叙位者・賜姓者に壬申の乱の功臣が少なくないことを勘案すると、大形の叙位・賜姓も乱の戦功によると考えるべきかもしれない。難波吉士の一族には、乱勃発時に、大津皇子の近江から伊勢への逃避行に従った難波吉士三綱がおり、大形も大海人皇子の陣営に属した可能性が考慮されるのである。

そうすると天武十年の記定事業は、王族と壬申の乱の功臣を中心に据え、中央の有力豪族の介入を極力排除する方向で、参加者の人選が行われたとみられ、天皇（大王）の権威を強調し、あくまで天皇中心の史観に立って、「帝紀及び上古諸事」の記定を進めようとする、天武の強い意思をそこに垣間みることができる。

　同時に難波吉士らが大和政権の対外交渉に専従した職務集団であり、阿曇連も外交と関わりの深い氏族であること、阿曇連稲敷自身も『書紀』によれば、天武元年（六七二）三月に筑紫に派遣され、天智天皇の喪を唐使の郭務悰に告げていることなどにもとづくと、大形や稲敷が事業に加わった理由は、外交関係の記録に携わるためとも考えられる。さらに中臣連大嶋が持統四年（六九〇）正月の即位式、翌五年十一月の大嘗祭に「神祇伯」として「天神寿詞」を読んだ事実を参照すると、大嶋や、同じく神事と関わる忌部氏出身の首が加わったのは、『記紀』神代巻の前提となる神々の時代の叙述を進めるためと推測することも可能である。

　ただこのようにみると、「帝紀及び上古諸事」の「上古諸事」を『古事記』序に掲げる旧辞（本辞・先代旧辞）と同じものとし、この事業を帝紀と旧辞の記定だけに限定する従来の通説的な理解には疑問が生じることになろう。「上古諸事」は旧辞だけでなく、それ以外の伝承・記録類を含むとみるべきではなかろうか。だとすれば、この記定事業では、かなり多量の歴史資料の蒐集・整理・筆録が行われたはずであり、当初からすでに体系的な修史事業としての性格を備えていたと考えなければならない。

　天武天皇が帝紀を撰録し、旧辞を討覈して、これを稗田阿礼に誦習せしめたという『古事記』序の事業と、天武十年の記定事業とは、その方法や規模が本質的に異なり、同一のものとはみなし難い。前者の事業が中断され、後者の事業に引き継がれたと解することにも[5]無理があろう。前者が天武の私的な事業であるのに対して、後者は組織化された公的な事業である。帝紀と旧辞の記定だけを目的とするならば、そもそも天武がそれを個人で成し遂げようとしたこと（『古事記』序）にうかがえるように、それほど大掛かりな組織を必要としたとは考えられない。

　ここで『書紀』の安康元年二月条（A）と、雄略十四年四月条（B）の記事に注目したい。Aは仁徳天皇の子の大草香皇子が、坂本臣の祖である根使主の讒言によって、安康天皇に殺害されたことを伝えた記事であるが、この時、大草香皇子に仕えていた難波吉士日香蚊の父子三人が皇子を守って殉死したとされる。BはAの後日談で、悪事が露見して処刑されそうになった根使主が本拠の日根の地（和泉国日根郡）に逃げ帰り、抗戦したものの、官軍によって滅ぼされたこと、その後、難波吉士日香蚊の子孫を求めて、姓を賜わり、大草香部吉士としたことなどを記している。

Aの話は、大草香皇子の遺児の眉輪王による安康暗殺へと結び付くもので、同様の話が『古事記』にもあるが、難波吉士日香蚊父子の殉死の件は、『古事記』にはみえない。Bの話も『古事記』にはなく、『書紀』独自のものである。大草香部吉士の「大」は美称で、草香部吉士と同一の氏を指し、難波連大形の旧姓と一致する。

草香部吉士は日下部を管掌する伴造氏の一氏で、Bはこの氏の伴造職の由来を説いた起源説話としての性格を持つが、Bおよびその前段となるAの殉死の話は、日香蚊らの忠臣ぶりが強調されており、氏族的顕彰意識にもとづく造作の跡が濃厚である。草香部吉士の家記がそのまま書記に採用された可能性もあるが、持統五年八月の墓記上進十八氏の中にはこの氏の名はなく、難波連大形の「帝紀及び上古諸事」記定への参加が、採録の直接の契機となったとみるのが妥当であろう。

難波吉士とは、草香部（草壁）吉士・三宅吉士・飛鳥部吉士・大国吉士・黒山企師らをあわせた吉士系諸氏の総称である。六世紀後半以降、「任那の調」の貢進など「任那問題」の処理にあたるために、草香部吉士を中心に吉士集団（伽耶系の渡来集団）の再編が進み、難波津に拠点を構え、王権直属の外交専従者集団として、難波吉士という擬制的な同族団組織が成立したものと推測される。(6)

Bの話には、日根の地名や坂本臣（氏名は和泉国和泉郡坂本郷の地名に因む）・茅渟県主の豪族名が現れ、茅渟地方（和泉）が物語の舞台となっているが、草香部吉士の拠点もまた和泉国大鳥郡日部《くさべ》（早部）郷であり、Bは大形が坂本氏や茅渟県主など茅渟地方の在地勢力の存在と、これら勢力間の対立を背景として、草香部吉士の氏族的成立を説こうとしたものと推察される。

Aの殉死の話とBの話は、前述のように『古事記』にはみえず、旧辞とは無関係のものである。大形は草香部吉士の家伝・家記などに大幅に潤色を加えて、これらの話を述作したのであろう。『書紀』は、他にも雄略紀から天武紀まで四十条にわたって、吉士集団の外交関係記事を掲げており、草香部吉士を含む難波吉士関係のものがその大半を占めている。多くは実録的な記述から成り、吉士集団の外交記録にもとづくとみられるが、こうした記録も「帝紀及び上古諸事」の記定事業の際に、大形が蒐集・整理したものと推断してよいのではなかろうか。[7]

以上、『書紀』の記事群中に、難波連大形の手に成るとみられるものが存する事実を推定した。ただこのようなケースは大形以外の他の記定事業参加者にも当てはまりそうである。平群臣子首は『書紀』では、中臣連大嶋とともにみずから筆録にあたった人物とされるが（前述）、辰巳和弘は『書紀』の平群氏関係記事を精査し、応神紀から武烈紀までの平群木菟・真鳥の伝承は、武内宿禰伝承とその後裔系譜を意識して作られた始祖伝承にすぎず、その造作の主は、記定事業の筆録を担当した子首にほかならないと説く。[8]

『書紀』の平群木菟・真鳥の記事が旧辞に記されていた伝承ではなく、二次的に成立したものであるとの指摘は、[9]すでに早くからみられるが、木菟については、仁徳元年正月条と履中即位前紀の二条の記事に留意する必要があろう。前者は木菟宿禰を武内宿禰の子とし、仁徳天皇と同日に生まれ、それぞれの産屋に木菟と鷦鷯が飛び込んだために、これを祥瑞であるとして、応神天皇と武内宿禰が互いに鳥の名を交換して、子の名としたとする。『古事記』に建（武）内宿禰の子とされる七男のうち、許勢小柄宿禰と若子宿禰を除く五人は『書紀』に名がみえるが、そのうち武内宿禰の子と明記されるのは、仁徳紀の木菟宿禰だけである。しかもそこにはさらに天皇と同日の誕生、鳥の祥瑞、天皇との易名という説話的な要素が付加されており、平群氏の始祖である木菟宿禰の存在を際立たせようとする作為の跡が色濃く認められる。

後者は住吉仲皇子の乱における木菟宿禰の活躍を記したものであるが、彼は物部大前宿禰・漢直の祖阿知使主とともに、大和へ逃れる太子（履中）を守った従者とされ、さらに太子の命で住吉仲皇子の殺害に赴く瑞歯別皇子（反正）に随行した「忠直者」として描かれる。木菟宿禰は『古事記』の住吉仲皇子の反乱の話には現れないが、『書紀』では対照的に太子の三人の従者の中で、もっともその忠臣ぶりが強調されている。

『書紀』のかかる木菟宿禰像は、一体いかなる過程で成立したのであろうか。平群氏は持統五年八月の墓記上進十八氏の中に含まれるので、あるいはこの時提出された平群氏の墓記で、初めて造作色の強い木菟宿禰像が主張されたと理解すべきかもしれない。しかし十八氏の中には武内宿禰の後裔氏が平群氏以外に五氏（雀部・石川・巨勢・紀〔伊〕・羽田）も存し、他に物部大前宿禰の後裔の石上氏も含まれる。これらの氏の半数以上は、持統朝の時点で平群氏を上回る政治力を保持しており、彼等を差し置いて平群氏だけが、墓記で強引に自氏に有利な主張を貫くことは困難であったと思われる。

するとこのような造作は、墓記作成の段階ではなく、修史事業として「帝紀及び上古諸事」の記定が進行する過程でなされたとみるのが妥当であろう。平群氏は奈良時代には衰退するから、辰巳和弘が説くように、造作の可能な時期は、平群臣子首が筆録者として事業に加わったこの時期以外には考えられない。

事業参加者の中で大和の在地土豪出身者は子首のみで、同時に彼は武内宿禰の後裔氏族中、ただ一人の参加者でもあった。難波連大形の場合、記定に際して彼の裁量が少なからず認められていたようであるが、直接筆録にあたった子首のケースでは、とくにそうした傾向が顕著であったのではなかろうか。

真鳥の伝承についても、木菟と同様の経緯で成立したと思われる。雄略即位前紀には大伴連室屋・物部連目の大連就任と並んで、真鳥の大臣就任を記し、清寧紀元年正月条には大臣留任を伝える。武烈即位前紀には、大臣の真鳥が国政をほしいままにして、太子（武烈）にも不敬の行為に及んだとし、続けて真鳥の子の鮪が、物部麁鹿火の女影媛をめぐって歌垣の場で太子と争ったこと、太子が真鳥と鮪の無礼を怒り、大伴金村とはかって鮪を誅殺し、さらに真鳥を滅ぼしたことを記している。

鮪（志毘）が歌垣で争った話は、『古事記』にもあるが、争った相手は袁祁王（顕宗）で、女性も『書紀』とは別人とされる。真鳥の名は『書紀』には一切みえず、鮪は「平群臣の祖、名は志毘臣」と記されるだけである。『記紀』

の所伝の相違については、従来から指摘されているように、[10] 私的な恋愛の抗争を描いた歌物語の『古事記』の方が伝承の原形をとどめており、本来は鮪が平群氏の祖として伝承された人物であった可能性が高い。

『書紀』が鮪の父の大臣真鳥を登場させ、その専権によって鮪とともに滅ぼされたように記すのは、国家的見地から政治的な権力闘争として事件を叙述しようとする『書紀』編者の意図が存したためともみられるが、[11] 主たる動機は、むしろ大和の在地土豪出身で、唯一、大臣（オホマヘツキミ）に任じられた蘇我氏に対する平群氏の歴史的な対抗意識にあったとみるべきであろう。[12]

大和政権の政治体制として、オホマヘツキミ・マヘツキミによる氏族合議制が成立する時期は六世紀前半であり、大和の在地土豪を代表してオホマヘツキミの職位に就いたのは、稲目・馬子・蝦夷の蘇我氏三代に限られる。[13]『書紀』は継体朝の許勢臣男人もまた「大臣」と記すが、これも疑わしい。真鳥や男人の「大臣」は、蘇我氏と同じ武内宿禰の後裔氏族の立場から、後に平群氏や許勢氏が自らを「名門」として位置づけ、それを誇示しようとしたものにすぎないと思われる。

平群氏の拠点のある竜田川（平群川）流域の平群谷（現生駒郡平群町）には、五世紀末から七世紀後半まで、約六〇基の古墳が存在するが、辰巳和弘はこの平群谷古墳群が地域的に完結し、相互に時代的な継続性と一定の共通性が認められることから、古墳群をこの谷に拠った平群氏の奥津城に比定する。そして平群谷に畿内有力豪族の墳墓と共通する両袖式の巨石大型石室の出現する時期が、六世紀後半の烏土塚古墳より後であり、『書紀』の平群氏関係記事も崇峻紀以降に信用性を増すことにもとづき、平群氏を六世紀中葉以降に台頭したマヘツキミ（大夫・群臣）級の豪族であると推定した。[14]

平群真鳥が実在したとすると、彼は五世紀後半から末期の、大和政権屈指の実力者であったことになるが、この時期に築造された平群谷の古墳は、円墳を主とし、在地色の強い横穴式石室を持つものに限られており、絶大な権力を振るった為政者にふさわしい墳墓は存在しない。「真鳥」の名は武烈の「稚鷦鷯」の名と同じく鳥名に拠っており、

「木菟」・「大鷦鷯」の名と対応する。したがって辰巳が指摘するように、応神王朝の盛衰に合致する形で、平群氏の木菟・真鳥の祖名や伝承が構想されたとみることができるかもしれない。

以上により、『書紀』の記事の中に、難波連大形と平群臣子首の述作したものが存することは、事実とみて間違いない。この両者のケースほど明瞭に造作の痕跡をとどめてはいないが、他の豪族出身の参加者（上毛野君三千・忌部連首・阿曇連稲敷・中臣連大嶋）についても、『書紀』の自氏関係記事に手を入れた公算が大きいと考えてよいであろう。(15)

天武十年（六八一）の「帝紀及び上古諸事」の記定事業は、単なる帝紀と旧辞の校定・記録だけを目的としたのではなく、『書紀』の編纂と直結する大規模な修史事業であった。『書紀』によれば、翌天武十一年三月に境部連石積らに命じて、『新字』（『書紀』の古訓は「にひな」）一部四十四巻を造らしている。『新字』がどのような書であったかは不明であるが、和田英松が指摘するように、(16)前年の記定事業と関連し、国史編纂にあわせて、古語や国語を正しく表記するための漢字を考案・選定したものと解すべきではなかろうか。

境部連石積は学生（白雉四年）・遣唐使（天智四年）として、二度渡唐した経験を持つ人物で、漢字に造詣の深い有識者とみられる。天武十年六月に封六十戸・絁三十匹・綿百五十斤・布百五十端・钁百口を賜与されているが、これが翌年の『新字』に対する褒賞的意味合いを持つものであるとすれば、「帝紀及び上古諸事」の記定に先立ち、その前提作業として『新字』の編修がすでに行われていたことがうかがえる。このことは取りも直さず天武十年の記定事業が、本格的な国史編纂事業として、周到かつ綿密な準備の下に開始された事実を意味しよう。

第二節　墓記の上進と撰善言司の設置

持統五年（六九一）八月、当時の有力氏族十八氏に対して、墓記の上進を命ずる詔が発せられたが、その目的が『書紀』編纂のための資料蒐集にあったことは容易に想像が付く。墓記（オクツキノフミ）が、どのような内容から成るのか明らかでないが、『書紀』同条に「其祖等墓記」と記すので、少なくとも十八氏の祖先の事績を記していたことは確かであり、日本古典文学大系本『日本書紀』下の頭注が、持統二年十一月条の「諸臣各挙二己先祖等所仕状一、逓進誄焉」の記事との関連を示唆するように、先祖代々の朝廷への奉仕の状を書き連ねたものと推測して差し支えないであろう。

すなわち実質的にはそれは各氏の家記と変わりがなく、その範疇に含まれるものとみられる。『釈日本紀』（巻十五述義十一持統）には墓記ではなく「纂記」とあるが、「纂記」ならば、ツギブミ（継文・続文）のことで、氏文・系図の意となる。『書紀』古写本は「墓記」に作るので、これに従うべきであろうが、墓記・纂記のどちらの場合も、氏族伝承を記した家記の類と考えて誤りあるまい。坂本太郎は、墓記を上進した一八氏中、大三輪・上毛野・膳部・紀伊・大伴・石上の六氏について、旧辞にはなく、これらの氏の家記に出たとみられる記事が、『書紀』の中に存する事実を論証した[17]。

もっとも坂本は当初十八氏より上進されたものを纂記とし、後にそれを墓記と訂正したため、墓記（墓誌）と纂記（氏々の家記）は異質であるとする立場から、持統五年、十八氏に墓誌を上進させた時に、それとともに遠い先祖の事績を語る家記をも提出させたのであろうとし、部分的に自説を改めている[18]。しかし墓記の性格については、墓誌に限定せず、右のように広く纂記と同類の家記的なものと解釈することが可能であり、この時上進された墓記（家記）が、そのまま資料として『書紀』に利用されたとみてよいと思われる。

坂本が家記より採録されたと推定する『書紀』の六氏の記事は、次の通りである。

大三輪氏

雄略即位前紀十月是月条　用明元年五月条　舒明八年三月条　皇極二年十一月条

上毛野氏
垂仁五年十月条　応神十五年八月条　仁徳五十三年五月条　仁徳五十五年条　舒明九年是歳条
膳（膳部）氏
景行五十三年十月条　雄略八年二月条　安閑元年四月条　欽明六年三月・十一月条　欽明三十一年五月条
紀（紀伊）氏
応神三年是歳条　仁徳四十一年三月条　雄略九年三月・五月条　欽明二十三年七月是月条
大伴氏
神代下（天孫降臨章、第四の一書）　神武即位前紀戊午年六月〜十月条　神武元年正月条　神武二年二月条　景行四十年七月・是歳条　允恭十一年三月条　雄略九年三月・五月条　清寧即位前紀　清寧二年二月条　武烈即位前紀　継体即位前紀　継体元年二月・三月条　継体二十一年六月・八月条　安閑元年十月・閏十二月条　欽明元年九月条　欽明二十三年八月条　敏達十二年是歳条
石上氏
神武即位前紀戊午年十二月条　垂仁八十七年二月条　雄略十三年三月条　雄略十八年八月条　継体六年十二月条　継体二十一年六月・八月条　継体二十二年十一月条　崇峻即位前紀（捕鳥部万の話）

以上の記事群のうち、上毛野・紀・大伴・石上の傍線を施した条については、該当諸氏の家記より採録されたものかどうか疑問も残るが、[19]他はいずれもそのように判断してよいものばかりで、坂本の推定は妥当と思われる。ただ紀氏関係の雄略九年三月・五月条や欽明二十三年七月是月条には、『漢書』高祖紀や、『魏志』武帝紀・『呉志』孫権伝など、中国史書の引用が認められ、駢儷体の美文で構成されている。これらはすでに指摘されているように、[20]和銅七年に国史撰修に従事した紀朝臣清人（彼は天平十三年に文章博士に任官した「文章」の大家）の手が加わっている可

能性が高いが、その場合も、一旦上進された紀氏の家記（墓記）に、清人が二次的に加筆したと考えるのが妥当であろう。[21]

家記に出典を持つとみられる『書紀』の記事は、右の六氏以外の墓記上進氏族にも部分的に認められる。斉明四年四月・同五年三月是月・同六年三月の三条には、闕名の阿倍臣が蝦夷・粛慎国を討ったことが記されるが、この闕名とされた阿倍臣は斉明四年是歳条や右の同五年三月是月条分注に引く或本により、阿倍引田臣比羅夫であることが明らかである。

坂本太郎はこの闕名の阿倍臣の三条の記事を、持統五年の阿倍氏の墓記にもとづくものとする。そして引田系阿倍氏と布勢系阿倍氏の対立を反映する形で、布勢系の阿倍朝臣御主人が阿倍氏の正宗の地位にあった持統朝の阿倍氏墓記においては、故意に引田系の比羅夫の名が削られたと推測する。[22] 大胆な指摘であるが、この時代の阿倍氏はかつて別稿で論じたように、阿倍引田・阿倍普勢（布勢）・阿倍久努などの複姓を名乗る諸氏が複合的に阿倍氏の氏族団を構成し、阿倍引田・阿倍普勢の二氏が交互に族長的地位に就き、競合する立場にあった。[23] 当時の状況に照らすと、坂本説は適切であり、支持してよいと思われる。

このほか、春日氏については仁徳六十五年条（A）と雄略元年三月是月条（B）、阿曇氏については応神三年十一月条（C）と履中即位前紀・同元年四月条（D）、石川氏については推古二十年正月条（E）、藤原氏については允恭七年十二月条（F）が、それぞれ家記類に基づく記事と推測され、持統朝の墓記に拠った可能性が高い。

Aは和珥臣の祖の難波根子武振熊が飛騨国の怪賊の宿儺を討伐した話である。武振熊は忍熊王と戦った将軍として仲哀紀や神功紀にもみえるが、Aは『書紀』独自のもので、春日氏（和珥氏）の家記より出たことが明らかである。Bは春日和珥臣深目の女で、もと采女であった童女君が天皇の女（春日大娘皇女）を生んだが、天皇が疑って養おうとしなかったこと、物部目大連の口利きで、ようやく童女君とその女が妃と皇女として認知されたことを記す。この話も春日氏の家記にもとづくとみられるが、宮中の警察業務や采女の管掌とも結びつく話なので、石上（物部）氏の家記と関係するとみるべきかもしれない。

Cは所々の海人の騒擾を鎮めた阿曇連の祖、大浜宿禰を「海人の宰」とした話、Dは住吉仲皇子の乱に阿曇連浜子（一説に阿曇連黒友）が連座した話で、浜子は住吉仲皇子のために野嶋の海人に命じて、太子（履中）を追跡したが、太子の伏兵によって野嶋の海人はことごとく捕らえられたこと、浜子も逮捕され、墨刑に処せられたこと（これを阿曇目という）を記している。

Cは海人の統率という阿曇氏の職掌の起源を説いた話であり、家記的な性格が顕著である。反乱に連座したと記すDの話は、一見すると祖先の功業を強調すべき家記にはふさわしくないが、Dは浜子や野嶋の海人の犯罪行為よりも、海人に特有の入れ墨の風習を阿曇目の起源説話として語ることに主眼が置かれている。すなわちCと同様に、Dもこの氏の職務奉仕と直結する内容から成り、家記より出たと解してよいのではないか。ただ阿曇氏には天武朝の「帝紀及び上古諸事」の記定にあたった阿曇連稲敷がいるので、彼がC・Dに大幅に手を加えた可能性も考慮される。

次にEは、推古天皇が群卿を召して酒宴を行った時、大臣の蘇我馬子が杯をささげて天皇に寿歌を奉り、天皇がこれに和して、「真蘇我よ　蘇我の子らは　馬ならば　日向の駒　太刀ならば　呉の真刀　諾しかも　蘇我の子らを大君の　使はすらしき」と歌ったとする。この話は、推古二十年二月条の堅塩媛の檜隈大陵（欽明陵）への改葬の記事の直前にみえるもので、改葬という歴史的事実を引き出す導入の役割を果たし、大王家と蘇我氏の一体性を強調すべく、意図的に馬子と天皇の歌を掲げたものと推測される。

したがってEの話の大筋は、『書紀』の編纂段階で加えられた造作とみられ、馬子の奉った歌も馬子自身の作歌ではなく、当時世に流布していた寿歌の一つと思われる。ただ推古の歌は、蘇我氏の名を挙げ、この一族の優秀さを称賛しており、本来は蘇我氏（石川氏）一族の間で歌い継がれ、家記にも記載されていた歌謡とみて間違いないであろう。

Fは舎人の中臣烏賊津使主が、允恭天皇のお召しに応じない衣通郎姫を上京させることに成功したこと、天皇が烏賊津使主を褒めて、厚く寵したことを記し、衣通郎姫のために藤原宮を造ったとする。さらに允恭十一年三月条には、藤原部の設置も記している。『古事記』や『上宮記』逸文に藤原琴節郎女（布遅波良己等布斯郎女）の名で記される女性は、衣通郎姫と同一人物で、『古事記』によれば、軽大郎女（允恭の皇女）の亦名も衣通郎女である。人名が錯綜するが、「衣通郎女」は「其身之光、自レ衣通出」（『古事記』）ことに因む通称で、藤原琴節郎女と軽大郎女の両者に共通する別名であり、二人にまつわる恋物語が、別個に独立した話として、宮廷に伝承されていたとみられる。

Ｆは藤原琴節郎女の物語に付会する形で、中臣烏賊津使主の事績を記したものとみることができる。琴節郎女が藤原宮に居住し、藤原部が設置されたとする伝承の存在が、かかる付会を生み出したのであろう。中臣・藤原氏の大和の拠点は、『藤氏家伝』上（『大織冠伝』）に中臣鎌足の出生地と記し、藤原のウヂ名の由来ともなった大和国高市郡藤原の地（高市郡大原の藤原、現明日香村小原）であり、藤原宮の所在地もこれと同所とみられる。付会を行い、烏賊津使主の話を創作したのは藤原氏で、家記に記されていたか、「帝紀及び上古諸事」記定事業の筆録者、中臣大嶋の造作によるものと推測される。

以上、墓記上進十八氏の家記に出典を持つとみられる記事を、『書紀』の中からいくつか検出してみた。坂本太郎の指摘したものとあわせると、全体ではかなりの数にのぼるので、十八氏の家記が『書紀』の資料として使用されたことは、事実とみて間違いなかろう。もっともそのすべてが持統五年の墓記より出たかどうかは定かでない。必要に応じて個々の氏族が家記や氏文の類を朝廷に提出することは、別に珍しいことではなく、普通に行われていたと思われるからである。平安初期成立の『上宮聖徳太子伝補闕記』には、耆旧を訪ね、兼ねて古記を探り、「調使家記」と「膳臣家記」を得てこの書を録したと記している。『補闕記』の作者の手もとに資料として「膳臣家記」の存したことが知られるが、この「膳臣家記」と持統五年の墓記が同じものかどうかは明らかでない。ただ『弘仁私記』序には「凡厥天平勝宝之前、毎二一代一使三天下諸氏各献二本系一」とあり、本系帳は一代ごとに官に提出することが慣例となっていたようであるから、おそらく家記の場合も、官の要請に応じたり、氏族的利益を追求する必要から、度々作成されたと判断して差し支えないであろう。

かくして、『書紀』の右の記事群の典拠をただちに持統朝の墓記に求めることは控えなければならないが、墓記を上進した十八氏の中には、六世紀以降、オホマヘツキミ（大臣・大連）やマヘツキミ（大夫・群臣）の職位に就いた氏族が多く、[24]十八氏のすべてが天武十三年の八色の姓制定の際に、朝臣か宿禰を賜姓されている。すなわち当時の最有力氏を対象として、国史編纂の資料に供する目的で、一斉に墓記の上進が命じられたのであり、天武十年に「帝紀及び上古諸事」の記定が開始されて以来、おそらく家記の提出はこの時が初めてであったとみられる。

この事実は「帝紀及び上古諸事」の記定が一定の成果を収めた結果、国史編纂事業が、次なる撰修段階へと踏み込んだことを意味しよう。骨格が出来上がり、細部にわたる肉付作業が必要とされる時期を迎えたのである。十八氏の墓記上進はその一環をなすもので、有力諸氏から提出させた家記をもとに、幅広く具体的な歴史叙述に着手しようとしたのであろう。家記的色彩の濃い右の『書紀』の記事の多くは、やはり持統五年の十八氏の墓記より出たと推断して差し支えないと思われる。天武十年の事業開始から十年を経て、編纂者の死去などによる人員の異同があったにせよ、[25]国史の編纂は順調に進行していたとみて間違いない。

この間、持統三年（六八九）六月には撰善言司が設置されている。『書紀』によれば、施基皇子・佐味朝臣宿那麻呂・羽田朝臣斉・伊余部連馬飼・調忌寸老人・大伴宿禰手拍・巨勢朝臣多益須を撰善言司に任命したとあるが、青木和夫は、撰善言司を持統天皇が珂瑠皇子（文武天皇）の帝王教育の教科書とするために、古今東西の典籍から善言を撰録させたものとし、南朝宋の范泰の『古今善言』を範としたものであろうとする。そして雄略紀五年二月条や天智紀八年十月条に善言の語がみえ、『書紀』に『善言』より採録したとみられる記事が存することから、撰善言司による『善言』の編修は未完成に終わったが、その稿本は『書紀』編纂の資料とされたと推測する。[26]

青木説は大筋において首肯できるが、中務卿の職掌の一つに「監二修国史一」があることにもとづき、撰善言司を持統四年七月の浄御原令制の実現により、中務省前身の中官に吸収・解消されたと解することには賛成できない。後の国史の編纂が実際には中務省やその管下の図書寮（図書頭の職掌には「修二撰国史一」がある）ではなく、臨時の国史編纂局で行われた事実に鑑みるならば、撰善言司の事業は、持統朝後半期に、そのまま『書紀』の編纂局に吸収されたと考えるべきではなかろうか。

その場合、『善言』の稿本や原資料だけでなく、撰修に当たった人々の中にも、『書紀』の編纂局に転じた者のいた可能性があろう。メンバーのうち、伊余部連馬飼は藤原不比等らとともに大宝律令の撰定に加わり、『懐風藻』に皇太子学士と記し、五言詩一首を残す学者・文人であり、調忌寸老人も大宝律令の撰定者の一人で、『懐風藻』大学頭とあり、五言詩一首を載せる。『懐風藻』に作品（五言詩二首）を掲げることでは、巨勢朝臣多益須も同様であり、撰善言司の統轄者的地位にあった施基皇子も万葉歌人として著名であった。

この顔ぶれをみると、そのうち何人かは撰善言司解散後、国史の編纂事業に移ったと解しても不自然ではない。例えば『釈日本紀』巻十二に引く『丹後国風土記』逸文の水江浦嶼（嶋）子伝には、「是旧宰伊預部馬養連所レ記無二相乖一」とあり、伊余部連馬飼が丹波の国宰時代に筆録した浦嶋子伝と同様の内容より成ると記している。雄略紀二十二年七月条には『風土記』逸文と出典を同じくするとみられる浦嶋子の略伝を掲げ、「語在二別巻一」と続けるが、この別巻に記された詳伝はおそらく馬飼の筆録した浦嶋子伝に基づくもので、青木が推測するように、別巻とは『善言』の稿本を指す可能性が大である。

『続紀』によれば、大宝三年（七〇三）二月に律令撰定の功により、馬飼の男子が田六町、封百戸を賜わっているので、馬飼はその前年の大宝二年に四十五歳（『懐風藻』）で死去したとみられる。青木は彼が丹後国の前身、丹波国の国司となって浦嶋子の伝説を筆録した時期を持統朝から文武朝の間と推察するが、[27] それが『善言』の稿本に採録されたのであるとすれば、その時期は撰善言司設置の持統三年以前に比定するのが妥当である。『丹後国風土記』逸文が「旧宰」と記すように、彼は令制国司制が確立する前に、臨時の地方官（宰＝みこともち）として丹波に赴いたのであろう。そして撰善言司の解消後、馬飼は文武朝前半期に大宝律令の撰定とあわせて、『書紀』の撰修にも関与したのではなかろうか。

『善言』に出典を持つとみられる天智紀八年十月条は、藤原鎌足の遺言に関する記事である。すなわち鎌足が天皇に対して「臣既不レ敏、当復何言。但其葬事、宜レ用二軽易一。生則無レ務二於軍国一。死則何敢重難」と述べたことを、時の賢人が「此之一言、竊比二於往哲之善言一矣。大樹将軍之辞レ賞、詎可二同レ年而語一哉」と称賛したとある。この遺言は別稿で述べたように、鎌足が実際に残したものか、もしくは『書紀』や『大織冠伝』が依拠した原鎌足伝（持統朝の初年に藤原不比等の下で成立したと推測される）に記されていたものとみられ、それを『善言』の稿本が採り、最終的に『書紀』の記事に収録されたと解することができる。(28)

ここで伊余部連馬飼と調忌寸老人の二人が、藤原不比等とともに大宝律令の撰定に当たった事実に留意する必要があろう。他の律令撰定者の中には、伊吉連博徳のように、「伊吉連博徳書」の著者で、同時に『書紀』編者の一人とも推定される人物がおり、同じく田辺史百枝や同首名・薩弘恪も、『書紀』の編纂と結びつく可能性がある。詳細はいずれも別稿に譲るが、(29)彼等は山田史三方・楽浪河内・刀利宣令・船連大魚・白猪史広成らとともに、藤原不比等の推挙を得て、八世紀の『書紀』編纂事業に関与した形跡が認められ（前述）、不比等自身が、この時期の『書紀』編纂の立役者であった蓋然性が高いと思われる。

不比等が『書紀』編纂に主導権を発揮するようになる時期は、彼の中央政界における地位に照らすと、八世紀に入ってからと考えるのが妥当であるが、文武天皇の初年頃まで溯らせてみることも十分に可能である。文武の即位に貢献し、草壁皇子より与えられた黒作懸佩刀を文武に献じ、さらに宮子の入内にも成功して、王権との信頼関係を樹立することに成功した不比等は、すでに国史の編纂に積極的に介入するだけの政治力を備えていた。

宮子の皇子出産、天皇家とのミウチ関係の形成という予測される事態に対応し、将来にわたって藤原氏の政治的権威を確保するためには、国史の中で他氏に優越する自らの歴史的立場を明記しておくことが是が非でも必要であった。具体的には不比等の父で、藤原氏の開祖にあたる鎌足の功績を称え、その活動に最大限の評価を与えることが不可欠とされたと思われる。文武二年八月の詔により、藤原朝臣の姓は、不比等の系統だけが継承することになったが

（『続紀』）、国史における鎌足の絶対的評価が、取りも直さず藤原氏の優位性を保証し、氏族的繁栄をもたらすことにつながるのである。

このように解するならば、『書紀』の鎌足に関する記述が、『大織冠伝』のそれと酷似し、両者の共通資料として前述の原鎌足伝の存在が想定できるように、『書紀』の撰修過程では、鎌足の功績の顕彰に細心の注意が払われたとみられるのである。『善言』稿本に採録された鎌足の遺言が、『書紀』の記事として日の目をみたのもかかる経緯によるもので、おそらく文武朝前半頃に、伊余部連馬飼かもしくは調忌寸老人の手によって、(30)それが筆録されたと推断してよいであろう。

第三節　百済三書の成立とその性格

以上、七世紀代の『書紀』編纂事業の実態を、その資料とされた持統朝の墓記や善言の検討を通して探ってみた。『書紀』の資料には、帝紀・旧辞や右の諸資料のほか、外交関係の記録・著書・寺院の縁起、戦乱の記録などを、主なものとして挙げることができるが、『書紀』において、朝鮮諸国に対する大和政権の宗主権が一貫して強調され、量的にも外交記事の占める比率が高いことを顧慮すると、外交関係資料の取扱いが『書紀』編纂上、極めて重要な意義を有したことは明白である。

ただ外交関係資料のうち、個人の記録や書である「伊吉連博徳書」や『日本世記』は、別稿で論証したように、八世紀に入ってから成立したもので、実情のよく分からない「難波吉士男人書」も、同様に考えてよいと思われる。外交記録ではないが、壬申の乱の舎人の記録である「安斗宿禰智徳日記」や「調連淡海日記」も和銅期以降に筆録されたものと推察される。『書紀』の原資料には、このように八世紀初頭から前半に書かれたものが少なくないが、これは大宝律令の制定を契機に、『書紀』を体系的な史書としてまとめ直そうとする動きが生じ、より広汎な資料の蒐集

と、実録的な記録・書の作成・提出が求められたことを意味すると思われる。(31)

津田左右吉や山尾幸久が指摘するように、(32)日本側の公的な記録にもとづく朝鮮関係記事が『書紀』に現れるようになる時期は、欽明朝後半以降である。それ以前は『百済記』・『百済新撰』・『百済本記』のいわゆる百済三書が主要な資料であり、諸氏の家伝・家記類や朝鮮諸国の断片的な記録が、これを補う形で利用された。(33)百済三書の成立の経緯については様々に見解が分かれるが、筆者は、三書を百済で撰述された原記録をもとに、七世紀末に亡命百済人の手により大幅に書き改めたもので、『書紀』の資料として編纂局に提出されたという説(34)に左袒したい。

百済三書には、「貴国」・「天朝」（『百済記』）、「日本」（『百済本記』）・「天皇」（『百済記』・『百済新撰』・『百済本記』）の語がみえる。「貴国」を山尾幸久のように、二人称的な尊称とみず、尊貴な国の意で、蕃国に対する貴国ととらえるならば、これらの用字・用語が揃って成立する時期は、七世紀末以前には溯り得ない。勿論、百済三書の述作者や『書紀』編者の二次的な潤色が加えられた疑いもあるが、最初から「日本」の「天皇」に対する百済の臣属を前提として、三書が作成されたと解するのが自然であろう。

山尾は『百済本記』の撰述を、持統朝の百済王一族の処遇と関連付けて、百済王氏が纂進した書であるとする。すなわち天智三年（六六四）に百済王禅広（善光）らは難波の地（後の百済郡）を与えられ、ここに実質的な〝小百済国〟を形成する。朱鳥元年（六八六）、天武の殯宮で百済王良虞（余良虞）が祖父の禅広に代わって誄を奏し、持統五年には禅広・遠宝・良虞・南典への優賜・増封があり、禅広は持統朝（七年正月以前）に「百済王」の号を賜わっている。天武の殯宮での奏誄は、天皇への公的な奉仕の誓約にほかならず、「百済王号」の賜与は、誕生したばかりの「日本天皇」に、禅広が国内の〝小百済国〟の「百済王」として臣事したことを意味する。したがって『百済本記』は、百済王の天皇への奉仕の由来を示す史書として書かれたものであり、六九〇年頃に纂進され、他の二書は『書紀』の編纂事業の進捗とかかわる形で、『百済本記』よりも遅れて成立したと山尾は推測する。

「百済王」号の成立については、筧敏生もこれを「百済王」を姓とする百済王氏を内臣に配し、新羅を外臣＝諸蕃、唐を「不臣の客」＝隣国とする日本の帝国秩序形成のための政策の一環としてとらえ、「百済王」を称する臣下の存在が、帝国体制にとって不可欠であったと説いているが、[35]白村江敗戦後の国際的地位の後退にともない、国家的威信の回復と対外的な政治秩序の立て直しを緊急の課題とした七世紀末の日本政府、および帰国の道を絶たれ、日本の政治社会の中で自己の再生をはからざるを得なくなった当時の百済王族や亡命百済人たち、その両者の立場を勘案すると、この時期に百済三書が撰述された公算はすこぶる大きいとみてよいであろう。それらは七世紀末の政治状況を踏まえて、百済の日本に対する奉仕と忠誠の由来を歴史的に説明しようとした書であったとみられるのである。[36]

山尾は『百済本記』の成立期を六九〇年（持統四年）前後とする。前述の百済王一族への一連の処遇と結びつけて、かく推測するのであるが、この書が「百済王」号の成立を機に、亡命百済人やその子供たち（有識者層）を動員して編纂に着手したものであるとすれば、完成は六九〇年頃よりは若干遅れるとみた方が無難かもしれない。

『百済本記』は継体紀と欽明紀に引用され、百済の武寧王・聖明王の二代（あるいは威徳王初年までの三代）を扱うが、三書の中では『書紀』が資料として依存する度合いがもっとも高く、『百済本記』という書名より推しても、三書の中心的位置を占めることが明らかである。『書紀』編纂局の要請により撰述に着手したとするならば、まずこの書の提出が優先されたとみて間違いないであろう。『百済記』は神功紀・応神紀と雄略紀に引用され、百済の近肖古王から蓋鹵王に至る九代、『百済新撰』は雄略紀と武烈紀に引かれ、蓋鹵王（毗有王？）[37]から武寧王（初年）までの五代（六代？）を対象としている。両書とも『百済本記』より後に成ったとみられるが、もとより成立の詳しい事情はよく分からない。ただ『百済新撰』の方が『百済記』より取り扱う時代が短く、『書紀』の引用する事例も少ないことや、「新撰」という語の持つ補遺的なニュアンスも考慮すると、この書の成立がもっとも遅れるとみてよいのではないか。

百済三書にはそれぞれ表記上の相違（『百済記』は説話的、『百済新撰』は編年体的、『百済本記』は本格的な編年体）が認められ、この違いにもとづき、三書が異なる撰者により作成されたと理解することも一方で可能である。しかし百済王氏の統轄下に、百済系知識人を動員して撰述が進められたとするならば、撰者が別であったとしても、その相違はさほど大きな意味を持たない。三書は共通の目的のもとに組織的に編纂されたのであり、表記上の相違も、『書紀』との対応関係に立って、時代に適応した叙述法が求められた結果と判断することができる。[38]

以上により、百済三書は持統朝以降、順次、編纂が行われ、『百済本記』は七世紀の最終段階、残る二書はおそらく八世紀初頭に完成したのではないかと推測される。他の資料とあわせると、『書紀』が典拠とした主な外交資料が出そろう時期は八世紀に入ってからであり、したがって『書紀』の編纂事業においても、七世紀代はもっぱら国内的な記事の作成に終始し、対外的な記事（前述のように、阿曇連稲敷や難波連大形が担当したのであろう）は断片的・部分的な叙述の段階にとどまっていたとみられる。

すなわち七世紀末から八世紀にかけて、『書紀』の撰修方針は、次第に外交中心へと切り替わることになる。それは中国の国家体制に倣って、中国諸国を冊封下に置く帝国の樹立を企図した七世紀末以降の日本が、新たな国家意識にもとづき、日本の帝国像を実体あるものとして、国史の中に刻み込む必要が生じたことを意味しよう。

注

（1）『日本書紀』の講書は、養老五年・弘仁三年・承和六年・元慶二年・延喜四年・承平六年・康保二年の七回行われたが（『釈日本紀』開題所引「康保二年外記勘申」）、養老の講書は、関晃が説くように、弘仁以後の講究を目的とした講書と違い、撰修成った『書紀』の披露と内容紹介を目的としたものであったらしい（関晃「上代に於ける日本書紀講読の研究」『史学雑誌』五三―十二、一九四二年）。太田善麿は『古事記』序文と『書紀』の巻一～十三、巻二十二～二十三の辞句や用字に共通性があり、『記紀』の仮名についても同様の関係があることを指摘している（太田善麿『古代日本文学思潮（Ⅲ）』桜楓社、一九六二年）。したがって『弘仁私記』序や『日本紀竟宴和歌』奥書が、太安麻呂を『書紀』の撰者、養老五年の講書の博士とすることは、どちらも事実と見てよく、彼は『古事記』とともに『書紀』の編纂にあたり、養老の講書の博士もつとめたのであろう。弘仁の講書の執講者は安麻呂と同族の多（太）朝臣人長であるが、これも安麻呂以来の『書紀』との関係にもとづき、人長が安麻呂の学を継承したと推測することが可能である（本第一部第三章参照）。

（2）坂本太郎①「日本書紀の撰修」（『芸林』二―二、一九五一年）、②「古事記の成立」（『古事記大成』歴史考古篇〔平凡社、一九五六年〕所収）。①・②とも、のち同著『日本古代史の基礎的研究』上（東京大学出版会、一九六四年）に収録。山田英雄『日本書紀』（教育社歴史新書、一九九九年）

（3）本書第一部第二章

（4）森博達は、『書紀』の編纂には正格漢文を綴ることができ、唐朝の正音に通暁している者の存在が欠かせないとの理由で、持統朝の「音博士」の続守言と薩弘恪を、『書紀』の撰者に推定している（『日本書紀の謎を解く』中公新書、一九九九年）。両人が持統朝以降、『書紀』編纂事業に加わったか、もしくは藤原不比等とともに大宝律令を撰定した薩弘恪が、不比等の意向を受けて、律令撰定後に『書紀』の撰者となった可能性は、一概に否定できない。

（5）坂本太郎、前掲注（2）①・②論文、同『六国史』（吉川弘文館、一九七〇年）

（6）加藤謙吉『吉士と西漢氏』（白水社、二〇〇一年）

（7）遣唐使派遣を記す斉明紀五年七月戊寅条は、分注に「伊吉連博徳書」と並んで「難波吉士男人書」を引用するが、この書は彼が関与した日唐交渉について記したものと思われる。『書紀』の吉士の外交関係記事をまとめた主体は、やはり難波連大形とみるのが妥当であろう。

（8）辰巳和弘「平群氏に関する基礎的考察」（『古代学研究』六四・六五号、一九七二年、のち加筆して同著『地域王権の古代学』〔白水社、一九九四年〕に収録）。

（9）日野昭「武内宿禰とその後裔―古代氏族伝承の研究」（『平安学園研究論集』三号、一九五八年、のち同著『日本古代氏族伝承の研究』〔永田文昌堂、一九七一年〕に収録）、笹山晴生「たたみこも平群の山」（『ぱれるが』二二五号、一九七〇年）

（10）前掲注（8）・（9）論文

（11）日野昭、前掲注（9）論文

（12）加藤謙吉「大夫制と大夫選任氏族」（同著『大和政権と古代氏族』〔吉川弘文館、一九九一年〕所収）、同『大和の豪族と渡来人』（吉川弘文館、二〇〇二年）

(13)　倉本一宏「氏族合議制の成立と展開」（『ヒストリア』一三一号、一九九一年、のち同著『日本古代国家成立期の政権構造』〔吉川弘文館、一九九七年〕に収録）、加藤謙吉、前掲注(12)の論文・書

(14)　辰巳和弘、前掲注(8)論文、同「平群谷古墳群再論」（『古代文化』四五―一一・一二、のち同前掲注(8)の書に収録）

(15)　ただし上毛野君三千は、記定事業に加わった五カ月後の天武十年八月に死去しているので、造作を行う時間的余裕はほとんどなかったと判断してよいであろう。

(16)　和田英松「天武天皇の新字に就て」（同著『国史国文之研究』）〔雄山閣、一九二六年〕所収

(17)　坂本太郎「纂記と日本書紀」（『史学雑誌』五六―七、一九四六年、のち同注(2)の書に収録）

(18)　坂本太郎「古事記の成立」（『古事記大成』四、歴史考古編〔平凡社、一九六五年〕所収）、同『六国史』〔吉川弘文館、一九七〇年〕

(19)　上毛野氏の祖の荒田別・巫別の名のみえる応神十五年八月条は王仁の招聘を伝えた記事で、王仁が菟道稚郎子の師となったとする十六年二月条とともに、上毛野氏ではなく西文氏の家記より出たものとみられる。紀角宿禰の名を記す応神三年是歳条は、彼が羽田矢代宿禰・石川宿禰・木菟宿禰とともに百済に派遣されたとするが、これらは『書紀』編者が武内宿禰の男子の名を、使者として便宜的に掲げたものにすぎない。紀角宿禰を百済に遣わしたと記す仁徳四十一年三月条も、同様に『書紀』編者の造作によるものであろう。大伴金村が平群鮪と真鳥を討つ武烈即位前紀の記事は、前述のように天武十年の「帝紀及び上古諸事」の記定事業に加わった平群臣子首の筆に成るもので、大伴氏の家記とは直接、関係あるまい。物部守屋の資人捕鳥部万の奮戦と彼の飼犬の忠犬談を記す崇峻即位前紀の記事も、石上氏の家記とは無関係で、和泉国日根郡鳥取郷の鳥取氏の家記や、河内・和泉の犬養系諸氏・犬養部の間で伝承されていた話が素材となった可能性が高い（加藤謙吉「蘇我・物部戦争」『戦乱の日本史【1】・中央集権国家への道』〔第一法規、一九八八年〕所収）。

(20)　岸俊男「紀氏に関する一試考」（『近畿古文化論攷』〔吉川弘文館、一九六二年〕所収、のち同著『日本古代政治史研究』〔塙書房、一九六六年〕に収録）

(21)　このほか天武元年条の壬申の乱における大伴氏活動記事の出典についても、注意を払う必要があろう。坂本はこの点については何も触れていないが、壬申紀の記述が、持統五年の大伴氏の墓記に依拠した可能性もあながち否定できない。

ただ墓記が、比較的古い時代の祖先の伝承や記録を対象としたものであるとすれば、壬申の乱の大伴氏関係記事は、墓記とは別に、壬申の乱に従軍した大伴吹負の戦記などにもとづくとみるのが妥当かもしれない（本書第一部第三章参照）。

(22) 坂本太郎「日本書紀と蝦夷」（古代史談話会編『蝦夷』〔朝倉書店、一九五六年〕所収、のち同前掲注（2）の著書に収録）。

(23) 加藤謙吉「複姓成立に関する一考察」（『続日本紀研究』一六八号、一九七三年、のち同前掲注（12）の書に収録）。

(24) オホマヘツキミとマヘツキミの職位に就いた氏族については、加藤謙吉前掲注（12）の論文、倉本一宏前掲注（13）の論文を参照のこと。

(25) 上毛野君三千（注（15）参照）は天武十年八月に死去。墓記上進の一月後の持統五年九月には川嶋皇子が没している。

(26) 青木和夫「日本書紀考証三題」（『日本古代史論集』上〔吉川弘文館、一九六二年〕所収、のち同著『日本律令国家論攷』〔岩波書店、一九九二年〕に収録）

(27) 日本古典文学大系『日本書紀』補注14—24（青木和夫注解）

(28) 本書第一部第二章

(29) 同右。

(30) 『続紀』によれば、調忌寸老人は大宝元年八月に正五位下を追贈されており、それ以前に没したとみられるが、文武四年六月には、律令撰定の功により禄を賜わっているから、死去の時期はその月以降、一年余りの間となる。したがって彼が『書紀』の撰修に関わったとすれば、時期的には伊余部連馬飼の場合と同じく、文武朝前半とみるのが妥当であろう。

(31) 本書第一部第二章

(32) 津田左右吉『日本古典の研究』下（『津田左右吉全集』二巻〔岩波書店、一九六三年〕）、山尾幸久「『日本書紀』と百済資料」（『立命館文学』五〇〇号、一九八七年）、同『古代の日朝関係』（塙書房、一九八九年）。

(33) 雄略紀二十一年三月条の百済関係記事の分注には『日本旧記』なる書を引いているが、詳細は不明。題名より推して、道顕の『日本世記』などと同じく、八世紀に入って成立した書とすべきであろう。

(34) 坂本太郎「継体紀の史料批判」（『國學院雑誌』六二—一九、一九六一年、のち前掲注（2）の書に収録）、丁仲煥（泊勝美訳）「『日本書紀』に引用された百済三書について」（『古代日本と朝鮮の基本問題』〔学生社、一九七四年〕所収）、久喜田信一「『百済本記』考」（『日本歴史』三〇九、一九七四年）、鈴木靖民「いわゆる任那日本府および倭問題」（『歴史学研究』四〇五、一九七四年）、山尾幸久、前掲注（32）の論文・書。なお近年、遠藤慶太が百済三書を百済出身の書記官であるフミヒト（史部）によって、推古朝頃にまとめられ、王権に提出された文書とする異説を発表している（遠藤「古代国家と史書の成立」〔『日本史研究』五七一、二〇一〇年〕、のち同著『日本書紀の形成と諸資料』〔塙書房、二〇一五年〕に収録）。重要な問題提起を含むが、亡命百済人説もその根拠が完全に否定されたわけでなく、なお十分に成り立ちうると思われるので、遠藤説は、今後改めて検討することにしたい。

(35)　筧敏生「百済王姓の成立と日本帝国」（『日本史研究』三一七、一九八九年、のち同著『古代王権と律令国家』〔校倉書房、二〇〇二年〕に収録）

(36)　山尾幸久（前掲注（32）論文）は、『百済本記』を推古紀二十八年条に「臣連伴造国造百八十部幷公民等本記」とある本記の類であろうとする今西龍の説（「百済史講話」〔『百済史研究』国書刊行会復刊、一九七〇年〕所収、初出年次は一九三〇年～一九三二年）にもとづき、本記を「百済王の天皇への奉仕の本縁（ことのもと）」の意であろうとする。

(37)　雄略紀二年七月条に引く『百済新撰』には、「己巳年、蓋鹵王立」と記すが、蓋鹵王の在位期間（『三国史記』百済本紀によれば、西暦四五五～四七五年）中には己巳年はなく、己巳年を西暦四二九年とすると、毗有王の三年（『三国史記』）となる。『書紀』には毗有王の名が一切みえず、故意に削除された疑いが持たれるが、『百済新撰』も本来は、蓋鹵王ではなく、毗有王の代から始まっていたとみるべきかもしれない。

(38)　参考までに天武朝以前に没したことが明らかな者を除き、史料にみえる七世紀末から八世紀初頭の亡命百済人（およびその可能性のある者）の名を列挙すると、おおよそ次の通り。
余自進・木素貴子・谷那晋首・憶礼福留・鬼室集斯・鬼室集信・塔本春初・四比福夫・国骨富・吉大尚（己汶より百済を経て亡命）・吉少尚（同上）・許率母・炑日比子・賛波羅・金羅金須・徳頂上・角福牟・（沙門）詠・刀利康嗣・（百済僧）道蔵・（百済僧）法蔵・淳武微子・淳武止等・荊員常・名進・高難延子・支母末恵遠・納比旦止・荅他斯智・（百済）末子善信・徳自珍・木素丁武・沙宅万首

第二章　『日本書紀』と渡来人

はじめに

筆者は、最近、鎌足から不比等を経て武智麻呂・仲麻呂へと至る初期の藤原氏が、新旧の渡来系知識人と結び、彼等を側近勢力として掌握していた事実を明らかにした。そしてこれら知識人が藤原氏の政治的台頭を陰で支え、この氏のブレーン的存在となっていた事実を推定したのであるが[1]、その後さらに考察を進めるうちに、彼等の中に不比等との関係にもとづき、『日本書紀』（以下、『書紀』と記す）の編纂に加わった者がいたのではないかという考えを持つようになった。

もちろん、史料的にそれを確認することはできないが、その痕跡をとどめる文人・学者が数名は存在する。『書紀』撰述者の実態については、その完成までのプロセスや編修方針とあわせて、まだ十分に解明されていない部分が少なくない。したがって以下、臆測を交えながら、その実態を探り、いささか私見を述べたいと思う。

第一節　養老五年の進講と『日本書紀』の撰者

『続日本紀』（以下、『続紀』と記す）によれば、養老五年（七二一）正月、佐為王（狭井王）・伊部王・紀朝臣男人・日下部宿禰老《おゆ》・山田史三《み》（御）方《かた》・山上臣憶良・朝来《あさこ》直賀須夜《かすや》・紀朝臣清人・越智直広江・船連大魚《おおうお》・山口忌寸田主・楽浪河内《さざなみのこうち》・大宅朝臣兼麻呂・土師宿禰百村《ももむら》・塩屋連吉《きち》（古《こ》）麻呂《まろ》・刀利《とり》宣令《せんりょう》らが、詔により退朝後に東宮（首親王）のもとに侍ることになった。首親王の帝王教育として、進講を行うためである。

同月、進講者のうち、「明経第一博士」（「明経」の学の第一人者の意）の越智直広江、「明法」の塩屋連吉麻呂、「文章」の山田史三方・紀朝臣清人・楽浪河内、「算術」の山口忌寸田主らが、「学業に優遊し師範たるに堪ふる者」として、後世勧励のため、賞賜を加えられた。三方以下の四人は、『藤氏家伝』下にも、神亀六年（七二九）頃、「文雅」「暦算」で名を馳せたとあり、佐為王も同書に「風流侍従」（教養のある風雅な侍従）と記される人物である。その他、刀利宣令も『経国集』に和銅四年（七一一）三月の対策文二篇、『懐風藻』に五言詩二首を残しているから、万葉歌人の山上憶良歌も含めて、彼等はいずれも当時の代表的な学者・文人であり、それぞれ自らの専門とする分野の知識を、皇太子に教授したものと推測される。

「文章」の山田史三方・紀朝臣清人・楽浪河内、および同じくこの道の大家とみられる刀利宣令らが皇太子に進講した教科は、常識的には文章科・紀伝道成立後のそれと同じく、『史記』『漢書』『後漢書』の三史や『文選』をテキストとする中国史や漢文学を主体としたと解するのが妥当であろう。しかし進講の前年、養老四年五月には『書紀』が完成しており、進講者の一人、紀朝臣清人は、『続紀』和銅七年二月戊戌条に「従六位上紀朝臣清人、正八位下三宅臣藤麻呂に詔して、国史を撰せしめたまふ」と記された人物であった。

この和銅七年（七一四）の国史は『書紀』を指し、坂本太郎が説くように(2)、天武朝以降の継続的な『書紀』編纂事業に、清人と藤麻呂の二人が追加的に加えられたことを意味すると思われるが、すると清人が首親王に教授した講義の内容にも、彼自身が編纂に参与した、完成間もない『書紀』が含まれる可能性が高いとみるべきであろう。

『釈日本紀』開題所引「康保二年外記勘申」によれば、日本紀講例（『日本書紀』の講書）として、養老五年から康保二年（九六五）に至る七度の講書をあげており、関晃が説くように、弘仁以降の学問的見地に立った本格的講究とは異なるものの、撰修成った『書紀』の披露と内容紹介を目的とした講書が養老五年に行われた事実が推測される。(3)

養老期の講書の博士は『日本紀竟宴和歌』の奥書によれば、太朝臣安麻呂であり、『弘仁私記』序には、

夫日本書紀者、一品舎人親王〈浄御原天皇第五皇子也。〉従四位下勲五等太朝臣安麻呂等〈王子神八井耳命之後也。〉奉レ勅所レ撰也。

とし、彼が『古事記』のみならず、舎人親王とともに『書紀』の撰修にも携わったように記している。太田善麿は、『古事記』序文と『書紀』の辞句や用字に共通性が存することを指摘し、安麻呂を『書紀』の撰者と推定するが、その確率は高いと思われる。(4) なお、『弘仁私記』序の安麻呂撰者説に対しては、弘仁講書の博士であった多人長《おおのひとなが》が先祖の名を挙げた作為にすぎないとする見方もあるが、(5) 従いがたい。むしろ安麻呂以来の『書紀』との関わりが、太（多）氏一族に学問的に継承され、弘仁期の多人長の日本紀執講へと結びついたと理解すべきであろう。

そうすると『書紀』完成間もない時期に、撰者の一人であった安麻呂を執講者として、貴族・官人を対象に講書が実施されたことになるが、おそらくそれと併行する形で、他の撰者による皇太子への『書紀』進講が行われたと推察してよいのではないか。国史の撰修は、律令の撰定とあわせて、国家の威信をかけて行われた当時の大事業であった。日本の国家の成り立ちと天皇支配の正統性を説く最初の正史である『書紀』は、皇太子の帝王教育に不可欠のテキストであり、その内容に通暁することが、次代の君主たる皇太子には強く求められたはずである。

かくして筆者は紀朝臣清人が首親王に『書紀』の進講を行ったと推察するのであるが、では彼と同じく「文章」の専門家とみられる山田史三方や楽浪河内・刀利宣令らの場合はどうであろうか。ここで清人とこの三人の学者としての経歴を掲げ、それぞれを比較してみることにしよう。

①紀朝臣清人

霊亀元年（七一五）七月、学士を優し、穀百石を賜わり、養老元年（七一七）七月、再び学士を優し、穀百石を賜わった。天平十三年（七四一）七月、治部大輔兼文章博士に任官。天平勝宝五年（七五三）七月卒。

②山田史三（御）方

フミヒト系（渡来系）氏族の山田史の出身。もと新羅に留学した沙門で、持統六年（六九二）頃に還俗。還俗の理由は、国家がその学芸を活用しようとしたため。[6] 養老六年（七二二）四月の詔（『続紀』）によれば、前周防守の三方は官物を盗んだ罪を恩赦されたが、法によって盗品相当の額を徴収しようとしたところ、その家には一尺の布もなかったため、恩寵を加えて徴することを勿《なか》らしめたとし、その理由として「誠に若《かくのごと》き人を矜《めぐ》まずは、蓋し斯の道（文章の道）を堕さむか」と言い、彼の功績を称揚している。『懐風藻』に五言詩三首収録。大学頭と記す。

③楽浪（高丘連）河内

天智二年（六六三）に百済より亡命した沙門詠《えい》の子。神亀元年（七二四）五月、高丘連賜姓。天平勝宝六年（七五四）頃、大学頭。和銅五年（七一二）七月当時、播磨大目であったことから、河内を『播磨国風土記』の撰者に擬する説がある。『万葉集』に短歌二首。

④刀利宣令

百済系渡来人。[7] 前述のように、『経国集』に対策文二篇、『懐風藻』に五言詩二首収録。『万葉集』にも短歌二首を収める。慶雲二年（七〇五）、大学助藤原武智麻呂の要請により、釈奠の文を作ったと『藤氏家伝』下に記す宿儒の刀利康嗣（『懐風藻』には大学博士で「年八十一」とあり、五言詩一首を残す。年齢より推して、天智二年の亡命百済人とみられる）は、その近親（父か？）であろう。

②・③は大学頭に任官しているが、大学寮の長官・次官の職掌には「簡二試学生一」があり（職員令大学寮条）、毎年学生に年終試を課す任務を負っていた（学令先読経文条）。大学頭は教官と同様に高い学識を必要とするから、彼等は「明経」「明法」「文章」の各科に通じ、天平十三年に文章博士（神亀五年（七二八）に新設）に任ぜられた①とともに、特に「文章」の学を得意としたのであろう。対策文（秀才試の答案論文）の残る④も同様に解することができる。

①〜④のうち、最年長とみられる人物は②の三方である。還俗して持統六年には務広肆を授けられているから、そ

の頃にはすでに成人しており、おそらく従五位上を極位として、天平年間頃に没したのであろう。官人としての活動期は、ちょうど『書紀』の編纂期と重なることになる。前述の『続紀』養老六年の詔によれば、三方は当時、「文章」の最高権威として遇せられていたことが推察でき、詔の前文には、新羅より帰朝後、「生徒に伝へ授けて、文館の学士、頗る属文《しょくぶん》を解《さと》れり」とし、彼を作文の名手であったと伝えている。そのため三方を『書紀』の撰者の一人に擬する見解が存するが、[8] 筆者もこの説を支持したい。後述するように、山田史の氏族的性格を考慮すると、その蓋然性は高いと思われる。

ところで①の清人とともに②の三方も『書紀』の撰者であったとすると、③・④の両名も同様に解することができるのではなかろうか。③・④に共通する要素としてとくに留意すべきは、不比等ら藤原氏一族との関わりが深いことである。③の楽浪河内の子、高丘連（宿禰）比良麻呂は藤原仲麻呂の側近で、仲麻呂との関係にもとづき、紫微中台（坤宮官）の少疏・大疏、美濃員外少目・越前介などを歴任し、のちには仲麻呂の謀反を密告した人物として知られている。

『続紀』神護景雲二年六月庚子条の比良麻呂の卒伝には、「少《わか》くして大学に遊び、書記を渉覧す」とあり、大外記の職（太政官の主典である外記には、「明経」や「文章」の専門家の就任するケースが一般的であった）にも任官しているから、父親の影響を受けて、「文章」などの学に精通した人物と推察される。『続紀』は彼を河内国古市郡の人とするが、父の河内もこの地を本貫としたのであろう。

岸俊男は、藤原不比等の妻、県犬養宿禰三千代に関する考察を通して、不比等や三千代ら藤原氏の一族の者が、古市郡や安宿郡など南河内の渡来系氏族と密接な関係にあったことを推定している。[9] 筆者もまた、岸説を踏まえて、鎌足・不比等から南家の武智麻呂・仲麻呂に至る初期の藤原氏が、天智朝に百済より亡命した沙宅紹明《さたくじょうみょう》や高句麗僧道顕のような新参の渡来系知識人（およびその子孫）や、六世紀半ば・後半以降に、文筆・記録の職をもって朝廷に奉仕した、同じく渡来系の有識者から成る中・南河内のフミヒト系諸氏（田辺・船・白猪〔葛井〕・伊吉ら）などと結び付き、彼等を側近として重用した事実を指摘した。[10]

不比等（持統紀三年二月条に「藤原朝臣史」と記し、「史」が実名とみられる）の名は、『尊卑分脈』が伝えるように、彼の養育者であった山背国山科の田辺史一族のカバネにもとづくが、田辺氏の本拠は河内国安宿郡であり、県犬養三千代の本拠地の古市郡と隣接する。不比等と三千代の間に生まれた光明子の諱は「安宿媛《あすかべひめ》」で、安宿郡の郡名に因む。田辺氏が不比等・三千代の婚姻を仲介し、光明子の養育に関与した事実がうかがえるが、不比等とともに大宝律令の撰定のあたった者のなかには田辺史百枝《ももえ》と同首名《おびとな》が存し、彼等は律令に対する学識に加え、不比等との私的な交流にもとづいて、撰定者に抜擢されたとみられる。

くだって仲麻呂の身辺にも、中・南河内のフミヒト系の氏族が少なからず認められる。仲麻呂家の家令に田辺史（闕名）がおり（因みに異母弟の藤原乙麻呂家の知宅事も田辺史立万里《たちまろ》である）、仲麻呂派の官人には川原蔵人凡《おおし》（旧姓川原史、川原史の本拠地は河内国丹比郡）、上毛野君（公）牛養・同真人・同広浜・同奥麻呂・同（闕名）（上毛野君の旧姓は田辺史）、池原公禾守《あわもり》（池原公は田辺史の同族もしくは分派）、葛井連（闕名）・葛井連根道（葛井連の旧姓は白猪史、本拠地は丹比郡）らがいる。仲麻呂と結び、道鏡と対立して少僧都・律師を解任された僧侶の慈訓《じきん》と慶俊《きょうしゅん》も、それぞれ船連（旧姓船史、本拠地は丹比郡）と葛井連の出身であり、『藤氏家伝』下の著者で、恵美家（仲麻呂家）の家僧とみられる延慶《えんぎょう》も、薗田香融が推測するように、「大唐留学生」の船連夫子と同一人であろう。[11]河内と比良麻呂の父子は、フミヒト系の氏族ではないが、南河内を拠点とした亡命百済人であり、不比等や三千代との交流を通して、藤原氏の側近の地位を得たと思われる。鎌足と沙宅紹明・道顕らとの関係を顧慮すると、あるいはその結び付きは、河内の父の沙門詠の代まで遡るかもしれない。

次に刀利宣令の場合は、近親とみられる刀利康嗣と藤原武智麻呂との関係（前述）に注目すべきであろう。康嗣が大学博士に就任した時期は不明であるが、『藤氏家伝』下の記述に依拠すると、武智麻呂が大学助となった大宝四年（七〇四）には、大学の教官（博士もしくは助教）のポストに就いていたと推測される。康嗣が百済からの亡命者であるとすれば、武智麻呂と康嗣とのつながりも、単に大学寮における次官と教官という公的な関係でなく、鎌足や不比等の頃からの私的な交流にもとづく可能性が高いと思われる。

以上により、③・④の両名は、藤原氏と所縁の人物とみることができるが、南河内のフミヒト系氏族の出身という点では、②の山田史三方も同様である。「山田」のウヂ名は一般に『和名抄』の河内国交野郡山田郷の郷名に因むものとされるが、河内国のフミヒト系諸氏の拠点は中・南河内に集中する傾向がみられるので、山田史の本拠地も『上宮聖徳法王帝説』に「川内志奈我山田寸《かわちのしながのやまだむら》」、『延喜式』に「磯長山田陵《しながのやまだのみささき》」とみえる石川郡の山田の地にあてるのが妥当であろう。三方と藤原氏との関係については、『藤氏家伝』下の記述により、武智麻呂が文人・才子を集めて習宜《すげ》の別業で開いた「龍門点額《りようもんてんがく》」の文会に、三方も参加したことがうかがえる程度で、他にそれを徴する証拠があるわけではないが、彼もまた③・④とともに藤原氏の影響下にあった学者と推断してよいのではないか。

藤原不比等は言うまでもなく、大宝律令撰定の事実上の主役であり、総裁として養老律令の編纂にあたった人物である。不比等が議政官の首座に昇るのは、左大臣石上朝臣麻呂の没する霊亀三＝養老元年（七一七）以降であるが、慶雲・和銅の頃から高齢の麻呂に代わって、すでに彼は政界の第一人者の地位にあった。従来から進められてきた『書紀』の編纂は、和銅七年に紀清人と三宅臣藤麻呂を撰修者に加えることで、本格的に史書としての体裁を整え、その体系化を図る段階に入ったと推測できるが、あたかもその前後の時期に、不比等は国政を指導する立場に就いていたのである。

したがって上田正昭が推測するように、[12]不比等は律令の撰定とともに、『書紀』の編纂にも主要な役割を果たしたとみられる。もちろん、それを裏付ける史料があるわけではないが、『書紀』の記述、特に父鎌足に対する筆遣いに、かなり明瞭に彼の関与の跡を読み取ることができる。周知のごとく、鎌足に関する『書紀』と『藤氏家伝』上の鎌足伝（『大織冠伝』）の記述には、内容や文辞に類似・共通する部分が少なくない。そのため両書の関係を兄弟関係（共通の原資料の存在を想定し、これにもとづき両書が述作された）と捉える説と、父子関係（『大織冠伝』が一方的に『書紀』を参照した）と解する説が対立してきた。

ここでは詳述する余裕がないが、筆者は前者の解釈を妥当と考える。鎌足伝には『書紀』にない独自の記述が存在すること、しかもその独自性を、すべて『藤氏家伝』上の著者である藤原仲麻呂の文学的構想にもとづく二次的な所産と理解することには無理があること、[13] 山階寺の維摩会に関する天平宝字元年（七五七）閏八月の仲麻呂の上表（『続紀』）には、

緬《はるか》に古記を尋ぬるに、淡海大津宮に御宇《あめのしたしらしめ》しし皇帝は、天の縦《ゆる》せる聖君、聡明なる睿主なり。

とあるが、横田健一が説くように、[14]『書紀』には維摩会の縁起について何も記しておらず、仲麻呂の手もとに存した「古記」とは、原鎌足伝とでもいうべき記録であった可能性があること、『書紀』が天智天皇の近江遷都を批判的に記すのに対して、鎌足伝はこれを賛美しており、「天の縦せる聖君、聡明なる睿主」という「古記」の表現は、鎌足伝の記述と文脈的に相通じることなどを、その理由として挙げることができる。

すなわち『書紀』と『藤氏家伝』上が依拠した資料として原鎌足伝が存し、それは貞慧（定恵）の伝（不比等の兄の貞慧は、天智四年〈六六五〉に死去）とともに、不比等のもとで編修されたと推測して差し支えあるまい。[15] 鎌足の死を伝える天智紀八年十月条には、道顕の『日本世記』を引用して鎌足への誄《しのびごと》を記し、『藤氏家伝』上には斉明天皇不予の際の鎌足の忠義を称える道顕の賛辞と、貞慧に対する彼の長文の誄を掲げている。さらに『藤氏家伝』上は沙宅紹明が鎌足のため碑文（墓碑銘か？）を製したとし、天智紀にその碑文の一節を引用している。

道顕や沙宅紹明が鎌足の一族と親交のあった事実が、これによって推測しうるが、おそらく原鎌足伝や原貞慧伝の述作は、これら新参の渡来人や、田辺氏など不比等側近のフミヒト系氏族の手によって進められたとみてよいであろう。ただ沙宅紹明は天武二年（六七三）に没しており、この時不比等はまだ十五歳の少年にすぎないから、紹明は執

筆者群から除外すべきで、その成立期は不比等が政界に登場する持統朝初年頃と推定される。

いずれにせよ、『書紀』に記す鎌足の活動は、同時代の他の廷臣とは比較にならないほど生彩に富み、終始、理想的な忠臣としてその人物像が描写されている。道顕の『日本世記』は、『書紀』に引く逸文[16]より推して、本来外交記録としてまとめられたことが明らかであるが、その唯一の例外が天智八年条の鎌足への誄である。『書紀』編者は、この条に限って本旨から逸脱し、『日本世記』を外交資料以外の目的で引用しているのである。

さらに同条前段の天皇が臨終の鎌足を見舞った時の詔のなかには、鎌足の善行を称えた「積善余慶」の文言がみえるが、『易経』などに出典を持ち、善行の積み重ねによって子孫に慶福が及ぶことを表したこの言葉は、『藤氏家伝』の貞慧伝や武智麻呂伝にもみえ、光明皇后の自筆とされる正倉院宝物の「杜家立成雑書要略」には「積善藤家」の朱方印が捺印されている。おそらく原鎌足伝に使われた言葉が、代々藤原氏に受け継がれ、家印にまで及んだとみることができるが、それがそのまま『書紀』の記述に採択されていることは、やはり尋常ではない。

さらにこの詔に対して、鎌足が薄葬を願い出た遺言を、『書紀』は賢者の評として、往古の哲人の「善言」にも比すべきものと記している。この「善言」は、持統紀三年六月条の「撰善言司」の設置と関連づけて考える必要があろう。青木和夫は「撰善言司」を宋の范泰の著した『古今善言』の例に倣って、古今東西の典籍から名言を撰録し、皇太子珂瑠皇子（文武天皇）の帝王教育の教科書とする目的で設けられた官司とし、「善言」は編修未了のまま終わったが、その稿本は『書紀』編纂の資料とされたとする。そして天智八年条の鎌足の遺言も、その採録された「善言」の一つであったと推測する。[17]

鎌足が実際にこのような遺言を残したのか、原鎌足伝のなかに記されていた文言なのかは定かではないが、「善言」の稿本がそれを採録したことは確かであろう。しかも持統紀が施基皇子のもとで撰善言司に任ぜられたとする六人の官人のうち、伊余部連馬飼と渡来系の調忌寸老人の二人は、のちに大宝律令の撰定に加わっている。すなわち彼等は不比等の領導下で律令の編纂に従事した学者であり、前述の田辺史百枝や首名と同様に、不比等と個人的に結びつく可能性を持つ人物である。

かくして、鎌足が『書紀』において異例ともいうべき評価を与えられた理由は、藤原氏の権力基盤の確立のために、父親の功績を極力顕彰しようとする不比等の政治的意図に根差すとみて間違いない。原鎌足伝が資料とされたのもそのためであるが、換言すればこのことは不比等が『書紀』の編纂に関与したか、政界の実力者として編纂事業の背後で多大な影響力を行使した事実を意味しよう。当然、『書紀』撰者の人選にもそれは及び、不比等の息のかかった人物が登用されたと思われる。このようにみると、山田史三方や楽浪河内・刀利宣令が『書紀』の撰述に関わった公算は、すこぶる大きいと判断してよいであろう。

第二節　フミヒト系の『日本書紀』撰者

如上の前提に立つと、『書紀』の撰述に従事した可能性のある者として、さらに若干の渡来系知識人を挙げることができそうである。筆者は、(A)伊吉連博徳、(B)船連大魚、(C)白猪史(葛井連)広成の三名を撰述者に想定してよいと考えている。

(A)は七世紀後半の東アジアの激動の時代に、対外交渉の任務に専従した外交官的な官人(学者)であり、前述の田辺史百枝・同首名・伊余部連馬飼・調伊美伎(忌寸)老人らとともに、不比等の下で大宝律令の撰定にもあたっている。伊吉連の旧姓は史で、河内国渋川郡(中河内地方)を拠点としたフミヒト系の氏族であった(18)。

周知のように、『書紀』は①斉明五年七月戊寅、②同六年七月乙卯、③同七年五月丁巳の三条の分注に「伊吉連博徳書」を引き、④白雉五年二月条の分注には「伊吉博徳言」を掲げている。これらはいずれも本文の内容を補う詳細な遣唐使関係の記録から成る。伊吉氏が史から連に改姓するのは天武十二年(六八三)であり、また④では学問僧の智宗の帰朝の年を庚寅年と記す。持統紀四年九月丁酉条には大唐学問僧の智宗らが新羅の送使、金高訓らに伴われて筑紫に到着したとするから、彼の帰国の年は持統四年庚寅（六九〇）で、④の記述と一致する。

したがって「博徳書」の成立は天武十二年以降、「博徳言」のそれは持統四年以降となろう。「博徳書」と「博徳言」の違いについては後述するが、少なくとも「博徳書」は坂本太郎が指摘するように、[19]単なる彼の入唐帰朝の報告書ではなく、のちに『書紀』編修の資料としてまとめられた外交記録であったとみることができよう。

①の斉明五年七月戊寅条の本文には、遣唐使の使人を、分注の「博徳書」と同じく、「小錦下坂合部連石布」・「大仙（山）下津守連吉祥」と記すが、この両名の冠位は天智三年（六六四）制定の冠位で、斉明朝当時のものではない。すなわち『書紀』本文は、「博徳書」の表記をそのまま踏襲して、文を成している。天智紀六年十一月己巳条には、「小山下伊吉連博徳」と「大乙下笠朝臣諸石」を、百済鎮将劉仁願の使者である司馬法聡を百済へ送る使としたと記すが、ここでも博徳のカバネは連とされ、引用こそされていないものの、「博徳書」にもとづいて書かれた事実がうかがえる。

「博徳書」は、『書紀』の分注に掲げるものがすべてではなく、彼が直接関与した日唐外交を中心に、その前後の唐との関係も含めて編述された対唐交渉史ともいうべき記録であり、しかも『書紀』編者は訂正を加えることなく、無批判にそれを本文として受け入れているのである。坂本太郎は、入唐帰朝の人は他にも多いのに、独り「博徳書」だけが引用されたのは何故なのかと疑問を呈し、それは博徳が積極的に『書紀』に採択されるように働きかけたからではあるまいかとする。そして「博徳書」に往々自己宣伝めいた記述がみえる事実を指摘し、『書紀』編者はそれを全面的に本文に取り入れることをせず、本文には簡潔に国家的な事件を記したのみで、委曲をすべて分注に譲ったのだと推測する。

しかし、はたしてそうであろうか。官撰の史書である以上、『書紀』編者は「博徳書」のうち、必要な部分だけを分注に引用し、彼の自己宣伝めいた部分は削除することも十分に可能であったはずである。にもかかわらずそれが為されていないということは、坂本の推測とは異なる別の事情がそこに存在したことを示唆しよう。おそらくその事情とは、博徳が『書紀』原資料の提供者であるばかりでなく、彼自身、編者の一人として、斉明紀や天智紀の外交記事の執筆にあたったことを意味すると思われる。

つとに太田善麿がその可能性を指摘しているが、[20] 筆者が特に注目したいのは、孝徳紀白雉五年二月条の本文と分注の④「伊吉博徳言」の関係についてである。④は白雉四年（六五三）と翌五年に入唐した者たちの消息を語っており、前述のように、その一人である智宗の帰朝の年次を庚寅（持統四）年とする。入唐者のうち妙位・法勝・氷連老人・高黄金・韓智興・趙元宝らについて、④は「今年共㆓使人㆒帰」と記すが、この「今年」が何時なのかが、従来から問題とされてきた。

和田英松や北村文治は、「今年」を博徳が司馬法聡を百済へ送り、帰国した天智七年（六六八）とするが、[21] ④の成立が持統四年以降である以上、この説には無理があり、坂本太郎や山田英雄が説くように、[22] 本文の白雉五年とするのが妥当であろう。氷連老人は白雉四年二月発遣の遣唐使一行に学生として名がみえるから、彼と名を併記される者たちも同じ時に入唐し、翌年二月発遣の遣唐使とともに帰国したとみられる。[23]

坂本は④の「今年」は『書紀』編者の修正したもので、もとは「白雉五年」または「甲寅年」と書かれていたとし、①の「博徳書」の冒頭に「同天皇之世」とあるのも同様であるとする。穏当な解釈であるが、しかし一歩進めて本文の述作者も博徳その人であったとすれば、本文と分注の関係はさらに無理なく理解できることになろう。

おそらく「博徳言」は「博徳書」の後に成ったものとみられる。坂本が「言」は「書」に対し補足的・説明的な意味を持ち、「書」と同類の記録であるとするのに対して、山田英雄は両者を別の性格のものとみて、「言」は『書紀』編纂の際の口上・聞書の類であろうとする。「書」と「言」を全く異質のものとする山田の見解は首肯できるが、筆者は「言」が「今年」という表現を用いたのは、山田が説くように、記録（「書」）と聞書（「言」）の違いにもとづくというよりは、「言」が本文と同一人の手によって一体的に記されたからであると考える。

すなわち本文を記した博徳は、補足として白雉の入唐者の消息を注記しようとしたが、彼の著した「書」にはそれに該当する記述がなかったために、過去の記憶、もしくは彼の手もとにあった資料・メモ類に頼ってそれを記し、冒頭に「伊吉博徳が言はく」と断ったと推測することができるのである。その際、白雉五年の帰朝者については、本文との関係に立脚して、庚寅（智宗の帰朝年）・乙丑（定恵〔貞慧〕の帰朝年）などとせず、「今年」と記したものとみられる。具体的な年次を掲げるべき史書としてはいささか不用意な記述であるが、逆にそれ故に、本文と分注の「言」が同一人の手に成った事実が、はしなくも露呈されているのである。

前述のごとく、伊吉連博徳は中河内のフミヒト系氏族の出身で、大宝律令の撰定者の一人であった。不比等や藤原一族と私的に結びつく人物と思われる。おそらく不比等との関係にもとづき、律令の撰定に加え『書紀』の編修にも参与したと推定して誤りないであろう。

「博徳書」の成立期については、持統朝頃とする見方が一般的である。博徳は朱鳥元年（六八六）に大津皇子の謀反に連座して捕らえられたが、すぐに赦免される。ただその後、暫くは不遇であったようで、持統九年（六九五）、遣新羅使に任ぜられて、ようやく政界への復帰を果たすことになる。持統朝成立説は、「博徳書」の内容に彼の功績を顕彰する自己宣伝的な傾向がみられることから、それを博徳の名誉挽回の意図にもとづくものとみ、一方で「博徳言」の成立が持統四年以降であることを踏まえて、持統九年頃までに「博徳書」が成ったと推察するのである。

しかし「博徳書」が第一義的に『書紀』の外交資料として作成されたものであるとすれば、成立年代をことさら、この時期に限る必要はない。筆者はむしろそれを大宝律令撰定後の八世紀初頭に比定すべきであると考える。「博徳書」と同様の資料的性格を持つ道顕の『日本世記』（入唐交渉を扱う「博徳書」に対して、この書は滅亡期の百済・高句麗を対象とした外交記録と位置づけることができる）は、書名に「日本」が使われている。日本国号の成立期は天武・持統朝以降であり、さらに対外的な日本国号の使用という点からすると、大宝元年（七〇一）の粟田朝臣真人の遣唐使あたりがその契機となる。

一方、道顕の名は『書紀』や『藤氏家伝』上には「釈道顕」・「高麗沙門道顕」・「僧道顕」・「高麗僧道賢」と記される。そのうちもっとも用例の多いのは「釈道顕」であるが、吉田一彦は「釈某」という表記は、わが国では八世紀初頭頃から用いられるようになった、中国風の最新の法名表現であると指摘している。[24]したがってこれらの点にもとづくと、道顕が『日本世記』を著した時期は、八世紀に入ってからとみるのが妥当と思われる。

『書紀』には天武天皇の舎人であった者たちの日記、すなわち『釈日本紀』（巻十五述義十一天武上）所引私記に引く「安斗宿禰智徳日記」・「調連淡海日記」・「和邇部臣君手記」が、壬申の乱の資料として利用されている。『書紀』には出典名を記さないが、私記に引く右の日記と同文、もしくは内容の一致する記事が壬申紀（天武紀元年条）にみえるから、『書紀』がこれらの資料を参照したことは確かである。

『続紀』によれば、三人の舎人のうち、和邇部臣君手は文武元年（六九七）に没したとみられるが、安斗宿禰智徳は和銅元年（七〇八）に従五位下に叙せられ、調連淡海は神亀四年（七二七）の時点でも、なお健在であった。このことは、智徳と淡海の日記の作成期をうかがう手掛かりとなろう。私記には智徳のカバネを宿禰、淡海のそれを連とするが、安斗氏が連から宿禰に改姓するのは天武十三年（六八四）であり、淡海も大宝元年から和銅二年（七〇九）の間に首から連に改姓している。[25]

加えて私記には智徳の日記の傍注に「従五下」、淡海の日記の傍注に「従五上」とある。これが日記の作成当時の彼等の位階を示したものであるとすれば、智徳の日記は和銅元年以降、淡海のそれは彼が従五位上に叙せられた和銅六年（七一三）以降に成立したとみなければならない。淡海は養老七年（七二三）には従五位上から正五位上に昇叙されているから、傍注の「従五上」の位階は後の時代の追記とは考えられず、しかるべき根拠が存したとみられる。カバネの表記や彼らの生存の事実、および淡海・智徳の日記中に「親王」の語がみえることなどを勘案すると、智徳・淡海の日記が書かれたのは、明らかに八世紀代であり、それも『書紀』の完成する養老四年に比較的近い時期であったと推断して誤りあるまい。

以上により、『書紀』の原資料とされた個人の書や記録には、八世紀に入ってからまとめられたものが少なくないことが明らかとなった。この事実は、大宝律令の施行を契機として、国史の編修方針そのものが大きく様変わりしたことを意味するのかもしれない。『新日本古典文学大系　続日本紀』一の補注は、和銅七年の紀清人らの国史編修参加の理由を、天皇を中心とする支配層の一体性を強調する天武朝の史書編纂の理念に代わって、「日本の国家としての統治の沿革を、朝鮮への支配をも含めて体系的に記述する」という新たな理念に立った国史の完成が追求されたためとする。

かかる理解は大筋において認めることができるが、新理念にもとづく国史編修の企ては、和銅七年を俟つまでもなく、大宝・慶雲期頃から徐々に進められたとみたほうが自然であろう。それに伴ってもっぱら帝紀や旧辞、墓記などの家記類に依存していた従来の編修方法に限界が生じ、体系的な史書としての体裁を整える必要から、より広汎な資料の蒐集と、実録的な書・記録の作成・提出が求められたとみられるのである。

これまでの考察にもとづくと、この新たな国史編修事業の推進者は、藤原不比等にほかならないと思われる。そうすると大宝律令の撰定事業から解放された博徳が、不比等の勧めに従って、入唐外交記録（「博徳書」）の述作に着手し、やがてその成果を携えて、『書紀』編修事業に加わったと推測してよいのではないか。

博徳の消息は、大宝三年二月、律令撰定の功により、功田十町、封五十（百五十?）戸を賜わった（『続紀』）のを最後に途絶える。この時点で彼はすでに老齢に達しており、ほどなく没したと考えられなくもないが、『続紀』には天平宝字元年（七五七）十二月に、「従五位上伊吉連博徳」の功田十町を、下功としてその子に伝えさせたという記事がみえる。大宝三年当時の彼の位階は従五位下であるから、この時以降、さらに一階を進められたことになる。

坂本太郎は、博徳の名が前述の、養老五年に「学業に優遊し師範たるに堪ふる者」として賞賜を加えられた文士儒士のリストにみえないことから、大宝三年以後、養老五年までの間に卒したとするが、おそらく慶雲・和銅の頃には、まだ博徳は存命であったとみてよいであろう。『書紀』の撰述は、晩年期の彼が取り組んだ最後の大仕事であったと推察されるのである。

（B）の船連大魚は、紀朝臣清人・山田史三方・楽浪河内・刀利宣令らとともに、養老五年正月、退朝の後に東宮に侍った者の一人である（前述）が、彼の経歴に関しては、他に和銅二年（七〇九）当時、民部大録に在職していたこと（『弘福寺田畠流記帳』）、養老七年（七二三）に正六位上より従五位下に昇叙されたことが判明する程度である。ただ船氏の祖についての『書紀』の記述や、この氏のフミヒトとしての伝統的な性格、藤原氏一族との関わりなどを踏まえると、大魚もまた『書紀』の編纂に加わりその関係で右の四人とともに首親王に『書紀』を進講したとみてよいかもしれない。

『書紀』には、欽明朝から敏達朝にかけて船史の祖、王辰爾《おうしんに》の活躍が記されている。欽明十四年には天皇の勅を奉じた蘇我稲目の命により船の賦《みつき》を数え録し、その功で船長《ふねのつかさ》に任ぜられ、船史の氏姓を賜わったとする。また敏達元年には高麗から送られた表疏（国書）を諸史（モロモロノフミヒト）に読み解かせようとしたが、三日の間に誰もそれをなしえず、辰爾のみがよく読解することができた。そのため天皇と大臣の蘇我馬子は辰爾の学才を称賛し、以後、彼に殿中に近侍するように命じたとある。

後者はいわゆる「烏羽《からすば》の表」の話として、人口に膾炙するようになるが、『書紀』のこれらの記事は、文筆・記録の任に就いたフミヒトたちのなかで、王辰爾がもっとも有能であったことを強調しており、船氏の家記類より出た伝承とみて間違いあるまい。別著で論証したように、(26) 船氏は河内国丹比郡野中郷を拠点とした百済系の氏族で、六世紀半ばから後半にフミヒトの組織に編入され、同じ野中郷に拠った白猪氏・津氏、隣接する古市郡古市郷の西文氏・蔵氏・馬氏らの百済系フミヒトらとともに、擬制的な同族関係を形成した。西文氏の主導の下に「野中古市人」と呼ばれる集団組織にまとまり、河内のフミヒトたちの中核的位置を占めたが、七世紀後半には「野中古市人」は事実上、船氏を盟主とする野中郷の勢力と西文氏を盟主とする古市郡の勢力に分裂し、互いに競合・対立するようになる。

したがって王辰爾の伝承は、西文氏らの祖とされる王仁の渡来伝承への対抗意識から作られたものと推察することができるが、それが『書紀』に採用されたのは、船氏一族の強い意思がそこに介在したためであろう。しかも天武朝に忌寸を賜わった他の渡来系有力氏と異なり、連賜姓にとどまった船氏（天武十二年に史より連に改姓）が、王辰爾の功績をかくも顕彰することができたのは、『書紀』編纂事業にこの氏が直接関わっていたからと考えざるを得ない。(27)

船氏と史書編纂との関係は、皇極朝の船史恵尺《えさか》に関する記述にも認められる。『書紀』によれば、皇極四年（六四五）、死に臨んで大臣の蘇我蝦夷は、天皇記・国記・珍宝を悉く焼いたが、恵尺は焼失寸前の国記を素早く取り出し、これを中大兄皇子に献上したという。天皇記・国記は推古紀二十八年是歳条に

皇太子・嶋大臣、共に議《はか》りて、天皇記及び国記、臣連伴造国造百八十部幷《あわせ》て公民等の本記を録す。

と記す史書のことであるが、関晃が指摘するように、右の史書の編纂は皇極朝まで継続し、嶋大臣（蘇我馬子）の後を継いだ蝦夷のもとで、恵尺がその撰修に従事していたと推測してよいと思われる。(28)

ただこのような理解を前提として、『書紀』の王辰爾の所伝が国記に出典をもつとする説もあるが、(29)国記の史書としての性格が不明である以上、その当否を検証する手立てはない。むしろここでは、船氏が『書紀』に先行する史書の編纂に関与した痕跡が認められることに留意すべきであろう。

八～九世紀の船氏一族には、『経国集』に天平三年（七三一）五月の対策文二篇を残す船連沙弥麻呂、承和年間の大学博士の御船宿禰氏主《みふね》（御船宿禰の旧姓は船連）、斉衡期から元慶期にかけて大学助教・助・博士を歴任した御船宿禰（菅野朝臣）佐世《すけよ》、貞観期の越中国博士の御船宿禰有行、貞観期から元慶期にかけて大学直講・助教であった船連（菅野朝臣）副使麻呂《ふくしまろ》らの学者・文人が出ており、外記・内記のような学識を必要とする官職に就いた者も少なくない。(30)さらに船史恵尺の子は、唐の玄奘三蔵の下で法相唯識を学び、摂論宗を日本にもたらしたとされる道昭であり、(31)『藤氏家伝』下を著した延慶も、前述のように船連夫子と同一人と目される学僧であった。法相・華厳の両教学を修めた興福寺僧の慈訓も船氏の出身である。

船氏が長期にわたって学術・文芸と深く関わっていた事実が、これによってうかがえよう。もとよりかかる現象は、八〜九世紀のフミヒト系氏族に共通して認められるもので、[32]船氏に限ったことではないが、少なくとも国史の編纂者を提供しうる学的（文的）環境が、早くからこの一族に備わっていたことだけは確かである。

次に藤原氏との関係に目を転じると、船氏が南河内の丹比郡野中郷を拠点としたフミヒトであることに加えて、前述のように延慶は藤原仲麻呂の家僧とみられ、慈訓は仲麻呂派に属し、道鏡と対立した僧侶であった。ここに藤原・船両氏の交流の跡を読み取ることができるが、遡って鎌足と道昭の間にも、鎌足の子、貞慧を介して、私的な結び付きが存在したように思われる。

『書紀』によれば、道昭と貞慧は、ともに白雉四年（六五三）の遣唐使に随行して渡唐した。貞慧は長安の慧日道場で、玄奘の弟子神泰法師に付いて学んでいるが（『藤氏家伝』上〔貞慧伝〕）、神泰および貞慧在唐時に慧日道場に住した道因の仏教学の性格にもとづくと、貞慧が修得しようとした学は摂論宗であったとみられる。[33]道昭は貞慧に先立って斉明七年（六六一）頃に帰国。翌年には元興寺の東南隅に禅院を創建し、ここで弟子を養成した。

天平九年三月十日付の太政官奏（『類聚三代格』二所収）によれば、元興寺には摂大乗論門徒（摂論衆）が置かれ、その起源は、「白鳳の年」より「淡海の天朝」まで、鎌足が家財を割いてその財政的援助を行ったことにあり、後には不比等、光明皇后が財貨を投じて、論衆の増加につとめている。創設の「白鳳の年」については、道昭・貞慧の渡唐した白雉の頃とする見方が有力であるが、白雉（公年号）の異称である白鳳は、孝徳朝だけでなく斉明朝でも年号として使用されているので、筆者は道昭帰国の斉明七年頃に比定するのが妥当と考える。

すなわち道昭と同じ摂論宗を学んだ貞慧の帰国に備えて、鎌足は元興寺東南隅に禅院を構えた道昭のために、『摂大乗論』講説の資を提供したと解することができる。貞慧は天智四年（六六五）の帰国後すぐに没するが、鎌足の道昭に対する援助はその後も継続し、鎌足の死去の時（天智八年）まで及んだと推察されるのである。[34]鎌足が仏教に対して並々ならぬ信仰心を持っていたことは、何よりも長男の貞慧を出家させたことによくあらわれているが、貞慧とのつながりを通して、彼は特に道昭の仏教活動を積極的に後援しようとしたのではなかろうか。

以上、船連大魚が『書紀』編纂に関与した可能性を、船氏という氏族的な見地から探ってみた。もちろん、確たる証拠があるわけではないが、この氏は多くの点で国史の編纂者に相応しい条件を備えており、大魚を『書紀』撰者の一人に推定して大過ないと思われる。

最後に（C）の白猪史（葛井連）広成についてみよう。白猪氏は前述のように、河内国丹比郡野中郷を拠点とし（その勢力はさらに志紀郡長野郷辺りまで及んでいる）、「野中古市人」の名で呼ばれたフミヒト系の氏族である。『書紀』によれば、欽明三十年に白猪史の氏姓を賜わった胆津《いつ》を王辰爾の甥とし、『続紀』延暦九年七月辛巳条の津連（菅野朝臣）真道らの上表には、百済国の貴須王の孫、辰孫王が応神朝に入朝し、その子孫の午定君の三人の男子の時に、分かれて葛井（白猪）・船・津の三氏になったと記している。三氏の同族関係については別に詳しく論じたので[35]、ここでは結論だけを述べると、その実態は「野中古市人」の実質的な解体後に、野中郷のフミヒト系三氏が新たに作り上げた擬制的な同族関係にすぎないとみられる。

『書紀』は欽明朝から敏達朝にかけて、吉備の白猪屯倉・児島屯倉の設置・経営に関する数カ条の記事を掲げ、そのなかで胆津が白猪屯倉の田部を検定し、丁籍の作成に成功したことを記し、白猪史の賜姓はその功によるものとする。これら一連の記事は、従来、白猪氏の家記に由来すると理解されてきたが、他に王辰爾の話と同じく国記に出たとする説[36]や、白猪氏が改氏姓を情願した上表（『続紀』によれば、白猪氏は養老四年五月に葛井連の氏姓を与えられている）をもとに、『書紀』編者が採録したとする説[37]、白猪氏の家記と蘇我馬子の復命にもとづく史料の二系統の記事から成るとする説[38]などが存する。

このうち国記説は、前述のように現状では検証不能であり、臆測の域を出ない。白猪氏の上表説も、賜姓の手続きに若干の期間が必要であったにせよ、『書紀』の完成とあまりに近接しており、上表の内容に沿って、これらの記事が『書紀』に急遽採録されたと解することは、多分に無理がある。一方、二系統説は白猪屯倉と児島屯倉が同一の屯倉であるとする解釈を前提とするが、平城宮や平城京跡出土の木簡にみえる「白猪部」などの地域的な分布状況などと照合すると、両屯倉が一体のものであった可能性は高い(39)。したがってこの説は基本的に承認することができると思われるが、その場合も『書紀』の記事群の半ばは、白猪氏の家記に依拠したものと理解すべきであろう。

そうすると、船氏のケースと同様に、白猪氏の家記が『書紀』に採択された経緯が問題となる。敏達紀三年十月条には、王辰爾の弟の牛が津史の氏姓を賜わったとする記事があり、欽明・敏達紀に船・白猪・津三氏の所伝が集中する傾向が認められる。それらは総数六十氏を越える史姓氏族のなかで、例外的に『書紀』が史賜姓を特記した記事であり、しかも王辰爾や胆津のフミヒトとしての功績を称えることを主旨とするから、国史の撰述と密接に関わる形で、これらの家記が意図的に『書紀』に取り上げられたと理解できる。津氏はともかくとして、白猪氏が船氏とともに『書紀』の編纂に関与した形跡がうかがえるのである。

白猪史広成は、文人官僚的な体質を色濃く帯した人物として、古代の史料に散見する。養老三年閏七月には遣新羅使となるが、この時すでに、大外記の職にあった。天平十五年(七四三)にも、新羅使の供客の事にあたるため筑前国に派遣されている。白猪氏には、天武十三年に新羅を経て帰国した大唐学生の白猪史骨《はね》、大宝元年の遣唐少録の白猪史阿麻留《あまる》、天平八年(七三六)の遣新羅使の葛井連子老《こおゆ》、貞観三年(八六一)の領渤海客使の葛井連善宗のように、対外交渉任務に従事したり、留学生となった者が少なくない。これは伊吉連博徳の例に明らかなごとく、フミヒト系氏族一般に認められる伝統的な特性であり、フミヒトがその職能の一環として、国際的に通用する広汎な学識を備えていたことによるものであろう(40)。

『藤氏家伝』下は、前述の紀清人・山田三方・高丘(楽浪)河内らとともに、神亀六年(七二九)頃の「文雅」の代表者として広成の名を掲げる。『万葉集』には、天平二年(七三〇)、駅使として大宰府に派遣された時、帥の大伴旅人邸での饗宴で、会集した官人たちの要望に応じて彼の作った歌一首があり、さらに天平八年、歌儛所の諸王臣子らが広成の家に集い、宴を催した時、その頃盛んになった古儛にあわせて歌った古調の短歌二首などがみえる。広成が当時、文人・風流人として声望の高かったことがうかがえるが、『懐風藻』には五言詩二首を収め、『経国集』にも和銅・天平頃の対策文二篇が残る。(41)

特筆すべきは、天平二十年（七四八）八月、聖武天皇が広成の家に行幸していることである。『続紀』によれば、天皇は群臣らとともに宴飲し、留宿して、翌日、広成とその室、県犬養宿禰八重《やえ》に正五位上を授けている。広成がこのように寵遇された理由は、彼が風雅を好む一流の文士であったことに加えて、妻の八重が光明子の母、県犬養宿禰三千代の同族で、おそらくその近親であったことによるのであろう。

広成は天平三年正月、光明立后後の最初の叙位で、船連薬《くすり》・田辺史広足・高丘連河内ら南河内の渡来系氏族出身者とともに、正六位上から外従五位下に叙せられている。岸俊男はこれを三千代か光明子の引立てによるものと推測するが、(42)そのとおりであろう。八重を介して光明子と近しい関係にあった広成は、さらにその後、聖武の自宅への行幸という栄誉に浴することになるのである。

白猪（葛井）氏の一族には、広成の他にも藤原不比等の下で大宝律令の撰定に従事した白猪史骨や、仲麻呂の側近の一人とみられる葛井連根道《ねみち》が存する。根道は天平勝宝元年（七四九）から十年以上にわたって、仲麻呂の支配力の及んだ造東大寺司の主典・判官職をつとめ、天平宝字七年（七六三）、飲酒の席で時の忌諱にわたる発言（孝謙太上天皇と道鏡の男女の関係について言及したか?）を行い、隠岐に流されている。道鏡没後に復帰しているから、彼が仲麻呂派の官人であったことは確かである。(43)

白猪氏もまた藤原氏と私的に結びつく氏族であったことが、これによって明らかとなるが、そうすると「文章」の学を究め、作文能力に長けた広成が、不比等や三千代の口利きで、『書紀』の撰修に加わった蓋然性は高いとみてよいであろう。ただ官人として史料に初見する時期が養老三年であることにもとづくと、彼の『書紀』編纂事業への参入も、最終段階に入ってからとみるべきかもしれない。

前述のように、『続紀』は白猪史に対する葛井連賜姓と『書紀』の完成を、ともに養老四年五月のこととする。これを偶然の一致と解することはできないであろう。白猪氏が『書紀』編纂に功があったために、賜姓されたと考えるのが自然である。同族関係を形成していた船・白猪・津三氏のうち、船氏はすでに天武十二年に史から連に改姓しており、白猪・津両氏はこれに大きく遅れを取っていた。連への改姓は、両氏の宿願であったと思われる。

ところが津氏が連に改姓するのは、白猪氏より三十八年後の天平宝字二年（七五八）である。他の二氏と同じく連姓を賜わりたいと情願して、ようやく許可されるのであるが、この事実は逆に白猪氏への賜姓が、論功行賞的な意味合いを持っていたことを示唆しよう。時期的にみて賜姓が『書紀』の完成と不可分の関係にあったことは間違いない。おそらく不比等や三千代の力添えを得て、『書紀』撰述者の広成と白猪氏一族の改姓が実現したと推察されるのである。

むすびにかえて

以上、第一節では山田史三方・楽浪河内・刀利宣令、第二節では伊吉連博徳・船連大魚・白猪史広成の人物像とその氏族的環境をそれぞれ検討し、彼等が『書紀』の編纂に参与した可能性を探ってみた。もとよりそれを徴証する史料が存在しない以上、状況証拠の積み重ねによって推測するしか手立てはないのであるが、その痕跡はかなり明瞭な形で残されていると判断してよいであろう。おのおの時期的な前後差は存するものの、紀朝臣清人・三宅臣藤麻呂・太朝臣安麻呂とともに、この六人が大宝から養老期にかけて、『書紀』の撰述に従事した事実を認めて差し支えないと思われる。

六人はいずれも渡来系氏族の出身であり、楽浪河内と刀利宣令は天智朝の亡命百済人の二世（もしくは一世）、他は中・南河内を拠点としたフミヒトの後裔にあたる人々であった。しかもすべて藤原氏と私的な交流関係を持ち、藤原不比等の推挙によって『書紀』の編纂に加わったと推測される者たちである。

したがって彼等と同様の性格を有する渡来系氏族の出身者（特にフミヒト系氏族）のなかにも、他に『書紀』編纂と関わった文人・学者が存在したとみるべきかもしれない。たとえば、藤原氏ともっとも親しい関係にあった田辺氏などは、その確率が低くないと思われる。上毛野公大川（田辺史は天平勝宝二年〔七五〇〕に上毛野君〔公〕、弘仁元年〔八一〇〕に朝臣に改姓している）は光仁朝の修史事業に加わり石川朝臣名足らとともに、『続紀』後半部のもととなった天平宝字から宝亀年間までの記録二十巻を撰修している。大川の子の穎人《ひでひと》は『新撰姓氏録』の編者の一人であり、上毛野朝臣永世は『貞観格』の編纂に加わった。この氏は奈良・平安朝の学術・文芸・外交部門に多くの人材を輩出しており、(44)『書紀』編纂に参与する条件は十分に備わっている。

大宝律令の撰定のあたった田辺史百枝と同首名のうち、百枝は『懐風藻』に五言詩一首を残し、大学博士従六位上と記す。『続紀』によれば、文武四年（七〇〇）当時、追大壱（正八位上にあたる）であったから、その後もしばらく学者として活躍し、位階を進めたことになる。首名も天平九年度の『和泉監正税帳』に、天平四年（七三二）の時点で「故正田辺史首名」とあり、和泉監の成立する霊亀二年（七一六）以降、長官（正）となり、天平四年に近い頃に死去したらしい。

したがってこの二人のどちらかが、伊吉連博徳のケースと同じく、不比等の意を受けて、『書紀』の編纂に従事したと推測してもおかしくない。雄略紀九年七月条には田辺史の祖の伯孫の換馬伝承を掲げるが、田辺氏の家記にもとづくこの著名な伝承も、この氏が国史編纂局の一員であったために、日の目をみたと考えられなくもないのである。

これ以外にも長屋王邸で詠じた二首を含む三首の五言詩が『懐風藻』にみえ、『経国集』に慶雲四年（七〇九）九月の対策文二篇を残す百済公倭（和）麻呂は、前述の紀清人・山田三方・白猪広成・楽浪河内らとともに『藤氏家伝』下の神亀六年頃の「文雅」に名を連ねる人物であり、『書紀』編者の一人にあてることができるかもしれない。

また森博達は持統紀に「音博士」とみえる続守言と薩弘恪を、『書紀』の述作には、正格漢文を綴ることができ、唐朝の正音（標準音）に通暁している者の参加が不可欠であるとの理由で、その編者に比定している。(45)薩弘恪は藤原不比等の下で大宝律令の撰定に従事しているから、八世紀に入ってからの『書紀』編纂事業に関わった可能性がある。

このように『書紀』編纂に動員されたとみられる渡来人は、不確かな者も含めると、かなりの数にのぼると思われる。もとより編者であることが史料的に確認できるのは、紀清人や三宅藤麻呂・太安麻呂のような非渡来系の文人・学者であり、当然彼等が編纂事業の中心に位置したとみるべきであろう。その場合、渡来系の人々とどのような関係に立って編修が進められたのかが問われなければならない。一方、いわゆる『書紀』区分論の立場に基づくと、『書紀』の巻ごとのグループ別の分担的編修がいつ、誰の手によって行われたのかということも重要な問題となる。

本章ではこうした点には論及せず、もっぱら大宝期以降の『書紀』編纂に関わった渡来系の人々を抽出する基本的な作業に終始した。右の諸点については、今後さらに検討を進める必要があるが、さしあたってここでは八世紀の『書紀』編纂事業が、藤原不比等の主導もしくは影響の下に、藤原氏と私的に結びつく渡来人の少なからぬ参加を得て、推進された事実だけを確認しておくことにしたい。

注

（1）本書第三部第一章
（2）坂本太郎『六国史』吉川弘文館、一九七〇年
（3）関晃「上代に於ける日本書紀講読の研究」（『史学雑誌』五三―一二〔一九四二年〕、のち関晃著作集第五巻『日本古代の政治と文化』〔吉川弘文館、一九九七年〕に収録）
（4）太田善麿『古代日本文学思潮論（Ⅲ）』桜楓社出版、一九六二年
（5）坂本太郎、前掲注（2）の書
（6）当時の還俗の理由や意義については、関晃「遣新羅使の文化史的意義」（『山梨大学学芸学部研究報告』六、一九五五年）、田中卓「還俗」（『続日本紀研究』一―一二）。
（7）『続紀』天平宝字五年三月庚子条によれば、「百済人」の刀利甲斐麻呂ら七人が丘上連《おかのえ》の氏姓を賜わっており、刀利氏

が百済系の氏族であったことが知られる。
(8) 森博達『日本書紀の謎を解く』(中公新書、一九九五年)、皆川完一「道慈と『日本書紀』」(『中央大学文学部紀要』一九一、二〇〇二年)
(9) 岸俊男「県犬養橘宿禰三千代をめぐる臆説」(末永先生古稀記念会編『古代史論叢』〈同記念会、一九六七年〉所収、のち同著『宮都と木簡』〈吉川弘文館、一九七七年〉に収録)
(10) 本書第三部第一章
(11) 薗田香融「恵美家子女伝考」(『史集』三二・三三号、一九六六年、のち同著『日本古代の貴族と地方豪族』〈塙書房、一九九一年〉に収録)
(12) 上田正昭『大仏開眼』(文英堂、一九六八年)、同『藤原不比等』(朝日新聞社、一九七六年)
(13) 矢嶋泉「『家伝』の資料性」(沖森卓也・佐藤信・矢嶋泉著『藤氏家伝〈鎌足・貞慧・武智麻呂伝〉注釈と研究』〈吉川弘文館、一九九九年〉所収)
(14) 横田健一「藤原鎌足伝研究序説」(同著『白鳳天平の世界』〈創元社、一九七三年〉所収)
(15) 横田健一、同右
(16) 斉明六年七月、同七年四月、同十一月、天智八年十月の四条。このほか道顕が高句麗の滅亡を占ったとする天智元年四月条や同即位前七月是月条、同十二月条分注、同元年三月是月条、同二年五月条も『日本世記』からの引用とみられる。
(17) 青木和夫「日本書紀考証三題」(『日本古代史論集』上〈吉川弘文館、一九六二年〉所収、のち同著『日本律令国家論攷』〈岩波書店、一九九二年〉に収録)
(18) 承和二年(八三五)九月に、河内国人の伊吉史豊宗とその同族十二人が滋生宿禰を賜姓されており(『続日本後紀』)、『政事要略』八十一所引貞観四年(八六二)二月二十三日付「検非違使移」には、河内国渋川郡人の滋生宿禰春山・同峰良の父子の名を記す。中・南河内地方がフミヒト系氏族の集住地であることを念頭に置くと、渋川郡が伊吉史一族の本拠地であったとみてよいであろう。
(19) 坂本太郎「日本書紀と伊吉連博徳」(『日本古代史論叢』〈吉川弘文館、一九六〇年〉所収、のち同著『日本古代史の基

礎的研究』上〔東京大学出版会、一九六四年〕に収録）。以下、特に断らないかぎり、坂本論文はこの論文を指す。
(20) 太田善麿、前掲注（4）の書
(21) 和田英松「奈良朝以前に撰ばれたる史書」（同著『国史説苑』〔明治書院、一九三九年〕所収）、北村文治「伊吉連博徳書考」（『日本古代史論集』上〔吉川弘文館、一九六二年〕所収、のち同著『大化改新の基礎的研究』〔吉川弘文館、一九九〇年〕に収録）
(22) 坂本太郎、前掲注（19）の論文、山田英雄「伊吉連博徳書と地名」（『新潟史学』二、一九六九年）
(23) ただこれらの人物のうち、韓智興は①・③の「博徳書」によると、斉明五年から七年にかけて在唐しており、氷連老人も、持統紀四年十月条の記述にもとづくと、天智三年には在唐中であったことがうかがえる。北村文治はこの事実により、彼等が白雉五年には帰国せず、そのまま唐にとどまっていたと推測するのであるが、坂本太郎や山田英雄が説くように、彼等はいったん帰国し、再入唐したとみたほうが自然であろう。韓智興は①・③にみえることから、博徳とともに斉明五年の遣唐使一行に加わり再入唐した可能性が大で（山田説）、氷連老人は百済救援軍に従軍し、唐の俘虜になったとみられる。
(24) 吉田一彦「僧旻の名について」（『日本仏教の史的展開』〔塙書房、一九九九年〕所収）
(25) 『万葉集』によれば、大宝元年の紀伊行幸時には「調首淡海」とあり（巻一—五五）、『続紀』和銅二年正月丙寅条には「調連淡海」とする。
(26) 加藤謙吉『大和政権とフミヒト制』（吉川弘文館、二〇〇二年）
(27) 太田善麿前掲注（4）の書も、このことを指摘している。
(28) 関晃『帰化人』（至文堂、一九六六年）
(29) 角林文雄「白猪屯倉と児島屯倉」（『ヒストリア』七五、一九七七年）
(30) 九世紀の外記就任社に、船連湊守《みなともり》・宮原宿禰（旧姓船連）村継・船連（菅野朝臣）助道《すけみち》がおり、助道は内記から外記に転じている。詳細は加藤謙吉、前掲注26の書参照。
(31) 『三国仏法伝通縁起』は道昭を法相宗の第一伝とするが、法相宗は玄奘の弟子の窺基《きき》の時に成立したものであるから、田村圓澄（「摂論宗の伝来」同著『飛鳥・白鳳仏教論』〈雄山閣、一九七五年〉所収）は、道昭が日本に伝えたのは摂論宗であったとする。

（32）加藤謙吉、前掲注（26）の書

（33）横田健一「藤原鎌足と仏教」（前掲注14の書所収）

（34）本書第三部第一章

（35）加藤謙吉、前掲注（26）の書

（36）角林文雄、前掲注（29）論文

（37）水野柳太郎「日本書紀の白猪史関係記事」（『奈良大学紀要』一四、一九八五年）、同「白猪史の改姓と『日本書紀』」（『古代史論集』上〈塙書房、一九八八年〉所収）

（38）栄原永遠男「白猪・児島屯倉に関する史料的検討」（『日本史研究』一六〇、一九七五年）

（39）「白猪部」の人名を記した木簡は五点出土しており、そのうち一点は、三家郷の白猪部少国が調として塩三斗を貢進したもので（『平城宮跡発掘調査出土木簡概報』一六、六頁）、吉田晶が指摘するように（同著『吉備古代史の研究』塙書房、一九九五年）、三家郷は児島屯倉の跡地である『和名抄』の備前国児島郡三家郷を指すとみられる。児島郡にはこのほか小豆郷志磨里に白猪部乙嶋がおり（『平城宮跡発掘調査出土木簡概報』三一、四〇頁）、隣接する備前国邑久郡片上郷寒川里にも白猪部色不知の名が認められる（『木簡研究』五号、一二頁）。一方、備中国哲多郡額部郷または同郡野馳郷にも白猪部身万呂の居住が確認でき（『平城宮木簡』七、一一五二八）、白猪部の分布が広く吉備各地に及んでいた可能性も否定できないが、児島郡を中心とした備前国の臨海部が白猪部の集住地であったことは確かと思われる。

（40）加藤謙吉、前掲注（26）の書

（41）増尾伸一郎は、広成を『懐風藻』の撰者に比定している（増尾「『藤氏家伝』の成立と『懐風藻』」篠川賢・増尾伸一郎編『藤氏家伝を読む』〈吉川弘文館、二〇一一年〉所収）。

（42）岸俊男、前掲注（9）論文

（43）岸俊男『藤原仲麻呂』（吉川弘文館、一九六九年）

（44）加藤謙吉、前掲注（26）の書、および本書第三部第一章

（45）森博達、前掲注8の書

第三章　『日本書紀』と壬申の乱
―壬申紀の述作者をめぐって―

第一節　壬申紀の記事の偏向性

天武十年（六八一）三月、天皇は川嶋皇子以下十二人の王族・豪族に対して、「帝紀」と「上古諸事」の記定を命ずる詔を発した（『日本書紀』）。すでに指摘されているように、この記定事業は『書紀』編纂の開始を伝えたものと受け取ることができるが、王族以外の上毛野君三千、忌部連首、阿曇連稲敷、難波連大形、中臣連大嶋、平群臣子首の六人の豪族中には、中臣氏を除くと大化以後に左・右大臣、御史大夫などの要職に就いた有力氏出身者が存在しない。

また忌部連首は壬申の乱時に、将軍大伴連吹負《ふけい》の下で荒田尾直赤麻呂とともに飛鳥古京を近江朝廷軍から守った人物であり、難波連大形は旧氏姓が草香部吉士（難波吉士の同族団を構成する一氏）[1]で、天武十年正月に小錦下の位を授かり、難波連の氏姓を賜わっている。天武朝のこの時期の叙位者・賜姓者に壬申の乱の功臣が少なくないこと（忌部連首も天武九年正月に首から連に改姓している）、大形の同族に、近江から伊勢に逃れる大津皇子を護衛した難波吉士三綱がいることなどを勘案すると、大形もまた壬申の乱で武功を挙げた可能性が高いとみてよいであろう。

そうすると、すでに明らかにしたように、天武十年の記定事業は、王族と壬申の乱の功臣を中心に、中央の有力豪族の介入を排除する形で企画され、天皇家中心の史観に立って、その権威を強調する目的で進められたと推測することができよう[2]。さらにそれが天武の強い意思の表れであるとするならば、乱における大海人皇子の勝利を正当化し、その即位が歴史的必然性にもとづくものであったことを説く狙いが存したとみなければならない。

『書紀』は壬申の乱の大和での戦いに、高市社の事代主神、身狭社の生霊神が高市県主許梅に憑依し、同じく村屋神も祝に神がかって、それぞれ託宣を下したと記すが、これは大海人皇子が神々の加護を得た正統な王位継承者であるという「神聖なる事実」を引き出すための『書紀』編者の創作にほかならない。

天武紀が上下二巻に分けられ、即位（天武二年）前の壬申の乱の顚末を記す上巻が、いわゆる壬申紀として独立した体裁を取るのは、『漢書』高帝紀や『後漢書』光武帝紀にならったためとされるが、これは『書紀』における唯一の例外であり、「（書紀）編者が壬申の乱に注いだ関心の並々ならぬもののあったこと」(3)を示している。換言すれば、壬申の乱の叙述は、天武系の王統にとって、自己の存在理由を立証するための不可欠の要素をなし、勝者の側に「正義」が存したことを、具体的な戦乱の記述と織り交ぜながら描出する必要があったとみるべきであろう。

これと関連して注目しなければならないのは、壬申紀の記述内容にかなりの偏りがみられることである。大海人軍と近江朝廷軍の主戦場となった近江戦線に関する叙述が極端に少なく、大海人軍による美濃での徴兵と不破道閉塞の成功、大海人の東国への進発と美濃国の野上行宮入り、「尾張国司守」小子部連鉏鉤《さいち》の帰順と尾張軍二万の接収、和蹔《わざみ》での大海人の軍隊検閲などの記述に、多くのスペースが割かれている。さらに併行して飛鳥での大伴連吹負の挙兵と大和・河内での戦いが、克明に描かれる。

このうち大和・河内戦線に関する記述は、倉本一宏が推測するように、大伴吹負戦記とでも言うべき原資料にもとづき書かれた公算が大であるが、倉本や早川万年は、壬申紀に右のような偏りがみられるのは、使用された原資料が、従軍した大海人皇子の舎人の日記（『釈日本紀』所引『私記』に「安斗（宿祢）智徳日記」・「調連淡海日記」・「和珥部臣君手記」の断片的な記録がみえる）や大伴吹負戦記など、ごく一部のものにとどまったことによるのではないかと推測している。(4)

しかし壬申紀述作者が最終的に使用した原資料が、量的に少なかったことは確かとみてよいであろうが、それは必ずしも述作者の手許にあった資料そのものが乏しかった事実を意味するとは限らない。大海人の従軍舎人のうち、調首（連）淡海は、神亀四年（七二七）十一月、高齢であるが故に錦・絁を賜与されたとあり、『日本書紀』完成後まで生存している。安斗連（宿禰）智徳も和銅元年（七〇八）に従五位下に叙せられているから、少なくともその時までは健在であった（『続日本紀』）。

この二人が近江戦線に参加したかどうかは定かではないが、従軍していたとすれば、実際に不破から近江へ出撃した和珥部臣君手とあわせて、具体的な戦況の記録が日記に残されていたと考えるべきであろう。たとえ記録されていなかったとしても、壬申紀の述作者は、生存者への聞き取りによって、近江戦線に関する史実を、かなりの程度まで把握することが可能であった。さらに霊亀三年（七一七）に没した左大臣の石上朝臣（旧氏姓物部連）麻呂は、壬申の乱では近江朝廷軍に属し、大友皇子が山前で縊死するまでこれに従った側近であったが、おそらく近江戦線の動向の細部に至るまで熟知しており、情報提供者としては最適の人物であったはずである。

したがって壬申紀が近江の戦いについて、大まかな記述しか残さないのは、決して資料不足のせいではなく、述作者が意図的に詳述を避けたためと考えるべきであろう。壬申の乱の「大義」が、一貫して大海人皇子の側にあることを説くのが、述作者に課せられた最大の課題であり、それさえクリアーすれば、個々の戦闘に関する記述については、ある程度まで独自の意思による取捨選択が許容されていたと推察されるのである。

前述のように、大和・河内における戦闘記事が、仮称「大伴吹負戦記」にもとづくものであったとすると、これらの記事は「初」「是日」「先ㇾ是」など、明確な日付を欠いたまま記されるので、述作者は原資料の記述をそのまま踏襲し、それを一括して壬申紀に組み込んだものと判断することができる。したがって述作者が意を注いだ部分は、大和・河内戦線記事ではなく、それ以外にあったとみるべきであるが、特に注目されるのは、壬申紀で大海人の挙兵の前提として、美濃や尾張の兵の徴発が決定的な役割を果たしたとされ、両国の出身者や関係者がそれに関与する形で、少なからず記事の中に登場する事実である。

いま該当する記事を日付順に書き出し、必要な部分について問題点を整理してみると、次のようになる。

①（五月）山陵造営のため、近江朝廷が美濃と尾張の国司に命じて徴発した人夫が武器を所有している事実を、私用で美濃に出かけていた朴井連雄君が大海人皇子に報告。事変が起こる前兆ではないかと警告する。

②（六月二十二日）大海人は、村国連男依・和珥部臣君手・身毛君広を、美濃国安八磨郡の湯沐令である多臣品治《ほんち》のもとに遣わし、郡の兵士を徴発するように命令。さらに国司らにも連絡して軍を差発し、不破の道を閉塞するように指示した。村国連男依は美濃国各務郡村国郷、身毛君広は美濃国武義郡を本拠とした豪族の出身。[5] 多臣品治は後述するように、安八磨郡（美濃国安八郡・池田郡）と木曽三川を隔てて近接する尾張国中嶋郡と関係のある多氏の一族と推定される。

③（六月二十五日）前日、東国へ出発した大海人の一行が伊勢の鈴鹿に到着すると、「国司守」の三宅連石床・介の三輪君子首と湯沐令の田中臣足麻呂・高田首新家らが一行を迎えた。石床や子首は伊勢国司とみるのが一般的であるが、『続紀』天平宝字七年十月丁酉条に、壬申の乱で大海人の乗馬用の私馬を献上した美濃国主稲の高田首某（高田毗登足人の祖父）の名を記すことから、某と新家を同一人物とし、新家と田中臣足麻呂は美濃国の湯沐令で、国司もまた美濃の国司であるとする説も存する。[6] しかし『三代実録』仁和三年三月乙亥朔条に、三輪君子首のことを「伊勢介」と記すので、田中卓が説くように、国司も湯沐令も伊勢国の役人と解するのが妥当であろう。[7]

ただ美濃国主稲の高田首某も、美濃の大海人の湯沐に関わる人物とみられる。早川万年は大海人の湯沐が美濃だけでなく、近隣の国にも置かれており、その地で動員された「兵」が大海人軍の主要な一角を占めていた可能性を指摘するが、[8] おそらくその通りであろう。新家と某は大和国十市郡もしくは添下郡の高田の地（『書紀』に「高田丘」、『続紀』に「高田寺」がみえる）に拠った高句麗系渡来氏族の高田首の近親者同士で、大海人との関係にもとづき、伊勢と美濃の湯沐の管理を分担したのではないかと推察されるのである。

早川はさらに飛鳥池遺跡北地区から出土した天武朝前半期の木簡に、「陽沐戸海部佐流」と記したものがあることに注目し（『飛鳥藤原京木簡』一、一九九号）、朱鳥元年、天武の殯宮で大海（凡海）宿祢蒭蒲《あらかま》が壬生のことを誄していることから（『書紀』）、木簡の陽沐（湯沐）戸の海部は、大海氏の管掌下にある尾張国海部郡の住人で、伊勢湾に面したこの地域に大海人皇子ないしその後継者の湯沐があったとする。そして壬申の乱で東国入りした大海人が伊勢北端の桑名郡に一旦とどまり、翌日不破に移動後も、妻の菟野皇女（持統）をそのまま桑名に留め置いたのも、木曽三川河口付近の伊勢湾沿岸部に大海人の支持勢力となる氏族集団の拠点があったためと推測する。すなわち早川説に依拠するならば、大海人皇子の湯沐は、木曽三川から伊勢湾の北部へと通じる美濃・尾張・伊勢の一帯に点在していたことになろう。

④（六月二十六日）大海人一行が伊勢の朝明郡の郡家に着く頃に、村国連男依が早馬で美濃から駆けつけ、美濃の軍勢三千人を発して、不破の道を塞いだことを報告した。大海人は男依の功を褒め、朝明郡家に到着すると、高市皇子を不破に遣わして、軍事を監督させ、さらに山背部小田と阿斗連阿加不を東海山、稚桜部五百瀬と土師連馬手を東山道に派遣して、軍を徴発させた。不破の道を閉塞した美濃の三千の軍勢は、安八磨郡で徴発した兵を中心とするとみられるが、[9]②と対照させるならば、明記こそしないものの、壬申紀が暗にそれを安八磨郡の湯沐令、多臣品治の措置によるものとしていることが知られる。

⑤（六月二十七日）高市皇子の献策により、大海人は不破に入ったが、不破郡家に到着する頃に、「尾張国司守」の小子部連鉏鉤が二万の軍勢を率いて帰順してきた。大海人は鉏鉤を褒め、軍勢を分けて各方面の道に配備し、守衛にあたらせる。数に誇張もあろうが、鉏鉤が率いてきた二万の大軍が、この後の近江戦線における大海人軍の主力となり、勝利の原動力となったことは間違いない。したがって鉏鉤の功績は極めて大きかったはずであるが、乱終結後の八月二十五日条には、近江朝廷側の重罪人の処罰記事に続けて、鉏鉤がそれ以前に山に隠れて自殺を遂げたとし、大海人の言として「鉏鉤有功者也。無レ罪何自死。其有二隠謀一歟」と記している。

壬申紀の大海人の言葉は、鉏鉤の行動に何か不可解な事情が存したことを暗示するが、古来、その帰順と自殺をめぐっては、様々な説が立てられてきた。すなわち、鉏鉤の帰順は偽りで、隙をうかがって大海人を捕らえようとしたが、失敗に終わり自殺したとする説（伴信友）、二万の兵は山陵造営の名目で近江朝廷側が集めた兵とする説（田中卓・亀田隆之・直木孝次郎）、鉏鉤の寝返りは、彼の意思によるものではなく、大海人に味方しようとする尾張の郡司や豪族の意向を押さえきれなかったためとする説（直木）、鉏鉤の配下の勢力として、尾張氏や大海氏を想定する説（上田正昭）、同様の観点から、鉏鉤は尾張連大隅（後述）と多臣品治の工作により寝返ったとする説（遠山美都男）、不破・鈴鹿・桑名を押さえた大海人の勢いに敵対できなくなった鉏鉤が、やむなく帰順したとする説（早川万年）、鉏鉤は自殺したのではなく、大海人軍に拘禁され処刑されたとする説（倉本一宏）などである。(10)

壬申紀の限られた記述の中から真相を導き出すことは容易なことではないが、鉏鉤の率いた二万の軍勢が、①の朴井連雄君の報告にある、山陵造営の名目で徴発された近江朝廷側の兵士たちであったことは、事実とみて間違いないであろう。さらに壬申紀が鉏鉤を「有功者」と記し、彼の死の背後に陰謀が存した可能性を示唆しつつも、直接、鉏鉤の罪状に言及していないのは、帰順が鉏鉤の意に反したものであったにせよ、その後、大海人への敵対行為が露見し、罪人として処断されるような極限的状況が出来しなかったことを意味すると思われる。

おそらく直木孝次郎が指摘するように、鉏鉤の帰順は、彼の配下に編入された尾張の郡司・豪族層が大海人支持の立場を鮮明にし、鉏鉤がそれを受け入れざるを得なくなったためであり、結果的に近江朝廷側が敗北するきっかけをつくってしまった責任を取って、彼は自ら命を絶ったとみられるのである。

壬申紀にはみえないが、『続紀』は、壬申の乱の功臣として尾張宿禰大隅と尾張連馬身の二人の尾張氏の氏人の名を掲げる。大隅は持統十年（六九六）に直広肆を授けられ、水田四十町を賜わったが（『書紀』）、これは壬申の乱の功を賞せられたためである。『続紀』によれば、彼は霊亀二年（七一六）には壬申の乱の功臣で、贈従五位上とあり（それ以前に死去したのであろう）、さらに天平宝字元年十二月壬子条には、

淡海朝庭諒陰之際、義興驚レ蹕、潜出二関東一。于レ時、大隅参迎奉レ導、掃二清私第一、遂作二行宮一、供二助軍資一。其功実重。

と記し、大隅が乱時に私邸を大海人の行宮として提供したと伝えるが、早川万年は大海人の進軍路との関係に立って、大隅の私邸の所在地を桑名と推定する。[11] 伊勢国桑名郡と尾張国海部郡は、木曽三川をはさんで互いに向かい合う位置にあるから、尾張氏の勢力が木曽三川沿いに尾張の中嶋郡や海部郡方面より桑名の地まで伸びていた蓋然性は高く、早川説は従うべき見解と思われる。

表1は奈良・平安期における尾張国内の尾張氏の分布を、郡単位で示したものである。分布地域が広範囲に及び、郡司任官者の多いことが、一瞥して明らかであろう。尾張氏の一族の者は、尾張国所管の八郡のうち、中嶋・海部・春部・愛智の四郡の郡司を出しているが、木曽三川沿岸の海部・中嶋両郡では、尾張氏が大領と少領の職を独占し、他氏（海部郡の額田部・爪工連・刑部、中嶋郡の中嶋連・他田など）は、主政や主帳の職位にとどまっている。尾張氏の中核をなす勢力は、六世紀初頭に巨大前方後円墳の断夫山古墳（全長一五〇メートル）を築造した愛智郡熱田台地を拠点とする首長グループで、海部郡や中嶋郡の尾張氏はその傍流の一族とみられるが、彼らはこれらの郡では、立郡以来の譜第郡司の家柄とみて間違いなく、郡内きっての有力な一族であったと推察される。右の尾張宿禰大隅や尾張連馬身は、おそらくそのような一族の出身者であり、大海人の湯沐がこれらの地に存したこともあって、[12] 尾張における大海人支持勢力の中心的存在となっていたのであろう。

彼等は小子部連鉏鉤の率いる軍勢に加わり、部将的な役割を担っていたと想像されるが、逆に鉏鉤に対する働きかけを強めることによって、大海人軍への帰順を実現させたのではなかろうか。前述のように、遠山美都男は、尾張連大隅だけでなく、多臣品治も鉏鉤への説得工作を行ったと推測する。[13] 多（太）氏と小子部氏は、『古事記』神武天皇段に神八井耳皇子の後裔とされる十九氏中に含まれる氏族で、同祖関係にあり、本拠地も多氏が大和国

表1　「尾張国における尾張氏」

郡名	人名	事項	出典
中嶋	尾張連【闕名】	天平六年、中嶋郡大領？（外）従八位下	同国正税帳
	尾張宿祢久玖利	聖武朝の人　中嶋郡大領	霊異記中二七
	尾張連由加麻呂？	真清（隅）田神社の宮人	大同類聚方
海部	尾張連田主	天平六年、海部郡主帳　無位	同国正税帳
	尾張宿祢宮守	延暦十八年、海部郡少領	日本後紀
	尾張宿祢常村	応和三年、海部郡大領　外従八位上（没死）	類聚符宣抄
	尾張宿祢是種	応和三年、海部郡大領　正六位上（補任）	類聚符宣抄
	尾張（宿祢？）惟平	応和三年、海部郡少領	類聚符宣抄
春部	尾張宿祢人足	天平二年、春部郡大領　外正八位上	同国正税帳
	尾張連石弓	天平二年、春部郡主政　外大初位上勲十二等	同国正税帳
	尾張宿祢弟広	仁和元年、春部郡大領　外正六位上	三代実録
	尾張宿祢安文・安郷	仁和元年、弟広の男子	三代実録
	尾張連孫	天平十九年以降、春部郡山村郷戸主　大初位	*古二五・九四頁
	尾張連牛養	天平十九年以降、孫の戸口	*古二五・九四頁
愛智	尾張宿祢乎己志	和銅二年、愛知郡大領　外従六位上	続日本紀
山田	小治田連薬	神護景雲二年、賜姓尾張宿祢　従六位下	続日本紀
不詳	尾張連若子麻呂・牛麻呂	大宝二年、持統太上天皇の尾張行幸に際し、宿祢賜姓	続日本紀
	尾張宿祢小倉	天平十九年、命婦　従五位下、尾張国国造就任	続日本紀

（*古＝大日本古文書）

十市郡飫富郷（式内社の多坐弥志理都比古神社（略称多神社）の所在地）、小子部氏も同じ飫富郷内の子部神社（式内社）の辺りで、地域的に近接する。しかも多氏やその同族の勢力基盤は、鉏鉤が国司となっている尾張国内にも存した。

『延喜式』神名帳によれば、中嶋郡には太神社一座があり、名神大社とされる。所在地は現愛知県一宮市大和町於保で、仁寿三年六月に名神に列し、同七月に従五位上、元慶元年閏十二月には正五位上の神階を授かっている（『文徳実録』・『三代実録』）。祭神は神八井耳命とされるが、大和国十市郡の多神社とともに、高い社格（名神大社）を有する官社であり、この中嶋郡の於保の地が、地方の多氏一族の拠点の中でも、特に重要な意味を持つ地域であったことがうかがえる。

さらに木曽三川下流域の海部郡嶋田郷は、『古事記』の神八井耳命後裔氏中の一氏である嶋田臣の、中嶋郡に隣接する丹羽郡の丹羽郷は、同じく丹羽臣の、それぞれ本拠地に比定することができる。『阿蘇家略系譜』は、神八井命の九世孫の大荒男別命の尻付に「是県連、県主前利連、島田臣、伊勢船木直、丹羽臣等祖也」と記すが、県連は県主前利連《あがたぬしのさきとのむらじ》氏益が承和八年四月に賜わった氏姓で（『続日本後紀』）、両氏は同一氏である。丹羽郡の式内社、前利神社（祭神は神八井耳命とされる）は、この県主前利連の奉斎した神社であろう。

「天孫本紀」は「邇波県君祖大荒田」の名を掲げるが、大荒田と『阿蘇家略系譜』の大荒男別命は同一人と解することができ[14]、邇波県君もまた、県主前利連や丹羽臣と同じく、丹羽郡丹羽郷を拠点とした神八井耳命の後裔氏とみて誤りない。丹羽郡の式内社には大県神社（名神大社）があるので、県主前利連や邇波県君は、丹羽県を治めた丹羽県主より分出した一族と推察されるが、丹羽郡の有力在地土豪で、式内社の爾波神社（祭神は神八井耳命）の祭祀氏族（？）であった丹羽臣も、この両氏と早くから同族的な結合関係を結んでいたと考えられる。

以上により、尾張国内に多氏とその同族（神八井耳命後裔氏）の勢力が扶植されていた事実が明らかとなった。小子部連鉏鉤の「尾張国司守」任官も、これら現地の同族勢力との関係に依拠するところが大きいと思われる。

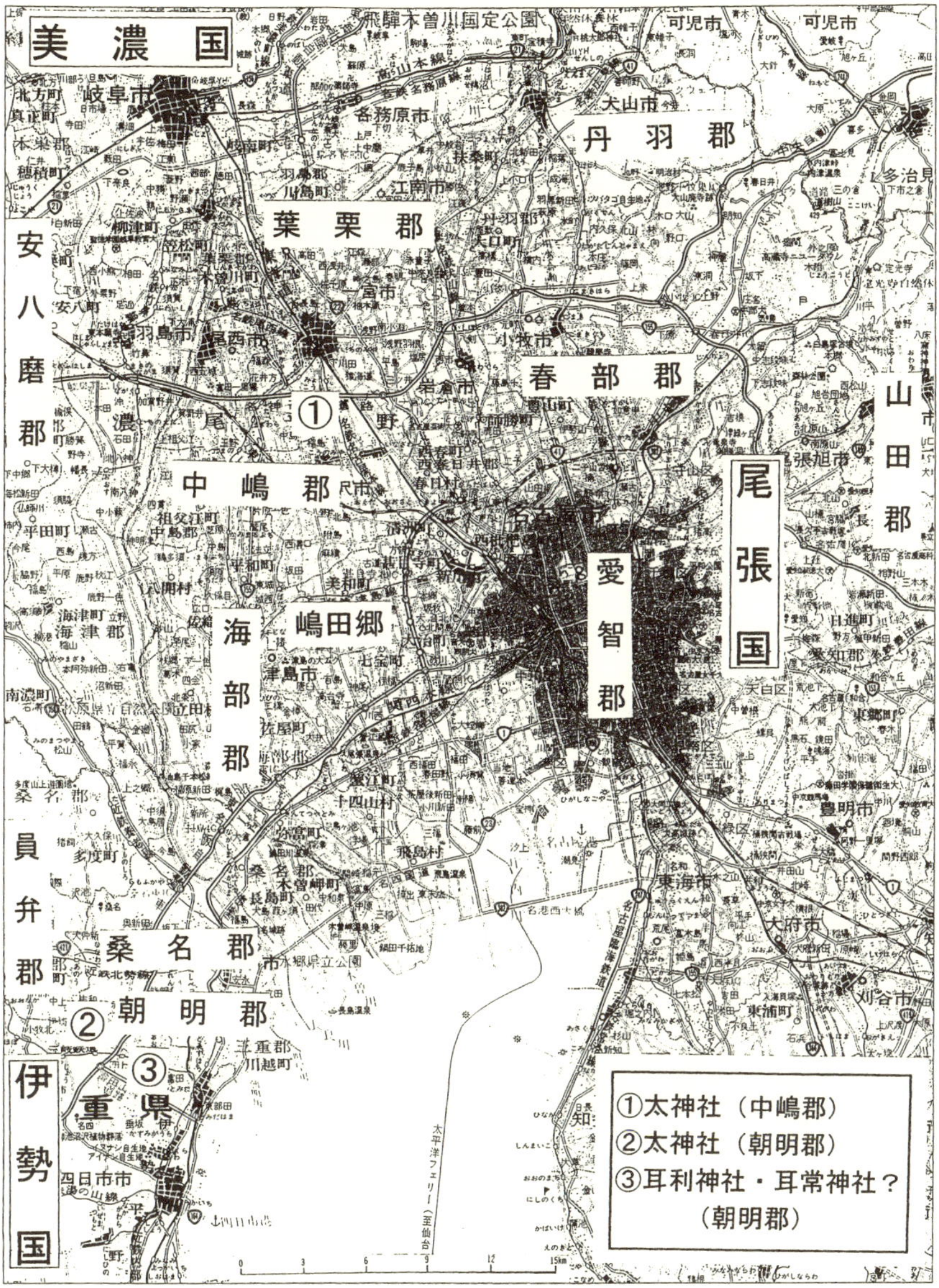
美濃国
丹羽郡
葉栗郡
安八磨郡
春部郡
①
中嶋郡
尾張国
山田郡
愛智郡
海部郡
嶋田郷
員弁郡
桑名郡
②朝明郡
③
伊勢国
①太神社（中嶋郡）
②太神社（朝明郡）
③耳利神社・耳常神社？
（朝明郡）

図　「木曽三川とその流域」

近江朝廷が彼に与えた使命は、あるいは大海人側に荷担する恐れのある多氏ら同族を説き伏せ、近江朝廷側の支持勢力に引き込むことにあったのではなかろうか。いずれにせよ結果的に鉏鉤が大海人の下に帰順したのは、遠山美都男が説くように、鉏鉤に対する尾張氏や多臣品治の寝返り工作が功を奏したためと考えるのが妥当である。

多臣品治は、天武紀十四年九月条に多朝臣品治と記されるから、前年十一月、多臣が他の五十二氏とともに朝臣を賜姓された際に朝臣姓を与えられたものとみられる。(15)『和州五郡神社神名帳大略註解巻四補闕』に引く久安五年（一一四九）三月十三日付の「多神宮注進状」草案によれば、彼は天智即位前紀にみえる多臣蔣敷（妹を百済の王子豊璋の妻にしたとする）の子で、太安麻呂の父とされる。

一方、『阿蘇家略系譜』では、子は同じく安麻呂（安万侶）とするが、父の名は宇気古臣とされ、蔣敷ではない。どちらの史料も信憑性の面で問題があるが、品治が蔣敷の子であるとすれば、彼は大和国十市郡飫富郷に拠った多氏の本流の一族とみてよいであろう。ただそうでない場合は（宇気古臣の名は他にみえない）、品治の出自は明らかではなく、あるいは地方を基盤とした多氏の傍系の一族で、壬申の乱の武功によって、本流の一族とともに朝臣に改姓したと推測することができるかもしれない。

いずれとも決しがたいので、ここでは結論を保留するが、品治を地方の傍系の多氏の出身であるとすると、美濃国安八磨郡の湯沐令であった彼の出身地は、木曽三川をはさんで対峙する尾張国中嶋郡の太神社の地に比定するのが妥当となろう。逆に彼を大和の本流の多氏の出身とみた場合も、大海人の湯沐が木曽三川から伊勢湾北部に至る美濃・尾張・伊勢に設置されたとみられることから（前述）、やはり中嶋郡の太神社の地が、品治の職務履行上、その要の役割を果たしたと推量されるのである。

『延喜式』神名帳は、伊勢国朝明郡にも太神社一座の名を掲げる。社名には「オホノ」と「オホワノ」の二つの訓が存し、朝明郡東大鐘村大坪所在の神社（現三重県四日市市大鐘町、ただし一九一六年に四日市市朝明町中里の石部神社に合祀）にあてる説と、員弁郡片桶（現三重県いなべ市大安町片樋）所在の神社（通称三輪大明神）とする説が存するが、後者は『神鳳鈔』に伊勢国員弁郡の「片日御厨」の名がみえ、この地は少なくとも中世までは朝明郡ではなく員弁郡に属していたことが知られるから、御巫清直の『神社検録』が指摘するように、前者が式内社の太神社（社名は「オホノ」）で、多氏らの祖神を祀る社であったと解するのが妥当であろう。

朝明郡の式内社には、さらに耳利神社と耳常神社が存する。どちらもいわゆる論社で、神社の所在についてはそれぞれ複数の説があるが、両神社はともに伊勢船木直の子孫によって奉斎されたとする記録が残されている。(16) その真偽のほどは明らかではないが、伊勢船木直は『古事記』や『阿蘇家略系譜』に、神八井耳命の後裔とされる氏族であり、直姓ではないが、天平期の朝明郡葦田郷の戸主に船木臣東君の名がみえる（『大日本古文書』三、八十一頁ほか）。朝明郡内に神八井耳命後裔の船木直が存在した確率は低くないとみるべきであろう。(17)

近年発掘された四日市市大矢知町の久留倍遺跡を令制下の朝明郡家の跡とすると、この地から桑名郡までは距離的に十数キロメートルほどしか離れておらず、桑名郡とともに朝明郡にも大海人の湯沐が置かれていた可能性が考慮される。大海人が朝明郡家において、④で述べたように、高市皇子の不破派遣と軍事の監督、東海・東山両道への使者派遣と軍の徴発という戦争遂行の根幹に関わる重要指令を発しているのも、朝明郡の地が大海人にとって軍事機密の漏洩の恐れのない、安定した勢力基盤の一つであったことによるのではないか。いずれにせよ、この地に木曽三川を経由する形で、尾張・美濃方面から多氏やその同族の力が及んでいたことは、事実とみて間違いないと思われる。

⑥（七月二日）大海人は紀臣阿閉麻呂・多臣品治・三輪君子首・置始連菟に命じ、数万の兵を率いて、伊勢の大山を越えて大倭に向かわせた。六月二十九日に大倭の飛鳥で蜂起した大伴吹負の軍を救援するためである。ただし多臣品治は、この後、大倭方面には向かわず、近江朝廷軍の近江からの襲撃に備えて、三千の兵とともに伊賀の莿萩野《たらの》（現伊賀市佐那具町付近）に駐屯する。この時品治が指揮した三千の兵は、大海人が村国連男依らを遣わして、品治に徴発させ、六月二十六日に不破の道を閉塞した美濃の軍勢（②・④）を指すとみられる。(18)

次に大海人は、村国連男依・書首根麻呂・和珥部臣君手・胆香瓦臣安倍に数万の軍勢を率いさせて、不破より近江に進撃させた。壬申紀には名がみえないが、持統紀五年五月条に「褒二美百済淳武微子壬申年功一、賜二直大参一。仍賜二絁布一」と記す淳武微子《じゅんむみし》も、この折の大海人軍に加わった可能性がある。『姓氏録』右京諸蕃下の不破勝の本系には「百済国人淳武止等之後也」とあり、佐伯有清が指摘するように、淳武微子は止等《ととう》の子で、美濃国不破郡に拠点を構え、後に不破勝を賜姓された百済系渡来人と推察される。(19) あるいは淳武微子の場合も、前述の尾張大隅と同様に、私第（私邸）を大海人の行宮（野上行宮）として提供したような事情が存在したとみるべきかもしれない。(20)

⑦（七月六日）前日の夜半に近江朝廷軍の別将、田辺小隅が鹿深山（近江国甲賀郡の山）を越えて進撃し、倉歴《くらふ》（伊賀国阿拝郡、現伊賀市柘植町倉部）の田中臣足摩侶の軍営を襲いこれを撃破したが、この日、さらに兵を進めて莿萩野の軍営を襲おうとし、殺到してきた。「将軍」の多臣品治はよく防御し、逆に精兵をもって小隅の軍を追撃させた。小隅はただひとり脱走し、以後、近江朝廷軍が倉歴の道方面から来襲することは二度となかった。

田中臣足摩侶（足麻呂）は、③で述べたように、大海人の伊勢の湯沐令とみられる。近江朝廷軍は、不破と大倭の両面に展開する大海人軍を遮断する目的で、田辺小隅を伊賀に進軍させたのであろうが、大海人側は近江側の来襲に備えるために、事前に大海人への忠誠心の強い湯沐令の足摩侶と品治の二人を、伊賀の軍事・交通上の要地に配置したものと推測することができる。ただ両者は壬申紀の表記によれば、敗者と勝者として、それぞれ明暗を分かつことになった。物音を消し、夜陰に奇襲を仕掛けた田辺小隅の軍勢に、足麻呂軍はなす術もなく敗れ、敵方の「金」という合い言葉を使って、かろうじて足摩侶だけが脱出したが、一方の品治はその後、勢いに乗じて攻め込んできた小隅軍を食い止め、これを見事に撃退している。

品治はこの時、「将軍」と記されるが、伴信友は「但し此紀の文法、たゞの隊長をも、将軍と書るにかとおもはる、ところあり」（『長等の山風』附録一）と述べている。壬申紀の大海人陣営で「将軍」と明記される者は、品治のほかには「東海将軍」の紀臣阿閉麻呂、「倭京将軍」の大伴吹負、もと近江朝廷側の将軍で、大海人のもとに投降し、北越に進軍する別働隊を率いる「将軍」に任ぜられた羽田公矢国の三人しかいない。

このうち、帰順者である矢国の例を除くと、他の二人は六世紀以降、参議と奏宣の任にあたるマヘツキミを輩出し、[21]軍事氏族としても著名であった紀氏や大伴氏の出身である。近江に進攻した村国連男依・書首根麻呂・和珥部臣君手・胆香瓦臣安倍、紀阿閉麻呂とともに大倭方面に派遣された三輪君子首・置始連菟らも、実質的に将軍的な任務を果たしたかもしれないが（特に村国男依はその可能性が大）、大伴吹負の救援のために、紀阿閉麻呂の軍を割いて置始連菟が派遣されたとするように、彼等は本来、将軍麾下の「別将」「軍監」と記される地位の者にすぎなかったと解すべきであろう。

したがって書首根麻呂が天保二年、大和国宇陀郡より出土の「文祢麻呂墓誌」に「壬申年将軍」と記されるのと同様に、多臣品治の「将軍」も文飾の疑いが持たれる。田辺小隅の奇襲戦法や、合言葉を利用しての田中足麿の脱出など、壬申紀のこの条は物語的な構成から成り、その分、造作が加えられた形跡が濃厚であるが、[22]それらはいずれも品治の武功を際立たせる上に、重要な効果を果たしているとみられるのである。

⑧（七月七日〜二十三日）七日、村国連男依らは、近江朝廷軍と息長横河（近江国坂田郡）で戦って勝利を収め、近江側の将、境部連薬を斬殺。九日に男依らは近江側の将、秦友足を鳥籠山《とこのやま》（犬上郡）に討ち、これを斬る。十三日、さらに男依らは安河の浜（野洲郡の野洲川河口）で戦い、近江側の社戸臣大口と土師連千嶋を捕虜にした。十七日には栗太（栗太郡）の近江朝廷軍を破り、追撃して、二十二日にはついに滋賀郡の瀬田に到達。大友皇子と群臣たちは瀬田橋の西に集結して陣をかまえ、近江側の将の智尊は橋の中ほどを切断して、大海人軍を食い止めようとしたが、大分君稚臣が命を賭して敵陣に突入したため、近江側の軍勢は総崩れとなった。男依らは粟津岡（滋賀郡）まで兵を進め、二十三日、近江側の将の犬養連五十君と谷直塩手を粟津の市で処刑。逃げ場を失った大友皇子は、山前（山背国乙訓郡？）で自ら首をくくって果てた。

これらの近江戦線の記事は、いずれも「男依等、……」という書き出しで始まり、共通の原資料にもとづいて書かれた可能性が考慮されるが、倉本一宏は壬申紀の七月庚寅条の記事に付された『釈日本紀』巻十五・述義十一所引『私記』が、「和珥部臣君手記」の記述を参照し、六月は小月で庚寅は六月三十日ではなく、七月一日であると述べていることに着目。六月二十八日・二十九日の和蹔での大海人の検軍・軍事指導の記事や、⑧の一連の近江戦線記事は、「和珥部臣君手記」を原資料としたと推察する。(23)従うべき見解と思われるが、ただ倉本が説くように、君手の日記が本来、簡略な内容から成っていたかどうかは定かではない。壬申紀の述作者が、近江における最後の決戦となった七月二十二・二十三日の両条を除き、君手の日記から必要最少部分だけを摘記した蓋然性も高いとみるべきであろう。

二十二日条の冒頭の記事は、つとに指摘されているように、『後漢書』光武帝紀上・更始元年五月条の引用から成り、壬申の乱のクライマックスを、劇的に描写しようとする述作者の狙いが垣間みえる。しかし全体を通覧した場合には、近江での個々の戦闘記事はいささか簡略に過ぎる。壬申紀の叙述については、前述のごとく、述作者の意図にもとづく取捨選択がある程度まで許されていたと推察することができるが、述作者は近江戦線の動向にさほど執着していなかったと解してよいのではなかろうか。

以上、美濃・尾張の出身者や関係者が関わる壬申紀の記述を、順を追って八つに区分し、それぞれの問題点を指摘した。その結果、当初予察した通り、壬申紀の戦闘記事には偏りがみられ、それが原資料の不足によるのではなく、述作者の判断にもとづくこと、述作者は時に『漢書』高帝紀や『後漢書』光武帝紀などを参照しつつ、周到に戦争の経緯を描いているが、原資料に依拠しつつも、個々の戦闘や従軍者の評価については、述作者の恣意にもとづく誇張や改変を随所で行っていることが明らかとなった。

特に後者に関しては、いわゆる壬申の乱の功臣の中で、多臣品治の活動が、村国男依や大伴吹負のそれと並んで、乱の勝利に直結する重要な原動力になったかのように記されていることが注目される。挙兵に際して大海人側が最初に手を打ったのは、近江と東国を結ぶ不破道の閉塞であったが、閉塞作戦に動員されたのは、多臣品治が安八磨郡で徴発した三千の兵士であった。続いて彼は「東海将軍」紀阿閉麻呂らとともに（おそらく副将的な立場で）、数万の兵を率い、和蹔から大倭に向かうが、途中で伊賀を軍事的に確保する必要から、莿萩野の防衛任務に就き、倉歴道から攻め込んできた田辺小隅の軍勢を撃破する。この赫々たる戦果により、大海人軍は伊賀を掌握下に置き、背後の敵を完全に断つことに成功するのである。品治の名に冠せられた「将軍」の称号は、壬申紀の述作者の文飾とみて誤りないであろう。

したがって壬申紀の述作者に、多品治の武功を顕彰する意図が存したことは間違いないと思われるが、一方で品治らの活動を可能ならしめた現実的な要因として、美濃・尾張から伊勢北部に通じる木曽三川に沿って、湯沐を中心に広範に大海人皇子の支持勢力が形成されていた事実を挙げなければならない。尾張国中嶋郡や伊勢国朝明郡の太神社は、多氏のこの地域における重要拠点であり、多氏の同族とされる嶋田臣や丹羽臣・県主前利連・邇波県君・伊勢船木直の拠点も、木曽三川の流域とその周辺部（尾張国海部郡・丹羽郡、伊勢国朝明郡）に存在した。

多氏やその同族以外では、尾張国内の最有力豪族で、壬申の乱の功臣の尾張宿禰大隅や尾張連馬身を出した尾張氏の役割も重要であるが、前述のように、多氏の同族で、近江朝廷により「尾張国司守」に任命された小子部連鉏鉤が、二万の軍勢を率いて大海人側に帰順したのは、これら尾張氏を始めとする現地の大海人支持勢力の意向に押し切られたことがその直接の原因であった。

かくして以上の分析結果にもとづき、壬申紀の成り立ちを考えるならば、壬申紀の述作に関与したのは、多臣品治の縁者ではなかったかという想定が浮かび上がってくる。「多神宮注進状」草案や『阿蘇家略系譜』は品治の子を太安麻呂とするが（前述）、これが事実であるとすると、安麻呂を壬申紀の述作者に比定することもあながち的はずれとも言えまい。以下、節をかえて、この問題を検討してみたい。

第二節　壬申紀の述作者

周知のように、「弘仁私記」序（『日本書紀私記』甲本序）には、

夫日本書紀者、（中略）一品舎人親王〈浄御原天皇第五皇子也〉、従四位下勲五等太朝臣安麻呂等〈王子神八井耳命之後也〉、奉レ勅所レ撰也。

と記している。

『日本後紀』弘仁三年六月戊子条、および「弘仁私記」序によれば、弘仁三年（八一二）から四年にかけて、多朝臣人長を博士として、弘仁度の日本書紀講書（講筵）が外記曹局で行われた。ただ開講の年と参席者の顔ぶれ、官位などがそれぞれで異なることから、[24]一部に「弘仁私記」序の信憑性を疑う向きもあるが、同序には「冷然聖主」とあり、弘仁十四年四月、嵯峨天皇が冷然院に遷御し、淳和天皇に譲位した後に書かれたものであることがうかがえる。講書よりすでに十年以上が経過しており、開講年や参席者の官位に若干の齟齬が生じたのは、この時期的なズレによるものと思われる。さらに参席者の名が異なるのも、『日本後紀』が官位の上位の者を代表して記したのに対して、「弘仁私記」序の方は『書紀』講究の学識者の名を掲げたためと理解することができる。[25]

かくして「弘仁私記」序は、実際に弘仁講書の講義記録の序とみなして差し支えないとみられるが、そうすると太安麻呂は、舎人親王とともに『日本書紀』の編修にあたったことになる。『続紀』は彼の関与を伝えないが、すでに指摘したように、八世紀初めには、和銅七年（七一四）以降に参加する紀朝臣清人・三宅臣藤麻呂のほか、渡来系の山田史御方・楽浪（高丘連）河内・刀利宣令・伊吉連博徳・船連大魚・白猪史（葛井連）広成ら、多くの学者・文人が『書紀』の編修事業に従事していたと推察することができる。[26]舎人親王の役割は、事業の統括者、さらに言えば形

式的な監修者としてのそれにとどまったと解すべきであろうから、実質的に編修の中心となったのは、太安麻呂と推測することができる。(27)

加えて『日本紀竟宴和歌』の奥書には、養老五年（七二一）の日本書紀講書について、「養老五年始講。博士従四位下太安麻呂」と記している。養老の講書は国史にはみえないが、『釈日本紀』や『本朝書籍目録』に「養老私記」・「養老五年私記」の名を掲げるから、関晃が指摘するように、実際に太安麻呂を博士として養老講書が行われ、おそらくそれは後の講書のような講究を目的としたものではなく、撰修なった『書紀』の披露と内容紹介を主とするものであったと推察される。(28)安麻呂が博士となったのは、彼が『書紀』編修の現場において、責任者的な地位に就いていたことによると考えて大過ないであろう。

『続紀』によれば、養老五年正月、佐為王以下十六人の学術・文芸関係者が、詔により退朝後に皇太子首親王のもとに近侍することになった。首親王の教育係として、進講するためである。「文章」の第一人者である山田史御方・紀朝臣清人・楽浪河内・刀利宣令もその中に含まれるが、彼等はこの時、『史記』・『漢書』・『後漢書』の三史や『文選』に加えて、完成して間もない『書紀』も進講したものとみられる。(29)『書紀』の編修に参与した者たちが、それぞれ宮中での講書や皇太子への進講という形をとって、わが国最初の国史の紹介とその講義を行ったと推察されるのである。

『釈日本紀』開題所引「康保二年外記勘申」は、弘仁講書を養老講書に続く二度目の講書とする。博士の多人長は安麻呂と同じく多氏の一族の者であるが、「今案、作者太安麻呂後胤歟」と注記されるように、太安麻呂の子孫か近親（世代的には曾孫の代に相当）にあたろう。「弘仁私記」序が『日本書紀』に続けて『古事記』にも詳しく言及していることから、それを本来の趣旨とは外れる記述とみなして、「弘仁私記」序は『古事記』とその編者を推奨する目的で書かれたもので、安麻呂を『日本書紀』の編修者とすることは誤りであるとする説も存する。(30)しかし逆に安麻呂が『書紀』の編修者であったがため、その一族（子孫?）の人長が、学問的にそれを継承し、弘仁講書の博士となったと解することも可能で、むしろ後者の解釈の方が説得性があると思われる。

　多氏は、多朝臣入鹿が延暦十二年（七九三）に少外記に就任しており（『公卿補任』）、傍系の出身ではあるが、[31]平安初期に雅楽の基礎を築いた多臣自然麻呂が出るなど、学芸と関わりの深い一族であった。反面、『古事記』の序や「太安万侶墓誌」によれば、安麻呂は勲五等の勲位を有し、入鹿も近衛将監・近衛少将を歴任している。このような多氏の「武」的属性を理由に、安麻呂の文人学者説を否定しようとする見方もあるが、かつて検証したように、渡来人より成るフミヒト系の諸氏の場合も、同一人でありながら、令制下に文人・学者として名を馳せ、一方で武官に任ぜられた者が少なくない。[32]文武両道的な体質は、大なり小なりこの時代の貴族や官僚に備わった要素とみるべきであり、多氏の場合も同様に考えて差し支えないであろう。

　さらに注目すべきは、『弘仁私記』序が弘仁講書の受業者（参席者）として、嶋田臣清田（後に朝臣）の名を挙げることである。[33]『文徳実録』斉衡二年九月甲子条の清田の卒伝には、「少入レ学、略渉二経史一。奉二文章生試一。遂及二科第一。……」と記し、続けて彼が大学少属や少外記・大外記・勘理由判官など、学術的素養を必要とする官職を歴任したことを記している。嶋田氏からは、元慶二年（八七八）の日本書紀講書の際にも、大外記の嶋田朝臣良臣が、博士の善淵朝臣愛成の下で都講をつとめ、ほかにも貞観元年（八五九）三月、「能く文を属《つく》るを以」て、渤海国副使の周元伯と唱和した嶋田朝臣忠臣が存する（『三代実録』）。佐伯有清が指摘するように、嶋田氏は学問に秀でた一族とみなすことができるが、[34]特に『書紀』の学のエキスパートという点において、多氏と類似の性格を持つと考えてよい。嶋田臣清田は、おそらく多朝臣人長の弟子であろう。

　嶋田氏は、前述のように、神八井耳命後裔とされる多氏の同族で、尾張国海部郡嶋田郷を本拠とする一族であった。多氏の尾張の拠点、中嶋郡の太神社の地とともに、木曽三川の流域に立地し、嶋田郷を『日本地理志料』の説により、愛知県あま市の七宝町・旧美和町南部・津島市東部の一帯に比定すると、太神社の所在地とは距離的に近い位置（直線距離で、十一〜十二キロメートルほど）にある。大和岩雄は太神社の祭祀氏族を嶋田氏とするが、[35]これは嶋田郷の所管を海部郡ではなく中嶋郡と取り違えたための誤解であろう。ただ多・嶋田両氏の拠点が尾張国内で近接することは、両氏の同族関係がとくに緊密であった事実を示唆し、両氏が学術的活動の面で共通性を有することも、このことと関連するとみられる。

如上の考察により、太安麻呂が『書紀』の編修者であった可能性はきわめて高いと考えてよいが、壬申紀が品治の功績を強調する傾向が強いこととあわせるならば、「多神宮注進状」草案や「阿蘇家略系譜」の記すとおり、安麻呂は品治の子と断定して差し支えなかろう。問題は蒋敷と品治が父子か否かということであるが、多氏の一族の者で、史料上、実在が確認できる最初の人物は、実はこの蒋敷にほかならない。景行紀十二年九月条には、多臣の祖の武諸木の名を記すが、この人物は伝承上の祖先にすぎず、天智即位前紀の蒋敷まで、多氏の氏人の活動は史料に一切現れない。

したがって多氏が政界に台頭する時期は、七世紀後半頃と推測することができる。それ以前のこの氏の実態は判然としないが、中央の弱小豪族か、もしくは地方の出身で、二次的に中央に移住した豪族か、そのどちらかとみるべきであろう。一般的には多神社（多坐弥志理都比古《おおにいますみしりつひこ》神社）の鎮座する大和国十市郡飫富《おお》郷をこの氏の発祥の地と解するのが妥当と思われるが、地方出身の豪族のウヂ名が畿内の移住地の地名となるケースは頻繁に存するから、多氏が地方からの移住者であった可能性も一概に否定できない。

その場合、大和の多神社と同じく、『延喜式』に名神大社とされる太神社が存し、嶋田臣・丹羽臣・県主前利連・邇波県君などの同族（神八井耳命後裔氏）の本拠のある尾張国が、多氏の出身地であった蓋然性が高いと考えられる。『姓氏録』河内国皇別条には尾張部（無姓）氏の本系を掲げ、「彦八井耳命之後也」と記す。彦八井耳命は神八井耳命の兄弟（『古事記』・「天皇本紀」）、もしくは子（『書紀』・『姓氏録』・『阿蘇家略系譜』）とされる人物であるが、彦八井耳命後裔氏の茨田連が『姓氏録』では「多朝臣同祖」と記されることから（河内国皇別・茨田宿祢条）、尾張部氏も多氏の同族とみて支障ない。

尾張部は尾張氏と関わる部民で、『姓氏録』の尾張部氏はその管掌氏族とみられるが、その氏が多氏の同族であることは見過ごすことができない。前述のごとく、「尾張国司守」の小子部連鉏鉤が二万の軍勢とともに大海人皇子のもとに帰順したのは、尾張大隅・同馬身や多品治の説得によるものであった。尾張氏と多氏の結び付きの深さがここでもうかがえるが、おそらくそれは、多氏の本拠が尾張国内にあったことに起因するのであろう。多品治が大海人の安八磨郡の湯沐令とされたのも、木曽三川をはさんで安八摩郡と対峙する尾張国中嶋郡が、多氏の発祥地であり、美濃までその勢力が及んでいたためと理解することができる。

尾張氏は継体朝の成立する六世紀以降、安閑・宣化両天皇の外戚として畿内へ進出したとみられる。その移住地は『和名抄』の河内国安宿郡尾張郷や大和国葛城地方（葛上郡か？）の「高尾張邑」（神武即位前紀）で、『姓氏録』河内国神別条の尾張連は前者、大和国神別の尾張連は後者の地を本拠としたのであろう。そして尾張氏と同様に多氏もまた畿内に進出し、大和国十市郡飫富郷に拠点を定めたと推測することができるのではないか。蔣敷と品治の続柄は明らかにしがたいが、両者は同一の系統に属し、ともに尾張から移住し、中央豪族化した本流の多氏一族にほかならなかったと考えられるのである。

むすびにかえて

以上、壬申紀の戦闘記事の偏向性という点に着目し、壬申紀の述作者が多品治の子で、『日本書紀』の編修にあたった太安麻呂とみられること、多氏一族は尾張国中嶋郡の太神社の地を本拠とし、木曽三川沿いに尾張・美濃・伊勢北部に勢力を張った氏族で、後に大和国に移住したことなどを指摘した。安麻呂を壬申紀の述作者、『書紀』の編修者とした場合、問題となるのは、『古事記』との関係である。『古事記』の序によれば、この書は元明天皇の詔により、安麻呂が撰録し、和銅五年（七一二）に献上されたものであるが、周知のように『古事記』序やその本文については、真撰か偽撰かという問題をめぐり様々な説が乱立して、いまだに決着をみない。

序に記す安麻呂の勲位が勲五等で、一九七九年発見の「太安万侶墓誌」の勲位と一致すること、稗田阿礼の誦習の記述は、『文選』の参照にもとづく文飾が甚だしいが、猿女の稗田福貞子・海子の事例（『西宮記』裏書）により、稗（薭）田氏の実在が確認できることなどから、序の部分が必ずしも偽撰であったとは考えがたい。少なくとも、すでに指摘されているように、序の天武天皇に関する記述が、壬申紀のそれと類似することだけは確かであろう。本文についても、『万葉集』九十・三二六三（巻二・巻十三）の歌の左注にみえる「古事記」は、神野志隆光が推測するように、現行の『古事記』である可能性が低くないように思われるのである。(36)

ただ、この問題については、いずれも今後の課題とし、ひとまずこのあたりで筆を擱くこととする。

注

（1）加藤謙吉『吉士と西漢氏』（白水社、二〇〇一年）
（2）加藤謙吉、本書第一部第一章
（3）坂本太郎「天武天皇壬申紀の虚実」（『日本古代史叢考』〔吉川弘文館、一九八三年〕所収、のち『坂本太郎著作集』第二巻〔吉川弘文館、一九九三年〕に収録）
（4）倉本一宏「『日本書紀』壬申紀の再構築」（『王権と信仰の古代史』〔吉川弘文館、二〇〇五年〕所収）、同『壬申の乱』（吉川弘文館、二〇〇七年）、早川万年『壬申の乱を読み解く』（吉川弘文館・歴史文化ライブラリー、二〇〇九年）
（5）和珥部臣君手も美濃国の出身とする説があるが、君手の一族は、山城国愛宕郡と近江国志賀郡の両郡を拠点とした和珥部氏である（加藤謙吉『ワニ氏の研究』雄山閣、二〇一三年）
（6）直木孝次郎『壬申の乱』（塙書房、一九六一年）
（7）田中卓「壬申の乱の開始」（『続日本紀研究』一ノ六、一九五四年、のち田中卓著作集五〔国書刊行会、一九八五年〕に収録）

(8) 早川、前掲注（4）の書
(9) 亀田隆之『壬申の乱』（至文堂、一九六六年）
(10) 伴信友『長柄の山風』附録一「壬申紀証註」、田中卓「壬申の乱」（『社会問題研究』四の四、一九五四年、のち田中卓著作集五に収録）、亀田隆之、前掲注（9）の書、直木孝次郎、前掲注（6）の書、上田正昭「和風諡号と神代史」（『国史論集』〔京都大学読史会、一九七二年〕所収、のち上田正昭著作集二〔角川書店、一九九八年〕に収録）、遠山美都男『壬申の乱』（中公新書、一九九六年）、早川万年、前掲注（4）の書、倉本一宏、前掲注（4）の書。
(11) 早川万年、前掲注（4）の書。以下、本文で引用する早川の説は、すべてこの書による。
(12) 平城宮跡出土の木簡に、海部郡嶋里の人、「海連赤麻呂」の名を記したものがあり（『木簡研究』二四号一五九頁）、『先代旧事本紀』巻三「天神本紀」には、「尾張中嶋海部直」の氏族名がみえ、どちらも大海人の湯沐と関係する可能性がある。
(13) 遠山美都男、前掲注（10）の書
(14) 佐伯有清『新撰姓氏録の研究』考証篇二（吉川弘文館、一九八二年）
(15) 『阿蘇家略系譜』の品治の尻付には、天武十三年十一月に多朝臣姓を賜わったことを記す。
(16) 朝明郡下之宮村（現四日市市下之宮町）の西脇氏所蔵の古記文（『式内社調査報告』第七巻参照）に、

伊勢船木直、其姓ヲ名乗船木兵部少輔躬常之子孫吉兵衛ハ春日大明神耳常神社之神職也
川嶋大明神
耳利神社大年神ハ
孫右衛門敬衛御守可レ申宮也
右両家者神宮祠《ママ》禰宜屋敷住居也

と記す。
(17) かつて筆者は、伊勢船木直の拠点を南伊勢の度会郡船木の地に求めたが（「猪名部に関する基礎的考察」『民衆史研究』十七号、一九七九年）、むしろ北伊勢の朝明郡をその本拠地に比定すべきかもしれない。
(18) 倉本一宏、前掲注（4）の書

(19) 佐伯有清『新撰姓氏録の研究』考証篇五（吉川弘文館、一九八三年）

(20) 田中卓や倉本一宏は、尾張大隅の私第を野上行宮とするが、前述のごとく、彼の私第は桑名郡に存したと解した方が合理的であろう（田中「不破の関をめぐる古代氏族の動向」〔『神道史研究』六ノ四・五、一九五八年〕、のち田中卓著作集五〔国書刊行会、一九八五年〕に収録、倉本前掲注（4）の書）。

(21) マヘツキミについては、加藤謙吉「大夫制と大夫選任氏族」同著『大和政権と古代氏族』（吉川弘文館、一九九一年）所収

(22) 壬申紀は田辺小隅の倉歴夜襲のくだりを「以二夜半一之安、銜レ梅穿レ城、劇入二営中一」と記すが、『書紀集解』はこの表記が『漢書』高帝紀第一上の「章邯夜銜レ枚撃二項梁定陶一、大破レ之、殺二項梁一」を参照した可能性を指摘している。

(23) 倉本一宏、前掲注（4）の論文

(24) 『日本後紀』は、「（弘仁三年）六月戊子、（中略）是日、始令三参議従四位下紀朝臣広浜・陰陽頭正五位下阿倍朝臣真勝等十余人読二日本紀一。散位従五位下多朝臣人長執講」と記し、「弘仁私記」序は、「冷然聖主弘仁四年在レ祚之日、（中略）詔二刑部少輔従五位下多朝臣人長一使レ講二日本紀一。即課二大外記正六位上大春日朝臣頴雄、民部少丞正六位上藤原朝臣菊池麻呂、兵部少丞正六位上安倍朝臣蔵継、文章生従八位上滋野朝臣貞主、無位嶋田臣清田、無位美努連清庭等一受レ業。就二外記曹局一而開二講席一」とする。

(25) 太田晶二郎「上代に於ける日本書紀講究」（『太田晶二郎著作集』三〔吉川弘文館、一九九二年〕所収）、関晃「上代に於ける日本書紀講読の研究」（『関晃著作集』五〔吉川弘文館、一九九七年〕所収）、北川和秀「日本書紀私記」（『国史大系書目解題』下〔吉川弘文館、二〇〇一年〕所収）

(26) 本書第一部第二章

(27) 太安麻呂の『書紀』編修への関与については、すでに太田善麿（『古代日本文学思潮論〔Ⅲ〕』桜楓社、一九六二年）が論及している。

(28) 関晃、前掲注(25)の論文

(29) 本書第一部第二章

(30) 中沢見明「古事記と日本紀・弘仁私記序」（『古事記論』〔雄山閣、一九二九年〕所収）、筏勲『上代日本文学論集・基

礎的研究篇』（民間大学刊行会、一九五五年）、大和岩雄『新版古事記成立考』（大和書房、二〇〇九年）など

（31）自然麻呂は貞観五年九月に宿禰を賜姓されており（『三代実録』）、旧姓は臣であったから、天武朝に臣から朝臣に改姓した本宗の多氏とは異なる一族とみられる。

（32）加藤謙吉『大和政権とフミヒト制』（吉川弘文館、二〇〇二年）

（33）前掲注（24）参照

（34）佐伯有清、前掲注（14）の書

（35）大和岩雄、前掲注（30）の書。大和は「弘仁私記」序の筆者を多人長ではなく嶋田清田とするが、確たる証拠はない。

（36）神野志隆光「『万葉集』に引用された『古事記』をめぐって」（『論集上代文学』第十册〔笠間書院、一九八〇年〕所収）

第二部　中央・地方の豪族と大和政権

第一章　地方豪族の中央出仕形態と両貫制

はじめに

地方豪族は、国政とどのように関わっていたのであろうか。大和政権は、畿内とその周辺地域の豪族たちが、連合して成立させた政権であり、このような畿内政権の性格は、そのまま律令国家へと引き継がれていったと解し、畿内政権の支配下に置かれた地方の政治的諸集団は畿内勢力に対して常に従属的な立場にあり、畿内と畿外は異質な存在として、厳格に区分されていたとする見方が、従来は一般的であった。

これに対して長山泰孝は、六世紀初めの継体朝成立頃までは、地方豪族が大王と直接主従関係を結ぶことにより、積極的に国政に参与する道が開かれていた事実を明らかにし、大和政権から律令国家の段階まで、一貫して中央豪族が政治を独占していたとする畿内政権論的な豪族観が誤りであることを指摘した(1)。

筆者もまたこの見解に従うべきであると考えるが、ただ長山が地方豪族の政治参加が継体朝を境に次第に行われなくなり、政権は中央豪族によってのみ構成されるようになったと説くことには賛成できない。地方豪族の中には六～七世紀に畿内に進出し、中央で官人・武将として活躍するものが少なからず認められる。六世紀代はあたかもウヂの成立期にあたっており、中央豪族だけでなく、地方豪族もウヂを名乗るようになった時期である。王権への奉仕の形態にもウヂの成立の前後で大きな差があり、地方豪族の場合、首長やその近親者が個人の立場で大和政権の大王のもとに、ある一定期間出仕する体制から、ウヂを構成する成員がすべて王権に隷属し奉仕する体制へと切り替わったと推測することができる。地方豪族の畿内進出がこのような奉仕形態の変化に対応するものであったとするならば、地方豪族と中央豪族との間に、国政参加のあり方をめぐって本質的な相違があったとは考えにくい。

本章ではこのような視点から、地方豪族の中央出仕の形態を具体的に検討し、畿内に進出した地方豪族が、中央と地方の双方に勢力基盤を構築していた事実を明らかにしたいと思う。筆者はすでに同様の趣旨の小論を別に発表しているが(2)、旧稿は紙幅の関係もあり内容的に不備な点が少なくないので、今回全面的に改稿して、新たに私見を述べることにした。

第一節　天武朝の朝臣賜姓と地方豪族

天武紀十三年十一月戊申朔条は、八色の姓の第二位の朝臣を賜姓された氏族として五十二氏の名を掲げる。その内訳は旧臣姓が三十九氏、君姓が十一氏、連姓が二氏で、旧在地土豪系四十二氏、旧伴造系十氏(3)より成る。令制下において高位高官に昇った官人の多くが朝臣姓の氏の出身者であることから、朝臣姓は第一位の真人に次いで、律令国家の上級官人層を確保する目的で制定されたもので、在地土豪を中心とした畿内の有力氏にそれが与えられたと理解されている。すなわちこの解釈によれば、朝臣姓はあくまで中央の有力豪族を対象とするカバネであったことになる。

この事実を裏付けるかのように、天武五年（六七六）四月に出された勅には、「外国人欲二進仕一者、臣連伴造之子、及国造子聴之。唯雖二以下庶人一、其才能長亦聴之」とある（『日本書紀』、以下『書紀』と略記）。地方豪族の出身に関するこの規定は、天武二年五月に定められた中央豪族（「公卿大夫及諸臣連幷伴造等」）を対象とする出身法と対を為すとみられるが、内容的には天武朝になって、初めて畿外諸国の豪族が中央官人として出仕することを承認したものと解するのが通例である。[4]

しかしこのような理解はいささか速断にすぎよう。何故なら地方豪族の中には、一族の者が天武五年以前より継続的に中央で活動しているケースが認められるからである。例えば上野国や備中国を本拠とした上毛野君や笠臣は、どちらも天武十三年（六八四）に朝臣を賜姓された有力地方豪族であるが、『書紀』によれば、上毛野氏の一族には、舒明九年（六三七）に将軍として蝦夷を討った大仁の上毛野君形名や、天智二年（六六三）三月、百済の役の際に、新羅征討の前将軍となって新羅の二城を奪取した上毛野君稚子、天武十年三月、詔により帝紀・上古諸事の記定事業に参加した大錦下の上毛野君三千《みちぢ》が存する。

このうち舒明紀の形名の記事は、物語的な色彩が濃く、蝦夷地経略に関与することの多かった東国の上毛野氏の家記より出た話とみられ、[5] 信憑性の面で問題が残る。ただ形名が冠位十二階の第三階の大仁の位にあることから、少なくとも七世紀前半期の上毛野氏が、中央において一定の政治的地位を占めていたことは確かである。天智朝の征新羅前将軍の稚子、天武十年の三千の活動も、上毛野氏のこのような政治的地位を前提として初めて成り立つものと推察することができよう。上毛野君の一族が畿内に進出する時期は、天武五年よりも大幅にさかのぼる可能性が高いとみて誤りないと思われる。

上毛野氏と同じく豊城入彦命の後裔と称し、上野国群馬郡が本拠とみられる車持君（天武十三年に朝臣賜姓）も、かなり早い時期から中央に拠点を構えていた形跡が認められる。

『公卿補任』や『尊卑分脈』によれば、藤原不比等の母は車持君国子の女の与志古娘で、不比等の兄の定恵（貞慧）も、『尊卑分脈』に「母同二不比等一」と記す。不比等は斉明五年（六五九）の生まれ、定恵は『書紀』に白雉四年（六五三）入唐の際に十一歳とするから、生年は皇極二年（六四三）である。定恵や不比等の生誕に関しては、周知のようにいくつか異伝が存するが、いずれも造作の跡が濃厚で、二人の母の出自を車持氏とする『公卿補任』・『尊卑分脈』の記事は、それなりに信用することができよう。すると中臣鎌足と与志古娘の婚姻時期は皇極二年以前ということになり、その前提として車持君国子や与志古娘は、すでにその頃、中央に居住していた事実がうかがえるのである。

　笠氏の場合も、笠臣垂（志太留）が大化元年（六四五）九月に古人皇子の謀反の計画に加わり、その内容を中大兄皇子に密告した人物とされ、天智六年十一月には大乙下の笠臣諸石が伊吉連博徳とともに唐使の司馬法聡を熊津都督府まで送っている。八世紀以降も笠朝臣の一族は、尾張・三河・信濃三国の按察使や右大弁などを歴任した従四位上の麻呂（沙弥満誓）を初め、中央官人として活動する者がほとんどで、しかもその多く（二十数名にのぼる）は五位以上に列した上級官人である。四位に昇進した者も四名（麻呂・名麻呂・仲守・広庭・梁麻呂）おり、嵯峨天皇の乳母であった女官の道成は弘仁十年（八一九）に従三位に叙せられている。孝徳朝の垂や天智朝の諸石から、天武十三年の朝臣改姓をはさんで、慶雲元年（七〇四）の麻呂の従五位下叙位に至るまで、この氏は一貫して中央を活動の場とし、それがそのまま奈良・平安期へと受け継がれていくのである。

　一方、法隆寺旧蔵の辛亥年（白雉二年、六五一）金銅観音菩薩立像台座銘にみえる「笠評君」の左古臣や、その子の布奈太利古臣、布奈太利古臣の伯の建古臣は、備中国の笠臣の一族の者で、左古臣は笠評（備中国小田郡の前身か？）の評督ないし助督の職にあったと推察することができる。[6] 彼らは本拠地に継続して勢力基盤を置いた笠臣の一族であろう。『古事記』孝霊天皇段は、孝霊の子の若日子建吉備津日子を吉備下道臣と笠臣の祖とし、応神紀二十二年九月条は、応神が吉備国を五つの県に分割して、吉備臣の祖の御友別の子や兄弟に封じたとし、「波区芸県」に封じられた御友別の弟の鴨別を笠臣の始祖とする。また「国造本紀」には上道・三野・下道・加夜の諸国造と並んで、笠臣国造の名を掲げ、鴨別命八世孫の笠三枝臣を国造に定めたと記している。

　仁徳紀六十七年条には、笠臣の祖の県守が吉備中国（備中国）の川嶋河の派《かわまた》で大虬《みつち》を退治した話を掲げるが、「川嶋河の派」は、高梁川と小田川の合流点を指すとみられ、[7] 小田川南岸に位置する岡山県笠岡市（旧備中国小田郡笠岡）の一帯を、笠評や「波区芸県」（大化前代の笠臣国造の支配領域）の跡地に比定することができよう。笠評は郡制には継承されず、大宝令制下で小田郡に吸収されたと推察されるが、小田郡からは後述するように、下道朝臣圀勝・圀依兄弟の母夫人の骨蔵器が発見されており、窪屋郡や賀夜郡にも下道氏の一族の者の分布が認められる。したがって下道郡に限らず、隣接するこれらの諸郡にも下道氏の勢力が及んでいた蓋然性が高い。

これに対して備中国には、八・九世紀代に笠朝臣の氏人の居住を示す実例は認められず、中央でのこの氏の濃密な分布と好対照をなすが、『類聚三代格』所収天平三年六月二十四日付の勅によれば、備中国より貢献の戸座《へざ》の中に海部首・生部首とともに笠朝臣の名が存し、皇后宮に供奉することになっていたから、少なくとも天平期の備中国内に笠朝臣の一族の者が存在したことは確かである。おそらく本拠地に残留した一族は、下道氏などに押されて、勢力的に低迷したとみるべきではないか。いずれにせよ笠朝臣が中央へ進出する時期は、笠臣垂の名の現れる大化期もしくはそれ以前からと推定して誤りあるまい。

上毛野氏の場合も、中央においては朝臣賜姓後、文武四年（七〇〇）に吉備総領に任ぜられた直広参の小足（その後位階は正五位上、従四位下と昇進）、慶雲四年（七〇七）、従五位下叙位の堅身、和銅元年（七〇八）、従五位下叙位の広人（極位は正五位下）、和銅元年当時従五位上（極位は正五位下）の安麻呂、和銅二年従五位下叙位の荒馬、神亀五年（七二八）、従五位下叙位の宿奈麻呂、天平七年（七三五）、外従五位下叙位の今具麻呂（同十四年、従五位下叙位）、天平十五年、外従五位下叙位の稲麻呂（天平勝宝四年（七五二）段階では従五位上）、天平宝字八年（七六四）、従五位下叙位の馬長（宝亀八年（七七七）従五位上昇叙）、神護景雲元年（七六七）従五位下叙位の稲人（極位は正五位下）など、コンスタントに五位以上の官人を輩出している[8]。

上野国では、天平十三年の正倉院の調庸墨書銘に上毛野朝臣甥の名がみえる（『正倉院宝物銘文集成』三〇四頁）。甥は上野国多古郡八田郷、もしくは同国群馬郡井出郷の人とみられるが[9]、ほかにも天平勝宝元年の同国勢多郡少領に外従七位下の上毛野朝臣足人が存在する（『続日本紀』、以下『続紀』と略記）。

旧群馬郡に属する群馬県前橋市西部は、国府や国分寺・国分尼寺が置かれた上野国の政治の中枢部であるが、国府推定地や国分寺・国分尼寺跡の北に接して、総社古墳群や山王廃寺が存する。総社古墳群は六世紀前半から七世紀末まで継続する古墳群で、六世紀後半築造の全長九〇メートルの前方後円墳、二子山古墳や、七世紀前半〜末の三基の大型方墳、愛宕山古墳・宝塔山古墳・蛇穴山《じゃけつざん》古墳が特に有名であるが、大型方墳には家型石棺が収められ、石室壁面には漆喰が塗布され、精巧な截石切石積みの技法が用いられるなど、中央の墳墓の構造や築造技術の影響を色濃く受けている。

こうした点にもとづくと、総社古墳群の被葬者は、当該時代の上野国の最有力の首長一族とみることができるが、右島和夫が指摘するように、大和の勢力と結びついた上毛野氏一族の歴代の首長をそれにあてることができ、宝塔山古墳と同時期に建立された山王廃寺の塔心柱の根巻石が、宝塔山古墳の石棺に施された加工技法と共通することから、山王廃寺の造営者もまた、上毛野氏と推定することが可能である。(10)

山王廃寺は前橋市総社町総社の山王集落にあり、早くから地下式の塔心礎の存在が知られていたが、一九七四年以降継続的に発掘調査が行われ、石製鴟尾や石製根巻石・緑釉陶器・菩薩像・羅漢像などの膨大な量の塑像片などが出土。伽藍の規模は東西約七五メートル・南北約九〇メートルで、法起寺式の配置を持つことが判明した。七世紀後半に創建され、十一世紀頃まで存続したとみられるが、「放光寺」と篦書きされた文字瓦が検出されたことにより、この寺跡が長元三年（一〇三〇）の「上野国交替実録帳」にみえる定額寺の放光寺にほかならないことが明らかとなった。

かくして上毛野氏の一族は事実上、七世紀前半期頃までに中央に移住した勢力と、本拠地の上野国に残った勢力に二分されたとみて差し支えないであろう。しかも八世紀半ばの上野国在住の甥や足人（前述）が朝臣姓を帯していることから、残留勢力の主だった者たちもまた、中央移住勢力と同じく、天武十三年に一括して朝臣を賜姓されたと判断することができる。(11)

このようにみると、地方豪族が比較的早い段階から中央に進出し、本拠地にとどまる同じ一族の者たちと密接な連携を保ちながら、互いに併存するような状況、換言すれば、地方出身の豪族の勢力基盤が畿内と畿外の双方に構築されるような状況が、古代においてはごく当たり前の事例として存在したと考えてよいのではないか。

天武朝の朝臣賜姓五十二氏の中には、地方出身とみられる氏族が、上毛野・笠両氏を含めて、十五もしくは十六氏ほど存在する。それを表示すると、次のようになる。

表1「朝臣氏姓地方出身氏族とその本拠地」

	氏姓	本拠地		氏姓	本拠地
1	犬上君	近江国犬上郡	2	＊上毛野君	上野国
3	角臣	周防国都濃郡	4	胸方君	筑前国宗形郡
5	＊車持君	上野国群馬郡	6	綾君	讃岐国阿野郡
7	下道臣	備中国下道郡	8	伊賀臣	伊賀国伊賀郡
9	阿閉臣	伊賀国阿拝郡	10	波弥臣	近江国伊香郡波弥神社〔式内〕
11	＊下毛野君	下野国	12	＊佐味君	上野国緑野郡佐味郷 上野国那波郡佐味郷
13	＊大野君	上野国山田郡大野郷	14	＊池田君	上野国那波郡池田郷
15	笠臣	備中国小田郡笠岡	16	道守臣？	越前国足羽郡道守村？

このうち16の道守臣はウヂ名の「道守」が職名に因むか、地名にもとづくか定かでなく、前者とすれば、本居宣長が「山守野守などの類にて、道路を守る者を云り」と述べたような職掌となろうが、[12]『新撰姓氏録』（以下、『姓氏録』と略記）は、左京・右京・摂津・河内・和泉の各皇別条に道守朝臣・道守臣八氏の本系を掲げ、波多矢代宿禰もしくは開化天皇の子の武豊葉列別命の後裔とする。

ただ「道守」が職掌に由来し、道守氏がその名を負う伴造であったとしても、佐伯有清が指摘したように、[13]天平神護二年の越前国足羽郡内に道守臣息虫女や臣のカバネを略した道守姓の者が数名存し、彼らのウヂ名は、足羽郡内の「道守村」・「道守庄」・「道守里」と結びつくと推測することができる。(14) したがって天武朝に臣から朝臣に改姓し、『姓氏録』に道守朝臣と記される道守氏が、越前国足羽郡の道守の地を本拠としたウヂの可能性は必ずしも否定できず、『姓氏録』の旧姓にとどまった『姓氏録』の道守臣諸氏の中にも足羽郡出身者が含まれるとみるべきであろう。その場合、16もまた地方出身の氏族であったことになる。

次に表1で＊印を付した2・5・11・12・13・14の六氏は、『続紀』延暦十年四月乙未条の池原公綱主の言上に「其入彦命子孫、東国六腹朝臣、各因二居地一、賜レ姓命レ氏」と記す「東国六腹朝臣」を指すとみられる。すなわち天武十三年にそろって朝臣姓を賜わった毛野（上野・下野）を本拠とする豊城入彦命後裔の六氏のこととみてよい。(15)

東国六腹朝臣中、大野氏には壬申の乱の近江朝廷軍の将に大野君果安《はたやす》がおり（『書紀』）、その子が鎮守将軍として神亀・天平期の東北経営に従事し、藤原広嗣の乱を平定した大野朝臣東人であるが、『続紀』天平十四年十一月癸卯条の東人の薨伝に「飛鳥朝庭糺職大夫直広肆果安之子也」と記すから、果安は壬申の乱後の天武・持統朝において、令制下の弾正台長官の前身である糺職大夫の職に就き、後の従五位下相当の直広肆の冠位を帯したことが知られる。果安のこのような活動は、地方豪族の出身法が出される天武五年以前から、大野氏の政治的拠点が畿内に構築されていた事実を端的に物語るものであろう。

大野朝臣東人の東北経営との関わりは、養老四年九月、蝦夷の反乱に遭い、殺害された陸奥国按察使の上毛野朝臣広人の事業を継承したためと解することができるが、(16) 大野氏にはさらに天平勝宝元年当時、鎮守判官であった大野朝臣横刀《たち》がおり、他の東国六腹朝臣の諸氏中にも、前述の舒明朝の討蝦夷将軍上毛野君形名や、和銅元年の陸奥守上毛野朝臣小足、養老四年に持節征夷副将軍に就任した下毛野（川内）朝臣石代、神護景雲元年に陸奥国伊治城を築き、宝亀五年に陸奥介に任じた上毛野朝臣稲人、延暦年間に阿弖流為《あてるい》と戦った鎮守副将軍池田朝臣真枚《まひら》などが存する。

大和政権や律令国家の対蝦夷経略に参与した者が何人も認められるが、(17) かかる現象は、蝦夷地と対峙し、征夷事業に動員されることの多かった東国の豪族に特有の属性とみなすことができる。換言すればそれは、中央移住後も東北方面への軍事行動の前身基地となる毛野地方に、依然として東国六腹朝臣の堅固な基盤が築かれていた事実を示すものにほかならない。

『続紀』慶雲四年三月庚申条には、「従四位下下毛野朝臣古麻呂、請㆘改㆓下毛野朝臣石代姓㆒、為㆗下毛野川内朝臣㆖。許㆑之」とあり、慶雲四年（七〇七）、下毛野朝臣古（子）麻呂の要請により、下毛野朝臣石代の姓を「下毛野川内朝臣」に改めたように記している。単姓の「下毛野朝臣」から複姓の「下毛野川内朝臣」への改姓は事実上、賜姓を意味するが、『続紀』はその後の石代の関係記事（霊亀元年正月癸巳条・養老四年九月戊寅条）でも、彼の氏姓を旧姓のまま「下毛野朝臣」と表記しており、何らか特殊な事情がそこに介在した疑いがもたれる。そしておそらくそれは和銅二年（七〇九）十二月に下毛野朝臣古麻呂が死去することと無関係ではないと思われる。

下野国では六世紀後半の吾妻古墳以降、七世紀中葉まで思川流域の都賀郡と、田川流域の河内郡に「下野型古墳」という独特の造墓様式（墳丘一段目が低平で幅広い基壇から成り、前方後円墳の場合は横穴式石室が前方部に設置される）を持つ墳墓が築造されるようになる。小野里了一は「下野型古墳」の被葬者を下毛野国造を構成した勢力と捉え、それが都賀郡と河内郡の二つの首長の系統から成り、主流である都賀郡の勢力を中心に、河内郡の勢力も含めて「下毛野君（朝臣）」というウヂの組織が形成されたと推測する。そして古麻呂を都賀郡出身、石代を河内郡出身の下毛野氏と推定し、現地での河内郡勢力の台頭（七世紀中葉に大型方墳の多功《たこう》大塚山《おおつかやま》古墳を築造し、後半に下野薬師寺を建立）に対抗して、下毛野氏の族長的地位にあった古麻呂が、都賀郡系による「下毛野朝臣」（単姓）の氏姓の独占をねらって、石代の複姓への改姓を要求したのではないかと説く[18]。

小野里のように考えると、石代の「下毛野川内（河内）朝臣」への改姓がいったん裁可されながら、それが長続きしなかった理由も無理なく理解することができよう。すなわち大宝律令の撰定者で、大宝二年から八年間、参議の座にあった政界の実力者古麻呂の圧力によって、石代は賜姓を余儀なくされたものの、古麻呂の死により、再度本姓への復帰が認められたと推察されるのである。

古麻呂の名が史料に現れるのは、持統紀三年十月条に、奴婢六百口を放免したいと奏して許されたと記すのが最初である。この時彼は直広肆とあり、すでに中央官人として後の従五位下相当の冠位を帯していたことが分かる。「寺々仁王経散帳」収録の天平勝宝五年四月二十七日付「薬師寺三綱牒」（『大日本古文書』十二・四三八頁（以下、古十二・四三八のように略記）ほか）や『日本霊異記』中巻三十五・三十六話には、聖武・孝謙の治世下の平城京に下毛野寺の存したことを伝えるが、この寺は平城京を本貫とする下毛野氏の氏寺であろう。[19] 注目すべきは、これに加えて『和名抄』大和国城上郡に「下野郷」の郷名を掲げることである。郷域は未詳であるが、後述するようにこの地もまた下毛野氏の居住と関わるとみられ、城上郡内に所在することから、磯城・磐余や飛鳥の諸宮に対応し、これらの宮へ出仕する際の拠点とされていた可能性がある。東国六腹朝臣の上毛野氏や大野氏と同様に、下毛野氏の中央移住も比較的早い時期に達成されたと考えて差し支えないのではないか。

一方、石代の名は大宝元年七月、左大臣多治比真人嶋の葬送の際に従七位下の石代が百官の誄を行ったとあるのが史料上の初見である（『続紀』）。彼は、嶋と私的に関係する人物と推察されるが、[20] 下級とはいえ中央官人の立場にあり、朝臣のカバネも河内郡出身の彼の一族が天武十三年に賜わったものとみてよいであろう。すなわち若干の時期的前後差は考慮すべきものの、下毛野氏は都賀・河内両郡の勢力のどちらも、畿内に移住したと推測される。さらに石代が養老四年に持節征夷副将軍に任じられたのは、前述のように石代が、下野国内になお勢力基盤を有し、人員や物資の調達などの面で、同族関係にある現地（河内郡）の下毛野氏と密接に結びついていた事実を示唆するとみられ、同様の関係は古麻呂と都賀郡の同族との間にも存在したと考えることができる。

以上により、天武十三年に朝臣を賜姓された地方出身豪族の特性として、それぞれ畿内と出身地の両方に拠点を有し、官人として仕える場合も、中央と地方に分かれて出仕する体制が取られていたこと、中央への進出はかなり早い時期から行われているが、畿内の進出地と畿外の本拠地とは相互に不可分の関係にあり、両者が密接に結びついていたことなどを指摘することができそうである。このような居住形態は地方出身豪族にとって決して珍しいことではなく、ごく常態的な現象と捉えて支障ないと思われるが、いま、仮にこれを「両貫制」という名で呼ぶことにしよう。

薗田香融は、かつて万葉貴族の生活圏が「みやこ」と「ゐなか」（本貫）の双方に置かれていた事実を指摘し、かかる二重の生活のあり方を「両貫制」と称した[21]。薗田の説く「両貫制」は、畿内を本拠とし、後に京師内に居所を構えるようになった中央豪族を対象としたもので、右に挙げた「両貫制」とは概念を異にするが、薗田の用語にならい、ここでは地方豪族の居住形態にも適用させる形で、便宜的に「両貫制」という語を使用することにしたい。

第二節　下道氏と両貫制

両貫制が実態として存在した可能性は、さらに下道氏の事例を通してうかがうことができる。元禄十二年（一六九九）に現岡山県小田郡矢掛町東三成より発見された骨蔵器の蓋にはその中圏と外圏に

〔中圏〕銘　下道圀勝弟圀依朝臣右二人母夫人之骨蔵器故知後人明不可移破
〔外圏〕　以和銅元年歳次戊申十一月廿七日己酉成

との文字が刻まれており、この骨蔵器が下道朝臣圀勝と弟の圀依が母の骨を蔵めたもので、和銅元年（七〇八）十一月に作られたことが判明する。下道圀勝は、『続紀』宝亀六年十月壬戌条の吉備真備の薨伝に「右衛士少尉下道朝臣圀勝之子也」とあるように、天平十八年（七四六）に吉備朝臣の氏姓を賜わった真備の父親である。

一方、狩谷棭斎の『古京遺文』は、享保十三年（一七二八）に大和国宇智郡大沢村（現奈良県五條市大沢）から出土したという真備の母（圀勝の妻）の楊貴氏の墓誌を掲げる。現在その所在は不明で、拓本だけが伝わるが、この墓誌は塼《せん》の上に「従五位上守右衛／士督兼行中宮亮／下道朝臣真備葬／亡妣楊貴氏之墓／天平十一年八月十／二日記／歳次己卯」と刻んだもので、真備の位階や官職は、『続紀』にみえる天平十一年当時のそれと同じであり、特に矛盾す

るところはない。しかし墓誌が年月日の後の末尾に「歳次己卯」と記すことは不自然であり、塼の焼成後に刻字された疑いが濃いことなどとあわせて、後世の偽作とする説が有力視されている。(22)

現物を実見できない以上、確定的なことは何も言えないが、真備の母の楊貴氏は、『古京遺文』以来、『姓氏録』右京神別下の八木造のこととされてきた。(23)「八木」の氏名は「陽疑」にも作り（『続紀』宝亀六年正月辛酉条）、清音と濁音の違いはあるものの、「楊貴」の用字が「八木」・「陽疑」と通じ、かつ奈良時代の用字例とみて支障ないことが、国語学の立場から指摘されている。(24)渡来系氏族の楊侯《やこ》（胡）氏（史・忌寸）の氏名は「陽侯（胡）」と記される場合があるから、「八木」・「陽疑」・「楊貴」は同一の氏名として奈良時代に併用されていたと解してよく、墓誌が塼に後刻された偽作であったとしても、真備の亡妣が八木（楊貴）氏の出身であった事実は、必ずしも否定されるべきではない。

八木造の本拠地については、宝亀二年四月に写経所装潢生の八木宮主が休暇願を出して、宇智郡の楊貴氏墓誌の出土地に近い大和国葛上郡の鴨大神（『延喜式』の高鴨阿治須岐託彦根命神社）の例祭に参加したとみられることから、宇智郡内とする説、(25)延久二年（一〇七〇）の「興福寺大和国雑役免帳坪付帳」にみえる高市郡雲飛庄の「八木寺」（寺跡は奈良県橿原市八木町所在。大官大寺跡と類似の古瓦を出土し、奈良時代の創建と推定される）の地とする説がある。(26)

一方、五・六世紀代の宮都の所在地であった磐余地域には「吉備」の地名が残り（現奈良県桜井市吉備）、吉備地方出身の豪族たちの大和の拠点とされた所ではなかったかと推察される。「吉備」は大和国十市郡の地名として鎌倉期からみえるが、吉備集落の西方の小字「古屋敷」は「大臣藪」・「大臣屋敷」とも呼ばれ、地元では吉備真備の邸宅跡と伝承されている。さらにその東南隅にかつて十二個の礎石が置かれていたとされ、そのため吉備氏の氏寺である吉備寺がこの地に存在したとする見方が有力であったが、真備の邸宅跡と伝えられるものは実は中世の城郭の跡とみられ、さらに吉備寺の存在した証拠もほとんど無いことが明らかになった。(27)

「吉備」の地名は、前述の城上郡下野郷と同じく、大和に数多く認められる国名地名の一つである。国名地名は黛弘道が指摘するように、磯城郡（城上郡・城下郡）や十市郡に偏在する傾向があるが、黛はそれをこの地に宮居を定めた欽明大王の時代に、日本列島各地から大王の宮に上番する体制が整ったことによるものとする。(28)国名地名については、「奈良時代あるいはそれ以前に、朝廷が力役を課すため、全国各地から農民を徴集し、これを大和平野の各地に居住せしめた」ことにもとづくとする説もあるが、(29)地名化の原因をすべて徴集された農民の居住によると断ずることには問題があろう。

むしろ「備前」と「吉備」、(30)「越」と「能登」のような新旧の国名表記が併存する事実に依拠するならば、大和移住の時期はいくつかの段階に分けて考えることができる。ただその中心期は、黛のように欽明朝に特定する必要はないものの、南大和の磐余・磯城、次いで飛鳥に都が置かれた六・七世紀代に求めるのが妥当とみられ、地名が令制下の国名表記を取る場合も、実際にはそれ以前からその国の出身者が居住するケースが少なくなかったと思われる。そして住民の主体も農民ではなく、大王宮に出仕することを目的とした地方の豪族層に比定するのが妥当であろう。

仁徳即位前紀は、「倭の屯田《みた》」の支配権を主張した額田大中彦に対して、出雲臣の祖で、倭屯田司であった淤宇《おう》宿禰が、大鷦鷯尊の命を受けて、屯田の支配の由来を問うために韓国に居る倭直吾子籠のもとへ遣わされた話を掲げる。この話はすでに指摘されているように、令制下の屯田（官田）のうち大和国のそれ（三十町）が、天平二年度の「大倭国正税帳」残簡により城下郡と十市郡にあったことが知られ、城上郡にも存在した可能性が高いこと、これらの地域（ヤマト）を拠点とした氏族が倭国造の倭（大倭）直であること、出雲国意宇郡を本拠とした出雲臣の祖先の淤宇宿禰を倭屯田の管理者とするが、島根県松江市大草町（『和名抄』の意宇郡大草郷）の岡田山一号墳から出土した円頭大刀の銘に出雲臣の同族とみられる額田部臣の名が刻まれ、額田大中彦とのかかわりがうかがえること、延久二年の「興福寺雑役免坪付帳」によれば、城上郡に興福寺領出雲庄（現桜井市江包・大西・大泉付近）が存するが、「倭の屯田」は出雲庄の地域を中心に設定されているらしいことなど、全くの絵空事ではなく、ある一定の歴史的事実を踏まえて作成された話と推量することができる。(31)

奈良時代の計帳によれば、山城（背）国の愛宕郡内には多数の出雲臣・出雲臣族の一族の者が居住しており（愛宕郡には上・下二つの出雲郷が存した）、『姓氏録』も左京・右京・山城・河内の各神別条に出雲宿禰（旧姓臣）・出雲臣の本系を掲げていて、出雲臣の中央進出が広範囲にわたって積極的に進められたことがうかがえるが、仁徳即位前紀の記述は、宮都がまだ磐余や磯城にあった早い段階から、出雲臣一族の者が大和の城上郡の地に拠点を構え、屯田の管理のような職務に就いていた事実を示唆するものであろう。出雲庄は中央に移住し、大王宮に出仕するようになった六世紀頃の出雲臣の居所に付された地名と推断してよいのではないか。

そうすると、十市郡の「吉備」の地名もまた、下道氏ら大和に進出した吉備地方の豪族の居所であった蓋然性は低くないと思われる。さらに下道氏と同じく天武朝に朝臣姓を賜わった吉備系の笠氏が、大化期にはすでに大和に拠点を築いていた事実（前述）と照合すると、下道氏の進出時期がそれよりも遅れるとは考えがたい。

笠氏の場合は、城上郡に残る笠の地名（「加佐（笠）寺」・「笠庄」、現桜井市笠）にも注目する必要があろう。『万葉集』に「雨ふらば着むと思へる笠の山……」（巻一・三七四）とみえる「笠の山」をこの地にあった山とする説があるが、建久八年（一一九七）成立の『多武峯略記』には、建久年間に消失するまで、「加佐寺」が存したとし、奈良時代の創建（別名竹林寺）とする言い伝えも残る。「笠」は山の形状による名称の可能性が高いが、あるいは笠氏の居住にもとづくとみるべきかもしれない。いずれにせよ下道氏や笠氏の中央進出が六・七世紀代から行われていたことは確かであろう。(32)

ただこれまでは野村忠夫のように、楊貴氏墓誌との関係に立って、下道圀勝は母を葬った備中国で生まれ、真備の出生する持統九年（六九五、一説に持統七年とする）以前のそれほど隔たらない時期に大和に移り、楊貴氏と結婚して真備が生まれたとする説が有力であった。(33) 野村は地方豪族出身の下道氏の朝臣賜姓を例外的な措置と解し、中央権力との特別な結びつきによりそれが実現したとする。そして朝臣賜姓によって、下道氏は初めて中央官人化の資格条件を獲得したと推察する。

しかしこの解釈には問題がある。表1の地方出身氏族十六氏は、朝臣を賜姓された五十二氏の約三十パーセントを占め、これを例外的措置とみなすには、いささか比率が高すぎる。すでに述べたように、十六氏中、上毛野・笠・大野・下毛野の四氏は、それぞれ舒明朝（上毛野氏）、孝徳朝（笠氏）、天智・天武朝（大野氏）、持統朝（下毛野氏）までには遅くとも畿内への移住を終え、朝廷に出仕している。

残る諸氏のうち、犬上氏は御田鍬が推古・舒明朝に遣隋使・遣唐使となり、斉明朝には白麻呂が遣高麗判官に任ぜられている。佐味氏は、大和国十市郡佐味の地（現磯城郡田原本町佐味）を拠点とし、壬申の乱以降、継続的に中央官人を輩出し、その多くは四位・五位の位階を帯した。(34)道守氏や角氏の中央での活動も天智・天武朝からみえ、ほかに車持・池田・阿閇・胸形・波弥の五氏からも奈良時代の中央官人が出ている。(35)したがってこれらを加えると、実に十三氏が中央官人としての経歴を持つ氏族であったことになり、朝臣を賜姓された地方出身氏族は、ほぼ例外なく畿内に進出し、中央を活動の場としたことが明らかとなる。しかも彼らの中には天武朝の賜姓期より遡って、大化前代の六・七世紀頃から畿内に拠点を構える者が少なくなかったと推測されるのである。

一方これらの諸氏中、犬上氏は仁和元（八八五）年に近江国検非違使権主典の犬上（朝臣？）春吉が前犬上郡大領とあり（『三代実録』同年七月十九日辛丑条）、郡領を出す犬上郡の有力氏として、平安期まで存続したことが知られる。阿閇（敢）氏も天平感宝（勝宝）元年（七四九）当時、敢朝臣安麻呂が伊賀国阿拝郡大領で、同郡柘植郷戸主とあり（古三・一三五、三・二三四）、さらに『続紀』天応元年五月丁亥条の尾張国中嶋郡人の裳咋《もくい》臣船主の言上にも「己らは伊賀国の敢朝臣と同じき祖なり」と記すように、この氏は八世紀に入ってもなお、伊賀国阿拝郡に強固な勢力基盤を保持している。同様のことは胸形氏にもあてはまり、延暦十九年（八〇〇）に禁止令（同年十二月四日付「太政官符」）が出されるまで、筑前国宗像（形）郡の大領は、宗像神社の神主であるこの氏の一族の者が兼帯するのが習わしとなっていた。

下道氏の場合も、平城京跡出土の木簡に下道郡の屋代（？）里の住人として、下道臣三止の名を記し（『木簡研究』二〇－四二）、天平十一年の窪屋郡軽部郷菅里や美和郷市忍里の戸主に下道臣牛や下道朝臣加礼比の名がみえる（古二・

二四九)。さらに天平六年当時の賀夜郡大領は、従六位上勲十二等の下道朝臣人主であったから(『万葉集註釈』巻一所収『備中国風土記』逸文)、本拠地の下道郡とその周辺諸地域は、前代から引き続き下道氏一族の勢力圏を形成していたことが明らかである。周知のように、『本朝文粋』や『扶桑略記』に掲げる三善清行の「意見封事十二箇条」は、右大臣の吉備真備が天平神護年中に下道郡の大領を兼ねたとの伝承を掲げており、事実かどうかは別として、それは真備の代に至ってもなお、中央の下道氏(吉備氏)が、旧貫意識だけでなく現実的な自己の拠り所として、出身地の下道郡と強い絆で結ばれていた実情を示している。

かかる事実にもとづくならば、野村説のように、下道圀勝の備中より大和への移住の時期を、真備生誕の少し前の頃(七世紀末)に求めたり、朝臣賜姓によって下道氏の中央官人への道が開けたと解することはもはや困難であろう。藤原宮の外壕より出土した木簡中に「下道旦臣吉□□(備麻カ)呂」と記すものがあり(『藤原宮木簡』二・六一四号)、同じ外濠より出土した木簡のうち年紀の分かるものが丙申年(持統十年、六九六)と大宝三年(七〇三)であることから、下道旦臣吉備麻呂(下道朝臣吉備麻呂)もその頃の官人の一人で、圀勝と同世代の人物と推測できる。当時の下道氏の一族の中には、圀勝以外にも中央の官司に出仕する者が、少なからず存したとみられるのである。

すなわち下道氏は備中国(下道郡)と大和国(都の所在地)の両所に氏族的な活動基盤を有し、両貫制とでも言うべき居住形態のもと、中央と地方の双方に拠点を保持していたとみて間違いないであろう。しかも既述のように、こうした居住形態は下道氏に限らず地方出身の朝臣賜姓氏族に共通する特徴と捉えることができる。彼らは朝臣姓を与えられる前の六・七世紀段階から、中央の政治と密接に関わっており、当時の中央政界に占める彼らの政治的地位と実力に応じて、畿内を本拠とした伝統的豪族と同等の立場で、朝臣姓を付与された。朝臣賜姓は決して地方出身氏族に対する特例的措置として為されたものではなかったのである。

假寧令《けにょうりょう》定省假条には「凡文武官長上者、父母在二畿外一、三年一給二定省假卅日一。除レ程」との規程があり、さらに同令請假条には、五位以上の官人が畿外へ出るため休暇(假)を請求する場合は、本司の直判によらず奏聞せよと定めている。定省暇条の「父母在畿外」の語が『令集解』の古記にみえることから、これらの休暇規程はすでに大宝令の段階で存在したことが知られるが、換言すればそれは大宝令制定時から「畿外出身の官人の存在が想定されていた」事実[36]を示すものにほかならない。おそらく天武五年四月の地方氏族の出身規程にあわせて、休暇に関する細則が定められたとみられるが、実態的にはそれ以前から慣例化されていた地方豪族の中央出仕を前提として、天武朝以降、次第に休暇に関する細則が整備されていったと考えることができよう。

第三節　京畿を本貫とする地方出身氏族の実態

地方出身者の京内への移貫が盛んに行われるようになるのは、中村順正が指摘するように平安遷都以降であり、平城京時代の京貫附の記事は『続紀』にはみられない。[37]中村はその理由として、八世紀の地方出身者は京に居住していても、戸籍上では京に貫附する例が少なかったことを挙げる。確かにそのような事実が存した可能性は高いとみるべきであろうが、果たして『続紀』の京貫附の記事の欠落を、すべてこうした理由によると解することができるであろうか。

『姓氏録』の序には、「京畿之氏、大体牢二籠諸国之氏一、或不三必入二京畿一」との一文を掲げている。この文は「京内および畿内五カ国に本貫を持つ氏族は、だいたい畿外諸国の氏族を包摂しているが、必ずしもそのすべてが含まれるわけではない」の意にとることができる。『姓氏録』は、諸氏族に本系帳の提出を命じる延暦十八年（七九九）の桓武天皇の勅（『日本後紀』同年十二月戊戌条）にもとづき編纂が進められ、弘仁六年（八一五）に最終的に完成しており、序の文が正しく九世紀初頭の京・畿内を本貫とする氏族の実情を伝えているとすれば、地方（畿外）を本拠とする氏族の多くは、同時に京・畿内にも貫附されていたということになろう。

しかも平安遷都以降、『姓氏録』完成期以前に畿外から中央へ移貫したことが判明する事例は、

①（延暦十五年十一月）陸奥国人道嶋宿禰赤竜→右京貫附
②（延暦十八年八月）伊予国人越智直祖継→左京貫附
③（延暦二十四年八月）近江国人林朝臣茂継→左京貫附
④（延暦二十四年八月）肥後国人中篠忌寸豊次→左京貫附
⑤（弘仁二年三月）武蔵国人小子宿禰身成→左京貫附
⑥（弘仁二年閏十二月）紀伊国人吉原宿禰嗣宗（紀直祖刀自売の子）→左京貫附

の六例（いずれも『日本後紀』）に限られる。『日本後紀』はこの間、桓武紀から嵯峨紀までのほぼ半数の巻が散逸してしまっているから、右の六例以外にも移貫が行われた可能性は一応考慮しなければならないが、中央に居住する地方出身者の多くは、平安遷都以前よりすでに京・畿内を本貫としていたとみるべきであろう。

ただ『姓氏録』序の末尾には「唯京畿未進幷諸国且進等類、一時難レ尽、闕而不レ究」と記す。地方氏族の中には、讃岐の因支首・伊予の伊予別公のように、延暦十八年の本系帳提出の勅にもとづき、実際に本系帳を進上したもののいたことが確かめられるが、[38]この両の本系は『姓氏録』には記載されていない。したがって「京畿之氏、大体牢二籠諸国之氏一、……」の言辞も、地方氏族の本系を収録しなかったことに対する『姓氏録』撰者の一種の言い訳にすぎないと解することも、一方で可能である。

実情は果たしてどうであったのだろうか。いま『姓氏録』所載の皇別・神別の諸氏のうち、本拠地が畿外とみられる地方出身者の名をリスト・アップすると、次のようになる。

〔皇別氏族〕

左京皇別

1息長真人（近江国坂田郡息長）・2山道真人（越前国足羽郡[1]？）・3坂田酒人真人（近江国坂田郡）・4八多真人（近江国蒲生郡羽田荘）・5三国真人（越前国坂井郡三国）

右京皇別

6山道真人（越前国足羽郡[1]？）・7息長丹生真人（近江国坂田郡上丹郷）・8三国真人（越前国坂井郡三国）・9坂田真人（近江国坂田郡）

山城国皇別

10三国真人（越前国坂井郡三国）

左京皇別上

11阿閉臣（伊賀国阿拝〔阿閉〕郡）・12名張臣（伊賀国名張郡名張郷）・13佐々貴山君（近江国蒲生郡篠筒郷）・14角朝臣（周防国都濃郡〔「角国」〕）・15道守朝臣（越前国足羽郡道守村〔道守荘〕）・16生江臣（越前国足羽郡生江〔江上郷・江下郷〕）・17吉備朝臣（備中国下道郡[2]）・18下道朝臣（備中国下道郡）・19道守朝臣（越前国足羽郡道守村〔道守荘〕）・20犬上朝臣（近江国犬上郡）・21坂田宿禰（近江国坂田郡、近江国槻本[3]？）

左京皇別下

22下毛野朝臣（下野国）・23池田朝臣（上野国那波郡池田郷）・24上毛野坂本朝臣（上野国碓氷郡坂本郷）・25車持公（上野国群馬郡〔車評〕）・26稲城壬生公（尾張国丹羽郡稲城郷？）・27小槻臣[4]（近江国栗太郡小槻神社）・28牟義君（美濃国武芸郡）・29守公（美濃国[5]？）・30治田連（近江国浅井郡[6]）

右京皇別上

31上毛野朝臣（上野国）・32佐味朝臣（上野国緑野郡佐味郷・上野国那波郡佐味郷）・33大野朝臣（上野国山田郡大野郷）・

34**阿閉臣**（伊賀国阿拝〔阿閇〕郡）・35**伊賀臣**（伊賀国伊賀郡）・36**阿閉間人臣**（伊賀国阿拝〔閉〕郡）・37**道公**（加賀国石川郡〔旧越前国加賀郡〕味知郷）

右京皇別下

38**真野臣**（近江国滋賀郡真野郷）・39**安那公**（備後国安那郡）・40**和気朝臣**（備前国磐梨郡岩成郷）・41**阿保朝臣**（伊賀国伊賀郡阿保郷〔「伊賀国阿保村」『姓氏録』〕）・42**羽咋公**（能登国羽咋郡羽咋郷）・43**讃岐公**（讃岐国東部[7]〔大内郡、寒川郡、山田郡〕）・44**建部公**（近江国栗太郡建部神社〔式内社〕）、犬上郡）・45**別公**（近江国[8]？）・46**御立史**（参河国碧海郡御立〔「参河国青海郡御立」『姓氏録』〕）・47**佐伯直**（針間別佐伯直〔播磨国〕）・48**笠朝臣**（備中国小田郡笠岡？）・49**笠臣**（備中国小田郡笠岡？）50**真髪部**（備中国窪屋郡真髪〔白髪部〕郷[9]）・51**廬原公**（駿河国廬〔庵〕原郡、安倍郡〔「阿倍廬原国」『姓氏録』〕）・52**宇自可臣**（播磨国飾磨郡〔「牛鹿屯倉」安閑紀〕）・53**道守臣**（越前国足羽郡道守村〔道守荘〕）・54**島田臣**（尾張国海部郡島田郷〔「尾張国島田上下二県」『姓氏録』〕）・55**火**（肥前国、肥後国〔肥後国八代郡肥伊郷？〕）・56**息長連**（近江国坂田郡息長）

山城国皇別

57**阿閇臣**（伊賀国阿拝〔阿閇〕郡）・58**出庭臣**（出羽国田川郡伊氏波神社〔式内社〕？）・59**道守臣**（越前国足羽郡道守村〔道守荘〕）・60**息長竹原公**（近江国坂田郡息長）

大和国皇別

61**江沼臣**（越前〔加賀〕国江沼郡）・62**肥直**（肥前国、肥後国〔肥後国八代郡肥伊郷？〕）

摂津国皇別

63**榛原公**（遠江国蓁原郡蓁原郷）・64**佐々貴山君**（近江国蒲生郡篠笥郷）・65**伊賀水取**（伊賀国）・66**松津首**（肥前国松津[10]？）・67**道守臣**（越前国足羽郡道守村〔道守荘〕）・68**車持公**（上野国群馬郡〔車評〕）

河内国皇別

69阿閇朝臣（伊賀国阿拝〔阿閇〕郡）・70阿閇臣（伊賀国阿拝〔阿閇〕郡）・71道守朝臣（越前国足羽郡道守村〔道守荘〕）・72道守臣（越前国足羽郡道守村〔道守荘〕）・73塩屋連（伊勢国庵芸郡塩屋郷？）・74早良臣[11]（筑前国早良郡早良郷？）・75紀祝（紀伊国）・76守公（美濃国？[5]）・77佐伯直（針間別佐伯直）（播磨国）・78蓁原（遠江国蓁原郡蓁原郷）

和泉国皇別

79道守朝臣（越前国足羽郡道守村〔道守荘〕）・80葦占臣（近江国栗太郡葦浦屯倉、備後国葦田郡葦浦郷？[12]）

【備考】右京皇別下の吉備臣は、『続紀』神護景雲三年九月辛巳条に吉備臣を賜姓されたとする河内国志紀郡人の岡田毗登稲城らを指すとみられるので、ここでは除外した。

［注］

［1］天平神護二年の文書に越前国足羽郡安味郷戸主、山道竹麻呂の名がみえる（古五・五六八、五八四）。山道真人の本拠地は足羽郡内にあった可能性があろう。

［2］吉備朝臣の旧姓は下道朝臣。天平十八年十月に下道朝臣真備、同二十年十一月に下道朝臣乙吉備・直事・広が吉備朝臣の氏姓を賜わった（『続紀』）。

［3］『姓氏録』によれば、坂田宿禰の旧姓は槻本公（宿禰）。近江国には滋賀郡や野洲郡に連（村主）姓の槻本氏が存するので、所在は明らかでないが、近江国内に「槻本」の地名があったことがうかがえる。

［4］小槻臣の一族の名は他にみえないが、『姓氏録』は小槻臣を垂仁天皇の皇子、於知別《おちわけ》命の後裔とする。『古事記』も同じく垂仁天皇の子に落別《おちわけ》王の名を挙げ、小月山君（本拠地は近江国栗太郡）の祖とするから、佐伯有清が指摘するように（『新撰姓氏録の研究』考証篇二）、小槻臣と小月山公（小槻山君）とは同族とみられる。

［5］佐伯有清は、守公が牟義君と同じく大碓命の後裔とされ、守公の部民であったとみられる守部を氏名とする氏族が美濃に広く分布することにもとづき、守氏を美濃を本拠とした豪族と推定する（『新撰姓氏録の研究』考証篇第二）

〔6〕『姓氏録』によれば、近江国浅井郡の墾田の地を居地としたため、「治田連」の氏姓を賜わったとある。

〔7〕讃岐公（旧姓讃岐直・凡直）の一族の者の分布が、八世紀からの十一世紀に至るまで、讃岐国東部の大内・寒川・山田の諸郡に認められる。

〔8〕『姓氏録』によれば、別公は近江国を本拠とした犬上朝臣や建部公と同族関係にある。

〔9〕真髪部（延暦四年までは白髪部）は、備中国窪屋郡のほか各地に分布するが、本条の真髪部は「同命（稚武彦命）男吉備武彦之後也」と記し、笠朝臣・笠臣と同祖関係にあるから、備中国窪屋郡真髪郷を本拠とした氏族とみることができる。

〔10〕「国造本紀」に松津国造の名を掲げ、「難波高津朝御世、物部連祖伊香色雄命孫金弓連、定二賜国造一」と記す。「松津」は肥前国の地名とみられるが、所在不明。松津首は松津国造の関連氏族か？

〔11〕早良臣とは別族ではあるが、天平宝字二年の筑前国早良郡には、早良勝弟子（早良郡擬少領）や早良勝飯持売・早良勝足嶋（早良郡額田郷人）のような勝姓の早良氏の存在が認められる（日古十四・二六九～二七二）。早良臣は『姓氏録』および『古事記』孝元天皇段に、平群都久宿禰の後裔で、平群臣と同祖とされる氏族であるが、筑前国早良郡には早良郷と並び平群郷の郷名が存し、さらに『姓氏録』河内国皇別に早良臣と同祖と記す平群氏系の額田首（大和国平群郡額田郷か河内国河内郡額田郷が本拠地）の氏名と結びつく額田郷の郷名も認められる。したがって筑前国早良郡の一帯は平群系諸氏の勢力圏を形成していたと推測され、早良臣のサワラの氏名も筑前国の「早良」の地名に由来する可能性が高いと思われる。ただ河内国讃良（更荒・更占）郡の郡名はサララ・ササラ・サウラなどと訓まれており、サワラもその転訛の一つとみることができる。讃良郡の地が生駒山地を挟んで大和国平群郡と接し、河内国河内郡額田郷とも近いことを考慮すると、早良臣の本拠もまた河内国讃良郡の地で、筑前国早良郡はその二次的な進出地と解するのが妥当かもしれない。

〔12〕葦占臣は天足彦国押人命の後裔と称するワニ系の一族であるが、近江国はワニ系諸氏の集住地であり、「近江国葦占屯倉」の地（安閑紀・栗太郡）が葦占臣一族の本拠地であった蓋然性が高い。なお隣国の山背国宇治郡賀美郷には天平期に葦占臣東人や同人主が存した（古二五・七三）。一方、『日本霊異記』によれば、宝亀年間の備後国葦田郡屋穴国郷の住人に穴（安那）君弟公や秋丸のいたことが知られるが、穴君は同国安那郷を本拠としたワニ系の氏族（「国造本紀」の吉備穴国造と同一氏）である。したがって備後国の葦浦の地も葦占臣の関係地（おそらく本拠地の近江国から二次的に備後に進出したとみられる）と推測できる（加藤謙吉『ワニ氏の研究』〔雄山閣・二〇一三〕参照）。

〔神別氏族〕

左京神別上

1伊香連（近江国伊香郡伊香郷）・2中臣方岳連（近江国伊香郡片岡郷）・3越智直（伊予国越智郡）・4猪名部造（伊勢国員弁郡[1]）

左京神別中

5大伴連（紀伊国名草郡?、那賀郡[2]?）・6榎本連（紀伊国名草郡[3]?）・7神松造〔神私連?[4]〕（紀伊国名草郡）・8浮穴直（伊予国浮穴郡）・9出雲宿禰（出雲国）・10出雲（出雲国）・11入間宿禰（武蔵国入間郡）・12佐伯連（丹波国桑田郡佐伯郷[5]?）

左京神別下

13伊勢朝臣（伊勢国）・14尾張宿禰（尾張国）・15尾張連（尾張国）・16丹比須布（伊予国周敷郡）・17石辺公（近江国愛智郡石部神社〔式内社[6]〕?）

右京神別上

18内田臣（伊勢国阿濃郡内田郷?）・19神麻績連（伊勢国多気郡麻績郷?）・20大伴大田宿禰（紀伊国名草郡大田郷[7]?）・

右京神別下

21壱岐直（壱岐島壱岐郡）・22出雲臣（出雲国）・23神門臣（出雲国神門郡）

24伊与部（伊予国?）・25尾張連（尾張国）・26伊与部（伊予国?）・27朝来直（但馬国朝来郡朝来郷）・28阿多御手犬養（薩摩国阿多郡阿多郷）・29大家首（紀伊国名草郡大宅郷）・30桑名首（伊勢国桑名郡桑名郷）・31宗形朝臣（筑前国宗像郡）・32青海首（参河国碧海郡碧海郷?）

山城国神別

33熊野連（紀伊国牟婁郡熊野）・34筑紫連（筑紫国〔筑前・筑後〕）・35出雲臣（出雲国）・36出雲臣（出雲国）・37尾張連

（尾張国）・38**阿多隼人**（薩摩国阿多郡阿多郷）・39**石辺公**（近江国愛智郡石部神社〔式内社〕？）

大和国神別

40**仲丸子**（紀伊国那賀郡那賀郷）[8]・41**尾張連**（尾張国）・42**大角隼人**（大隅国）

摂津国神別

43**津島朝臣**（対馬嶋）

河内国神別

44**紀直**（紀伊国）・45**勇山連**（豊前国下毛郡諌山郷）・46**浮穴直**（伊予国浮穴郡）・47**尾張連**（尾張国）・48**出雲臣**（出雲国）・49**宗形君**（筑前国宗像郡）

和泉国神別

50**巫部連**（豊国？）・51**大伴山前連**（紀伊国那賀郡山前郷）[9]・52**紀直**（紀伊国）・53**川瀬造**（近江国犬上郡川瀬）・54**川枯首**（近江国甲賀郡川枯神社〔式内社〕？）・55**長公**（紀伊国那賀郡那賀郷）

〔注〕

〔1〕猪名部は船大工や木工より成る渡来系のトモの組織で、最初摂津国河辺郡為奈郷に安置され、ついで伊勢国員弁郡を初めとして日本各地に分布するようになった技術者集団であるが、左京神別上に掲げるこの猪名部造氏は、伊勢国員弁郡を本拠とし、後に京内に貫附された一族と推察される（加藤謙吉「猪名部に関する基礎的考察」〔『民衆史研究』十七号・一九七九年〕）

〔2〕紀伊国名草郡から那賀郡にかけての一帯は大伴連の集住地であり、6の榎本連（大伴連と同祖）や7の神松造（神私連？・大伴連と同祖）もまた、名草郡に拠点を有した事実とあわせると、紀伊国の紀ノ川沿岸の地（名草郡・那賀郡）にこれらの氏の本拠があった可能性は高いと思われる。（本書第二部第二章参照）

〔3〕紀伊国には、天平勝宝八歳当時、榎本連千嶋が名草郡少領の職にあり、榎本連真坂も同郡の戸主であった（『正倉院宝物銘文集成』）。千嶋は天平神護元年には「前名草郡少領」とされるが（『続紀』）、九世紀後半の貞観三年の同郡主帳にも榎本連（闕名）がおり（『平安遺文』一巻一三〇号）、この氏が名草郡の伝統的な有力土豪の一族であったことが知られる。紀伊国にはこのほか『日本

霊異記』下第十に、牟婁郡の人として榎本氏出身の「牟婁沙弥」の名がみえる。

[4] 『古屋家家譜』は（大伴）金村大連公の子に宇遅古連公の名を掲げ、その尻付に「是宇治大伴連、神私連、大伴櫟津連等祖也」と記す。宇治大伴連や大伴櫟津連は紀伊国名草郡を本拠とした氏で、神私連も同様に推測することができるが、7の神松造もまた金村大連公の後裔とされる。さらに神松造が大伴連・榎本連と同じく紀伊国名草郡と結びつく一族であるとすると、居住地という面からも神私連と共通することになる。したがって佐伯有清のように（『新撰姓氏録の研究』考証篇三、吉川弘文館、一九八二年）、『姓氏録』の「神松造」は「神私連」の誤写で、この氏は紀伊国名草郡宇治の地を本拠とし、名草郡の国懸神社の神官家と関わる氏と解するのが妥当と思われる。

[5] 12の佐伯連の本拠地は不詳であるが、その本系に「大（木）根乃命男丹波真太玉之後也」とある。『和名抄』によれば、丹波国桑田郡に佐伯郷の郷名が存し、十世紀の同国船井郡には佐伯宿禰の氏人の存在が認められるから、本条の佐伯連は丹波国桑田郡佐伯郷を本拠とした一族とみるのが妥当か。

[6] 17の石辺公の本系には「大国主〈古記一云、大物主。〉命男久斯比賀多命之後也」と記すが、『延喜式』神名帳愛智郡の石部神社の祭神は現在、天照坐皇大御神と天日方奇日方（アメヒガタクシヒガタ）命で、相殿が国造大名牟遅命とされる。久斯比賀多命の名は天日方奇日方命の名と一致するから、近江国愛智郡石部神社の地が石辺公の本拠地であったと推察することができよう。

[7] 大伴大田宿禰の「大田」は地名を指すとみられるが、何処の地名か不詳。ただし大伴氏系の氏族には紀伊国名草郡を本拠とするものが多いので、この氏も同様に考えるべきか

[8] 『古屋家家譜』の加爾古連公（〔大伴〕糠手古連公の子・金村大連の孫）の尻付に「掌二木国那賀屯倉一。是仲丸子連祖也」と記す。

[9] 大伴山前連について、『古屋家家譜』は大伴金村大連公の子の磐連公が継体朝に「甲斐国山梨評山前之邑」に遷居し、その子孫が庚午年籍で大伴山前連に改賜姓したこと、山梨郡司少領正七位下の方麻呂が甲申年（天武十三年）にさらに大伴直姓に改姓したことを伝える。しかし溝口睦子が明らかにしたように、『古屋家家譜』はいわゆる仮冒系譜（付会系譜）の類で、甲斐国の大伴直が磐を別祖とする大伴山前連の系列に、自家の系譜を繋ぎ、磐の後裔と主張したものにすぎないと解すべきであろう（溝口『古代氏族の系譜』〔吉川弘文館・一九八七年〕）。そうすると大伴山前連の本拠地も甲斐国山梨郡の山前邑ではなかったことになるが、『古屋家家譜』に紀伊国名草郡とその周辺の地名を負う大伴系諸氏の名が多く掲げられる事実を参看すると、大和国神別の仲丸子と同様に大伴山前連も紀伊国那賀郡の山前郷を本拠とした氏の可能性が高いと思われる。

皇別氏族は『姓氏録』収録の三三五氏中、確定的でないもの十一氏を含めて、地方出身氏族が八十氏を数え、全体の二四パーセントを占める。一方、神別氏族の場合は、収録氏族四〇四氏に対して、確定的なもの四十四氏、疑問のあるもの十一氏、計五十五氏で、全体の一四パーセント弱にとどまるが、これは在地型土豪が多い皇別氏族に対して、伴造を主体とする神別氏族のケースでは、地方出身者が相対的に少ないことに起因すると思われる。

皇別・神別をあわせた総計は一三五氏にのぼるが、これだけの数の地方出身者が、平安遷都以前の京・畿内に本貫を有したとするならば、「京畿之氏、大体牢二籠諸国之氏一、……」という『姓氏録』序の文も、全くの虚構ではなく、おおよそ実態に即して書かれていると判断して支障あるまい。しかも右の一三五氏中七十九氏については、八世紀代（平安遷都以前）に中央官人として出仕するか、もしくは京・畿内に居住したことが、『姓氏録』以外の史料により確認・推定できる。(39)したがって両貫制という居住形態が当時現実に機能していたことは、もはや疑う余地がないと断じてよいであろう。

第四節　ウヂの成立と地方氏族の出仕形態の変化

「はじめに」で述べたように、長山泰孝は継体の即位の頃（六世紀初め）までは、地方豪族が積極的に国政に参与していた事実を指摘している。(40)稲荷山古墳出土鉄剣銘や江田船山古墳出土大刀銘によると、乎獲居（ヲワケ）臣は杖刀人の首、无利弖（ムリテ）は典曹人として、それぞれ獲加多支鹵（ワカタケル）大王に奉事しており、乎獲居臣を稲荷山古墳の礫槨、无利弖を江田船山古墳の被葬者に比定することができるならば、彼らは武蔵や肥後から中央の獲加多支鹵大王の宮に出仕し、武官・文官的役割を担って一定期間大王に奉仕した後、故郷に帰還したことになろう。

しかも雄略紀七年条や継体紀二十一年六月条の吉備上道臣田狭・筑紫君磐井の叛乱記事からも、同様の出仕のあり方を読み取ることができる。田狭は雄略の宮殿に伺候し、朋友に妻の稚姫の美しいことを自慢し、磐井は新羅討伐のため任那へ渡海しようとする近江臣毛野の軍隊を遮り、毛野に対して「今こそ使者たれ。昔は吾が伴として、肩摩《す》り肘触《す》りつつ、共器《おなじけ》にして同食《ものくら》ひき」と豪語している。どちらも造作の跡が濃厚でにわかには信じがたいが、たとえそれが作文にすぎないとしても、田狭や磐井のような地方豪族が、大王との間に形成された人格的主従関係にもとづき、ある期間大王のもとに出仕することが五世紀後半から六世紀初頭頃には慣例化していたと考えて差し支えないであろう。

ただその場合留意しなければならないのは、稲荷山鉄剣銘や船山大刀銘には、乎獲居臣の一族の名や无利弖の名は記すものの、彼らのウヂ名が認められないことである。稲荷山鉄剣銘裏面の「世々為二杖刀人首一」の「世々」は、「上祖より乎獲居臣にいたるまで代々」の意ではなく、平野邦雄が説くように、「天皇（大王）の御代々々」の意であり、「乎獲居臣が獲加多支鹵大王までの何代かの大王に、杖刀人の首としてお仕えした」と解するのが妥当と思われるが[41]、すると杖刀人の首や典曹人として大王に奉仕したのは乎獲居臣や无利弖という特定個人に限られ、その職務は彼らの属する一族全体に及ぶものではなかったことになる。職務が固定し、それが一族内で世襲的に継承されるようになった時点で、初めてトモとして負うべきウヂ名が成立するのである。したがって乎獲居臣や无利弖の出仕の形態は、明らかにウヂ成立以前の状況を示しているとみることができよう。

このような形態は田狭や磐井のケースにもそのままあてはまる。すなわち中央に恒常的に居住するのではなく、一定期間中央にとどまって大王に仕える形態が、地方豪族の本来の出仕のあり方であった。一時的な出仕に代わって、両貫制的な居住形態が地方豪族の間に定着するようになるのは、ウヂの成立以降であろう。そして王権への隷属と奉仕が、ウヂの成立に不可欠の要件であるとすれば、ウヂの多くは王権が急速に強化される六世紀に入ってから成立したとみられ、特に地方豪族の場合は、王権による磐井の乱の平定が、その直接の契機になったと推察することができる。

筆者は先に尾張氏の氏族的動向について論じ、この氏が継体大王との婚姻関係にもとづき、継体ないし安閑・宣化の時代に尾張国から中央に進出したこと、『和名抄』の河内国安宿郡尾張郷の地や大和国葛城の「高尾張邑」（神武即位前紀）が畿内における尾張氏の拠点で、その一部はさらに六世紀末の飛鳥遷都に伴い大和国高市郡の「小墾田《をはりだ》」に居所を移したことを推定した。[42] 尾張氏の中央移住は地方豪族の中では比較的早い段階に行われたとみられるが、大和の国名地名の所在地が磐余・飛鳥の宮都の位置と対応することから（前述）、地方豪族の主だったものは、六世紀後半から七世紀初め頃までにはすでにウヂとして存立するようになり、畿内への移住を完了して、大王のもとに出仕する体制を整えていたと推量することができよう。

地方豪族がウヂ化する時期は、中央豪族に比べて多少遅れると考えられるが、王権への奉仕体制という点では、両者の間に差はなく、本質的に対等の立場にあったとみるべきである。前述のように天武十三年の朝臣賜姓において、地方豪族は全体の約三十パーセントにあたる十六氏が朝臣に改姓している。すなわち中央の有力豪族に準じて、一部の地方豪族に例外的・特典的に朝臣姓が与えられたのではなく、出身が中央・地方のいかんを問わず、あくまで天武十三年の時点で政治的に優勢な豪族を対象として、均等に朝臣姓が賜与されたとみられるのである。律令制下の地方豪族の中から右大臣正二位の吉備（下道）真備、参議正四位下の下毛野古麻呂、参議従三位の大野東人らのような議定に列した有力者を初め、五位以上の貴族層の官人を輩出していることは、中央における彼らの政治的立場が中央豪族に対して、決して劣っていなかった現状を表していると解してよいであろう。

一方、両貫制という居住形態を前提に据えた場合、本拠地に残留した一族の有力者は、それぞれの地で国造・県稲置《こおりのいなぎ》、後には評司（評督・助督）・郡司などの役職に就いたが、彼らもまた地方でかかる終身官的任務に就任する前は、中央に上り、舎人や靫負、次いで兵衛や資人などをつとめたとみることができる。天平二十年（七四八）の海上国造他田日奉部直神護の啓状によれば、神護の祖父・父・兄は孝徳朝以来、下総国海上郡の少領や大領をつとめたとあり、神護は養老二年（七一八）から藤原麻呂の位分資人として十一年間、さらに中宮舎人として二十年間仕えたので、祖父・父・兄の跡を継いで海上郡の大領に任命してほしいと申請しているが（古三・一五〇）、神護のようなケースは、他にも数多く存したと解してよいであろう。

　しかも中央に出仕した彼らが一時的に居住した場所は、中央官人化した一族の京・畿内における本貫の地と一致するとみられる。平安期に京内に移貫した地方出身者は、すでに京内に本貫を持つ一族と同じ区域に貫附されたようで、例えば『姓氏録』は右京皇別下に讃岐公、左京神別上に猪名部造の本系を掲げるが、承和三年（八三六）三月に讃岐国寒川郡人の讃岐公永直や同国山田郡人の讃岐公全雄らが右京三条二坊に貫附されており、貞観十二年（八七〇）に死去した左京人の春澄朝臣善縄（旧姓猪名部造）は、もと伊勢国員弁郡人で、「達宦之後、移二隷京兆一」とある[43]（『三代実録』）。

　貞観七年（八六五）三月には、相模国鎌倉郡人の上村主真野と同秋貞らが河内国大県郡に貫附された（『三代実録』）。上村主氏は西漢氏配下の村主（漢人の長）の一族で、河内国大県郡賀美《かみ》郷や同国安宿郡賀美郷が本来の発祥地であり、大県郡や安宿郡には実際にこの氏の氏人の分布が認められる。すなわち上村主氏は二次的に地方に進出した渡来系の氏族であるが、六・七世紀代にはミヤケの設置や管理などに従事させるため、実務能力に優れた渡来系の諸氏を東国各地に派遣することが一般化しており、右の真野や秋貞も河内から相模国に移住したそのような一族の末裔と推定することができる[44]。

　すると真野や秋貞は祖先の旧貫の地に、長い年月を経て再貫附されたことになる。『三代実録』は真野を大皇大后宮少属従八位、秋貞を武散位従八位上と記し、彼らが貞観七年以前から、すでに実質的に中央に拠点を移していた事実がうかがえるが、彼らは中央の上村主氏をたよって、相模から河内に移住したとみられるのである。これにより、両貫制という居住形態を梃子として、地方と京・畿内の同族間の交流が、長期にわたって緊密に行われていた事実を読み取ることが可能となろう。

むすびにかえて

以上、ウヂ成立後における地方豪族の中央出仕のあり方について検討し、王権への奉仕の形態やその政治的処遇という点に関して、中央豪族との間に決定的な差が認められず、大和政権から律令国家の段階に至るまで、両者が基本的に対等な立場にあった事実を明らかにした。また地方豪族の畿内進出にともない、中央と地方（出身地）の両所に拠点を構える両貫制ともいうべき居住形態が、地方豪族の間で恒常化していたことも論証することができた。

旧稿で論及したように、天武十三年の朝臣賜姓五十二氏の中には、先に指摘した十六氏以外にも、阿倍氏や紀氏のように、本来地方出身とみられる豪族がおり、(45)多氏もまた尾張が発祥の地ではないかと推察される。(46)さらに中臣氏や膳氏の場合も、一族内部に東国出身者を含む可能性が存する。(47)したがってこうした氏族の再検証とあわせて、古代国家成立過程における王権と豪族との関係を見極めていく作業が次に必要となるが、いずれも後日の課題として、ひとまず章を終えることにしたい。

注

（1）長山泰孝「国家と豪族」『岩波講座日本通史第三巻古代2』（岩波書店、一九九四年）所収

（2）加藤謙吉「中央と地方」『歴史読本』第五十六巻八号『古代豪族の正体』（新人物往来社、二〇一一年）

（3）旧伴造系の氏は膳臣・物部連・雀部臣・中臣連・采女臣・軽部臣・若桜部臣・宍人臣・車持臣・道守臣の十氏。ただし道守臣については、後述するように伴造系か在地土豪系か、必ずしも明確でない。

（4）例えば中村順正は、天武紀の記事にもとづき、畿外からの中央官人の出仕が天武朝から行われ、藤原京の段階を経て、平城京遷都までの間に京戸としての編成が行われたと推測する（同著『律令官人制と地域社会』〔吉川弘文館、二〇〇八年〕）。

（5）持統五年八月の墓記上進十八氏の中に上毛野氏の名がみえる。あるいは『日本書紀』編纂の出発点とされる天武十年

の帝紀・上古諸事の記定事業に上毛野君三千が参加していることにもとづくならば、形名の記事は三千の筆になる可能性も考慮される。なお、帝紀・上古諸事の性格については、本書第一章第一節参照

（6）丹後国にも加佐郡が存し、藤原宮跡や飛鳥京跡より出土した木簡に「旦波国柯佐評」、「□佐評椋椅部」（『和名抄』丹後国加佐郷椋橋郷あり）、「加佐評」、「旦波国柯佐評」と記すものがあり（『評制下荷札木簡集成』一五〇～一五三号）、観音菩薩立像台座銘の「笠評」を丹後（旧丹波）国加佐郡を指すとする説も存在する。しかし台座銘の左古臣、布奈太利古臣、建古臣は、いずれも臣のカバネを持つことから、備中国の笠臣の一族の者と解するのが妥当であろう。

（7）岩本次郎「古代吉備氏に関する一考察」（『ヒストリア』二六号、一九六〇年）

（8）天平勝宝二年に百済系渡来氏族の田辺史難波らが上毛野君の氏姓を賜わり、弘仁元年（八一〇）、この旧田辺氏系の上毛野君が朝臣に改姓すると、上毛野朝臣には上野国出身の既存の氏と渡来系の氏の二系統が並立するようになった。『姓氏録』右京皇別上の上毛野朝臣を前者、同左京皇別下の上毛野朝臣を後者に比定することができ、平安期にはもっぱら後者の活動が顕著となるが、前者の勢力も引き続き存続したと考えて差し支えない。

（9）『正倉院宝物銘文集成』の釈読によれば、甥は「上野国多古郡八□（田カ）郷」の人とされるが、この釈読は必ずしも確定的とは言えず、小池浩平のように、これを「上野国群馬郡□□（井出カ）郷」と読む説もある（小池浩平「古代上毛野地域の氏族的支配構造と上毛野氏」〔『ぐんま史料研究』二〇号、二〇〇三年〕）。

（10）右島和夫『群馬県史』通史編1第五章第十節「古墳文化の終焉」、一九九〇年

（11）朝臣賜姓が実施された天武十三年十一月から『続紀』に足人の名が記される天平勝宝元年閏五月までの間に、上毛野氏が二次的に朝臣姓を与えられた形跡は認められない

（12）本居宣長『古事記伝』二十二・伊邪河宮巻

（13）佐伯有清『新撰姓氏録の研究』考証篇一（吉川弘文館・一九八一年）

（14）天平神護二年の足羽郡の住人には道守臣息虫女（『大日本古文書』五巻六五六頁など〔以下、「古・五六二」のように略記〕）のほか、道守（臣）男食（古五・五六七ほか）、道守（臣）床足（古五・五八〇ほか）、道守（臣）乙虫女（古五・五八二）の名がみえる。天平神護二年と翌三年に、道守臣息虫女・男食・床足・乙虫女は「道守村」や「道守庄」の墾

田を東大寺に沽劫している。

(15) 加藤謙吉「東漢氏の氏族組織の成立」（同著『大和政権と古代氏族』〔吉川弘文館、一九九一年〕所収）。なお、前沢和之も「東国六腹朝臣」を天武朝の朝臣賜姓六氏とする（前沢「豊城入彦命系譜と上毛野地域」『国立歴史民俗博物館研究報告』四十四集、一九九二年）。これに対して関口功一は、この六氏の上野・下野の該当地域での存在を示す史料が認められないこと、池田・大野・佐味三氏は美濃・尾張（池田氏）、越前・美濃・飛騨（大野氏）、越前（佐味氏）を本拠とした可能性が高いこと、大野氏の場合は、後に律令国家の東国政策に関与する過程で、上毛野氏との同族関係が成立したことなどをあげ、「東国六腹朝臣」は池原公のような「中国起源《（マヽ）》」の渡来人が、その改姓にあたって、いくつかの語句を組み合わせて作り出した言葉にすぎないとする（『東国の古代氏族』〔岩田書院、二〇〇七年〕）。確かに車持・佐味・大野・池田の四氏については、表1の上野国の推定本拠地やその周辺地域に、一族の者の存在を史料で確認することはできない。しかしそれは関口が池田氏や大野氏の本拠地と推定する美濃・尾張・越前・飛騨でも同様であり、池田・大野という地名以外に、池田氏や大野氏がこれらの地域に拠点を持ち、活動していた形跡を示す証拠は存在しない。佐味氏だけは、天平五年当時の越前国丹生郡大領の佐味君浪麻呂を初め、八世紀の越前国丹生・足羽両郡に君（公）姓・無姓の佐味氏が少なからず認められるが、はたして越前在住の佐味氏が、天武朝に朝臣を賜姓された佐味君、豊城入彦命の後裔とする『姓氏録』の佐味朝臣と同族かどうかは明らかでない。むしろ崇神紀四十八年正月戊子条に崇神の勅として「兄（豊城入彦命）は一片に東に向けり。東国を治むべし」とあり、同年四月丙寅条に「豊城命を以て東を治めしむ。是《これ》上毛野君・下毛野君の始祖なり」と記すことに着目する必要がある。ここでは「東国」・「東」の語は毛野の地と同義で用いられており、これによる限り東国六腹朝臣の本拠地は、毛野内部に求めるのが妥当となろう。

(16) 佐伯有清「新撰姓氏録の内容に関する二、三の問題」（『歴史地理』八十八巻四号、一九五八年）、同『新撰姓氏録の研究』研究篇（吉川弘文館、一九六三年）

(17) 宝亀五年出羽介に任じた下毛野朝臣根麻呂もこのような事例に加えるべきかも知れないが、彼は天平神護元年に下毛野公を賜姓された吉彌侯根麻呂と同一人とみられる。吉彌侯・吉彌侯部（君子・君子部）は、上毛野・下毛野両氏の隷属民とする説があり、八世紀以降は陸奥・出羽の俘囚が吉彌侯・吉彌侯部を称するケースが多いから、根麻呂は本来、下毛野氏一族の出身ではあるまい。

(18) 小野里了一「『毛野君』から上毛野・下毛野君へ」（『東アジアの古代文化』一三二号、二〇〇七）

(19) 福山敏男『奈良朝寺院の研究』（高桐書院、一九四八年。一九七八年に綜芸社より増訂版刊行）

(20) 養老四年九月、石代が持節征夷副将軍に任官した時大将軍となったのは、多治比真人嶋の子の県守であり、多治比氏の一族と石代の間に何らかの個人的な関係が存した可能性が想定される。

(21) 薗田香融「万葉貴族の生活圏」（『万葉』八、一九五三年）

(22) 近江昌司「楊貴氏墓誌の研究」（『日本歴史』二一一号、一九六五年）

(23) 『古京遺文』は八木造を右京蕃別（諸蕃）とするが、これは右京神別の誤りである。

(24) 亀井孝「楊貴氏につき語学のたちばから」（亀井孝論文集三『日本語のすがたとこころ1　音韻』（吉川弘文館、一九八四年）所収）

(25) 岸俊男「楊貴氏の墓誌」（同著『日本古代政治史研究』（塙書房、一九六六年）所収）。なお、岸は宝亀二年四月十日付の八木宮主の請解解と、彼の同僚（写経所装潢生）であった氏部小勝の翌十一日付の請暇解（古六・一六九・一七〇）、および「鴨大神」の名を記す同年四月十三日付の請暇解（古六・一七一）に依拠して、そのように推定する。

(26) 近江昌司、前掲（22）論文。なお「八木寺」（高市郡東卅条一里に所在）の名は、永保二年（一〇八二）五月七日付の「大和国僧某家地売券案」（『平安遺文』一一九一号）にもみえる。

(27) 大脇潔「吉備寺はなかった—『京内廿四寺』の比定に関連して—」（『文化財論叢』Ⅱ（同朋舎出版、一九九五年）所収）

(28) 黛弘道『物部・蘇我氏と古代王権』（吉川弘文館、一九九五年）。黛によれば、四十余りある大和の国名地名のうち、二十余りが磯城郡・十市郡に集中することになる。

(29) 直木孝次郎「国名を持つ大和の地名」・「国名を持つ大和の地名追考」（『続日本紀研究』第五巻十一号（一九五八年）・同第七巻四号（一九六〇年））

(30) 直木孝次郎（前掲（29）論文）は、天平勝宝四年五月廿三日の「経疏出納帳」（古三・五七六）に「自㆑備中宮㆒奉請如㆑件」とあることから、「備中」を天平勝宝四年以前より存した大和の地名とする。これによれば、大和には「吉備」・「備前」・「備中」の地名がそろってあったことになるが、「備中宮」は当時写経所を統轄する立場にあり、天平十八年頃から備中守を兼任していた玄蕃頭の市原王（「市原宮」とも記す。）のことを指すとみられ、地名とは無関係であろう。

(31) 岸俊男「『倭人伝』以後の倭と倭人」（日本の古代1『倭人の登場』〔中央公論社、一九八五年〕所収）

(32) 大和には十市郡の吉備のほか、高市郡にも「吉備」の地名（現奈良県高市郡高取町吉備）が残存する。こちらの方は室町期後半からみえる地名であるが、あるいは十市郡の吉備は磐余・磯城の宮都、高市郡のそれは、飛鳥の宮都に対応する吉備系諸氏の進出拠点と臆測することも可能であろう。

(33) 野村忠夫『律令官人制の研究』（吉川弘文館、一九六七年）

(34) 宝亀八年七月に十市郡にあった佐味朝臣宮（故人、従四位下。宮人）の位田が川原寺に施入されたが（古六・五九七、五九八）、この位田が後に発展して、弘福寺（川原寺）領佐位《さみ》荘となる。佐味氏の大和の拠点は十市郡佐味の地にあったとみて間違いない。佐味氏出身の中央官人には、壬申の乱の功臣であった佐味君（朝臣）宿那麻呂（直広肆）を初め、延暦年間までに賀佐麻呂（正五位下）虫麻呂（従四位下）・足人（外従五位下）・稲敷（従五位上）・広麻呂（従五位下）・乙麻呂（贈従五位下）・宮守（従五位下）・同伊与麻呂（従五位下）・継人（従五位下）・宮（真宮とも。従五位下↓従四位下）・山守（従五位下）・枚女（従五位下）など（女官を含む）が存する。

(35) 道守氏には天智七年に遣新羅使となった小山下の道守臣麻呂がおり、『播磨国風土記』揖保郡香山条にみえる天智朝の播磨の国宰であった道守臣（闕名）も麻呂と同一人とみられる。角氏には天武十三年の遣新羅小使都努臣（朝臣）牛甘（後に直広肆）がいる。車持氏には和銅から天平期に益（正五位下・主税頭）、天平期に国人（従五位下、主殿頭↓伊予守）、天平宝字期に塩清（従五位下）、宝亀期に諸成（従五位下）が、池田氏には天平宝字八年に従五位下に叙せられ、延暦期まで上野介・少納言・鎮守副将軍などを歴任した真枚が、阿閇氏には和銅元年従五位下に叙せられた大神が、胸形氏には解工で、養老から天平期に正七位下から外正五位上に進んだ赤麻呂が、波弥（播美・食）氏には、近江少掾・大倭介に任官し、天平宝字元年に従五位上に叙せられた奥人や天平宝字年間に従五位下・西市正であった三田次がいる。

(36) 浅野充「律令国家における京戸支配の特質」（同著『日本古代の国家形成と都市』〔校倉書房、二〇〇七年〕所収）

(37) 中村順正、前掲注（4）の書。なお、平安京内に移貫した地方人については、村山修一『日本都市生活の源流』（関書院、一九五三年）や村井康彦『古京年代記』（角川書店、一九七三年）が、国史にもとづいて、その事例を列挙している。

（38）因支首の和気公賜姓に関する貞観九年二月十六日付の「讃岐国司解」は、因支首秋主の解文を引用し、「復案二旧跡一、依二太政官延暦十八年十二月廿九日符旨一、共二伊予別公等一、具注下為二同宗一之由上、即十九年七月十日進上之矣……」と記すから、因支首が同族の伊予別公とともに延暦十九年に本系帳を提出したことが知られる。このほか『丹生祝氏文』の奥付には「延暦十九年九月十六日」とあり、これは田中卓のように、延暦十八年の勅によって紀伊の丹生祝氏が翌年提出した本系帳とする説もあるが（田中「『丹生祝氏本系帳』の校訂と研究」『田中卓著作集2・日本国家の成立と諸氏族』〈国書刊行会、一九八六年〉）、内容的にみて、はたして当時の本系帳かどうか疑わしい点が少なくない。

（39）皇別氏族五十三氏、神別氏族二十六氏の計七十九氏で、その内訳は次の通り（?は確定的でないもの）。1息長真人、2山道真人、4八多真人、5三国真人、6山道真人、7息長丹生真人、8三国真人、9坂田真人?、10三国真人、11阿閉臣、14角朝臣、15道守朝臣、16生江臣、17吉備朝臣、18下道朝臣、19道守朝臣、20犬上朝臣、21坂田宿禰、22下毛野朝臣、23池田朝臣、24上毛野坂本朝臣、25車持公、29守公、31上毛野朝臣、32佐味朝臣、33大野朝臣、34阿閉臣、35伊賀臣、36阿閉間人臣、37道公、40和気朝臣、41阿保朝臣、44建部公、48笠朝臣、51廬原公?、52宇自可臣、54島田臣、55火、56息長連、57阿閇臣、58出庭臣、61江沼臣?、63榛原公?、68車持公、69阿閇朝臣、70阿閇臣、71道守朝臣、73塩屋連、74早良臣、76守公、78蓁原、79道守朝臣、80葦占臣（以上、**皇別氏族**）1伊香連、2中臣方岳連、3越智直、4猪名部造、9出雲宿禰、10出雲、13伊勢朝臣、14尾張宿禰、15尾張連、19神麻績連、20大伴大田宿禰、22出雲臣、23神門臣、25尾張連、27朝来直、30桑名直?、31宗形朝臣、35出雲臣、36出雲臣、37尾張連、41尾張連、42大角隼人、43津島朝臣、44紀直、47尾張連、48出雲臣（以上、**神別氏族**）

（40）長山泰孝、前掲注（1）論文

（41）平野邦雄、『大化前代政治過程の研究』（吉川弘文館、一九八五年）

（42）加藤謙吉、本書第二部第六章

（43）ほかにも備前国人の石生別公諸上らが承和三年九月に右京八条三坊に貫附されたが、『姓氏録』は、右京皇別下に和気朝臣（旧姓石生別公）の本系を掲げている。

(44) 加藤謙吉『吉士と西漢氏』(白水社、二〇〇一年)
(45) 加藤謙吉、前掲注(2)論文
(46) 加藤謙吉、本書第一部第三章
(47) 加藤謙吉、本書第二部第三章、同第二部第四章付論

第二章　古代対外交渉と紀ノ川の水運
――紀路・紀ノ川周辺域の豪族層の交流とその活動形態――

第一節　紀ノ川の景観

紀ノ川は、三重・奈良両県の県境にまたがる大台ヶ原の山地に源を発する流長一三六キロメートルの大河である。上流の奈良県では吉野川と呼ばれ、吉野郡の諸町村や五條市を北西から西へと流れ、和歌山県に入って紀ノ川となり、橋本市や伊都郡九度山《くどやま》町・かつらぎ町・紀の川市・岩出《いわで》市を西流して、和歌山市で紀伊水道に流入する。ただかつては河口部における流路が現在と異なり、和歌山城の東で南に曲折し、現在の和歌川（雑賀《さいか》川）沿いに和歌浦へ注いでいた[1]。

水源の大台ヶ原が多雨地帯であることから、紀ノ川はこれまで幾度となく水害に見舞われたが、一方でその豊富な水量により水運が栄え、古来、紀ノ川の河川交通は大和と紀伊を結ぶ大動脈の役割を果たしてきた。神功紀（『日本書紀』神功摂政元年二月条）には、忍熊王の謀反の際に、神功皇后が武内宿禰に命じて、皇子（応神）を懐《いだ》いて「紀伊水門《きのみなと》」に避難させたと記し、応神紀九年四月条にも「紀水門」とある。また仲哀紀二年三月条には紀伊国の徳勒津《ところつ》と徳勒津宮の名を記すが、永承四年（一〇四八）度の「名草郡郡許院《ぐんこいん》収納米帳進未勘文」（九条家本『延喜式』巻八裏文書）には、「吉田津」・「平井津」の名がみえる。

徳勒津の所在は現和歌山市四箇郷《しかごう》、吉田津と平井津は同市吉田・平井付近にあたり、いずれも紀ノ川河口部にあった港津とみられる。さらに紀伊国名草郡の豪族大伴櫟津《おおとものいちいづ》連（『続日本紀』神亀元年十月壬寅条・『古屋家家譜《ふるやけかふ》』）のウヂ名「櫟津」も、所在は不明であるが、同様に名草郡の紀ノ川河口部の津の名にもとづくと思われる。「紀伊水門」とは、徳勒津・吉田津・平井津・櫟津などの諸津をあわせた紀ノ川河口デルタ一帯の総称と解するのが妥当であろう。(2)『延喜式』民部下の年料別貢進雑物（諸国に課せられた毎年中央に貢進すべき品目）の条によれば、紀伊国の貢進物は「紙麻七十斤、鎌垣船九隻」であるが、鎌垣船という他と異質な品が貢進物とされることについて、薗田香融は「鎌垣《かまがき》」とは『続日本紀』天平神護元年十月乙亥条にみえる「那賀郡鎌垣行宮」の所在地（現和歌山県紀の川市粉河《こかわ》）を指し、鎌垣船とは鎌垣の地で製造され、本来紀ノ川の河川就航のために用いられた船であるとする。(3)

一方、一九一四年刊行の『和歌山県誌』第二巻は、紀ノ川航路の最上流地を五條町（現五條市）とし、五條町より上流の吉野郡の上市町（現吉野町）・大淀村（現大淀町）・下市町（現下市町）などの各所へ部分的に航路が開けていたと記すから、古代から近代に至るまで紀ノ川の水運が一貫して盛んであった事実が裏付けられる。

一九八二年に紀ノ川の北岸、和歌山市善明寺の周囲を尾根に囲まれた東西五十メートル、南北七十メートルの舌状の台地から発見された鳴滝遺跡は、東側五棟、西側二棟（桁行・梁間ともに四間）の総柱建物群より成り、貯蔵用の須恵器大甕の破片が多数出土したことから、切妻・高床式の倉庫群と推定される。五世紀前半に造られ、建て替えの痕跡が認められず、比較的短期間で廃絶したとみられるが、当時としてはきわめて大規模な倉庫群で、建物は整然と配置されている。その造営主体を、当時、紀ノ川河口部の名草郡・海部《あま》郡（現和歌山市）に拠った在地の首長勢力と解する説もあるが、単独の勢力がつくったとするには、この倉庫群はあまりにスケールが大きく計画的である。さらに立地上、大和から紀伊へと通じる紀ノ川のルートと密接に結びついている。したがって現地の勢力が造営に関与したことは事実としても、造営の主体はさらにそれより大きな政治権力、すなわち大和政権の連合勢力を想定すべきであろう。

ではこの倉庫群は一体どのような機能を有したのか。南大和から水路で北九州や朝鮮半島に向かう場合、大和川を利用すると、大和国内を分流する諸支流はいずれも河底が浅く、舟運に不向きであり、合流後も河内に出るために亀《かめ》ノ瀬《せ》峡谷という難所を通過しなければならない。これに対して吉野川・紀ノ川ルートは水量に恵まれ、短時間で紀伊水門から海に出ることができる。(4) 鳴滝遺跡の倉庫群は紀ノ川と大阪湾・瀬戸内海を結ぶ航路に設けられた物資・食糧収納用の施設であった可能性が高い。しかも吉野川・紀ノ川の流域や、これと連絡する大和の古道（葛城《かずらき》道・巨勢《こせ》道）の沿線に拠点・居所を持つ豪族たちの性格を勘案すると、鳴滝遺跡の倉庫群は、第一義的には兵站基地としての役割を担ったと推量することができる。(5)

以下、陸路・水路を含めたこれらのルート上に展開する諸豪族の実態を検討することによって、紀ノ川水系の古代史上に占める政治的・軍事的性格を明らかにしていきたい。

第二節　葛城道・巨勢道沿道の豪族とその動向

一九九二年、大和と紀伊を結ぶ高野街道上にある風の森峠付近（御所市鴨上《かもがみ》）から、南北に走る約一三〇メートル、幅員二・七〜三・三メートルの道路状遺構が発見された。五世紀後半に整備され、道路の硬い部分にはバラスを敷き、軟弱な部分には地山を掘削して砂を盛り路面を造るなど、地形や地盤の状況にあわせて種々の工法が用いられている。(6) この道路状遺構は六世紀後半に廃絶した後、その東側に付け替えられ、新道（後の高野街道）が成立。葛上郡から南の宇智郡へと至るが、すでにそれ以前、御所市街の東南方と五條市街の北方で、東北より西南に連なる二本の直線の斜向道路の痕跡（「葛上の斜向道路」・「宇智の斜向道路」）が検出されており、五・六世紀の古道の跡と推察されている。(7) この二本の斜向道路は、鴨神遺跡の道路状遺構と接続するとみられ、下ツ道と安部山田道の交叉する軽衢《かるのちまた》を起点として西進し、葛城地方を斜めに縦断。風の森峠越えで宇智郡から紀伊国に入り、紀ノ川北岸沿いに紀伊水門に至る古代の陸路を復原することができる。

いま、この古道を「葛城道」と仮称すると、(8) 葛城道は、同じく大和と紀伊を結ぶ古道である巨勢道と宇智郡内で

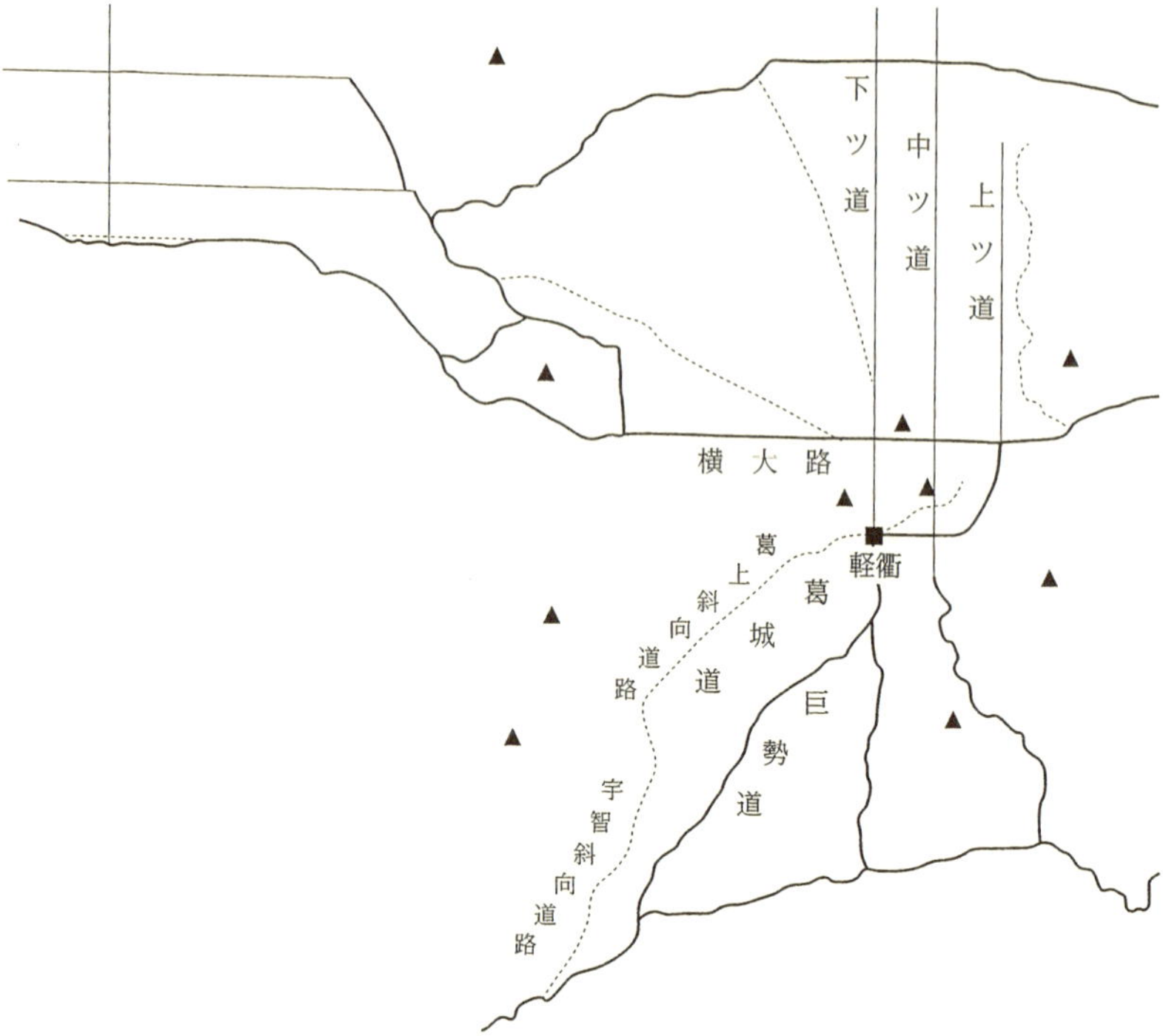

図「大和を中心とした古道と葛城道・巨勢道」
奈良県立橿原考古学研究所付属博物館特別展図録第41冊
『吉野・紀ノ川悠久の流れ』〔1993年〕所収の地図をベースとして作成

合流して一本の道となる。巨勢道は紀路とも言い、ともに『万葉集』にその名がみえるが、この道は下ツ道の延長路から高市郡巨勢郷を通り、重阪《へいさか》峠越えで宇智郡に出、葛城道と合流後に、真土《まつち》山を越えて紀伊に入る。ただ巨勢道が大和・紀伊間の幹線道路として重要な役割を担うようになるのは、都が飛鳥に遷る六世紀末以降であり、それ以前は葛城道が紀路の本道の役割を果たしていたと推察される。葛城道も巨勢道も、南大和の磐余《いわれ》・磯城《しき》・飛鳥の宮都から海へ出るための捷路であるが、途中で吉野川・紀ノ川の水路を取れば、行旅に費やす時間はさらに短縮することが可能であった。

　葛城地方は古代の有力在地土豪の葛城氏が勢力を振るった地域である。葛城氏については、別に詳しく論じたことがあるので[9]、ここではその概要だけを簡単に述べるが、葛城氏の活躍期は主に五世紀代で、ウヂの組織が形成される以前である。ウヂとは王権への隷属と奉仕を前提として成り立つもので、大和政権が王（大王）を盟主としつつも、連合政権的な体制にとどまっている段階ではウヂはまだ存在しない。葛城氏はワカタケル大王（雄略）の武力によって壊滅するが、ウヂの成立期は、早くともワカタケル大王の軍事的専制王権が樹立される五世紀末以降、おそらくは六世紀に入ってからと推量される。したがって正確に言えば、葛城氏とは葛城地方に割拠した土豪たちの連合体であり、彼等は自身の勢力を大和政権内に保持する必要から結束し、擬制的な同族団組織を作り上げたとみることができる。以下、本章では葛城氏のこのような実態を踏まえて、この在地土豪の同族団組織を「葛城氏」と表記することにしたい。

『古事記』孝元天皇段には、タケシウチ（「建内」・「武内」）宿禰の七男の一人として葛城ソツヒコ（『古事記』は「長江曾都毗古」、『書紀』は「襲津彦」に作る）の名を挙げ、玉手《たまて》臣・的《いくは》臣・生江《いくえ》臣・阿芸奈《あぎな》臣らの祖とする。ソツヒコは「葛城氏」の始祖にあたる人物であるが、ソツヒコ後裔氏族中に葛城臣の名がみえないのは、タケシウチ宿禰の後裔氏族系譜の成立した時点で、「葛城氏」がすでに滅亡しており、存在しなかったためであろう。

『古事記』の「長江曾都毗古」の「長江」は、『紀氏家牒《きしかちょう》』に「家二大倭国葛城県長柄里一。故名二葛城長柄襲津彦宿禰一。」と記すから、大和国葛上郡の長柄《ながら》の地名（現御所市名柄）と結びつき、「ながら」は「ながえ」より転じたものと解することができる。長柄の地は、一言主《ひとことぬし》大神を祭る葛城坐一言主神社（延喜式内社）の鎮座地である森脇《もりわき》などとともに令制下の葛上郡高宮《たかみや》郷の郷域に含まれるが、高宮郷は神功紀五年三月条に、ソツヒコが新羅より連れ帰った俘虜を、葛城地方に分置したとする四つの邑の一つ、「高宮邑」にあたり、さらにソツヒコの娘、イワノヒメ命が那羅《なら》（那良）山近辺で詠んだ望郷歌（『記紀』）には、「葛城高宮吾《わぎ》（我）家《え》のあたり」とあって、高宮がソツヒコやイワノヒメ命の所縁の地、おそらくその本貫地と推察される。

『書紀』は神功紀から仁徳紀にかけて五箇条にわたってソツヒコに関する記事を掲げる。それらはすべて将軍・外交使節として朝鮮に派遣された内容より成るが、このうち神功紀六十二年条は、ソツヒコを遣わして新羅を撃たせたとするもので、分注に百済側史料である『百済記』やその別伝とみられる一書を引用し、ソツヒコが大王（天皇）の命に反して加羅を伐ったこと、そのため大王の怒りに触れ、石穴に入って自殺したことを記している。『百済記』は壬午年に沙至比跪《さちひこ》が派遣されたとするが、サチヒコは『書紀』本文のソツヒコと同一人を指すとみられ、壬午の年は『書紀』の紀年より干支二運下げると、西暦三八二年となる。そのため『百済記』の記事に信を置いて、ソツヒコをこの年に新羅に派遣された実在の将軍とみる説が有力であるが[10]、分注の『百済記』や一書の記事は内容が物語的な構成から成り、そのすべてを史実とみなすことはできない。『百済記』は『百済新撰』・『百済本記』とともに『書紀』の対朝鮮外交史料として引用され、『書紀』本文の記事に比べて史料的価値が高いとみられているが、これらの書は、かつて述べたように、百済で撰述された原記録をもとに、七世紀末に亡命百済人の手によって大幅に書き改められ、『書紀』編纂の資料として提出されたもので、『書紀』的歴史観にもとづき、最初から「日本」の「天皇」に対する百済の臣属を前提として作成された可能性が大である[11]。

したがって『百済記』の記述をそのまま額面通りに受け取ることは控えなければならないが、『書紀』のソツヒコ関係記事は、いずれも前後の脈絡なく、互いに孤立した内容から成り、ソツヒコという一人の歴史上の人物の活動を、時系列に叙述したものとは到底考えがたい。『書紀』のソツヒコ像には一貫性がなく、その実在性が疑われるのである。ただイワノヒメ命が仁徳の大后で、履中以下三大王の母とされる以上、ソツヒコやイワノヒメ命の名は、『記紀』原資料の帝紀に記載されており、ソツヒコが早くから世に知られた人物であったことは確かである。

ソツヒコについては、次のように考えるべきではないか。すなわち、四世紀後半以降の大和政権（連合政権）の朝鮮半島進出に際して、葛城地方の在地土豪たち（「葛城氏」）が、政権を構成する主要勢力の一つとして、軍事行動や渉外活動に積極的に関与し、そうした「葛城氏」の動向を、ソツヒコという一人の人物像に収斂し、伝承化したとものではないかと。ソツヒコの名は『万葉集』にも「葛城の襲津彦真弓荒木にも……」と歌われている（巻十・二六三九）。「有名な葛城ソツヒコの使う新木《あらき》の真弓のように」の意となるが、ここではソツヒコは伝説化された英雄的将軍として歌われ、彼が後の時代まで人口に膾炙する存在であったことが知られる。しかしそれ故に逆に個としての実在感が稀薄な印象を拭えない。

旧宇智郡の五條市今井町には『万葉集』に「大荒木の浮田の杜《もり》」（巻十一・二八三九）とされる式内の荒木神社があり、葛城道・巨勢道合流後の紀路の沿道に位置するが、神社の社名と右の「襲津彦真弓荒木にも……」とを結びつけて、万葉歌は「荒木」と「新木」をかけたものする説も存する。(12)その蓋然性はあながち否定できないが、『万葉集』の時点では、ソツヒコは実在性とは関わりなく、語り物的な世界の人物として伝えられていたとみるのが妥当であろう。

かようにソツヒコの実在性は疑われるものの、ソツヒコ像のモデルとなる人物が存在した可能性はある。四世紀末から五世紀前半の葛城地方の盟主的首長の本拠地は、高宮郷とその周辺地域とみられ、御所市室《むろ》にある五世紀前葉の宮山古墳（前方後円墳）は、近年の再調査により全長が二五〇メートルに及ぶ大王級の巨大古墳であることが判明した。さらに宮山古墳に近接する御所市池之内・條地区には、現在発掘調査中の古墳時代前期の秋津《あきつ》遺跡がある。計画的に配置された七基の方形区画施設とそれに囲まれた掘立柱建物群（その多くは妻側に独立した棟持柱《むなもちばしら》を備えた特異な建物）、溝で区画された南側に二十二棟の大型竪穴住居が検出されており、垣根に囲まれた特殊棟持柱建物より成る北側のエリアは非日常的な祭祀空間、溝の南側は日常的な生活空間と推察されている。(13)宮山古墳は高宮郷を拠点とした盟主的首長の奥津城、秋津遺跡は後にこの首長の系統へと連なる首長勢力の「まつりごと」を執行した場である可能性が高いと思われる。

『記紀』によれば、ソツヒコ以後の「葛城氏」の首長には、アシダ（葦田）宿禰、タマタ（玉田）宿禰、ツブラ大臣（円大臣・都夫良意富美）・アリ（蟻）臣がいるが、その続柄については『記紀』や『公卿補任』・『紀氏家牒』でそれぞれ異なり、系譜的な関係は今ひとつ明確でない。したがって『記紀』にみえる「葛城氏」の首長が必ずしも同じ血統に属していたかは疑問で、五世紀代のそれぞれ異なる時期に台頭し、盟主的地位に就いた独立した首長たちが、後にその活動期にあわせて世代順に同一の系譜に配列され、血縁関係を擬定された蓋然性が高いとみるべきであろう。

ツブラ大臣の本拠地は葛城御県《みあがた》神社のある葛城市（旧北葛城郡新庄町）葛木の周辺、すなわち令制下の忍海《おしぬみ》郡を中心として一部葛下郡の南部に及ぶ一帯と推量されるが、(14) 葛城御県神社の社地に隣接する葛城市南藤井には五世紀後半の大型前方後円墳（全長一四五メートル）の屋敷山古墳がある。この古墳は時期的な一致から、被葬者をツブラ大臣に比定することも可能であるが、屋敷山古墳の南方五〇〇メートルの所には五世紀中葉築造の全長九〇メートルの神塚古墳があり、屋敷山古墳と同一の系統に属する首長墳と推定されている。すると宮山古墳やその北東二キロメートルの御所市柏原にある掖上鑵子塚《わきがみかんすづか》古墳（全長一五〇メートル、五世紀中葉築造）の系統とは異なる新首長勢力が五世紀中葉の新庄地区に台頭し、神塚古墳を経て、屋敷山古墳の被葬者（ツブラ大臣か？）の時期に勢力がピークに達したと解することができそうである。すなわち「葛城氏」の盟主的首長権は葛上郡から忍海郡へと移動したことになり、その地位が一系的に継承されるものでなかった事実がうかがえるのである。

以上、「葛城氏」の実態について検討したが、『記紀』によれば、五世紀代（実年代）に相当する仁徳以下仁賢までの九人の大王のうち、「葛城氏」出身の女性を母とする大王が六人（履中・反正・允恭・清寧・顕宗・仁賢）、后妃とする大王が三人（仁徳・履中・雄略）おり、安康を除く八人が「葛城氏」と結びつく人物とされる。

『記紀』のこの間の王統譜には不確実な要素が少なくなく、実際には実在しなかった大王がいた可能性も存するが、大王家と「葛城氏」の間に継続的な婚姻関係が形成され、その婚姻策により、両者の政治的連携が保たれていたことは、最低限度認めてよいであろう。連合政権的な体制下にあっては大王の力はそれほど強固ではなく、畿内においても葛城地方の土豪たちの集合体である「葛城氏」の勢力が大王家と拮抗し、両者の微妙な政治的バランスのもとに、共存関係が成り立っていたと推測することができる。

では「葛城氏」の勢力が巨大化した原因は奈辺に求めるべきであろうか。『書紀』の葛城ソツヒコに関する記事は、前述のように、すべて朝鮮諸国に将軍・外交使節として派遣された内容より成る。このことは「葛城氏」が大和政権の初期の対外活動（出兵・外交）において、実際に指導的な役割を果たしていた事実を意味すると思われる。[15]

一九九二年以降、奈良県立橿原考古学研究所が継続的に行った御所市南郷《なんごう》遺跡群の発掘調査により、同市南郷・井戸・佐田・下茶屋《しものちゃや》・多田《おいだ》の一帯、約一・四平方キロメートルに及ぶ地域から、五世紀代を中心とする住居址・集落址・祭祀遺跡・生産工房・倉庫群・墓地などが検出された。遺跡群を支えた主体は、多種の手工業製品の生産に従事した渡来系の技術者集団であるが、南郷遺跡群の中央部に位置する南郷角田《かどた》遺跡では、金属・ガラス・鹿角・玉など様々な原材料を用いて大規模かつ複合的な生産活動が行われ、コンビナート的な役割を果たした特殊工房であったことが指摘されている。また下茶屋カマ田遺跡では、五世紀前半～後半の竪穴住居から、緑色凝灰岩《りょくしょくぎょうかいがん》の剥片や管玉を加工する際の未製品が出土し、金属器生産とともに玉生産が行われていたことが判明する。[16]

渡来系技術者たちの定住は五世紀前半にはすでに始まっていたことが知られるが、石垣の基盤を持つ渡来人特有の大壁建物に住む指導者（監督者）層と竪穴住居に住む一般工人層がそれぞれ居住区を異にし、遺跡群が多様な機能を有することから、彼等は「葛城氏」の手によって計画的にこの地に配置され、生産活動を分掌していたと推察される。南郷遺跡群の南東端の極楽寺ヒビキ遺跡から検出された床面積が二二〇平方メートルもある巨大な掘立柱建物は、南郷遺跡群の渡来系技術者を統率した「葛城氏」の有力首長の居館（高殿《たかどの》）と推定でき、やはり床面積が二八九平方メートルに及ぶ南郷安田《やしだ》遺跡の巨大掘立柱建物は首長一族の祭殿、導水施設から成る南郷大東《おおひがし》遺跡はその祭祀のための遺跡とみられる。南郷遺跡群の渡来人が、「葛城氏」の首長の直接的な支配下に置かれていたことがうかがえる。

さらに井戸大田台《いどおただ》遺跡からは五世紀後半の三棟の大規模な総柱構造の掘立柱建物（倉庫）が発見されており、鉄器やさらに沿海部の地方との交易によって持ち込まれた塩を保管していたとみられる。倉庫群が建造される時期は「葛城氏」の滅亡後であろうが、交易品の保管は「葛城氏」の健在期においても行われたと解して差し支えない。渡来人の工房で生産された品々は、いったん倉庫に収納され、その後交易品として取引されたのであろう。そして交易によって得られる莫大な利益は、そのまま「葛城氏」の独占物となり、それが彼等の富と権力の源泉となったと推察することができる。

前述のごとく、神功紀五年三月条はソツヒコが新羅より俘虜を連れ帰ったと記し、この時の俘虜が桑原《くわはら》・佐糜《さび》・高宮・忍海の四邑の漢人《あやひと》らの始祖であるとする。この条には蹈鞴津《たたらのつ》や草羅城《さわらのさし》のような慶尚南道《キョンサンナムド》所在の地名がみえるから、俘虜は新羅ではなく伽耶《かや》からの渡来者で、「葛城氏」の滅亡後、葛城の地に進出した東漢氏の手により、その支配下の漢人に編入された人々と推量することができよう。南郷遺跡群の渡来人は伽耶・百済系とみられるが、(17)するとし神功紀のソツヒコの俘虜の話は全くの作り話でなく、一定の歴史的事実を踏まえて構成された可能性が高いと思われる。

四邑のうち高宮邑に含まれる御所市名柄地区では五世紀後半～六世紀前半にかけての渡来人の工房跡とみられる豪族居館が発見されており（名柄遺跡）、忍海邑の跡と推定される葛城市の笛吹《ふえふき》・脇田《わきだ》では七世紀後半の寺跡、地光寺《じこうじ》跡の下層にある脇田遺跡から鉄滓や鞴羽口が大量に出土している。さらに佐糜邑の跡地とされる御所市南部の佐味・鴨神の一帯でも地表に鉄滓の残存が認められるから、四邑のうち三邑で実際に渡来系の工人による手工業生産が行われていた事実がうかがえる。残る桑原邑の所在は不明であるが、あるいは南郷遺跡群の所在地を桑原邑に比定し、この地の渡来系工人を「桑原邑の漢人」の祖にあてることが可能なのではなかろうか。(18)

では葛城地方の渡来人たちは、一体どのようなルートを経て葛城の地に定住するようになったのであろうか。彼等が「葛城氏」の対外的な活動を通して、この地に至ったとすれば、紀伊水門から紀ノ川・紀路・葛城道へと通じるルートを想定するのがもっとも妥当であろう。佐糜邑のある御所市鴨神・佐味の地が風の森峠の近辺にあり、鴨神からは前述のように、葛城道の一部をなす古代の道路状遺構が発見されている。「葛城氏」は主にこのルートを経由して海外と通交し、人や物を葛城の地にもたらしたと推察することができる。さらに五世紀半ばの「葛城氏」の盟主的首長の奥津城とみられる御所市柏原の掖上鑵子塚古墳は、巨勢道の沿道に位置するから、紀ノ川・紀路・巨勢道のルートもバイパス的な形で利用されたと考えてよいであろう。

葛城道や巨勢道は風の森峠や重阪峠を越えて、大和国宇智郡に入る。五條市北方に展開する向山丘陵は葛城道が丘陵の西側、巨勢道が東側を通過する交通の要地であるが、この丘陵地帯には五世紀代の方墳や円墳より成る近内《ちかうち》古墳群が存在する。現在確認できるものは三〇基ほどであるが、もとは百基を超える大古墳群であったとみられている。丘陵西南端谷部の一辺約三二メートルの方墳、五條猫塚《ねこづか》古墳（五世紀中葉）からは、副葬品として蒙古鉢形眉庇付冑や金銅装眉庇付冑、金銅製帯金具、挂甲、鉄製鍛冶具など、朝鮮半島との国際交流によって得られた鉄製品とみられる品々が出土しており、猫塚古墳の直後に築造された塚山古墳（一辺二四メートルの方墳）からも同様に多量の武具・武器類が出土している。

向山丘陵の最高所には五世紀前半築造の径八〇メートルの奈良県下最大級の規模を誇る大円墳、近内鑵子塚古墳（五世紀前半）があり、近内古墳群の盟主墳的地位を占める。このほかにも大型円墳の丸山古墳や大型方墳のつじの山古墳などがあるが、この古墳群の被葬者たちは宇智郡きっての勢力を有し、葛城道・巨勢道から紀路・紀ノ川ルートを利用して、海外へと飛躍していったのであろう。

欽明紀十四年六月条と同十五年十二月条には、百済救援のため船師を率いて百済に渡り、新羅を攻略した武将、内《うち》（有至）臣（闕名）の記事を掲げる。そのためこの人物を宇智郡の在地土豪の出身とし、近内古墳群の被葬者を内臣一族に比定する説があるが、[19]筆者はこの説には同意できない。欽明紀の内臣は実は山背国綴喜《つづき》郡有智《うち》郷を本貫とした豪族とみるべきであろう。

天平勝宝五年（七五三）の文書に山背国綴喜郡内郷の戸主内臣咋麻呂と同戸口の内臣東人の名を記し（『大日本古文書』二十五巻一六七頁）、『古事記』孝元天皇段には建内宿禰の弟の味師内《うましうち》宿禰について、「此者山代内臣之祖也」と注記する。『新撰姓氏録』は大和国皇別条に内臣の名を記し、「孝元天皇皇子彦太忍信命之後也」とするが、彦太忍信命《ひこふつおしのまことのみこと》は『古事記』に味師内宿禰の父とされ、内臣の同族である山公が『姓氏録』に味内（味師内）宿禰の後裔と記されるので、内臣も同様に考えてよく、『古事記』と『姓氏録』の記事が符合する。『姓氏録』は大和国皇別条に内臣の本系を掲げ、大和国に拠点を構える一族も存したことになるが、おそらくそれは二次的な進出によるもので、その本拠地は雄略紀十七年三月条にみえる「山背国内村」の地、すなわち『和名抄』の山背国綴喜郡有智郷（現京都府八幡市内里）と判断して差し支えない。

有智郷の地は男山丘陵に近い木津川左岸にあるが継体二十三年、伽耶再建のため安羅《あら》に派遣された近江臣毛野《けの》が、淀川水系を利用して朝鮮半島へ渡ったことからうかがえるように（継体紀二十四年是歳条）、継体朝の成立以降、近江国の豪族が対外交渉に従事するケースが増加する。これは山背国の豪族にもあてはまるとみられ、綴喜郡の内臣もまた、欽明朝に山背河と呼ばれた木津川から淀川を経て百済に赴いたのであろう。

かくして近内古墳群を築造した五世紀の大和国宇智郡の首長たちは、欽明紀の百済救援の将である内（有至）臣とは系譜的に無関係とみられるが、宇智郡の首長たちが大和政権の対外的な軍事活動・外交に関与し、紀路・紀ノ川ルートを媒介として大陸と往来していたことは事実とみて間違いない。つまり彼等の海外進出は「葛城氏」のそれと同じであり、互いに連携して海外に向かったと推察することができる。おそらく両者の勢力関係から判断して「葛城氏」が主、宇智郡の首長が従であり、朝鮮出兵の際などには後者が前者の統率下に入ったと考えてよいのではないか。

第三節　紀路・紀ノ川沿いの豪族とその動向

雄略紀九年三月・五月両条は、新羅征伐軍の派遣とその顚末について記したもので、いくつかの話を組み合わせた物語的な構成から成る。大伴氏や紀氏の家記を出典とする記事とみられ、史実性には乏しいが、大将軍とされる①紀小弓《おゆみ》宿禰（紀臣）以下、②蘇我韓子《からこ》宿禰（蘇我臣）・③大伴談《かたり》連（大伴連）・④小鹿火《おかひ》宿禰（角《つの》臣）の四将軍が新羅に遣わされたとし、新羅との戦いで大伴談連と⑤紀岡前来目《きのおかさきのくめ》連が戦死し、談連の従者であった⑥大伴連津麻呂も戦死したこと、小弓宿禰も陣中で病死し、小弓に付き添っていた吉備上道采女大海《きびのかみつみちのうねめおおしあま》の申し出により、雄略が大伴室屋《むろや》大連に命じて、墓を造り、小弓の遺骸を田身輪《たむわ》邑（大阪府泉南郡淡輪《たんのわ》）に葬ったこと、小弓の死後、子の⑦紀大磐《おいわ》宿禰が新羅に赴き、専権をふるって小鹿火宿禰と対立、さらには蘇我韓子とも仲違いして、これを射殺してしまったこと、小弓の喪に従って帰国した小鹿火宿禰は紀大磐に仕えようとせず、そのまま角国（周防国都濃郡）にとどまって角臣となったことなどを記している。

いま、新羅討伐軍に従軍した右の七人の将士のうち、②の蘇我韓子を除く六人は、紀ノ川流域の諸郡（那賀・名草・海部）に本拠・拠点を有するか、もしくはその関係氏族の出身者である。まず①と⑦の紀小弓・大磐父子は、タケシウチ宿禰七男の一人、紀角《きのつの》（木角）宿禰を祖とする紀臣の一族で、④の小鹿火宿禰（角臣）も周防国都濃郡都濃郷（現山口県周南市の東川流域の一帯か）[20]を本拠とした紀角宿禰を祖とする紀臣の同族である。

角臣は『先代旧事本紀』巻十「国造本紀」に都怒足尼（紀角宿禰）の子男嶋足尼を国造に任じたとする都怒《つの》国造と同一氏で、天保十二年（一八四一）長州藩編の『風土注進案』（一九六〇年代に『防長風土注進案』と題して、山口県文書館より復刊）の第四巻「前山代宰判」には、「須万《すま》」の地名を挙げ、「右往古は当地須々万中須《すすまなかず》一郷にして文治・建久の比迄は紀ノ村と唱へ来候処……」と記し、都濃郡の須万・須々万・中須（現周南市）の一帯が鎌倉時代初期まで「紀ノ村」と呼ばれていたとする。周防国の佐波《さば》郡や玖珂《くが》郡には紀臣関係者の分布が認められるから、都濃郡にもこの氏の勢力が及んだことは間違いなく、角臣は現地に進出した紀臣との間に擬制的な同族関係を結ぶに至ったのであろう。[21]

紀臣については、『延喜式』神名帳の平群坐紀氏神社の鎮座地（奈良県生駒郡平群町椿井《つばい》）や、『紀氏家牒』に記す紀角宿禰の居所（「大倭国平群県紀里」）などとの関係にもとづき、大和国平群郡とする説[22]があるが、この地は紀氏が中央豪族化する過程で紀伊から移住した地域であり、[23]もとは紀ノ川流域の紀伊国名草郡・海部郡・那賀郡を本拠とし、安諦《あて》（在田《ありた》）・日高など紀伊国の他の諸郡にも勢力を及ぼした豪族とみられる。

さらに言えばこの氏、およびその前身となる勢力の基盤は紀ノ川北岸にあり、和歌山市木ノ本にある全長八六メートル（外堤を含めると一一二メートル）の和歌山県下最大級の前方後円墳、車駕之古址古墳《しやがのこし》（五世紀中葉～後半）や同市大谷の全長七〇メートルの大谷古墳（前方後円墳、五世紀後半）は、この土豪勢力の首長墳とみられる。車駕之古址古墳から韓国の玉田古墳群《オクチヨン》（慶尚南道陜川《ハプチヨン》、陜川は伽耶諸国中の一国、多羅《たら》〔多伐《たばつ》〕国の所在地）で発見されたのと同類の金製勾玉が出土しており、大谷古墳から出土した馬冑もやはり玉田古墳群出土の馬冑と共通し、一緒に出土した馬甲とともに伽耶諸国からの舶載品と推察される。大谷古墳の西側に位置する楠見遺跡から出土した陶質土器も伽耶諸国との交流を裏付けるものであろう。

前述のように、紀ノ川北岸、和歌山市善明寺の鳴滝遺跡の倉庫群は、大和政権の総意にもとづき、現地勢力が加わる形で造られた対外出兵用の兵站基地とみられる。岸俊男は紀臣が大和政権の朝鮮経略と深い関係を持ち、紀臣とその同族が紀伊・和泉から瀬戸内海の四国沿岸、周防を経て九州の豊前に至る航路を掌握していたとし、この氏が大和政権の外征軍の主力となっていた事実を論証した(24)。したがって五世紀代前半のこの倉庫群の造営に、紀臣の前身勢力が深く関与していたことは確かであろう。

さらに岸は、雄略紀に紀小弓を田身輪邑に葬ったとすること、田身輪邑の所在地、和泉国日根郡淡輪（大阪府泉南郡岬町淡輪）に、五世紀半ば～後半の周濠を持つ二基の大型前方後円墳、淡輪ニサンザイ古墳（宇土墓古墳《うどばか》とも言う。墳丘長一七〇メートル）と西陵古墳《さいりよう》（墳丘長二一〇メートル）、および同時期の、類例の少ない見事な鉄地金銅装四方白眉庇付冑《しほうじろまびさしつきかぶと》を出土した円墳の西小山古墳（径五〇メートル）などより構成される淡輪古墳群が存することに注目し、淡輪が和泉と紀伊の国境地帯に位置することから、紀淡海峡に面するこの地は、地域的にはむしろ紀伊に含まれる可能性が高いことを指摘した。

『古事記』神武天皇段には、難波から上陸し大和入りを果たそうとして失敗した神武一行が、南の「血沼海《ちぬのうみ》」（和泉灘）に迂回し、「紀国男之水門《をのみなと》」に至ったと記す。この水門は『和名抄』の和泉国日根郡呼唹郷《おお》（現泉南市男里）の地に比定することができるが（『延喜式』には和泉国の噮唹《お》駅や、日根郡の男神社の名がみえる）、神武即位前紀には「茅渟山城水門《やまきのみなと》（山井水門《やまい》）」と記し、神武の兄の五瀬命のあげた雄叫びに因んで「雄水門」と称したとする。したがって『記紀』の水門は、同一のものを指すとみてよいが、和泉国日根郡内にある水門を、『古事記』が「紀国」と表記したのは、岸が指摘するように、日根郡の水門の所在地の周辺が、紀伊国の領域内と認識されていたことによると思われる。

和泉と紀伊を結ぶ古道には孝子《きようし》峠越と雄《お》ノ山《やま》峠越の二つの道があり、前者は和泉国日根郡の淡輪・深日《ふけ》の地から紀伊国名草郡喜志《きし》の地に至る。天平神護元年（七六五）十月、称徳天皇は紀伊行幸の帰途、岸村《きし》（喜志）の行宮からこの道を通って、深日の行宮に向かったが、孝子峠の標高は一〇六メートルと低く、『紀伊続風土記』は「路程泉州境まで廿四町谷路平坦なり」と記している。峠によって南北に区分されるものの、地勢的にはこれらは同一の地域に属すると判断して差し支えない。車駕之古址古墳はこのルートの沿道にあり、大谷古墳や鳴滝遺跡もその近傍に位置するから、淡輪古墳群と紀ノ川北岸の右の古墳・遺跡を構築した主体は、同じ政治勢力を構成する人々で、おそらくそれは紀臣の前身勢力であったと推断して誤りないであろう。

しかし紀ノ川北岸や淡輪の地では、五世紀末の大谷古墳以後、大型の前方後円墳が姿を消し、六世紀に入ると、紀ノ川南岸の和歌山市岩橋《いわせ》の山塊に造営された岩橋千塚古墳群（総数約七百基、五世紀初め～七世紀中葉）中に大日山三五号墳、大谷山二二号墳、井辺八幡山《いんべはちまんやま》古墳、天王塚古墳などの大型前方後円墳が出現する。

この南岸勢力については、それを後に紀伊国造に就任し、日前国懸《ひのくまくにかかす》神社を奉斎した直姓の紀氏にあてる説が有力であるが、栄原永遠男は、紀伊の在地勢力がもと「紀氏集団」とでも称すべき連合体（部族同盟）を構成しており、紀ノ川水運を掌握し、海人集団を従属させて水上交通をおさえ、強大な水軍を擁したこと、「紀氏集団」の政治的主導権が五世紀末以降、紀ノ川北岸の勢力から南岸の勢力に移動し、「紀氏集団」の内部矛盾が進展すること、倭政権（大和政権）は「紀氏集団」の分断工作を進め、南岸勢力（紀直の前身）を国造に編成したこと、これによって北岸（紀臣の前身）と南岸の両勢力の対立が決定的となり、北岸勢力の一部は大和の平群谷に移ること、平群谷へ移動した勢力は現地の平群氏を駆逐してこの谷を制し、やがて中央政界に台頭したことなどを推測する。(25)

しかしこの説にはいくつか疑問がある。確かに栄原が指摘するように、紀ノ川南岸と北岸の勢力が、もとは「紀氏集団」という同一の連合体に属し、そこから分離した可能性は一概に否定できない。だがこの二つの勢力を大和政権の政治工作によって分断された対立的な存在として位置づけることは、逆に問題があるのではないか。淡輪古墳群は比較的短期間で途絶するが、この古墳群の被葬者が後に中央の有力豪族となる紀臣（朝臣）の前身であるとすると、古墳群の終焉と彼等の没落とを短絡的に結びつけることはできない。紀角宿禰の後裔とされる諸氏（紀臣の同族）には、和泉国日根郡から和泉郡坂本郷へ移住したとみられる坂本臣を初め[26]、紀辛梶《からかじ》（韓鍛冶《からかぬち》）臣、掃守《かにもり》田首のような和泉郡を本拠とするものが存在するが、これらは逆に淡輪の勢力の政治的進出の結果によると理解すべきであろう。

かようにみれば、淡輪の勢力と一体的な紀ノ川北岸の勢力が、大谷古墳の築造から程なくして没落したと解することも危険で、淡輪・紀ノ川北岸勢力の紀ノ川南岸への進出という状況も想定してみる必要があろう。岩橋千塚古墳群の首長墳の被葬者は、紀直へと連なる南岸勢力と推定されているが[27]、岩橋山塊の全域にわたり、七つの支群に分かれて展開する総数七百基に及ぶ岩橋千塚古墳群の築造主体を、一つの集団、一つの勢力に限定してしまうことは果たして妥当であろうか。

紀臣は用明二年（五八七）の丁未の役の際に男麻呂が、推古三十六年（六二八）の王位継承をめぐる群臣会議の折には塩手がそれぞれマヘツキミ（大夫・群臣）の職位にあり、紀臣同族の坂本臣についても、糠手が丁未の役の頃にマヘツキミのポストに就き、推古十八年（六一〇）の新羅・任那使入京時に、大伴連咋・蘇我臣蝦夷・阿倍臣鳥子の有力者とともに「四大夫《よたりのまえつきみ》」として小墾田宮の庭中に侍っている。

これによれば紀臣や坂本臣は、六世紀後半～末には国政に参議し、奏宣の任にあたる議政官のマヘツキミを出す有力氏であるが[28]、さらに欽明紀二十三年七月条のいわゆる任那日本府の滅亡記事では、紀男麻呂が任那救援の大将軍として派遣されたことを伝えている。この記事は紀臣の家記などに依拠したもので、史実にもとづく記述とは考えがたいが、男麻呂が六世紀半ばの朝鮮派遣軍の最高指揮官の地位にあったことは事実とみて誤りないであろう。すると淡輪や紀ノ川北岸から大型の古墳が姿を消すことを根拠に、五世紀末以降紀臣の勢力が衰退したと解することはできず、また六世紀後半頃に中央政界で再度勢力を回復したとみることにも多分に無理がある。この氏は紀伊において依然優勢であり、五世紀末以降、紀ノ川南岸に勢力を拡大して、墳墓も南岸の地に営まれるようになったと推察してよいのではないか。

前述のように、紀臣はその中央豪族化の過程で、大和国平群郡の平群谷に拠点を移している。栄原はその時期を六世紀末から七世紀前半頃とし、移住後紀臣が平群氏に代わって平群谷の地を制し、谷から次第に平群氏を駆逐したとする。(29) しかし平群氏（臣）からは用明・崇峻朝に神手、推古朝に宇志の二人のマヘツキミが出ており、孝徳朝に東国国司の長官に任ぜられた平群臣（闕名）も「良家大夫《たかきいえのまへつきみ》」と記されるように、六・七世紀を通じてこの氏はマヘツキミを出す資格のある家柄（「良家」）であった。(30) 天武十三年（六八四）には朝臣に改姓し、持統五年（六九一）には当時の有力十八氏中の一氏として墓記の上進を命じられている。

平群氏が七世紀の末までは少なくとも名門として処遇されていたことは確かで、紀氏によりこの氏が平群谷から撤退するような状況は考えにくい。九世紀以降も平群郡内に平群・紀両氏の氏人の居住が確認でき、紀氏の系譜の中に平群氏の系譜と混交したものが存する（『群書類従』・『続群書類従』・『尊卑分脈』所収の『紀氏系図』）ことなどを勘案すると、両氏は長期間、平群谷で共存関係を維持していたと解するのが妥当である。

紀氏の平群郡移住の目的は大和政権のお膝元である大和国に新たに拠点を設け、中央政界への進出をはかることにあったとみるべきであろうが、それとあわせて重視しなければならないのは、この地が河内から難波へと通じる大和川の水路や竜田道などの陸路に面した軍事・交通上の要地であった事実である。大和川は亀ノ瀬の峡谷を越えて河内に入り、幾筋かの支流に分かれて北流し、草香江《くさがえ》（古代の河内低地に存した湖沼）に流入していた。草香江の西端には南から北に伸びる砂嘴状の天満《てんま》砂洲が存し、難波の海（大阪湾）との通行を阻む遮蔽物となっていたが、「難波堀江《なにわのほりえ》」

の開削によって両者は直接結ばれることになり、その結果難波の海に面する難波津が、倭国を代表する国際港として重要な役割を担うようになる。

仁徳紀十一年十月条は難波高津宮の北の郊野を掘って、南の水を引き、西の海（難波の海）に流したとし、仁徳記にも「堀江」の名を記している。すなわち『記紀』は難波堀江の開削期を仁徳の時代とするが、土木技術の水準より推して、そのような大工事が五世紀初頭に実現可能であったとは考えられない。そのため開削期を五世紀中葉から六世紀はじめとする見方が有力であるが、最終的な完成期はもう少し時代を下げて六世紀半ば頃とするのが妥当かもしれない。そうすると紀臣の平群郡移住もこの草香江―難波堀江―難波津の水上ルートの開通と密接に関連するとみてよかろう。

亀ノ瀬の峡谷は古来交通の難所として有名で、船で航行することはかなりの困難をともなうが、竜田越で陸路河内へ抜けた後、長瀬《ながせ》川など大和川の分流を利用して、水路で草香江に入ることができた。さらに生駒山から『古事記』雄略天皇段にみえる「日下《くさか》の直越《ただごえ》の道」を取ると、草香江の東端の港津、草香津（神武即位前紀に「草香津」の名がみえる。現東大阪市日下町）に出ることが可能である。兵士や兵器を難波津まで迅速に移送するには、これらのルートが好都合であり、対外的な軍事活動に従事することの多かった紀氏が、その職掌にあわせて大和に拠点を設ける場合、平群とその周辺がもっとも条件に適う地であったと推量される。

紀氏の畿内進出地としては、さらに山背国紀伊郡をその候補としてあげることができるかもしれない。紀伊郡の郡名は欽明即位前紀に「紀郡」とするように、本来は「紀」の一字で表記された。この地を本拠とする豪族には百済系渡来氏族の木曰佐《きのおさ》がおり（『新撰姓氏録』・『仁和寺文書』）、紀伊国のケースと同様に、「紀」は「木」に通じる。『詞林采葉抄《しりんさいようしょう》』第一所引の『山城国風土記』逸文によれば、紀伊郡から宇治郡にかけての一帯は、古くは「許《こ》の国」と称する地域であったが、「許」は「木」と同じく、上代特殊仮名遣いではコの乙類に属する。したがって「許の国」とは、「木（紀）の国」の転訛と解することができよう。

宇治郡や紀伊郡の地は淀川水系によって難波津と結ばれ、綴喜郡の内（有至）臣は欽明朝にこのルートを通って百済へ渡海している（前述）。六世紀以降は畿内と海外を結ぶ主要航路の一つとなり、紀氏の進出地にふさわしい条件を備えている。大和の平群谷とともに山背のこの地に紀氏が移住した蓋然性は低くないと思われる。

以上、紀臣の本拠地とその移住地域、この氏の勢力の変遷の有り様について検討を加えたが、この氏およびその前身勢力は五世紀から六世紀にかけて、紀伊国（淡輪を含む）の「紀氏集団」の連合体の中で一貫して政治的優位性を維持していたとみられる。一方、紀直系の「紀氏集団」の拠点は紀ノ川南岸の地であるが、五世紀末以降、紀臣系の南岸地域への勢力拡大を許し、少なくとも紀国造に就任する六世紀半ばまで、政治的地位は紀臣系の集団の下位にあったと推定される。この集団が紀伊国において政治的主導権を確立するのは、紀臣系の畿内（大和・山背？）移住後とみるべきであろう。

紀直の活動が『書紀』にみえるのは、祖先伝承的な記事を除くと、敏達紀十二年七月・十月条が唯一のもので、紀国造押勝《おしかつ》が日系百済官人の日羅招聘のために吉備海部直羽嶋とともに百済に派遣され、目的を果たせず帰国したと記す。この氏もまた紀臣と同じく対朝鮮の外交や軍事活動に従事していたことが知られ、国造就任後は海部に編入された紀伊国海部郡の海人《あま》集団も統轄したと推察される。海人集団は有事の際には水軍として活動したから、(31)紀直も配下にそのような軍事集団を擁していたことになる。

しかしこの氏は天武朝の賜姓事業で、直姓国造の有力氏が連・忌寸と改姓したにもかかわらず旧姓の直にとどまり、平安時代前期の承和二年（八三五）に至って、はじめて直から宿禰に改姓している。勢力的にはさほど有力ではなく、農耕神である日前国懸神社の奉斎氏族であることとあわせると、紀直と紀伊国の海人との関係も本来的なものとは思われない。『紀氏家牒』は、紀角宿禰の母を紀（伊）国造宇豆彦《うずひこ》の娘の宇乃媛《うのひめ》とし、紀直（国造）を紀臣の外戚であったかのように記すが、この伝承がある程度史実にもとづくものであるとするならば、紀臣と紀直、さらにはその前身にあたる集団間に婚姻などを媒介とした結合関係が存在したことは間違いないであろう。ただ両者の関係は、あくまでも紀直が紀臣に依存する形態を取ったと推察されるのである。

次に紀臣や同族の坂本臣の対外交渉に関与したと推察される紀伊・和泉の吉士集団について言及したい。吉士については かつて別稿で詳述したが、伽耶系の渡来人より構成され、難波吉士と紀・坂本系の吉士の二系統に分かれ、他に系統未詳の吉士が数氏存する。吉士は古代朝鮮語で族長・首長を意味するキシの語に由来するが、本来は大和政権の外交・対外的軍事活動に従事した諸豪族の下に所属し、直接外交折衝にあたった実務者の集団である。紀・坂本系の吉士系統には、紀臣の配下で紀伊国日高郡や名草郡・海部郡などを活動拠点とした日鷹《ひたか》吉士、和泉国和泉郡坂本郷を本拠とし、坂本臣と結びつく坂本吉士、紀臣の進出地である筑前国穂浪《ほなみ》郡の穂浪吉士などが存する。これに対して難波吉士は六世紀後半頃に草香部吉士や三宅吉士・飛鳥部《あすかべ》吉士・大国吉士らを集めて、難波津を拠点に、伽耶諸国滅亡後の「任那問題」の処理と、新羅による「任那の調《みつき》」の代納の交渉に専従させるため、王権が計画的に編成した擬制的な同族団組織である。[32]

『日本霊異記』下巻二十八縁には紀伊国名草郡貴志《きし》里の貴志寺の霊異の話を載せるが、この地は前述の天平神護元年の岸村の行宮の所在地であり、紀ノ川北岸に位置する。紀ノ川を遡った那賀郡にも「貴志」の地名が残り、紀ノ川支流の貴志川の流域には平安期以降、「貴志荘」という荘園（現紀の川市貴志川町）が置かれていた。これらの地には日鷹吉士の一族、もしくはその分派の吉士が拠点を構え、和泉国和泉郡坂本郷の坂本吉士ともども、紀臣や坂本臣のもとで外交事務に従事していたと推測することができる。

次に雄略紀九年三月・五月両条に立ち返って、新羅に派遣された七人の将士のうち、大伴氏一族の③大伴談連・⑥大伴連津麻呂と、大伴氏関係者の⑤紀岡前来目連に注目してみよう。

前述のように、彼等はいずれも紀ノ川沿岸の諸郡に本拠や拠点を持つ人々であった。⑤は大伴氏配下の軍事的トモである来目集団（来目部）を率いた紀伊国の伴造であり、紀伊国名草郡岡前（現和歌山市西・井辺《いんべ》・森《もり》小《お》手《て》穂《ぼ》付近）がその本拠地である。来目部を率いる伴造は一般に「直」姓を帯するが、紀岡前連は「連」姓であり、大伴氏とはより

密接な関係にあったとみられる。(33)

大伴氏については、岸俊男が古代の紀伊国名草・那賀両郡に大伴氏の一族の者が多く分布している事実を指摘。その上で雄略紀九年五月条に「又汝大伴卿与㆓紀卿等㆒、同国近隣之人、由来尚矣」（又汝大伴卿、紀卿等と、同じき国近き隣の人にして、由来《ありく》ること尚し）と記すことに着目し、『書紀』は摂津から和泉にかけての大阪湾沿岸に拠点を持つ大伴氏と、紀伊の名草・那賀両郡から和泉・紀伊国境に近い淡輪にかけての地を勢力圏とする紀臣の両氏の関係にもとづいて、「同国近隣」と称したのだと推定し、(34)この見解がその後長く定説とされてきた。

これに対して、前田晴人は大伴氏の本拠地を摂津・和泉の大阪湾沿岸や大和・河内に求める説を否定し、これらの地は雄略王権直属の伴造である大伴氏の政治的軍事的活動拠点として計画的に設定されたものにすぎないとし、その本拠地は紀ノ川流域の紀伊国名草・那賀両郡であり、『書紀』の「同国近隣の人」は、まさしく紀伊国における大伴・紀両氏の居住状態を前提とした言葉であったとする。(35)

大阪湾沿岸の摂津・和泉を大伴氏の本拠地とする説は、清寧即位前紀に河内三野《かわちのみのの》県主《あがたぬし》小根《おね》が大伴室屋に献上したとする「難波の来目邑の大井戸の田」や欽明紀元年九月条に大伴金村が朝廷に出仕せず引きこもったとする「住吉の宅」の例を除くと、大伴氏がこれらの地に居住していたことを示す事例は存在しない。『万葉集』にみえる「大伴の御津《みつ》」「大伴の高師《たかし》の浜」の「大伴」の枕詞も、特定のウヂ名を表したものでなく、「八十伴男《やそとものを》」と同義で、「多くの職務に従事する人々（トモ・トモノヲ）」の意に取るべきであろう。

したがって前田が説くように、雄略紀の「同国近隣」は、大伴氏の拠点や勢力圏が紀伊国名草・那賀両郡に存したことにもとづく表現と解するのが妥当である。ただ筆者は、大伴氏を『万葉集』の大伴家持の「陸奥国より金を出せる詔を賀《ほ》く歌」（巻十八・四〇九四）や「族《やから》に喩《さと》す歌」（巻二十・四四六五）にみえる「大伴の遠つ神祖のその名をば大来目主と負ひ持ちて」、「大久米の大夫健雄《ますらたけを》を先に立て」の表現と結びつけて、その本来の職務は大和の弓矢兵より成る来目集団（来目部）を率いたワカタケル大王（雄略）配下の軍事氏族であり、後に多くの軍事的トモを管轄する伴造

表1「紀伊国の大伴氏」

年次	出典	人名	備考
敏達～推古	日本霊異記上巻第五	大部屋栖野古連	紀伊国名草郡宇治大伴連等先祖 大信位・上宮太子之肺脯侍者
神亀元年	続日本紀	大伴櫟津連子人	名草郡少領正八位下
天平廿年	大日本古文書	大伴連伯万呂 大伴連蓑万呂	那賀郡那賀郷戸主 那賀郡那賀郷戸主・出家人
天平勝宝二年	大日本古文書	大伴若宮連真虫 大伴若宮連部良 大伴若宮連大淵	名草郡忌部郷戸主 名草郡忌部郷戸主 名草郡忌部郷戸主
天平勝宝八歳	正倉院宝物銘文集成・ 調庸銘	榎本連真坂 榎本連千嶋	名草郡戸主 前名草郡少領少初位上
天平神護元年	続日本紀	榎本連千嶋	前名草郡少領
神護景雲三年	続日本紀	大伴部押人 大伴部直	陸奥国牡鹿郡俘囚外少初位上勲七等 押人先祖・紀伊国名草郡片岡里人
神護景雲三年前後	日本霊異記下巻第十	牟婁沙弥	榎本氏・紀伊国牟婁郡人・居住安諦郡荒田村
宝亀年中	平安遺文三五三 粉河寺縁起	大伴連孔子古	紀伊国那賀郡粉河寺草創
奈良時代	日本霊異記下巻第十七	沙弥信行	紀伊国那賀郡彌気里人・俗姓大伴連
貞観三年	平安遺文一三〇	伴直継岡 榎本連	紀伊国名草郡直川郷刀祢 名草郡主帳外少初位下
貞観六年	三代実録	伴連宅子	節婦・紀伊国名草郡人
貞観十四年	三代実録	伴連貞宗 伴連益継	紀伊国那賀郡人左少史正六位上・益継子貞宗・改本居貫隷右京

前田晴人『古代王権と難波・河内の豪族』二二三頁（清文堂・二〇〇〇年）

に発展したことにより、ウヂ名を「来目」から「大伴」に改めたと推測している。(36)

そのため彼等が最初に拠点とした所も、神武紀二年二月条に記す大和国高市郡の「築坂邑《つきさか》」や「来目邑」の地（現奈良県橿原市鳥屋町、同市久米町）であり、そこからさらに壬申紀にみえる大伴吹負《ふけい》の「百済の家」（十市郡、現桜井市吉備付近）、『万葉集』にこの氏の別業《なりどころ》と記す「跡美《とみ》庄」（城上郡、現桜井市外山《とみ》）や「竹田庄」（十市郡、現橿原市東竹田町）の地、すなわち磐余や磯城の大王宮の近辺へと勢力を拡大したと理解する。

前田が大伴氏の本拠地とする紀伊国の名草・那賀両郡は、むしろこの氏の二次的な進出地とみるのが妥当であろう。大和国の葛城地方から宇智郡を経て紀伊国に至る一帯の交通路を抑え、対外的な軍事活動や外交に従事することによって、紀ノ川水運の主導権を掌握していた「葛城氏」が滅んだ後、雄略の王権の支配が直接これらの地に及び、大伴氏がその先兵としてこの地に乗り込んできたとみることができる。

紀伊国の大伴氏には、大伴櫟津連（名草郡）、大伴若宮連（名草郡忌部郷）、大伴榎本（朴本）連（名草郡）、大伴大田連（名草郡大田郷?）、大伴良（吉）田連（名草郡吉田?）、大伴山前連（那賀郡山崎郷?）、宇治大伴連（名草郡宇治）のように複姓の氏が少なくない。大伴大田連が神護景雲元年（七六七）、大伴良田連が嘉承二年（八四九）頃に宿禰を賜姓されるが、他は連姓にとどまっており、複姓であることとあわせると、これらの氏は大伴氏の中でも傍流の一族と推察することができる。大伴氏は「葛城氏」にかわり、紀氏とともに紀ノ川ルートによる外交・軍事活動に主導権を発揮するため、名草郡や那賀郡に勢力を扶植したものの、本流の一族はこの地に移住せず、もっぱら傍流の諸氏がこれらの地に配置されたと推察してよいと思われる。

最後に吉士以外の渡来系諸氏についてみよう。紀ノ川流域には東漢氏系の枝氏やその配下の村主・漢人系の諸氏が少なくない。『日本霊異記』中巻十一縁には伊都郡の桑原狭屋寺《くわばらのさやでら》にまつわる桑原村の凶人、文忌寸（字は上田三郎）の話を掲げるが、延喜十一年（九一一）の文書によれば、文忌寸は伊都郡の郡領氏族であり（『平安遺文』一巻二〇五号）、『坂上系図』所引『新撰姓氏録』逸文にみえる紀伊国伊都郡の文忌寸にあたる。桑原（現和歌山県かつらぎ町佐野《さや》）の地からは広大な寺域を持つ法起寺式伽藍配置の古代寺院址、佐野廃寺が発見されているが、『霊異記』の桑原狭屋寺に比定することができ、伊都郡の文忌寸の氏寺と推量される(37)。

右の延喜十一年の文書によれば、同じく東漢氏の枝氏である平田宿禰も伊都郡に居住しており、長承元年（一一三二）以降、伊都郡相賀《おうが》荘の下司職を相伝し、武士団として繁栄する坂上氏も、東漢氏系の坂上大宿禰の子孫か、伊都郡の文忌寸の末裔とみられる。桑原の地名は、前述の大和国葛城地方の「桑原邑」と関連し、この地に東漢氏配下の桑原村主や漢人が居住していた可能性を示唆するが（天平年間の紀伊国安諦《あて》郡には桑原村主同族の桑原史が存した）、佐野廃寺出土の古瓦には奈良県御所市朝妻の朝妻廃寺より出土した瓦と共通するものが認められるから、実際に葛城道を介して、桑原村主や漢人が葛城地方からこの地に移住した事実がうかがえる。文忌寸や東漢氏系の諸氏も、同様に高市郡の檜前の地から巨勢道を経由して伊都郡に至ったとみてよいであろう。

紀伊国には、ほかにも東漢氏の枝氏やその系列の村主姓氏族の存在が確認できる。すなわち名草郡に民忌寸《みたみ》磯麻呂（天平神護元年、『続日本紀』）、同郡直川《のうがわ》郷に川原伊美吉尊麿（貞観三年、「紀伊国直川郷墾田売券」）、那賀郡山崎郷に大蔵忌寸真豊・川原（忌寸?）賀都伎・平田（宿禰?）麿（承和十二年、「那賀郡司解」）らが存するが、所在の郷名の判明するものは、いずれも紀ノ川・紀路に沿う地域に位置する。『日本霊異記』下巻三十縁は、名草郡能応《のお》村の能応寺の檀越で、仏師の武蔵村主多利丸《たりまろ》の名を記すが、武蔵村主の氏名は「牟佐」・「身狭」にも作り、大和国高市郡身狭の地（現橿原市見瀬町）を本拠とした東漢氏系の村主である。前述の貞観三年の墾田売券には名草郡擬少領の牟佐村主の署名がみえ、この氏が名草郡の有力氏であったことが分かる。能応寺の所在地は未詳であるが、牟佐（武蔵）村主もまた右の東漢氏の諸氏とともに巨勢道・紀ノ川・紀路ルートで紀伊国に進出したのであろう。

東漢氏系以外にも岡田村主（西漢氏系）や秦忌寸（宿禰）・呉勝《くれ》・三間名干支《みまなかんき》・日置《へき》造などの渡来系氏族が名草郡や那賀郡に居住していたことが知られるが、煩雑になるので、ここでは個々の検討は省略する。ただ三間名干支については、「三間名」は任那の国名、「干支」は朝鮮諸国の王・首長を表す称号に因む。『新撰姓氏録』未定雑姓の部に弥麻奈国主《みまなこにきし》、牟留知王《むるちおう》の後裔とする三間奈公の関連氏族の可能性が大であるが、紀ノ川北岸の車駕之古址古墳からは、前述のように、伽耶諸国中の多羅（多伐）国の王家の奥津城とみられる玉田古墳群で発見されたのと同類の金製勾玉が出土し、楠見遺跡からは伽耶系の陶質土器が出土している。紀ノ川北岸の勢力と伽耶諸国との交流が活発であったことがうかがえ、三間名干支の渡来も、そうした交流の一環として行われたと理解することができよう。

むすびにかえて

以上、葛城道・巨勢道から紀路・紀ノ川を経て、紀伊水門に至る紀ノ川ルートが、古代のある時期、瀬戸内海から朝鮮・中国へと向かう航路と結ばれ、主要な交通路としての役割を果たしていた事実を、このルート上に展開する諸氏族の動向を通して明らかにした。薗田香融は紀伊水軍の朝鮮半島での活動期と対応させて、紀ノ川水運の栄える上限を五世紀後半とするが、(38)「葛城氏」や宇智地方の豪族たちの活動の時期を勘案すると、おそらくそれは四世紀末〜五世紀初頭頃にすでに始まっていたとみるのが妥当であろう。下限は難波津が紀伊水門に代わって脚光を浴びるようになる六世紀前半〜半ば頃と推定することができる。

この時期は五世紀後半を境として二つの段階に区分することができる。第一期は「葛城氏」と紀臣の前身勢力が、互いに連携して紀ノ川ルートの主導権を握った段階で、「葛城氏」の手によって朝鮮半島から倭国に連れてこられた渡来人たちが、紀伊水門から紀ノ川を搬送されて、葛城地方の各所に分住し、南郷遺跡群の工人に代表されるような大規模な手工業生産を開始する。一方、紀臣の前身勢力は紀ノ川の下流域から河口部を抑え、淡輪から紀ノ川北岸にかけて大型の前方後円墳を築造。伽耶との交流により、文物の導入が進められる。ただ大和国の宇智地方の豪族たちも朝鮮半島へ渡海しており、大和政権を構成する諸勢力がこのルートを利用したとみられ、有事の際には連合軍が編成されて共同で出兵したのであろう。和歌山市善明寺の鳴滝遺跡の倉庫群はその際の兵站基地と推察される。

第二期は「葛城氏」の滅亡を契機とする。平林章仁は葛城氏（平林の氏名表記に従う）滅亡の理由として、葛城氏が紀氏や吉備氏と連携して掌握していた対外交渉の主導権を、王権が直接手中に収めようとして、その連携を遮断したと指摘する。(39)平林の説く葛城氏と個々の豪族との連携については賛同できない面もあるが、王権と「葛城氏」との対立の理由を対外交渉の主導権に求めたことは、傾聴に値する。特に紀ノ川ルートについては、王権による紀臣前身勢力の抱き込み・切り崩しによって、紀ノ川の利用が事実上困難になったことが、「葛城氏」に致命的なダメージを与えたと想像することができよう。

王権直属の軍事的伴造である大伴氏が紀ノ川ルートに介入し、雄略紀に示すように、紀臣と連携して名草郡や那賀郡に勢力を扶植したことは、この事実を裏付ける材料となる。筆者が特に注目したいのは、雄略紀九年三月・五月両条の新羅討伐軍の七人の将士の中で、紀氏・大伴氏関係者以外の人物が、蘇我韓子一人に限られることである。蘇我氏は別稿で論じたように、葛城地方の出身で、葛上郡の高宮辺りを勢力圏とした「葛城氏」の初期の盟主的首長の流れをくむ一族と推察される。この氏が高市郡の宗我の地へ拠点を移す時期は、蘇我稲目の政治的台頭とそれほど隔たらない頃で、五世紀後半～末の段階では、滅亡を免れた「葛城氏」の残党勢力として、まだ葛城地方にとどまっていたとみられる。(40)

一方、稲目より前の蘇我氏の系譜は、天武朝にウヂ名を「蘇我」から「石川」に改めた蘇我倉家（馬子の子の雄当《おまさ》の家系）の手により、後に架上的に付け加えられたもので、蘇我韓子の「韓子」の名も日朝混血児を指す言葉であり、実名とは考えがたい（「子」を当時の男子の名に付された接尾語と解することもできるが、その場合も「韓」は実名としてやはり具体性を欠く）。しかし蘇我韓子は雄略では討伐軍の内輪もめの結果、紀大磐に射殺された将軍として描かれており、五世紀代に後の蘇我氏の祖にあたる人物が、現実に紀氏などとともに朝鮮に出兵した事実にもとづき、この話が構想されたと推測することは許されるであろう。おそらく中心勢力の滅亡により弱体化した旧「葛城氏」勢力の一部が、王権を主体とする朝鮮派遣軍に動員されるような状況が、この頃には実際に存在したと推察されるのである。

注

（1）日下雅義「紀ノ川下流域平野の開発に関する基礎的考察」（『人文地理』一六、一九六四年）、同『古代景観の復原』（中央公論社、一九九一年）
（2）薗田香融「古代海上交通と紀伊の水軍」（旧版『古代の日本』5畿内〈角川書店、一九七〇年〉所収、のち同著『日本古代の貴族と地方豪族』〈塙書房、一九九一年〉に収録）
（3）薗田香融、同右
（4）薗田香融、同右
（5）栄原永遠男『紀伊古代史研究』思文閣、二〇〇四年
（6）近江俊秀『古代国家と道路』青木書店、二〇〇六年
（7）秋山日出雄「日本古代の道路と一歩の制」（創立三十五周年記念『橿原考古学研究所論集』所収、吉川弘文館、一九七五）
（8）和田萃「紀路と曽我川」（『古代の地方史三・畿内編』〈朝倉書店、一九七九年〉所収）
（9）加藤謙吉『大和の豪族と渡来人』吉川弘文館、二〇〇二年
（10）井上光貞「帝紀からみた葛城氏」（同著『日本古代国家の研究』〈岩波書店、一九六五年〉所収）
（11）加藤謙吉、本書第一部第一章
（12）和田萃、前掲注（8）論文、平林章仁『謎の古代豪族葛城氏』祥伝社新書、二〇一三年
（13）奈良県立橿原考古学研究所『大和を掘る』二五・二八・三〇（二〇〇六・二〇〇九・二〇一一年度）
（14）加藤謙吉、前掲注（9）の書
（15）井上光貞、前掲注（10）論文
（16）坂靖・青柳泰介『葛城の王都・南郷遺跡群』新泉社、二〇一一年
（17）坂靖・青柳泰介、同右
（18）和田萃「渡来人と日本文化」（岩波講座『日本通史』第三巻〈岩波書店、一九九四年〉所収）、加藤謙吉、前掲注（9）の書

(19) 和田萃、前掲注(8)論文
(20) 八木充の位置比定(『新南陽市史』〔同市史編纂委員会、一九八五年〕第二編五)に従う。
(21) 紀臣・角臣と周防国の諸地域との関係については、別稿「角氏の氏族的性格とその王権奉仕」(新川登亀男編『日本古代史の方法と意義』〔勉誠出版、二〇一八年〕所収)を参照されたい。
(22) 津田左右吉『日本古典の研究(下)』(岩波書店、一九五〇年)、寺西貞弘『紀氏の研究』(雄山閣、二〇一三年)
(23) 岸俊男「紀氏に関する一試考」(同著『日本古代政治史研究』所収、一九六六年)、加藤謙吉「平群地方の地域的特性と藤ノ木古墳」(同著『大和政権と古代氏族』所収、一九九一年)、栄原永遠男、前掲注(5)の書
(24) 岸俊男、同右
(25) 栄原永遠男「古代豪族　紀氏」(『謎の豪族紀氏』〔清文堂、一九九九年〕所収)、同前掲注(5)の書
(26) 加藤謙吉『吉士と西漢氏』白水社、二〇〇一年
(27) 薗田香融「岩橋千塚と紀国造」(『岩橋千塚』所収、和歌山市教育委員会、一九六七、のち同前掲注(2)の書に収録)、越原良忠「二つの紀氏」(『和歌山地方史研究』二十七号、一九九四年)
(28) 加藤謙吉「大夫制と大夫選任氏族」(前掲注(23)の書所収)
(29) 栄原永遠男、前掲注(5)の書
(30) 加藤謙吉、前掲注(28)の論文
(31) 薗田香融、前掲注(2)論文
(32) 加藤謙吉、前掲注(26)の書
(33) 加藤謙吉、前掲注(9)の書
(34) 岸俊男、前掲注(23)論文
(35) 前田晴人「雄略王権と大伴氏の本拠地」(『続日本紀研究』二五八号、一九八八年。のち同著『古代王権と難波・河内の豪族』〔清文堂、二〇〇〇年〕に収録)
(36) 加藤謙吉、前掲注(9)の書

(37) 加藤謙吉『大和政権とフミヒト制』吉川弘文館、二〇〇二年
(38) 薗田香融、前掲注(2)論文
(39) 平林章仁『謎の古代豪族葛城氏』祥伝社、二〇一三年
(40) 加藤謙吉『蘇我氏と大和王権』吉川弘文館、一九八三年、同前掲注(9)の書

第三章　中臣氏の氏族組織と常磐流中臣氏
―中臣と卜部―

はじめに

『中臣氏系図』には、延喜六年（九〇六）に大中臣朝臣安則ら大中臣氏一族の者が朝廷に提出したこの氏の本系帳（いわゆる「延喜本系」）が引用されている。中臣・藤原氏関係の系図としてはもっとも古く、史料的に価値の高いものであるが、「延喜本系」でとくに注目されるのは次の二点である。第一に中臣黒田大連公の長男の中臣常磐大連公について、「右大連始賜二中臣連姓一。磯城嶋宮御宇天国押開広庭天皇之代。特蒙二令誉一。恪勤供奉者。……」とし、さらに「中臣姓始」と傍書しており、中臣連の氏姓の成立期が欽明朝とされることである。第二に、「延喜本系」は黒田大連公の子を常磐大連公と伊礼波連（一云、阿礼波連）、常磐大連公の子を可多能祐（祜）大連公（敏達朝）と記すが、これらの人物の名は『日本書紀』にはみえず、『書紀』は同世代の中臣氏の一族の者として、物部尾輿や物部守屋とともに破仏を行った中臣連鎌子（欽明朝）や中臣連勝海（敏達・用明朝）・中臣連磐余（敏達朝）の名を記すことである。

第一の点は、上田正昭や岡田精司が指摘するように、常磐の中臣連賜姓は、欽明・敏達朝における宮廷祭祀機構の整備と中央祭官制の成立という状況に対応するものとみられる(1)。族的顕彰意識がもっとも顕著に示されるはずの本系帳において、大中臣氏があえて「中臣」のウヂの成立を欽明朝より前にさかのぼらせなかったことは、逆にその記述が歴史的事実にもとづく可能性を示唆するものであり、注目する必要があろう。

第二の人名の相違については、「延喜本系」の黒田の次男の伊礼波（一名阿礼波）を『書紀』の磐余と、鎌子を『尊卑分脈』所載の中臣氏の系図に黒田の父として掲げる鎌大夫と同一人とする説(2)や、常磐を鎌子の、可多能祐（祜）を勝海の、それぞれ改変された名とする説(3)があるが、前者は語法や世代の面で問題があり、後者もいささか無理な解釈で、従うことができない。『書紀』に記す鎌子・勝海・磐余は、「延喜本系」や『尊卑分脈』の系図にみえる中臣氏の氏人とは別人で、彼等の名は最初からこれらの系図には欠落していたと解するのが妥当と思われる。

すると次には、「中臣連」賜姓以前のこの氏の実態がどのようなものであったのか、「延喜本系」の黒田・常磐らの系統の中臣氏と『書紀』の鎌子・勝海・磐余らの中臣氏の違いが一体何にもとづくのかといった点を明らかにする必要が生じよう。換言すればそれは、「中臣」という負名のウヂの成立の経緯とその職掌(4)、中臣氏を構成した諸集団の性格を検討し、わが国の祭祀のトモの組織の有り様を考察することにほかならない。

本章ではかかる観点から、黒田・常磐より可多能祐（祜）・御食子を経て鎌足に至る中臣氏の系統のルーツを探り、彼等がいかなる歴史的状況の下で、政治の表舞台に登場するようになったのかを解明することにしたい。

第一節　常磐流中臣氏の実態とその発展過程

まず「中臣」の名義について考察する。「延喜本系」は「高天原初而、皇神之御中、皇御孫之御中執持、伊賀志桙不レ傾、本末中良布留人、称二之中臣一」と記し、同様に『台記』別記所引「中臣寿詞」に「本末不レ傾、茂槍乃中執持氏奉レ仕留中臣祭主……」、『延喜式』祝詞・斎内親王奉入条に「大中臣、茂鉾中取持弖、恐美恐美毛申給久止申」とするから、「中臣」は、皇神と皇御孫（大王）の中を取り持ち、神意を伝えることの意に解することができる。

一方、舒明即位前紀は、マヘツキミ（群卿・大夫）の職掌を「如二厳矛取レ中事一、而奏請人等也」と記し、大王と臣下の豪族の中を取り持つ奏請者とするが、ここでも「イカシホコの中取りもてる」が、仲介者を示す慣用句的な語として使われている。『藤氏家伝』上には「世掌二天地之祭一、相二和人神之間一。仍命二其氏一曰二大中臣一」とあり、「人神の間を相い和す」ことを「中臣」とするが、これは「延喜本系」や「中臣寿詞」などの文言を別の表現に置き換えただけで、結果的には「神と人の中を取り持つ」と同じ意味になる。

文献にみえるこのような「中臣」の説明にもとづき、その名義をめぐって、これまで様々な解釈がなされてきた。すでに中村英重により、各説の詳しい紹介と整理が行われているので(5)、ここではその成果に従って、代表的な説だけを簡単にまとめておきたい。

①ナカトリオミ（中執臣）説〔本居宣長(6)〕

「ナカトリオミ」が「ナカトミ」の原義で、「リ」と「オ」の二字を省略したもの。「中執臣」は「神と君との御中を執持ちて申す職」の意とする。

②Ⅰナカツオミ（中つ臣）説〔津田左右吉(7)〕

『藤氏家伝』上の「相二和人神之間一」を重視し、ナカツオミを「神人の仲介者」の意に取り、「朝廷の神事を司るものの名」とする。

②Ⅱナカツオミ（中つ臣）説〔折口信夫(8)〕

「天子と民、天子と地方官との中に立つ者」の意に取る。一方で、折口はナカトミの「トミ」に「富む」の意があり（したがって「中富」が原義）、中臣氏の職掌に祭祀的な面とあわせて、稲穀の貢納などが存したと推測する。

②Ⅲナカツオミ（中つ臣）説〔太田亮(9)〕

Ⅰ・Ⅱのナカツオミ説とは異なり、ナカツオミの「ナカ」を地名とし、中臣氏のウヂ名の由来を、職掌ではなく豊前国仲津郡に発祥した「ナカの臣」にもとづくとする。

②Ⅳナカツオミ説〔中村英重(10)〕

「オミ」は臣（シン・オミ）で、神・君に仕える者の意で、ナカツオミは「神・大王・人民の中に立つ臣」とする。

③ナカツミ説（前之園亮一[11]）

ツミは「大山津見」「正鹿山津見」のツミと同じで、「ツ」は助詞、「ミ」は名詞（神霊の意）であり、「ツミ」から「トミ」と音韻変化を遂げたとし、ナカツミは「神と人との中を執り持つ巫覡」の意とする。

これらの説によれば、ナカトミは①ナカトリオミ、②ナカツオミ、③ナカツミの省略もしくは転訛した語となるが、①の「リ」・「オ」二字の省略、③の「ツ」から「ト」への転訛は、国語学的にみて無理がある。②のナカツオミの「ツ」が略され、「オ」と結合して「ト」に音韻変化したと解するのが妥当であろう。ただ②Ⅲの太田説は、「中臣」を地名に因むものとして、「中臣」の古地名の存する豊前国仲津郡をこの氏の発祥地とする。確かに『和名抄』の仲津郡に「中臣郷」、『豊後国風土記』に「豊前国仲津郡中臣村」の名を記し、大宝二年の「豊前国仲津郡丁里戸籍」によれば、同里の住人に中臣部泥売が存するが、これだけで仲津郡を発祥地と断定するには証拠が不十分である。何よりも中臣氏が現実に神祇・祭祀を担当した伴造であることに鑑みるならば、そのウヂ名は職掌にもとづくと考えるべきであろう。②Ⅱの折口説は「中臣」を仲介者としての「中つ臣」とし、さらにその語源として「中富」を想定するが、この二つの名義は本来、相容れないもので、従うことができない。

かくして「中臣」の名義については、次のように推定することが可能である。

（一）ナカトミはナカツオミが原義である。

（二）各史料が伝えるように、「ナカ」は仲介者としての職掌を意味し、かつその職掌は神事を対象とすることが明らかである。

（三）「世掌二天地之祭一、相二和人神之間一。仍命二其氏一曰二大中臣一」（『藤氏家伝』上）とあるように、「ナカ」とは神と人との間に立つことを意味する。したがって「人」は広義には、君（大王）・豪族・人民のすべてを指すが、「高天原初而、皇神之御中、皇御孫之御中執持、伊賀志鉾不レ傾、本末中良布留人、称二之中臣一」（『延喜本系』）の表記にうかがえるごとく、狭義には神（とくに皇祖神）と大王（天皇）の仲介者の意に理解することができる。

（四）「オミ」は中村英重が説くように、臣下の意。大王に従属する臣（シン）の和訓がオミで、大王の下で人神間の仲介者として、神事に奉仕した伴造を「ナカツオミ→ナカトミ」と称したとみることができる。

「中臣」の語の持つ意味は、以上のように解して差し支えないと思われるが、前述のように『書紀』に記す鎌子・勝海・磐余の中臣氏の氏人の名は、「延喜本系」などの中臣氏の系図にはみえない。おそらくその理由として想定すべきは、『書紀』と「延喜本系」の中臣氏が別の系統の一族に属するという事実である。物部氏や中臣氏を排仏派とする『書紀』の記述が事実でないことは、すでに詳しく述べたことがあるのでここでは繰り返さないが、(12)敏達紀十四年六月条の分注の一書にだけ名のみえる中臣連磐余はともかく、欽明朝の鎌子や敏達・用明朝の勝海が実在の人物であったことは確かであろう。とくに勝海については、記事が豊富でかつオリジナルな内容を含む。敏達十四年三月条には「物部弓削守屋大連、与二中臣勝海大夫一、奏曰、……」と記していて、彼がマヘツキミの職位にある中央政界の有力者であったことがうかがえるのである。鎌子・勝海と続く系統は、勝海の代まで、中臣氏の本流の位置を占めていたと推測することができよう。

これに対して、「延喜本系」の常磐や可多能祐（祜）は、大和政権内における地位や役職が何も記されない。可多能祐の子の御食子や国子に至って、初めて「小徳冠前事奏官兼祭官」とみえ、『書紀』にも「弥気」・「国」の名で現れるようになる。さらに「延喜本系」は母の出身と名も掲げており、各人物の婚姻関係の実態とその推移を知ることができるが、いまそれを表示すると、表1のようになる。

御食子の長子の鎌足は、『藤氏家伝』上に、「母曰二大伴夫人一」とあり、『尊卑分脈』には、「母大徳冠大伴久比子卿乙女智仙娘」とする。大伴久比子は『書紀』に推古朝の「四大夫」（よたりのマヘツキミ）としてみえる大伴連咋（囓）のことで、『書紀』によれば弥気（御食子）もまたマヘツキミの職位にあったから、弥気が推古朝のマヘツキミの有力者であった大伴連咋の女を妻に迎えたとしても不釣り合いではなく、『尊卑分脈』の記事は信用してよいと思われる。

表1によれば、「延喜本系」の系統の中臣氏（以下、常磐流中臣氏と呼称）は、世代を経るごとに、婚姻相手の氏族の家格が高くなる傾向が認められる。黒田の妻（常磐の母）は、塩屋連牟漏の女であるが、塩屋連は、『姓氏録』（河内国皇別）によると葛城襲津彦の後裔で、天武朝の八色姓制定後も旧姓の連のままである。常磐の妻（可多能祐の母）は、物部尋来津《ひろきつ》首の出身であるが、『姓氏録』（未定雑姓、右京）の尋来津首（物部氏系）と同一氏で、雄略紀七年是歳条にみえる「倭国《やまとのくにの》吾礪《あとの》広津邑《ひろきつのむら》」（河内国渋川郡跡部郷）を本拠とした物部氏系列下の一族であろう。この氏もまた『姓氏録』編纂段階（弘仁六年〔八一五〕）において、なお「首」姓にとどまっている。一方、可多能祐の妻で、御食子・国子の母は山部連、糠手子の母は陜井（狭井・佐為）連の出身で、この両氏はともに天武朝の八色姓制定の際に宿禰を賜姓されており、塩屋連や物部尋来津首よりは、家柄が上とみられる。

このような婚姻関係の変化は、常磐流中臣氏の政治的地位の向上にともなう現象と推量されるが、この一族の飛躍の契機となったのは、用明天皇没後（五八七年）に起こった丁未の役であり、物部守屋とともに中臣氏の本流の一族が滅亡したことによると思われる。

表1　「常磐流中臣氏の母方氏族」

人名	母の出身・名	父名
常磐	塩屋連牟漏の女、都夫羅古娘	黒田
伊礼波	塩屋連牟漏の女、都夫羅古娘	黒田
可多能祐（祜）	物部尋来津首橘の女、宇那古娘	常磐
御食子	山部連歌子の女、那爾毛古娘	可多能祐（祜）
国子	山部連歌子の女、那爾毛古娘	可多能祐（祜）
糠手子	陜井連麻呂古の女、米頭羅古娘	可多能祐（祜）

『書紀』によれば、中臣勝海は守屋が河内国渋川の阿都の別業（右の渋川郡跡部郷の地）に退却した後も大和にとどまり、押坂彦人大兄皇子と竹田皇子の像を作って厭魅したが失敗し、逆に押坂彦人大兄に帰付しようとして、最後に舎人の迹見首赤檮によって殺害されたとある。『書紀』の記述には排仏派の宗教的敗北を強調する史観にもとづく潤色の跡が濃厚で、そのまま史実として受け取ることはできないが、中臣氏の本流の一族が、六世紀の蘇我・物部の両オホマヘツキミ（大臣・大連）を対極とする政治的権力闘争の過程で物部氏の側に左袒し、丁未の役によって没落したことは事実とみて間違いないであろう。

換言すれば、鎌子や勝海・磐余らの一族が健在である間は、常磐や可多能祐（祜）は、中央政界では身分の低い無名に近い存在と考えてよく、「延喜本系」が、常磐について「特蒙二令誉一。恪勤供奉者。今案。苦節匪躬之忠。当時無二出レ右者一」と記すのも、大中臣氏や藤原氏の事実上の始祖にあたる常磐に廷臣として特筆すべき履歴がなかったため、やむを得ず空疎な賛辞を並べ、その忠臣ぶりを強調したとみられるのである。

常磐流中臣氏は丁未の役以降、没落した本流の一族に代わって、中臣氏の中核を占めるようになるが、とくに常磐の孫の御食子・国子・糠手子の代に入ってから、急速に台頭したとみなすことができる。御食子（弥気）は、舒明即位前紀によれば、①オホマヘツキミ（大臣）の蘇我蝦夷の邸宅で開かれた王嗣を決める群臣会議に参加。他の三人のマヘツキミとともに、田村皇子（舒明）を推挙し、ついで②推古天皇の遺詔を述べ、蝦夷の言を山背大兄王に伝えるために、他の七人のマヘツキミとともに、斑鳩に派遣された。この時、山背大兄は遺詔の内容に対して異議を唱えたが、その中で③「吾聞二天皇臥病一。而馳上之待二于門下一。時中臣連弥気。自二禁省一出之曰。天皇命以喚之。……」と語っている。①・②・③により、御食子が朝政に参議し、奏宣の任を執行していること、さらに大王の側近に侍ったことが知られ、前述のごとく、彼が推古朝末年にマヘツキミに就任していた事実が確認できる。

次に国子（国）は、推古紀三十一年是歳条に、小徳冠で、新羅征討の大将軍に任ぜられ、任那に遣わされたとある。冠位十二階の徳冠は、かつて論じたように、マヘツキミ在任者と、マヘツキミを出す資格のある一族（良家）の代表者に与えられた冠位であり、[13]国子が推古朝末年にすでに小徳で、征新羅大将軍の要職に就任していることから、中臣氏のマヘツキミ職は、この後、弥気から国へと継承されたとみて間違いないであろう。

御食子・国子はどちらも「延喜本系」に「小徳冠前事奏官兼祭官」とされ、前者は推古・舒明の二朝に、後者は舒明朝にそれぞれ供奉したとあるが、「前事奏官」は関晃が説くように、マヘツキミ（「前つ君」のことで、本来は「大王の前に伺候する君（高官・侍臣）」の意）を漢風に修飾した役職名とみることができる。[14]「前（マヘ）」に「神」、「神の面前」の意があることから、田村圓澄のように、前事奏官を祭祀と結びつけて、「神に祝詞を奏上する官」と解する説、[15]上田正昭のように、前事奏官を神祇伯の前提となる官名、祭官を後の伊勢神宮の祭司職の先行官名とする説、[16]中村英重のように、前事奏官を政治職と祭祀職を兼ねる役職とする説[17]もあるが、これらの説では中臣氏の祭祀職だけが強調される嫌いがあり、「延喜本系」が「前事奏官」と「祭官」を区分する意味もよく理解できない。前（マヘ）は神ではなく大王の前とみるのが自然で、祭祀とは切り離して考えるべきであろう。

御食子は、中臣氏の族長として、参議・奏宣の任にあたるマヘツキミ（議政官）職と宮廷祭祀を束ねる伴造（祭官）職を兼任していた中臣勝海の死によって、族長の地位に就き、この二つの職を継承したと推察することができる。井上辰雄はこの間の動きを「恐らく物部氏の滅亡、蘇我氏の権力把握という政局の変動にともなって、かつて物部氏に結びついていた中央の中臣氏の本流にかわって、傍流の中臣氏が台頭するチャンスを握んだことを意味するのではないか」と説くが、[18]この指摘は大筋において当たっていよう。

『藤氏家伝』上によれば、中臣鎌足は大和国高市郡の藤原の第《てい》に生まれた。天智八年（六六九）十月、死に際して彼が賜わった「藤原」の姓は、この地名にもとづくもので、『多武峰縁起』には「大原藤原第」とある。「大原」は天武天皇が藤原夫人（藤原五百重娘。鎌足の女で、新田部親王の母。大原大刀自とも言う）に贈った歌に「大原の古りにし里」とあり（巻二・一〇三）、鎌足の死後もなお、女の五百重娘が鎌足の旧邸のあった大原藤原の地に居住していたことが知られる。允恭紀（七年十二月・十一年三月条）には舎人の中臣烏賊津使主が衣通郎姫を上京させることに成功し、天皇が衣通郎姫のために藤原宮を造り、藤原部を設置させた話を伝えるが、衣通郎姫は『古事記』や『釈日本紀』所引『上宮記』逸文に「藤原之琴節郎女（布遅波良己等布斯郎女）」と記される女性と同一人であり、中臣烏賊津使主が功労者として記されることからみて、藤原宮の所在地は高市郡の大原藤原に比定することができる。(19)

衣通郎姫の記事は、中臣氏の家記に出典を持つ伝承か、天武十年（六八一）の「帝紀及び上古諸事」の記定事業に筆録者として加わった中臣大嶋の手になる話とみられるが、この話の前提として、大和国の高市郡大原藤原の地が常磐流中臣氏の重要拠点であった事実を読み取ることが可能である。少なくとも鎌足はこの地で誕生しているから、父の御食子の邸宅が大原藤原にあったことは確かである。加えて『尊卑分脈』は、国子の尻付に「母山辺《ママ》哥子連女。住二大和国高市郡一」と記しており、国子も御食子と同様に大原藤原の地に居を構えていたと推察される。

この両兄弟の母の出身氏族である山部連は、氏人の分布状況より推して、畿内では大和国平群郡夜麻《やま》郷を主要拠点とした氏族とみられる。(20)ただ宝亀八年七月二日付の「大和国符」や同年七月二十三日付の「民部省牒」によれば、川原寺に施入された佐味朝臣の官位田四町の中に「路東廿二条三山部里九麻生田一町」が存し（『寧楽遺文』中六四六頁）、「山部里」は十市郡路東二十二条三里（現橿原市常盤町付近）(21)に付された条里里名である。「山部里」の名は、山部連か山部の居住にもとづく可能性があろう。御食子・国子の異母弟である糠手子の母は、陜井連の出身であるが、本拠地は『延喜式』神名帳の狭井坐大神荒魂神社の鎮座地である大和国城上郡の狭井（現桜井市三輪町狭井）に比定できる。十市郡の山部里も、城上郡の狭井も高市郡の大原藤原とはそれほど距離的に離れていないから、三兄弟の父である可多能祐（祜）もまた大原藤原に居を構え、地域的な交流を通して、山部氏や陜井氏の女性を妻に娶ったと考えてよいのではなかろうか。

前掲の『万葉集』巻一には、天武天皇に対する藤原夫人の返歌を載せ（一〇四）、「吾が岡の龗《おかみ》に言ひて……」と記す。大原藤原の地で中臣氏による竜神祭祀の行われていたことがうかがえるが（当地には現在、式外社の大原神社が鎮座する）、おそらくこの地は常磐流中臣氏の大和における最大の拠点であり、一族の者が伝統的に居住する場所であったとみてよいであろう。

大原藤原の地は現在の奈良県明日香村小原《おはら》である。式内社飛鳥座神社の東南に位置するが、『続日本紀』天平神護元年十月壬申条に「車駕、巡㆓歴大原・長岡㆒、臨㆓明日川㆒而還」と記すように、明日川（飛鳥川）を展望できる丘陵上にあり、『万葉集』で藤原夫人が「吾が岡」と歌ったこととよく符合する。しかも注目すべきは、飛鳥坐神社の鎮座する鳥形山の南西麓に飛鳥寺が存することである。すなわち常磐流中臣氏の拠点は飛鳥の蘇我氏の勢力圏内に包摂されることになり、蘇我氏と地縁的に結び付く可能性が高い。井上辰雄が推測したごとく、常磐流中臣氏の台頭は、蘇我氏を後ろ盾とし、これと連携したことによると解して誤りないのではないか。

彼らが常盤や可多能祐（祜）の時代から、すでに大原藤原の地を拠点としていたと考えてよいならば、稲目から馬子の代に、高市郡曽我の地より軽・小墾田を経て飛鳥川右岸の飛鳥の中心部に進出してきた蘇我氏が、物部氏と結ぶ中臣氏本流を牽制する目的で、この地に在った常盤流中臣氏を自己の勢力下に組み込んだと想定することができる。御食子のマヘツキミ就任は、オホマヘツキミの蘇我馬子の推挙により、中臣氏本流没落後に実現したのであろう。

このようにみると、御食子が推古朝の「四大夫」の一人、大伴咋（囓）の女を妻とした理由も説明がつきやすい。かつて論じたように、大伴氏は物部氏との権力闘争に敗れ、大伴金村がオホマヘツキミの職位を失った後、マヘツキミとして復活することになるが、この氏は物部氏への対抗上、著しく親蘇我的体質を帯びるようになる。[22] 咋を例にとっても、『書紀』にみえる活動のうち、用明二年の物部守屋討伐戦への参戦や推古十八年の新羅使・任那使入京の際の「四大夫」としての迎接儀礼への参加は、明らかに蘇我馬子の意向に沿ったものである。加えて大伴氏の大和の拠点は、十市郡の「竹田庄」や「百済」、城上郡の「跡見庄」や高市郡の「築坂邑」「来目邑」に求めることができるが、[23] 現在の橿原市から桜井市にかけて展開する大伴氏のこれらの拠点は、いずれも大原藤原と比較的近い位置にある。常磐流中臣氏は大伴氏とともに蘇我氏の与党勢力を形成し、その中で御食子と大伴咋の女との婚姻が成立したと推察することができよう。

周知のように、『書紀』の編纂には、藤原不比等が主要な役割を果たしたことが推測されており、[24]筆者も別稿でこの事実を指摘したことがある。[25]ただそうであるとすれば、『書紀』に物部氏とともに中臣氏が排仏派として位置づけられることは、「中臣」という氏族的見地に立つ限り、不比等にとって不名誉なことで、できれば避けて通りたい事柄であったはずである。ところが現実はそれと逆で、ことさら鎌子や勝海の破仏が批判的な筆致で描出されている。これは不比等や同時代の中臣・藤原氏にとって、鎌子や勝海・磐余が同じ一族として処遇されておらず、またそれが当時の貴族社会の共通認識であったことを意味するものにほかならない。こうして、常磐流中臣氏の系譜的な実態が、『書紀』の記述を通して、はしなくも浮かび上がることになるのである。

第二節　中央祭祀機構の形成と「中臣」職の成立

「延喜本系」は、前述のように、常盤について「右大連始賜二中臣連姓一。磯城嶋宮御宇天国押開広庭天皇之代。特蒙二令誉一。恪勤供奉者。……」と記し、「中臣姓始」と傍書する。『中臣氏系図』も常盤の系に「黒田大連公一男始賜二中臣連姓一仍為二鼻祖一」と記しており、これらの記述が歴史的事実にもとづく可能性が高いことは、すでに述べた通りである。中村英重は常磐流中臣氏が本宗の中臣氏（鎌子・勝海・磐余系）よりいくらか遅れて中臣連姓を得たとし、この氏の旧姓は「中臣」で、実質的には連のカバネを与えられたと推定するが、[26]後述するようにこの説には賛同できない。宮廷祭祀機構の整備に伴い、欽明朝頃に初めて「中臣」職が創設され、常磐の系統の者も、鎌子・勝海・磐余の本流の一族に準じて中臣連の氏姓を賜わったとみるべきであろう。

ところで『中臣氏系図』や「延喜本系」と異なり、『尊卑分脈』や『大中臣氏系図』の常磐の注には、「本者卜部也」と記している。『尊卑分脈』には「本系曰、始而賜二中臣連姓一。〈本者卜部也〉」とあるが、「始而賜二中臣姓一」までは本系（「延喜本系」）からの引用で、「本者卜部也」の割注が『尊卑分脈』の素の記事である。「本者卜部也」が事実に依拠したものであるとすれば、この記述は中臣氏の伴造職の由来や性格をうかがう上で等閑にすることができないが、その当否をめぐって、これまで意見が真っ向から対立してきた。記述に信憑性を認める説は、中臣氏の前身を卜部とし、これを否定する説は、この部分を吉田卜部氏による後世の追筆と判断するのである。

　吉田卜部氏は伊豆卜部氏の末裔で、亀卜に長じ、神祇官の官職を歴任した卜部宿禰平麻呂（元慶五年〔八八一〕没）を始祖とする。『尊卑分脈』（他に『大中臣氏系図』・『卜部氏系図』〔続群書類従本〕・『松尾社家系図』など）は、卜部平麻呂（日良麻呂）を中臣（智）治麻呂の子とし、「改二中臣姓一、為二卜部一」と注記するが、上田正昭はこれを吉田神道（唯一神道）を築いた吉田兼倶の書き入れによるもので、常盤の「本者卜部也」も同然であり、中臣氏が本来は卜部で平麻呂の時に旧氏に復したと主張することにより、吉田家の神道界における地位を強化しようとしたものであるとする。[27]岡田荘司もまた、平麻呂を智治麻呂の子とする卜部氏の系図偽作を認めた上で、偽作の時期が兼倶の時代ではなく、鎌倉初期まで遡ると推定し、[28]さらに中村英重は、上田・岡田両説を踏まえて、常磐流中臣氏の前身を卜部とする見解を全面的に否定する。[29]筆者はかつて、『尊卑分脈』や『大中臣氏系図』の「本者卜部也」に信を置き、中臣氏の前身を常陸の香嶋社を奉祭した卜部と推定した横田健一の説[30]や、物部氏の主導のもとに、常陸香嶋社から河内国河内郡枚岡の地に定住した卜部が中臣氏であるとする前川明久の説[31]を踏襲して、物部氏のもとで宮廷に出仕し、卜占に従事した卜部集団の中核が中臣氏の前身であり、蘇我氏と結び、物部氏本宗の滅亡後に台頭したのが傍流の常磐流中臣氏であると説いたことがある。[32]

　しかし本来、卜部平麻呂が中臣智治麻呂の子であるはずがないこと、「本者卜部也」の記述が『中臣氏系図』や同所引「延喜本系」にみえないことの二点を前提に据えると、前者は間違いなく吉田卜部家の加筆であり、後者もまたその疑いが強いと判断せざるを得ない。したがって旧説は根本的な見直しが必要となるが、ただ吉田卜部家の加筆・改竄を認めるにせよ、そのことだけで、中臣氏と卜部の関係を全面的に否定してしまうことは、避けるべきである。中臣氏と卜部の職掌が類似し、互いに密接な関係にあったこともまた、疑いようのない事実であり、両者が族的に結び付く可能性は、系譜の加筆・改竄とは関わりなく、なお検討してみる余地があると思われる。

中臣氏の祖とされる人物に雷大臣がある。『姓氏録』はこの人物を、中臣志斐連・壱伎直・呉公・神奴連・生田首・中臣連・中臣栗原連・津嶋直・三間名公ら九氏の祖とし、世代数はそれぞれに異なるが、天児屋（根）命の九世・十一世・十三世・十四世孫、津速魂命の十四世孫などとする。松尾神社の社家卜部伊伎氏の系図である『松尾社家系図』は、雷大臣命の尻付に「中臣、大中臣、卜部、伊伎、藤原等之初祖也」とし、さらに「仲哀天皇御宇以二亀卜之業一、改二本姓中臣一賜二卜部姓一。是卜部姓初也」と記している。『尊卑分脈』では、雷大臣は臣陝山命の子の跨耳命の別名とされるが、跨耳命の右上註と尻付に「始而賜二卜部姓一」・「雷大臣命足中彦天皇之朝廷習二大兆之道一、達二亀卜之術一、賜二姓卜部一令レ供二奉其事一」とする。すなわちどちらの系図も、雷大臣の時に中臣氏から卜部氏が分立したかのように説いている。

『姓氏録』の雷大臣の後裔氏は、壱伎直や津嶋直のように、令制下の卜部として出仕した伊岐国造（松尾社家の卜部伊伎氏はこの系統）や、津嶋上県国造・下県国造の系統に属するもの、神賤・神奴の管掌者や、中臣のウヂは有するが、カバネは旧姓の連にとどまるもの、さらに卑姓の首のカバネを名乗るもの、呉公・中臣栗原連・三間名公のように、もとは渡来系で、二次的に中臣氏の同族に列したとみられるもの(33)、中臣志斐連のように、旧姓が中臣部か渡来系の漢人であるものに限られる(34)。すなわち雷大臣の後裔氏は、いずれも系譜的には中臣氏と同祖関係にあるが、傍系色の強い氏や、擬制的な同族で占められている。この事実は雷大臣が中臣氏の祖に加えられる時期が遅れ、本来は別の氏の祖（始祖的な）とされていたことを示唆しよう。天児屋（根）命からの世代数が氏によってそれぞれに食い違うのも、雷大臣の祖名が中臣氏の系図の中に定着していなかったことによると思われるのである。

雷大臣と類似の名を持つ中臣氏の祖に、（A）中臣烏賊《いか》津《つ》連と（B）中臣烏賊津使主がいる。Aは仲哀紀や神功紀に四大夫・審神者《さには》、Bは允恭紀に舎人とみえるが、『続紀』天応元年七月癸酉条に掲げる、栗原勝子公が中臣栗原連への改姓を要請した際の言上に、「子公等之先祖伊賀都臣、是中臣遠祖天御中主命廿世孫、意美佐夜麻之子也。伊賀都臣、神功皇后御世、使二於百済一、……」とあり、Aと「伊賀都臣」は同一人とみられる。さらに伊賀都臣の父の「意美佐夜麻」は、『尊卑分脈』や『松尾社家系図』の「臣陜山命」・「巨狭山命」を指すことが明白であるから、『姓氏録』が中臣栗原連を雷大臣の裔と記すこととあわせて、従来、Aと雷大臣は同一人と理解するのが一般的であった。

しかし「イカツ」と「イカヅチ」は語意や語法がそれぞれ異なる言葉とみるべきではなかろうか。「イカツ」は形容詞「厳《イカ》シ」（いかめしい）の語幹「イカ」に格助詞「ツ」が付いたもので、「延喜本系」に「伊賀志鉾不レ傾、本末中良布留人、称二之中臣一者」と記すごとく、「イカシ」や「イカツ」は中臣氏の管掌する神事と密接に関わる言葉である。一方、「イカヅチ」も本来的には「厳《イカ》つ霊《チ》」のことで、「厳し」の語幹「イカ」＋格助詞の「ツ」＋「霊」（チ）より成る名詞であるが、「ツ」が濁音化して「イカヅチ」となり、「雷」の一字でも表記されるように、直接的にはカミナリ、ナルカミ、カムトケを意味する言葉となる。[35]

Aの中臣烏賊津連とBの中臣烏賊津使主は時代や活動内容が異なり、別人と考えるべきであるが、Aの名が神功摂政前紀では、Bと同じく中臣烏賊津使主と記される。さらにこれとは別に、『尊卑分脈』は、天児屋根尊（天児屋〈根〉命）の五世孫に「伊賀津臣命」の名を掲げている。したがって「イカツ」の祖名は、中臣氏にとって特定の個人を指す名称というよりは、職掌に依拠した通り名的な性格を持ち、そのため複数の祖先の名として系図や伝承に現れ、時にそれが混同される場合があったと推測することができる。一方、雷大臣は、前述のように、元々別の氏の始祖的位置を占めていた祖名が、中臣氏の系図の中に取り入れられたものとみられるが、卜部系の壱伎氏や津嶋氏の祖とされ、『松尾社家系図』や『尊卑分脈』に、「改二本姓中臣一賜二卜部姓一」・「始而賜二卜部姓一」と記されることなどにもとづくと、雷大臣は卜部氏の祖であった可能性が高いと思われる。

では雷大臣を始祖とする卜部氏は、どの系統の一族であったのだろうか。令制下の神祇官には、津嶋・壱岐・伊豆の卜部が出仕していたが、吉田卜部氏の前身である伊豆出身の卜部氏が、亀卜道の宗家の地位を確立する時期は、十世紀後半の卜部宿禰兼延（平麻呂の曾孫）の頃と考えられる。[36]一方、雷大臣の祖名は『姓氏録』にすでにみえ、栗原勝子公の言上（前掲）に記す「伊賀津臣」の祖名は、雷大臣を『書紀』の中臣烏賊津連と一体化した結果とみられるから、すでに八世紀末の天応年間には、雷大臣が中臣氏の祖として系図の中に位置づけられていたと推察される。この時期的な前後差にもとづくと、伊豆の卜部氏が、雷大臣を始祖と称した可能性は低いとみてよいであろう。

これに対して、平麻呂と同時期の壱岐卜部氏からは、雄貞・是雄・業基らの有力者が出ており、少なくとも平安時代初期の段階までは、神祇官所属の卜部の中で、伊豆よりも壱岐の卜部氏の方が優位な立場にあったことがうかがえる。[37] 是雄や業基の子の業孝は、貞観五年九月に伊伎宿禰を賜姓されたが、『三代実録』には「其先出レ自二雷大臣一」とある。さらに『書紀』は、壱岐の卜部の出身者として応神紀に真根子、顕宗紀に押見宿禰の活動を記すが、真根子は『松尾社家系図』に雷大臣の子、押見宿禰（忍見命）は雷大臣の五世孫とされる。このように雷大臣と壱岐の卜部は、緊密な系譜関係で結ばれるから、雷大臣は壱岐の卜部の始祖と解するのがもっとも妥当かもしれない。

ただ『姓氏録』によれば、津嶋直を雷大臣の後裔とし、『松尾社家系図』も忍見命の尻付に「山背壱岐対馬等卜部遠祖也」と記す。対馬島下県郡には式内社の雷命神社が鎮座し、承和十年九月に対馬島の「雷命神」に従五位下、貞観十二年三月には同島の「雷神」に正五位下の神階が授けられている（『続日本後紀』・『三代実録』）。この神社の祭神は、伴信友が『正卜考』で指摘したように、雷大臣と断じて差し支えあるまい。対馬の卜部も壱岐の卜部と同じく、雷大臣を始祖と仰いだことが推測できるが、両島は地理的に近接し、亀卜に従事する集団が広汎に存在したことでも一致する。雷大臣が本源的に壱岐・対馬どちらの卜部の始祖であったかは別として、両島の卜部集団の交流を通して、やがて彼等の共通の始祖の地位を得るようになったことは確かとみてよいであろう。

そうすると、『尊卑分脈』や『大中臣氏系図』の常盤の系に「本者卜部也」の書き込みを行った主体は、必ずしも吉田卜部家とは限らず、壱岐や対馬出身の卜部氏、さらにはそれ以外の卜部氏であった可能性も否定できなくなる。その場合、「本者卜部也」の注は、卜部平麻呂を無理やり中臣智治麻呂の子に付け加え、自家の権威付をはかろうとした改竄行為とは趣が異なり、「延喜本系」の「右大連始賜二中臣連姓一」の譜文に対応し、その補足説明を行う意図で書き加えられたとみるべきであろう。すなわち常磐流中臣氏が卜占の職とかかわる原卜部的な集団の出身であった確率は、決して低いとは言えないのである。

ここで視点を変えて、中臣氏と卜部集団・卜占の職務との関係を、史料から探ってみよう。中臣氏の遠祖である天児屋（根）命について、『書紀』神代下第九段第二の一書は、「主二神事一之宗源者也。故俾下以二太占之卜事一、而奉上仕焉」と記し、天児屋（根）命が神事の根源をつかさどる者であるから、太占の卜法をもって仕えさせたと述べており、『古事記』神代巻には天児屋（根）命と忌部首の遠祖の太玉命が、天の香山の牡鹿の肩胛骨を焼いて太占をおこない、神意を占ったとする。また垂仁紀二十五年三月条の一書には、倭大神が自分を祭るよう神託を下したため、天皇が「中臣連祖探湯主」に命じて、誰に倭大神を祭らせるたらよいかを卜わせたとある。「探湯主」は盟神探湯の神判を人名化したものとみられるが、この人物の名は『松尾社家系図』にも、次のようにみえる。

『続紀』天平宝字八年七月丁未条には、「大学大允従六位上殖栗占連咋麻呂、訴請レ除二占字一。許レ之」とあり、殖栗占連咋麻呂が卜占の職掌を示す「占」の字をウヂ名より除くことを奏請し、許されている。『姓氏録』左京神別上には殖栗連の本系を掲げ、「大中臣同祖」と記すが、この氏はまた中臣殖栗連の複姓でも氏姓表記される。[38] 殖栗連には旧姓が殖栗物部である一族や、奴からの解放者もいるが、[39] これらの氏は『姓氏録』の殖栗氏とは別族であろう。一方、殖栗占連は殖栗連（中臣殖栗連）の同族で、かつて卜部の任に就いていた一族とみることができ、殖栗占連のみならず、中臣系の殖栗氏全体が卜占と関わりの深い一族であったと推察される。

また『続紀』によれば、和銅二年六月に筑前国嶋郡少領の中臣部加比が中臣志斐連を賜姓されたとあるが、同郡には大宝二年の川辺里の戸籍に八十数名の卜部姓者がみえ、卜部の集住地であったことが知られる。『姓氏録』（左京神別上）は、雷大臣の男子の弟子を中臣志斐連の祖とするが、『松尾社家系図』も雷大臣の第三子を弟子命と記すので、嶋郡の卜部は壱岐からの移住者と推測され、中臣志斐連に改姓した中臣部も同様に解することができる。

さらに『姓氏録』河内国神別の冒頭には菅生朝臣の本系を収め、「大中臣朝臣同祖。津速魂命三世孫天児屋根命之後也」と記す。史料上の初見は大宝元年の菅生朝臣国桙（『続紀』）であるが、この氏は河内国神別の冒頭に名を掲げることから有力氏とみられ、あるいは中臣氏の本流の一族に属し、天武十三年に朝臣を賜姓された後に、本拠地（河内国丹比郡菅生郷）の地名にちなみ、菅生朝臣と改姓した氏族と解するのが妥当か。

菅生氏の氏人には奈良・平安期の神祇官・斎宮寮の官人や伊勢大神宮司に任ぜられる者が多く、御巫・神琴師などの神事に携わる者も存した。佐伯有清が推測するように、この氏は神祇官の伴部たる神部の負名氏とみられるが[40]、とくに注目すべきは、天平宝字年間の伊勢大神宮司であった菅生朝臣忍人が、『新撰亀相記』に卜長上（卜部の中から選任された長上官）とされることである。すなわち菅生氏も、本来は卜占の術に従事した一族と推測することができるが、この氏が中臣氏の本流またはそれに準ずる有力氏であったとすると、中臣氏と卜部は、我々が想像する以上に、緊密かつ一体的な関係で結ばれていたと考えざるを得ない。

次に横田健一が中臣氏の出身母体とした常陸の卜部についてみると、『常陸国風土記』香島郡条に、神の社（鹿嶋社）の周囲は卜氏の居所であるとし、「年別四月十日、設レ祭灌レ酒。卜氏種属、男女集会、積レ日累レ夜、飲楽歌舞」と記している。『続紀』天平十八年三月丙子条には、鹿嶋郡の中臣部廿烟と占部五烟に、中臣鹿嶋連の姓を賜わったとするが、『風土記』の卜氏は、この占部五烟を指すと考えて間違いないであろう。さらに、占部に対して中臣部は廿烟と数が多いが、後述するように、この中臣部もまた卜氏に含まれる可能性が高い。

中臣鹿嶋連は鹿嶋社の神官の一族であった。『続紀』宝亀十一年十月丁酉条には、常陸鹿嶋神社の祝、中臣鹿嶋連大宗の名がみえるが、『類聚三代格』に収める天安三年二月十六日付太政官符所引常陸国解は、鹿嶋社の元宮司の中臣鹿嶋連大宗と鹿島郡大領の中臣連千徳が、天平勝宝年中に修行僧の満願と鹿嶋大神宮寺を建立したことを記し、さらに「今所レ有祢宜祝等是大宗之後也。累代所レ任宮司亦同氏也」と述べている。天長十年（八三三）の同社の祝にも中臣鹿嶋連川上が存したが（『続日本後紀』）、大宗や川上は外従五位下に叙せられており、中臣鹿嶋連が鹿嶋社の上級祭祀職を独占し、政治的にも高い地位にあったことが知られるのである。

八・九世紀の常陸には、鹿嶋・那賀・茨城・久慈の諸郡に卜部（占部）の居住が確認でき、中臣部も、大化五年に神郡（鹿嶋郡）を設置した人物として、『常陸国風土記』香嶋郡条に、大乙上の中臣□子とともに大乙下の中臣部兎子の名を記す。中臣部にはほかに中臣部若子（天智十年、郡不詳）や中臣部広敷（天平宝字七年、筑波郡擬主帳）がおり、部姓者ではあるが、常陸では郡司クラスの比較的有力な階層に属している。中臣□子は欠字の部分があるため、氏姓が中臣部・中臣連・中臣（無姓）のどれなのか判然としないが、中臣連であるとすると、天平勝宝期の鹿島郡大領の中臣連千徳へと系譜的に結び付く人物と推定される。

以上により、常陸国には鹿嶋郡を中心として、卜部や中臣部の広汎な分布が認められること、卜部の中には後に中臣部とともに中臣鹿嶋連に改姓し、鹿嶋社の社家を世襲するものが存したこと、この複姓の中臣鹿嶋連に対して、鹿島郡の郡領となる一族に単姓の中臣連がおり、この氏も鹿嶋社と不可分の関係にあり、大化期の鹿島郡の立郡（建評）にも関与した可能性があることなどを、指摘することができた。

令制下では、卜部は神祇官に所属し、神祇伯以下の四等官の指揮監督下に置かれた伴部であり、大祓における解除の任務を除くと、もっぱら卜占という特殊技能を執行した実務集団であるが、神祇官の上級官人を占め、神祇祭祀を束ねる中臣氏とは、本源的に上下関係にあり、職掌が明確に区分されていたと考えがちである。しかし事実は逆で、祭祀機構の整備・祭官制の成立により、それまで独立して神祇関係の実務にあたっていた個々の集団の中から、神祇を統轄する伴造職に就く者が出現したと考えた方が妥当であろう。「天地の祭を掌り、人神の間を相ひ和」し、「厳し桙傾けず、本末中」らふる「中つ臣（中臣）」の職が誕生するのである。常陸の場合には、鹿嶋社に卜占の技能でもって奉仕していた集団（卜氏）が、「中臣」職の成立により、中臣氏に昇格する者、旧来の卜占の技能を継承して卜部に編成される者、「中臣」職に付属する下部組織として中臣部となる者の三つの階層に分化したと考えられる。「中臣」職に就任した一族が、鹿島郡の郡領となる中臣連千徳の一族であり、中臣部や卜部の中からも天平十八年に中臣鹿嶋連に改姓する者が現れ、郡領家の中臣連に代わって、鹿嶋社の神官に任ぜられたと推察してよいのではないか。

ところで『常陸国風土記』香島郡条には、「俗曰」として、崇神朝に大坂山（大和・河内国境の穴虫峠付近の山）の頂に至現した鹿嶋神の神託の意味を天皇に奉答した人物として、大中臣神聞勝命の名を伝え、さらに倭武天皇（日本武尊）の時代に鹿嶋神が臣狭山命に、神の舟を管理して奉仕せよと宣した話を掲げている。臣（巨）狭山命は、前掲の『続紀』天応元年七月癸酉条の栗原勝子公の言上に、伊賀都臣（雷大臣）の父とする「意美佐夜麻」と同一人で、『姓氏録』の中臣酒人宿禰条（左京神別上）や中臣高良比連条（河内国神別）にも「天児屋根命十世孫」「津速魂命十三世孫」として、臣（巨）狭山命の名がみえる。『風土記』の伝承から、彼等が鹿嶋社の創祀や祭祀と密接に関わる立場にあったことは明らかであるが、垂仁紀二十五年二月条に五大夫の一人と記す「中臣連遠祖大鹿嶋」（『皇太神宮儀式帳』にも「国摩大鹿嶋」とみえる）も、その名が鹿嶋社と結び付く。

神聞勝命・臣狭山命・大鹿嶋の三人はいずれも、八世紀の比較的早い時点で、すでに中臣・藤原氏の祖として扱われていたとみて間違いない。『尊卑分脈』や『松尾社家系図』も、神聞勝命の孫に国摩大鹿嶋命、その子に臣陜山（巨狭山）命の名を掲げており（前掲『松尾社家系図』参照）、ともに臣狭山命を天児屋根命の十世孫とする。この世代数は『姓氏録』の中臣酒人宿禰や中臣高良比連のそれと一致（天児屋根命は津速魂命の三世孫）するから、神聞勝命や大鹿嶋も含めて、中臣・藤原氏の系譜の原形がつくられた当初から、彼等は系譜中に定着していたとみられる。この事実は、常陸の鹿嶋社の祭祀と関わる人物が、中央の中臣・藤原氏の祖先系譜において中心的な位置を占めていたことを意味し、中臣氏のウヂの組織内に鹿嶋社と関連する中臣氏が存在した可能性を示唆しよう。

中臣氏の前身を常陸の卜部とする説（横田健一説）は、対馬・壱岐・伊豆と並ぶ卜部集住地の常陸から、令制下の神祇官に出仕する者がいないのは何故かという疑問と、鹿嶋神およびこれと一体的な関係にある後述の下総香取神が、中央の藤原氏によって氏神として第一に崇敬され、春日社の創祀（神護景雲二年〔七六八〕頃とされる）後も、春日社が鹿嶋・香取社よりずっと低く処遇されたのは何故かという疑問より発している。後者については、『新抄格勅符抄』によると、鹿嶋神の封戸一〇五戸、香取神の七〇戸に対し、春日神の封戸は二〇戸にすぎず、しかもその封戸は「常陸国鹿嶋社奉レ寄　天平神護元年」と注記するように、当初は鹿嶋社の封戸から充当されることになっており、延暦二十年（八〇一）以降は鹿嶋・香取の神封物を割いて春日社の祭料に充てることとし、廿戸の神封さえ停止されている。

『延喜式』春日祭祝詞や『文徳実録』嘉祥三年九月己丑条によれば、春日社の祭神は、鹿嶋坐健御賀豆智命、香取坐伊波比主命、枚岡坐天之子八根（天児屋〔根〕）命、比売神の四柱であるが、『続紀』宝亀八年七月乙丑条に「内大臣従二位藤原良継病。叙二其氏神鹿嶋社正三位、香取神正四位上一」とあって、枚岡神（天児屋〔根〕命）は、この時点ではまだ神階を与えられておらず、貞観元年（八五九）にいたって、ようやく枚岡神に正一位が授けられ、鹿嶋・香取神と肩を並べるのである

香取神を祭る下総の香取社は、「香取の海」という内海で常陸の鹿嶋社と相対峙し、水上交通路で容易に往き来できる位置にあった。『書紀』神代巻下第九段第二の一書は「是時、斎主神号二斎之大人一。此神今在二于東国檝取之地一也」と記し、香取を「檝取」（カトリ）とするが、その原義はカヂトリで、船頭を意味する。また「斎主神」は、『続日本後紀』や『延喜式』春日祭祝詞に「下総国香取郡従三位伊波比主命」・「香取坐伊波比主命」と記すように、香取神の本来の神名であり、鹿嶋神の祭主を表す名称とみられる[41]。

奈良時代の下総には埴生・相馬・千葉の諸郡に占部の分布が認められ、天平勝宝年間の香取郡神戸大槻郷戸主に中臣部真敷が存した。『続紀』神亀元年二月壬子条に私穀を陸奥の鎮所に献上したと記す外従七位下の香取連五百嶋は、香取郡の神郡郡司と推察され（後世の『香取神宮大系図』にも彼の名がみえる）、香取連の一族が香取社の祭祀にあずか

り、下総の占部や中臣部はその管轄下に置かれたのであろう。鹿嶋・香取両神は、互いに分かちがたい関係で結ばれていたと考えて差し支えない。

周知のように、『書紀』は天孫降臨に先だって武甕槌神と経津主神が国譲りの使者として出雲に派遣されたと記しており、『古語拾遺』は、武甕槌神を「今常陸国鹿嶋神是也」、経津主神を「今下総国香取神是也」と注記する。津田左右吉は、『常陸国風土記』に武甕槌の神名がみえないことにもとづき、武甕槌が鹿嶋の神の名として定着する時期は、和銅・養老よりも後とするが[42]、中臣氏に対して批判的な筆遣いに終始する『古語拾遺』が、国譲りの功労神である武甕槌を鹿嶋神と明記していることに、かえってその名が早くから流布していた事実をうかがうことができる。

『常陸国風土記』香島郡条は、「其処（香島郡）所レ有天之大神社、坂戸社、沼尾社、合二三処一惣称二香島天之大神一」とし、鹿嶋の神とはこの三処の総称であるとする。同書はさらに沼尾池について、「神世に天より流れ来し水沼なり」と記しているが、すでに指摘されているように、鹿嶋神の本来の属性はこの水神たる沼尾神にあるとみるべきであろう[43]。武甕槌神は「建御雷神」（『古事記』）、「健雷命」（『延喜式』祝詞）とも記され、雷神としての神性を有し、水霊信仰や竜蛇信仰と結び付く。壱岐や対馬の卜部の始祖である雷大臣（前述）の名とも共通し、鹿嶋の地で卜占に従事した集団が祀るのに、いかにもふさわしい神である。

武甕槌神は、『記紀』では経津主神とともに剣神・武神として描かれるが、これは石上神宮の祭神で、物部氏の氏神である経津主神と一体的に国譲り神話の中に取り入れられたことによるものであろう。『書紀』の本文や第二の一書（神代巻第九段）では、武甕槌神は経津主神に副えて出雲に遣わされたとあり、経津主神を主、武甕槌神を従とする組み合わせが、国譲り神話の本来の形と思われる。『続日本後紀』や『釈日本紀』巻十所引『常陸国風土記』逸文によれば、下総国香取郡に隣接する同国匝瑳郡や常陸国信太郡は、現地の物部氏の一族が建置した郡（評）で、信太郡には普都大神（経津主神）が天に還る時にこの地に武器を置いていったとの伝承が存する（『常陸国風土記』同郡条）。すなわち香取郡周辺の物部氏により、経津主神が氏神として奉祭されており、そこにやがてイハイヌシとともにフツ

ヌシが香取の神の名とされるようになる経緯が読み取れるのである。(44)

以上により、タケミカヅチは鹿嶋神の本来の神名と考えて差し支えないが、『記紀』の国譲り神話で武神の性格が付与されるようになる以前の武甕槌神が、雷神・竜蛇神として司水と関わる神性を有していたとすれば、ここで再び注意を引くのが、『万葉集』巻二の天武天皇と藤原夫人（五百重娘）の贈答歌である。藤原夫人の返歌は「わが岡の龗に言ひて落らしめし雪の摧けし其処に散りけむ」との詞章から成り、前述のように常磐流中臣氏の拠点であった大和の大原藤原の地で、竜神祭祀が行われていた事実がうかがえる。あるいはそれは、鹿嶋の卜占集団による武甕槌神の祭祀と共通性を有するのではなかろうか。そうだとすれば、常磐流中臣氏が、鹿嶋やこれと対をなす下総香取の卜占集団の流れを汲む一族であった可能性は、あながち否定できないことになる。

いま、中臣・藤原両氏とその同系・同族とみられる氏、別族ではあるが「中臣」姓を名乗る氏を列挙してみよう（表2）。不確かなものも含めると、全部で六十一氏を数えるが、それらを分析すると、いくつか興味深い特徴を引き出すことができるように思われる。

第一に渡来系で、二次的に中臣氏の同族と称するようになったものが、五氏（7中臣志斐連〈旧姓漢人〉、47中臣栗原連、50三間名公、51呉公、61中臣美濃〈美乃〉連）存する。このうち出自の判明する7〜51の四氏はどれも雷大臣の裔とされ、61の中臣美濃連も47の中臣栗原連と本拠地（美濃国）・旧カバネ（勝）・職掌（秦人の管轄）が共通するから、同様に雷大臣の後裔と称していた確率が高い。雷大臣は、すでに述べたように、もとは対馬・壱岐の卜部系の諸氏の祖とされる人物であるが、本来中臣氏とは別系、もしくは出自の明確でない諸氏が、雷大臣という人物を介して、中臣氏の系図に結び付いていった状況が推察される。右の渡来系諸氏の場合は、卜部の有する亀卜（卜甲）が大陸伝来の卜占技術であることから、対馬・壱岐の卜部と同祖と主張するようになったものであろう。

第二に中臣をウヂ名とする氏族には、8（中臣）殖栗臣（旧姓殖栗物部）、11中臣習宜朝臣、12中臣熊凝朝臣、14中臣葛野連、46中臣臣のように、中臣氏系ではなく、物部氏系・和珥氏系の諸氏が存する。59の中臣丸朝臣は大和国添

表2　「中臣・藤原氏の同系・同族諸氏と中臣姓の氏」

	氏名	出自（◆本拠地・居住地　＊関連事項）
1	藤原朝臣	『録』津速魂命三世孫天児屋根命
2	大中臣朝臣	『録』藤原朝臣同祖
3	中臣酒人宿祢	『録』天児屋根命十世孫臣狭山命　＊天武十三年　連→宿祢（賜姓）
4	伊香連	『録』天児屋根命七世孫臣知人命 ◆近江国伊香郡伊香郷 ＊『帝王編年記』養老七年癸亥条に、伊香小江（余呉湖）の羽衣伝承を掲げ、意美志留（おみしる）の名を記すが、臣知人命と同一人であろう。
5	中臣宮処（宮地）連	『録』大中臣同祖 ◆和泉国　◆讃岐国山田郡宮処郷？
6	中臣方岳（片岡）連	『録』大中臣同祖 ◆近江国伊香郡片岡郷
7	中臣志斐連	『録』天児屋命十一世孫雷大臣命男弟子 ◆筑前国志麻郡 ＊①中臣部→〔和銅二年七月〕中臣志斐連（賜姓） 「〔筑前国〕嶋郡少領従七位上中臣部加比中臣志斐連姓」（『続紀』） ②漢人→〔神亀二年正月〕中臣志斐連（賜姓） 「大初位下漢人法麻呂賜二姓中臣志斐連一」（『続紀』）

8 （中臣）殖栗連 『録』大中臣同祖

◆**山城国久世郡殖栗郷**

＊①**殖栗物部→〔和銅二年六月〕殖栗連（賜姓）**

「従七位下殖栗物部名代、賜二姓殖栗連一」（『続紀』）

②**殖栗占連→〔天平宝字八年七月〕殖栗連（賜姓）**

「大学大允従六位上殖栗占連咋麻呂訴請レ除二占字一。許レ之」（『続紀』）

③**奴→〔神護景雲元年三月〕殖栗連**

「放二奴息麻呂一賜二姓殖栗連一」（『続紀』）

9 中臣大家連 『録』大中臣同氏

◆**大和国添上郡大宅郷**

10 中村連 『録』己々都生須比命子天乃古矢根命

◆**山城国綴喜郡中村郷？** ◆**大和国忍海郡中村郷？**

＊己々都生須比命＝『書紀』は興台産霊に作り、天児屋命の父とする。

11 中臣習宜朝臣 『録』同神（神饒速日命）孫味瓊杵田命

◆**大和国添下郡菅原郷習宜**（『法隆寺伽藍縁起并流記資財帳』の添下郡菅原郷深川栗林一地の四至の南限を「百姓家習宜池」と記す）

12 中臣熊凝朝臣 『録』同上（同神〔**神饒速日命**〕孫味瓊杵田命）

＊**養老三年五月 連→朝臣**（賜姓 『続紀』）

◆**熊凝村**（**大和国平群郡額田郷？** 『大安寺伽藍縁起并流記資財帳』）

13
壱伎直
『録』天児屋命九世孫雷大臣
◆壱岐島壱岐郡　＊詳細は本文参照

14
中臣葛野連
『録』同神（饒速日命）九世孫伊久比足尼
＊中臣部→〔天平二十年七月〕中臣葛野連（賜姓）
「正六位下中臣部干稲麻呂賜二中臣葛野連姓一」（『続紀』）
◆山城国葛野郡葛野郷

15
大家臣
『録』大中臣朝臣同祖。津速魂命
◆大和国添上郡大宅郷

16
添県主
『録』出自津速魂命男武乳遺（たけちのこり）命
◆大和国添上郡・添下郡
＊添県主は大和国の「六御県」の添県を管轄した県主の一族。武乳遺命は『先代旧事本紀』「神代本紀」に津速魂尊の子とし「添県主等祖」とするが、その兄が天児屋(根)命で「中臣連等祖」とあるので、中臣氏との同族関係は間接的なものにとどまり、本来は全く別系の氏族であろう。

17
津島朝臣
『録』大中臣朝臣同祖。津速魂命三世孫天児屋根命
◆対馬島上県郡・下県郡
＊連→〔慶雲三年～和銅元年〕朝臣（賜姓）

18
椋垣朝臣
『録』同上（大中臣朝臣同祖。津速魂命三世孫天児屋根命）
◆摂津国能勢郡倉垣荘？

19
荒城朝臣
『録』同上（大中臣朝臣同祖。津速魂命三世孫天児屋根命）
◆摂津国嶋上郡？　◆大和国宇智郡荒木神社［式内社］？

20 **中臣東連**　『録』天児屋根命九世孫鯛身命
◆摂津国百斉郡東郷（百済郡東部郷）
＊鯛身命は後掲30 平岡連の条に「津速魂命十四世孫」と記し、中臣東連は平岡連と同祖関係にある。

21 **神奴連**　『録』同神（天児屋根命）十一世孫雷大臣命
◆摂津国住吉郡
＊『続紀』天平勝宝二年八月辛未条に摂津国住吉郡人の神奴意支奈らが依羅物忌姓を賜わったとあるから、21の神奴連は摂津の住吉神社の神奴の系統の氏とみられる。

22 **中臣藍連**　『録』同神（天児屋根命）十二世孫大江臣
◆摂津国嶋下郡安威郷

23 **中臣大田連**　『録』同神（天児屋根命）十三世孫御身宿祢
◆摂津国嶋下郡太田神社［式内社］
＊御身宿祢＝『松尾社家系図』は雷大臣の子、真根子命の子を御身足尼命とする。

24 **生田首**　『録』同神（天児屋根命）九世孫雷大臣
◆摂津国八部郡生田郷　生田神社［式内社］

25 **菅生朝臣**　『録』大中臣朝臣同祖。津速魂命二世孫天児屋根命
◆河内国丹比郡菅生郷、菅生神社［式内社］
＊詳細は本文参照

26 **中臣連**　『録』同神（津速魂命）十四世孫雷大臣
◆本拠地不詳

27	**中臣酒屋連**　『録』同神（津速魂命）十九世孫真人連公 **◆河内国丹比郡酒屋神社**［式内社］
28	**（中臣）村山連**　『録』中臣連同祖 **◆河内国丹比郡狭山郷** ＊天平二十年四月二五日付の文書（大日古三―八十一）によれば、河内国丹比郡狭山郷の住人に村山連浜足と村山連首麻呂がいる。首麻呂は他の文書に中臣村山連首麻呂と記す。
29	**中臣高良比連**　『録』津速魂命十三世孫臣狭山命 **◆河内国丹比郡？** ＊『二所太神宮例文』によれば、神亀三年、伊勢大宮司に任ぜられた高良比連千上と後任の村山連豊家は異父兄弟。中臣高良比連の本拠地は不明であるが、村山連一族と近接する所に居住していた可能性が高い。
30	**平岡連**　『録』同神（津速魂命）十四世孫鯛身臣 **◆河内国河内郡豊浦郷　枚岡神社［式内社］　◆河内国讃良郡枚岡郷**
31	**川跨連**　『録』同神（津速魂命）九世孫梨富命 **◆河内国若江郡川俣郷** ＊梨富命は『帝王編年記』養老七年癸亥条に、伊香小江（余呉湖）の羽衣伝承を掲げ、伊香刀美と天女（弟女）の間に生まれた二男二女の兄の名を意美志留、弟の名を那志等美とするが、この那志等美と同一人であろう。兄の意美志留は前掲4の伊香連の祖とする天児屋命七世孫の臣知人命と同一人。川俣連は伊香連と同じ系統の氏か？

32　**中臣連**　『録』天児屋根命
◆本拠地不詳

33　**中臣**　『録』中臣高良比連同祖
◆本拠地不詳

34　**宮処朝臣**　『録』大中臣朝臣同祖。天児屋命
◆和泉国（郡郷不詳）
＊旧姓は連か?、5の中臣宮処連の同族であろう。

35　**狭山連**　『録』同上（大中臣朝臣同祖。天児屋命）
◆和泉国大鳥郡　狭山氏社（「和泉国国内神名帳」）

36　**和太**（にきた）**連**　『録』同上（大中臣朝臣同祖。天児屋命）
◆和泉国大鳥郡和田郷

37　**志斐連**　『録』同上（大中臣朝臣同祖。天児屋命）
◆和泉国（本拠地の郡郷不詳）
＊7の中臣志斐連の同族であろう。

38　**蜂田連**　同上（大中臣朝臣同祖。天児屋命）
◆和泉国大鳥郡蜂田郷
＊旧姓不詳。「大僧上舎利瓶記」（行基墓誌）に基づき、蜂田連の旧姓を首とする説がある。

39　**（中臣）殿来連**　『録』同上（大中臣朝臣同祖。天児屋命）
◆和泉国大鳥郡　等乃伎神社［式内社］　「河内国免寸村」（『播磨国風土記』）

40　**大鳥連**　『録』同上（大中臣朝臣同祖。天児屋命）

◆和泉国大鳥郡日下部郷日下部里　**大鳥神社［式内社］**

＊天平九年度「和泉監正税帳」によれば、大鳥郡に大鳥連大麻呂がいたことが知られるが、『行基年譜』行基七十一歳条には大鳥郡日下部郷日下部里の戸主に大鳥連史麻呂、その戸口に大鳥連夜志久爾の名が見える。大鳥郡内の有力氏で、大鳥神社の奉斎氏族であろう。

41　**中臣部**　『録』同上（大中臣朝臣同祖。天児屋命）

◆和泉国（本拠地の郡郷不詳）

42　**民直**　『録』同上（大中臣朝臣同祖。天児屋命）

◆和泉国大鳥郡美多弥神社［式内社］

＊民神社の奉斎氏族か？

43　**評直**　『録』同上（大中臣朝臣同祖。天児屋命）

◆和泉国大鳥評（郡）？

＊評直の氏姓は、和泉国大鳥評の評督であったことにもとづく名か？

44　**畝尾直**　『録』同上（大中臣朝臣同祖。天児屋命）

◆大和国十市郡畝尾　◆和泉国

＊大和国十市郡の式内社畝尾坐健土安神社や畝尾都多本神社の奉斎氏族か？

45　**中臣表連**　『録』同上（大中臣朝臣同祖。天児屋命）

◆和泉国（本拠地の郡郷不詳）

46　**中臣臣**　『録』観松彦香殖稲天皇〈諡孝昭〉皇子天足彦国押人命七世孫鏥着（たがねつき）大使主

◆本拠地不詳

47
中臣栗原連　『録』天児屋根命十一姓孫雷大臣　『続紀』伊賀津臣
◆**美濃国不破郡栗原郷**
＊**栗原勝→〔天応元年七月〕中臣栗原連（賜姓）**
＊『続紀』によれば、栗原勝子公らの先祖の伊賀津臣は神功朝に百済に遣わされ派遣され、現地の女性との間に**二男**を生んだが、彼等はやがて来朝し、美濃国不破郡栗原の地を賜わって住み、栗原勝の姓を負うようになったとあり、子公らが天応元年に奏請して中臣栗原連の氏姓を賜わったと記す。旧姓（カバネ）が勝であることから、この一族は本来、美濃の秦人を率いた渡来系（百済系）の渡来人と推察される。

48
大鹿首　『録』津速魂命三世孫天児屋根命
◆**①伊勢国河曲郡　大鹿三宅神社〔式内社〕**
◆**②伊勢国多気郡相可郷〔『和名抄』〕　相鹿牟山（むやま）神社・相鹿上（かみ）神社**
・相鹿木大御神社〔式内社・斎宮祈年祭神百十五座〈斎宮式〉〕
相鹿中社・相鹿社〔斎宮祈年祭神百十五座〕

49
津嶋直　『録』天児屋根命十四世雷大臣
◆**対馬嶋上県郡・下県郡**
＊対馬嶋下県郡擬大領・直浦主（天安元・六、『文徳実録』）
対馬嶋下県郡擬大領・県氏成（天安二・十二、『三代実録』）
対馬嶋上県郡擬少領・県仁徳（　〃　）『三代実録』

50
三間名公　『録』仲臣雷大臣命
◆**河内国（本拠地の郡郷不詳）**

＊『姓氏録』未定雑姓右京には、弥麻那の国主、牟留知王の後裔で、意富加羅（大伽耶）国の王子、都努我阿羅斯等を祖とする50と同名の三間名公の本系を掲げるが、おそらくはこの氏と同一の氏で、伽耶系の渡来氏族であったものが、後に仮冒により中臣氏の同族と称したのであろう。

51 **呉公**　『録』天相（あめあひ）命十三世孫雷大臣

◆山背国（本拠地の郡郷不詳）

＊呉公はウジ名から推して、明らかに渡来系の氏族。

52 **中臣香積連**　『皇太神宮儀式帳』・『二所太神宮例文』

◆河内国錦織郡

＊『二所太神宮例文』第九　大宮司次第

「〈第一中臣〉香積連須気〈河内国錦織郡人也。孝徳天皇御代任。在任四十年〉」

＊『皇太神宮儀式帳』

「初太神宮司所称二神庤司一。中臣香積連須気仕奉支」

53 **殖栗占連**　8の（中臣）殖栗連参照

54 **中臣小殿連**　『続紀』天平十七年正月乙丑条

◆本拠地不詳

＊天平十七年正月に女官の无位中臣小殿連真庭が外従五位下に叙せられたが（『続紀』）、中臣小殿朝臣の名は他に見えない。

55 **伊勢直・伊勢国造・中臣伊勢連（朝臣）・伊勢朝臣**　『姓氏録』・「国造本紀」ほか

Ⅰ　伊勢朝臣　天底立命孫天日別命（『姓氏録』）
Ⅱ　伊勢国造　（天牟羅雲命）孫天日鷲命（「国造本紀」）
Ⅲ　伊勢国造　天御中主尊十二世孫天日別命（『万葉集注釈』所引『伊勢国風土記』逸文）

◆伊勢国　◆伊勢国飯高郡？

＊伊勢直→〔天平十九年十月〕中臣伊勢連（賜姓　『続紀』）
中臣伊勢連→〔天平宝字八年九月〕（中臣）伊勢朝臣（賜姓　『続紀』）
中臣伊勢連→〔天平神護二年十二月〕伊勢朝臣（賜姓　『続紀』）

＊55の伊勢氏は、「中臣伊勢」の複姓表記に明らかなごとく、中臣氏の同族的立場にあるが、もとは天日別命を祖とする南伊勢の有力在地土豪で、伊勢神宮との関わりで中臣氏との関係を深めていったとみられる。

56　中臣鹿嶋連　本文参照

57　中臣葛連　天平九年度「但馬国正税帳」

◆本拠地不詳

＊「但馬国正税帳」に「駅使従七位下中臣葛連干稲」の名が見える。

58　中臣間人連　『書紀』

◆本拠地不詳

＊孝徳紀白雉五年二月条に遣唐判官の中臣間人老の名を記す。『万葉集』巻一に見える間人連老も同一人であろう。

59　（中臣）丸朝臣　『続紀』

◆大和国添上郡和邇？　◆越前国敦賀郡？

＊中臣丸連↓〔天平神護二年三月〕朝臣（賜姓　『続紀』）

＊『類聚符宣抄』巻一所収天暦四年六月十四日付の太政官符によれば、中臣丸朝臣良□が越前国敦賀郡の気比大神宮司に補任されている。

60　中臣幡織田連？　『常陸国風土記』

◆本拠地不詳

＊中臣幡織田連は、『常陸国風土記』によれば孝徳朝に東国惣領として派遣された人物。「中臣幡織田」は複姓であろうが、「幡織田」は人名の可能性もある。

61　中臣美濃（美乃）連　『続後紀』・『三代実録』

◆美濃国山縣郡・各務郡

＊均田（そいだ）勝↓〔承和十年正月〕中臣美濃連（賜姓　『続後紀』）

「美濃国山縣郡少領外従八位上均田勝浄長等九人賜二姓中臣美濃連一」

「勅二法隆寺僧承忍一還俗。復二本姓中臣美乃連益長一。便任二美濃国山県郡少領一。益長。元各務郡人也」（『三代実録』貞観六年五月九日条）

＊中臣美濃連の旧姓は均田勝で、秦人を率いた渡来系の「勝」姓諸氏中の一氏。同じく美濃国を本拠とした47の中臣栗原連の旧姓が栗原勝で、百済系渡来人であったことを勘案すると、均田連も同様に考えることができる。

【備考】①番号に囲いを付したものは、中臣氏と同祖関係にない別系の氏族

②『録』＝『新撰姓氏録』、『続後紀』＝『続日本後紀』

上郡和邇などの地を拠点とした中臣氏系の複姓氏の公算が大であるが、和珥氏系の氏である可能性も否定できない。15の大家臣は添上郡大宅郷を本拠としたとみられるが、カバネが臣であり、同地に拠点を構えた和珥氏系の大宅臣の存在を考慮すると、本来は和珥氏系の一族であったと解するのが妥当であろう。

「中臣」は人神間の仲介者として神事に奉仕する職掌を表した言葉で、中臣氏とは正確にはそのような「中臣」の職を担う伴造にほかならない（前述）。換言すれば、中臣氏以外の神事・祭祀に従事する伴造・トモが、「中臣」をウヂに負うことも当然あり得るわけで、物部氏系や和珥氏系の「中臣」氏が存在しても一向に不自然ではないのである。同時にそれは、中臣氏のウヂの組織が血縁を核として構成された閉鎖的・排他的な組織ではなく、職掌を共有する異質の集団が、系譜を媒介として結び付くことで、容易に一体化できる組織であったことを意味すると思われる。

第三に中臣氏の同族には23中臣大田連（摂津国太田神社）、24生田首（摂津国生田神社）、25菅生朝臣（河内国菅生神社）、27中臣酒屋連（河内国酒屋神社）、30平岡連（河内国枚岡神社）、35狭山連（和泉国狭山氏社）、39（中臣）殿来連（和泉国等乃伎神社）、40大鳥連（和泉国大鳥神社）、42民直（和泉国美多弥神社）、44畝尾連（大和国畝尾坐健土安神社・畝尾都多本神社）、48大鹿首（伊勢国大鹿三宅神社または相鹿牟山・相鹿上・相鹿木大御・相鹿中・相鹿の諸神社）のように、ウヂ名が『延喜式』の式内社を中心とする古社の名と一致し、本来的にその祭祀を担当したとみられる在地の豪族（カバネは連・直・直・首などの卑姓。前述のごとく、朝臣姓の菅生氏だけは中臣氏の本流に近い一族と推定される）が、少なからず存在する。これらは在地の神々に対する中央の統制が強化される過程で、その祭祀氏族が中央の祭官的地位にあった中臣氏との関係を深めていったことを示唆するものであろう。

かくして如上の諸点に鑑みるならば、王権の手により神祇支配の強化と一元的な祭祀機構の整備がはかられる中で、本来独立して神事・祭祀や呪術的技能に携わっていた諸集団の中から、個々の専門職・技能より切り離され、「中臣」という統轄的伴造職に就任する集団が現れたと想定することができる。「中臣」職に就いた者たちは、職名にもとづき「中臣」をウヂに負うことになるが、中臣氏にはカバネや出自を異にするいくつかの系統の一族が存した。

その主体をなしたのが連姓を付与された鎌子・勝海系の中臣氏であり、この一族と始祖（天児屋〔根〕命）を共有し、その同族に列したのが、東国鹿嶋・香取の卜占集団を淵源とする常磐流中臣氏とみられる。丁未の役を契機に、常盤流の一族は傍流から中臣氏の本宗の座に昇り、中央の主要な神祇職を独占するとともに、管轄下の専門・技能集団、さらには在地の神祇・祭祀集団への統制を強め、やがて彼等と擬制的な同族関係を形成していくことになるのである。

周知のように、『大鏡』は、中臣鎌足の常陸誕生説を掲げている。『藤氏家伝』上は鎌足が大和国高市郡の藤原第で生まれたとするので（前述）、『大鏡』の説は全く信用に価せず、中臣氏の東国進出により鹿嶋社などとの関係が成立した後に、二次的にこのような説が流布されたとする見解が、これまで有力であった。しかし常磐流中臣氏の故地が常陸であった事実をもとに『大鏡』が鎌足常陸誕生説を説いたのだとすれば、それは決して的はずれな解釈とは言えず、むしろ史実の一端を伝えているとみることが可能なのではなかろうか。

むすびにかえて

以上、常磐流中臣氏について、この氏の前身とその政治的勃興の過程を、「中臣」というウヂの性格や成り立ちとからめて考察した。もっぱら先行研究に依存しつつ、いたずらに臆説だけを述べる結果に終わってしまった感があるが、大化前代の伴造・トモ制について、筆者はかねがね畿内中心的な視点に立った研究法に疑問を感じていた。以前、御食供進の担当伴造である膳氏の内部に関東出身の一族が主要な位置を占めている事実を、磐鹿六鴈命伝承の分析を通して論じたことがあるが[44]、同様のことは他の職務領域においても存在した可能性が大きいと考えている。先学の驥尾に付して、本節で中臣氏と鹿嶋・香取との関係を、再度取り上げてみたのは、そのような趣意によるものである。

注

（1）上田正昭「祭官制成立の意義」（『日本書紀研究』一〔塙書房、一九六四年〕所収、のち同著『日本古代国家論究』〔塙書房、一九六八年〕に収録）、岡田精司『古代王権の祭祀と神話』（塙書房、一九七〇年）

（2）日本古典文学大系本『日本書紀』下（岩波書店、一九六五年）、佐伯有義編『六国史　日本書紀』下（朝日新聞社、一九二八年）

（3）志田諄一『古代氏族の性格と伝承』（雄山閣、一九七一年）

（4）太田亮は、「中臣」の名義は「中つ臣（ナカツオミ）」で、「ナカ」を豊前国仲津郡の地名に由来するとし、中臣氏を中津郡発祥の氏とするが（太田『日本古代史新研究』磯部甲陽堂、一九二八年、同『姓氏家系大辞典』〔姓氏家系大辞典刊行会、一九三六年〕）、後述するように、「中臣」のウヂ名が地名にもとづくとは考えがたい。

（5）中村英重「中臣氏の出自と形成」（『日本古代中世史論考』〔吉川弘文館、一九八七年〕所収、のち同著『古代氏族と宗教祭祀』〔吉川弘文館、二〇〇四年〕に収録）

（6）本居宣長『古事記伝』十五之巻

（7）津田左右吉『日本古典の研究』下（岩波書店、一九六三年）

（8）折口信夫『日本文学史Ⅰ』（折口信夫全集ノート編第二巻〔中央公論社、一九七〇年〕）

（9）太田亮、前掲注（4）の書

（10）中村英重、前掲注（5）論文

（11）前之園亮一「『中臣』の名義と『中臣連』姓の成立」（『古代文化』二七巻二号、一九七五年）、同「中臣氏について」（『東アジアの古代文化』三六号、一九九八年）

（12）加藤謙吉「中央豪族の仏教受容とその史的意義」（『論集日本仏教史一・飛鳥時代』〔雄山閣、一九八九年〕所収）、同「蘇我氏と飛鳥寺」（『古代を考える・古代寺院』〔吉川弘文館、一九九九年〕所収）

（13）加藤謙吉「大夫制と大夫選任氏族」（同著『大和政権と古代氏族』〔吉川弘文館、一九九一年〕所収）

（14）関晃「大化前後の大夫について」（『山梨大学学芸学部研究報告』十、一九五九年、のち同著作集第二巻『大化改新の研

究下』（吉川弘文館、一九九六年に収録）
(15) 田村圓澄『藤原鎌足』塙書房、一九六六年
(16) 上田正昭、前掲注（1）論文
(17) 中村英重、前掲注（5）論文
(18) 井上辰雄『古代王権と宗教的部民』柏書房、一九八〇年
(19) 加藤謙吉、本書第一部第一章
(20) 平群郡夜麻郷は法隆寺に献納された天智二年の命過幡銘に「山部五十戸」（山部里）とみえ、同じく「山部殿」・「山部連公」・「山部名嶋弖古連君」と記した命過幡（うち一点は辛酉年〔斉明七年〕の幡）が数点存在する。また平城宮跡出土の和銅六年五月の木簡には「山部宿禰東人　平群郡」とある（『平城宮発掘調査出土木簡概報』六・五頁）。平群郡の山部連については、岸俊男「古代の画期雄略朝からの展望」（『日本の古代六・王権をめぐる戦い』〔中央公論社、一九八六年〕所収）に詳しい。
(21) 橿原考古学研究所編『大和国条里復原図』（一九八〇年）
(22) 加藤謙吉『蘇我氏と大和王権』（吉川弘文館、一九八三年）、同前掲注（13）論文
(23) 加藤謙吉『大和の豪族と渡来人』吉川弘文館、二〇〇二年
(24) 上田正昭『藤原不比等』朝日新聞社、一九七六年
(25) 加藤謙吉、本書第一部第一章・第二章
(26) 中村英重、前掲注（5）論文
(27) 上田正昭、前掲注（24）の書
(28) 岡田荘司『平安時代の国家と祭祀』続群書類従完成会、一九九四年。ただし岡田は、常盤の「本者卜部也」の注記が卜部氏の造作によるかどうかは述べていない。
(29) 中村英重、前掲注（5）論文
(30) 横田健一「中臣氏と卜部」（同著『日本古代神話と氏族伝承』〔塙書房、一九八二年〕所収）

(31) 前川明久「中臣氏の歴史地理的考察」(同著『日本古代氏族と王権の研究』〈法政大学出版局、一九八六年〉所収)
(32) 加藤謙吉、前掲注(12)論文
(33) この三氏が渡来系の氏であったことは、後掲表2の47・50・51を参照のこと。
(34) 後掲表2の7を参照のこと
(35) 『時代別国語大辞典』上代編(三省堂、一九六七年)参照
(36) 岡田荘司、前掲注(28)の書
(37) 『松尾社家系図』は業基を後掲の業孝の父、雄貞を是雄の兄(養父)とする。是雄と業孝は『三代実録』の記述(貞観五年九月七日丙申条)により、壱伎嶋石田郡の出身であることが明らかであるから、業基や雄貞も同様に壱伎の卜部氏と解してよいであろう。伴信友(『正卜考』)は、業基と平麻呂の経歴が類似することを根拠に、両者を同一人とし、平麻呂は業基→真雄→平麻呂と改名したと推測するが、従いがたい。
(38) 史料上の初見は、『続紀』天平十一年正月丙午条の中臣殖栗連豊日。
(39) 後掲表2の8を参照のこと
(40) 佐伯有清『新撰姓氏録の研究』考証篇四、吉川弘文館、一九八二年
(41) 松前健『日本神話の形成』塙書房、一九七〇年
(42) 津田左右吉『日本上代史の研究』(岩波書店、一九四七年)
(43) 横田健一、前掲注(30)論文、吉井巌『天皇の系譜と神話』二、塙書房、一九七六年
(44) 吉井巌が指摘するように(前掲注(43)の書)、古風土記によると、フツヌシ神やワカフツヌシ神にまつわる話が、出雲国意宇郡楯縫郷・同郡山国郷・秋鹿郡大野郷・出雲郡美談郷・肥前国三根郡物部郷条にみえる。これは『記紀』の国譲り神話の発展形態として、全国の物部氏・物部の集住地域で経津主神の巡行伝承が生まれ、その祭祀が行われたことを意味しよう。なお、『先代旧事本紀』の「陰陽本紀」は、武甕槌神を「今坐二常陸国鹿嶋一大神。即石上布都大神是也」と記し、その亦名を「建布都神」・「豊布都神」とするが、これは香取神のみならず鹿嶋神も石上の神として位置づけようとする物部氏側の主張の反映とみなすことができよう。

(45) 加藤謙吉、本書第二部第四章付論

第四章　御食供進のトモの組織の構造

第一節　御食供進のトモの組織とその後身官司

『高橋氏文』第二章（伴信友の『高橋氏文考註』の分類に従って、『本朝月令』六月「朔日内膳司供忌火御飯事」条所引の『高橋氏文』逸文を第一章、『政事要略』巻二十六「十一月中卯新嘗祭事」条所引の逸文を第二章、『本朝月令』六月「同日神今食祭事」条所引の逸文を第三章と記す。以下、『高橋氏文』は『氏文』と略記）には、「十一月乃（新）嘗乃会毛、膳職乃御膳乃事毛、六鴈命乃労始成流所奈利」、「子孫等乎波長世遠世乃膳職乃長止毛……」、「此志乎知太比天、吉久膳職乃内毛外毛護利守利太比天……」とあり、「膳職」の名を記す。

『氏文』は、大化前代から令制下の内膳司へと継承される御食供進のトモの組織・官司の総称として、「膳職」の語を用いたのであろうが、『日本書紀』によれば、朱鳥元年（六八六）九月に紀朝臣真人が天武天皇の殯宮で「膳職《かしわでのつかさ》の事」を誄しており、翌持統元年には彼の官職を内膳司の長官と同名の「奉膳」と記している。藤原宮跡出土の木簡にも「膳職白主菓餅申解解×」と書かれたものがあり（『木簡研究』五号・八二頁）、上部が折損しているものの、「膳職」の上に「大」などの字が存した形跡がなく、同一地区より出土した木簡に「評」と記すものがいくつか存することから、大宝令施行前の木簡と推測することができる。

これによって、少なくとも天武・持統朝以降、「膳職」と呼ばれる独立した官司が存在したことが確認される。しかも右の木簡の「主菓餅」は、「菓子、造㆓雑餅等㆒事」を掌った大膳職所属の官人（養老令）であり、木簡を浄御原令施行期のものとすると、大宝令前には内膳司と大膳職は未分化のまま、「膳職」という官司を構成していたことになる。

　内膳司・大膳職を管轄する宮内省については、天武紀に「宮内卿」（九年七月条）・「宮内官大夫」（十一年三月条）・「宮内の事」（朱鳥元年九月条）がみえる。直木孝次郎が指摘するように、天武朝に宮内省の前身官司とみられる「宮内（官）」が存したことは間違いないと思われるが、[1] 朱鳥元年の記事は、県犬養宿禰大伴が前述の紀朝臣真人とともに、天武の殯宮で「宮内の事」を誄したことを述べたもので、「膳職」はこの時点では、明らかに「宮内（官）」とは別の独立した官司として位置づけられている。浄御原令制下で「宮内（官）」に統合された内廷官司は少なくないと思われるが、「膳職」は大宝令に至って内膳司と大膳職に分離され、宮内省の管轄下に置かれたのであろう。

　春宮坊被管の主膳監は、皇太子の食膳を管する官司であるが、『令集解』東宮職員令所引「古記」には「兼二炊司酒司一」とあり、宮内省の内膳司・大炊寮・造酒司の機能をあわせた性格を持つ。すると大炊寮・造酒司の前身官司についても、二通りの有り様を想定することが可能となろう。一つは主膳監と同じように、これらの官司が本来は、天皇の食膳を統轄する「膳職」のもとに属し、その一部局を形成していたととること、他は独自の官司として、「膳職」と並立して存在したと解することである。

　『新撰姓氏録』左京神別中・多米連の条には、成務天皇の時に「仕二奉炊職一」とあり、大炊寮の前身に当たる「炊職」が存在したかのように記している。ただ同書の右京神別上・多米宿禰条やその逸文（『政事要略』巻二十六所引）は、「炊職」に該当する箇所を、「大炊寮」とするので、「炊職」は単なる擬古的な作文にすぎないともみられるが、天智紀十年是歳条にも「大炊」の名を記し、こちらは天智朝に実在した官司と解して差し支えない。大炊寮には大炊部（伴部か?）・大炊戸（品部）、造酒司には酒部（伴部）・酒戸（品部）が所属していて、ともに大化前代の伴造・トモ制を継承した官司とみられる。

　したがって天智・天武朝頃に、大炊寮や造酒司の前身にあたる官司が存在した可能性は高いと思われるが、朱鳥元年の奏誄記事には該当する官司名がみえないから、これらの官司のことは「宮内の事」か「膳職の事」の誄の中に包摂される形で、一括して奏せられたとみられ、供御という職掌の共通性にもとづくと、おそらく後者の誄がそれにあたると考えてよいであろう。

このことは直接的な統属関係の有無は別として、「膳職」が他の供御関係の官司と密接に結びつき、それらを主導する地位にあったことを示唆するが、かかる「膳職」優位の関係は、すでに大化前代のトモの組織の時代に形作られ、その伝統がそのまま七世紀末まで受け継がれたものと推測されるのである。

大化前代の御食供進のトモの組織が、七世紀後半・末の「膳職」を経て、宮内省の内膳司・大膳職へと分化する過程は、ほぼ以上のように概観することができる。ではその組織・官司の内部には、本来、どのような集団（伴造・トモ）が属し、集団相互の関係はいかなる形態を取ったのであろうか。

これまでは大化前代のトモの組織の統轄的伴造を、「膳」をウヂの名に負う膳臣とし、その後裔の高橋朝臣が、律令制下に内膳司の長官たる奉膳の職に任ぜられたことから、膳（高橋）氏が伝統的にこの組織・官司を管掌したとする説が定説とされてきた。

八世紀に高橋氏と並んで奉膳の職に就任し、内膳司の主導権を争った安（阿）曇氏（連・宿禰）についても、この氏の祖が応神紀三年十一月条や『氏文』第三章に「海人の宰」と記されることにもとづき、津田左右吉のように、安曇氏を御食の材料となる海産物の供給者、膳氏をその調理者と区別して、安曇氏と御食供進とのかかわりを二次的・付随的なものととらえる説が一般的である。[2]

しかし膳氏配下の膳大伴部も海人集団を主体として構成されており、この氏もまた海産物の供給に関与したとみられる。[3]御食の供給と調理は連続する一体的な職掌としてとらえるべきで、したがって安曇氏も当初から調理を担当した可能性が存するのである。

通説は、『氏文』第一章・第二章にみえる磐鹿六鴈命（膳氏の祖）伝承が景行紀五十三年十月条と内容的に一致し、それを発展させたものであることから、この起源説話を膳氏の統轄的伴造職への就任を説いた古伝と解し、無批判にそれを史実として受け入れてしまった印象を否めない。

しかし『氏文』が内膳司における安曇氏との対立の中で、高橋氏の伴造職の正統性を説き、その優位性を強調するために作成・提出されたものであること、延暦八年（七八九）、高橋氏とともに安曇氏が提出したという氏文（『氏文』第三章には、この年、両氏が「記文」（「氏文」）を進上したとする）が現存しないことを念頭に置くと、その内容を額面通りに受け取ることは控えるべきであろう。景行紀の記事は、磐鹿六鴈命が御食を供進した功により、「膳大伴部」を賜わったとはするが、それ以上のことは一言も記していないのである。

したがって、かかる通説への疑問を踏まえて、次に御食供進のトモの組織・官司に所属した伴造・トモ・官人層の実態を検討し、その構造的な解明を行うことにしたい。大化前代の伴造・トモ制については、従来、統轄的な伴造のもとに畿内・地方の中小の伴造やトモを配した、一元的・重層的な支配体制と解する説が有力であった。しかし一方で、複数の伴造の結集による多元的な支配という側面も想定してみる必要があろう。このような支配体制をある程度普遍的な形態として認め得るとすれば、大和政権の統治機構そのもののあり方についても、当然、抜本的な見直しが不可欠となる。以下、その可能性を探りながら、考察を進めていくことにしたい。

第二節　御食供進のトモの組織の構造

『氏文』第一章は、景行天皇が磐鹿六鴈命に天皇の子孫の代まで永く御食を供するように勅し、若湯坐連等の始祖、物部意富売布連の佩刀を賜わったとし、続けて、

又此行事者大伴立双天応二仕奉一物止在止勅天、日立日横陰面背面乃諸国人乎割移天、大伴部止號天賜二於磐鹿六獦命一、又、諸氏人及東方諸国造十七氏乃枕子、各一人令レ進天、平次比例給天依賜支。

と記している。

『氏文』は「日立日横陰面背面」の諸国（東西南北・七道諸国）に置かれた膳大伴部が膳氏の支配下に入り、「諸氏人」および「東方諸国造十二氏の枕子」（伴信友が説くように、『本朝月令』の「十七氏」は「十二氏」の誤りであろう。以下、この説に従う）を各一人ずつ膳夫として出仕させ、膳氏にこれを管掌させたことを伝えたもので、「枕子」は国造の子弟を意味する言葉とみられる。

「諸氏人」は「東方十二国造」と対置せられることから、平野邦雄が指摘するように、畿内諸氏の一族の者を指すとみることができるが、[4]『氏文』は、要するに御贄の貢進を目的として全国に設置された「膳大伴部」や、膳夫として直接中央に奉仕する者も含めて、御食供進のトモの組織全体が膳氏により統轄されたと主張しているのである。

令制大膳職や内膳司には、「造㆓庶食㆒事」・「造㆓御食㆒」を職掌とする伴部の膳部が、大膳職に百六十人、内膳司に四十人置かれ、春宮坊の主膳監にも六十人の膳部が所属していた。伴部の膳部は大化前代の伴造の流れを汲む負名氏から補任されるのが原則であったが、伴部の中では、定員数が衛門府の門部二百人と並んで突出している。この事実は、大宝令前の「膳職」やさらにその前身のトモの組織に出仕した氏族や集団が多数存在したことを意味しよう。彼らもまた本来的には御食の供進に奉仕した伴造やトモであった。その全体像を明らかにすることは容易ではないが、膳・安曇両氏以外に少なくとも次の諸氏が伴造・トモ的地位にあったと推測される。

①紀臣（朝臣）

前述のように、紀朝臣真人は朱鳥元年、天武の殯宮で「膳職の事」を誄し、翌年には「奉膳」として奠《みけ》を献上している。「奉膳（内膳奉膳）」は追記とみられるが、彼はこの時、内膳司と大膳職をあわせた「膳職」の長官のポストに就いていたことになる。

令制下の紀朝臣一族には、継成（大膳亮、延暦三年、『続紀』）・犬養（大膳大夫、延暦九年、『続紀』）・当仁（大膳亮、貞観六年、『三代実録』）のように、大膳職の長官・次官職に就任した者がおり、さらに『続紀』によれば、鹿人（天平十三年）・伊保（天平勝宝六年）・佐婆麻呂（宝亀十年）の三人が大炊頭とされる。大炊寮や造酒司の前身の官司・トモの組織は、御食供進のそれと密接な関係にあったから（前述）、前之園亮一が指摘するように、紀氏は伝統的に大王の食膳奉仕に関与した氏族とみて誤りない。(5) 臣・朝臣の紀氏とは別系であるが、天武十二年（六八三）に連を賜姓された紀酒人直（『書紀』）も、造酒司の酒部の負名氏で、大化前代の伴造の系統に属した一族と思われる。

『延喜式』内膳司の諸国貢進御贄条によれば、紀伊国は旬料として、毎月上・中・下旬に「雑魚《くさぐさのうお》」各三担半、節料として正月の三節に「雑鮮味物《くさぐさのなますのうましもの》」各五担、年料として「鮨年魚《すしあゆ》」二担四壺を納めることになっていた。このような恒常的な御贄の貢進国には、紀伊のほか大和・志摩・若狭・淡路があるが、このうち志摩と若狭が膳・高橋氏と、淡路が安曇氏と特殊な関係を持つ国であった事実を踏まえると、(6) 紀伊を勢力圏とした紀氏の場合も、膳・安曇両氏とともに、古くから御食供進に奉仕する伴造としての性格を備えていたと推測してよいのではないか。

紀伊国には海部郡があり、欽明朝に「海部屯倉」が置かれ、海産物の貢進と関わる海部直や海部が存した。欽明紀七年七月条には「紀伊国の漁者《あま》の贄負《おほ》せる」草馬《めうま》の子の話がみえ、平城宮出土の木簡にも、御贄として「安遅魚」「磯鯛」・「鯛」・「少辛螺」などの魚介類の貢進を記した付札が認められる。さらに『延喜式』によれば、践祚大嘗祭には由加物（神饌の贄）として、紀伊国海部郡の「賀多潜女《かだのかづきめ》」の捕獲した鮑や螺、海草などが献上される決まりであった。これらはいずれも右の推測を裏付ける材料となろう。

②雀部臣（朝臣）

『姓氏録』左京皇別上・雀部朝臣条には、祖先の星河建彦宿禰が、応神朝に皇太子の大鷦鷯尊に代わって「木綿襷《ゆうたすき》を繫《かけ》」て、「御膳《みけ》」をつかさどったため、名を大雀臣《おおさざき》と賜わったと記す。雀部のウヂ名を仁徳天皇（大鷦鷯尊）の名代部（?）の管掌に由来するかのように説くことは後世の付会で信用できないが、奈良時代中期に雀部朝臣真人（『続紀』、古二・四〇六〔『大日本古文書』二巻四〇六頁、以下このように略記〕）が、貞観期には雀部朝臣祖道（『三代実録』）が、ともに内膳典膳（内膳司判官）に任ぜられているので、雀部氏は内膳司の膳部の負名氏であり、『姓氏録』の記事は、早くからこの一族が、御食の供進に携わった伴造であった事実を伝えたものとみることができる。

斉衡元年（八五四）十二月には雀部朝臣春枝らが紀朝臣の氏姓を賜わったが（『文徳実録』）、これは雀部氏が紀氏と同じく武（建）内宿禰後裔氏族（孝元記によれば、両氏は建内宿禰の男子の許勢小柄宿禰・木角宿禰の裔）であることに加えて、両氏が伝統的に御食の供進に奉仕した氏族であったことと関係するのかもしれない。(7)

③襷多治比連（宿禰）

『姓氏録』河内国神別・襷多治比宿禰条には、次のように記す。

火明命十一世孫殿諸足尼命之後也。男兄男庶。其心如レ女。故賜レ襷爲二御膳部一。次弟男庶。其心勇健。其力足レ制二十千軍衆一。故賜レ靫號二四十千健彦一。因負二姓靫負一。

殿諸兄尼の二人の男子のうち、兄を膳部、弟を靫負とし、それぞれの姓（ウヂ）としたとあるが、天武十三十二月に手繦丹比連と靫丹比連が、ともに宿禰を賜姓されており（『書紀』）、『姓氏録』の記事と対応する。藤原宮以降の宮城門には「丹治比門」が存したから、靫丹比連は令制衛門府の門部の負名氏で、門号氏族の一員として、大化前代の靫負のトモの組織に属し、大王宮の守門の任に就いた氏族と推測される。

同様に襷丹比連も、景行紀や『氏文』第一章の磐鹿六鴈命伝承により、膳夫が襷（手繦）を身に付けたことが知られるから、『姓氏録』の伝承はその職掌の由来を説話風に説いたもので、この氏は伝統的に御食供進の職を奉じた氏族とみることができる。

襷多治比氏や靫丹比氏の氏人の名は他にみえない。ただ天武十三年に宿禰を賜姓された丹比氏はこの両氏に限られるから、宝亀八年五月に丹比新家連が丹比宿禰の氏姓を賜わるまで（『続紀』）、丹比宿禰と史料に記載される者は、すべてこの両氏を指すとみてよい。丹比新家連（『姓氏録』右京神別下の丹比宿禰はその後身）は丹比氏の傍流にあたるが、右の『続紀』の記事は、この時賜姓された丹比新家連東麻呂の官職を「大膳膳部」とする。これは本宗の一族（襷多治比氏）に継承されてきた職掌が、傍流の一族にも及んだことを示唆するもので、逆に襷多治比氏が内膳司や大膳職の膳部の負名氏であった事実を傍証すると思われる。

④宍人氏（臣〈朝臣〉・造・首・直）

雄略紀二年十月条には、宍人部の設置を伝える起源説話があり、膳臣長野がまず宍人部として貢せられ、ついで菟田御戸部真鋒田と高天の二人が加えられ、さらに大倭国造吾子籠宿禰が狭穂子鳥別を貢し、続けて他の「臣連伴造国造」からも宍人部が貢進されたと記している。同条によれば、狩猟で獲た禽獣を宍膾《なます》に作るために宍人部が置かれたとし、膳臣長野は「能く宍膾を作る」人、菟田御戸部真鋒田と同高天は皇太后の「厨人《くりやびと》」とされるから、宍人部が御食の供進に従い、鳥獣の肉の提供と調理を担当したことが判明する。

さらに雄略紀七年是歳条の分注には、吉備臣弟君が百済より帰国し、「漢手人部・衣縫部・宍人部」を献上したと記しており、渡来系の宍人部の存在も推測できる。

天武十三年に宍人臣は朝臣を賜姓されたが（『書紀』）、『姓氏録』左京皇別上の完（宍）人朝臣条には、「阿倍朝臣同祖。大彦命男彦瀬立大稲腰命之後也」と記す。彦瀬立大稲腰命は、『姓氏録』に高橋朝臣の祖とする大稲輿命と同一人である。雄略紀の膳臣長野の伝承と照合すると、宍人臣は膳氏より分出した一族か、その同族ということになろう。宍人朝臣の一族には、延暦十八年に大膳職主菓餅の宍人朝臣宮人（『日本後紀』）、仁和三年に内膳典膳宍人朝臣浄継がおり（『三代実録』）、天平勝宝二年の文書にみえる大膳職膳部の宍人国足（古二五・一三二）も、朝臣のカバネが省略された可能性が高い。佐伯有清が指摘するように、この氏もまた大膳職・内膳司の膳部の負名氏の一員と推測される。(8)

地方では若狭に完人朝臣恒麿と同恒成（承和七年、『続日本後紀』）、越前に宍人臣国持（慶雲二年、『続紀』）と坂井郡擬主帳の宍人臣［闕名］（宝亀十一年、古六・六〇三）が存し、これらは阿倍氏や膳氏の勢力圏と重複する。宍人・宍人部の分布も越前のほか、駿河・伊豆・武蔵・信濃など東国地域に認められるが、東国のそれは信濃を除くと膳大伴部の分布地域と一致し、伊豆国田方郡では同一郷内（棄妾郷）に宍人部と（膳）大伴部数名が併存している。

かくして臣・朝臣姓の宍人氏が膳臣・高橋朝臣と職掌的に結び付き、同族関係を形成していたことは疑問の余地がないが、首姓の宍人氏についても、『続日本後紀』に承和三年、春苑宿禰の氏姓を賜わった伯耆国人の宍人首玉成のことを、「国牽〈孝元〉天皇第一皇子大彦命苗裔也」と記すので、この氏もまた膳氏系の一族と解することができる。

さらに直姓の宍人氏も、天平勝宝五年十一月の「庸布墨書銘」に武蔵国加美郡の少領として宍人直石前の名がみえるが、この庸布の貢進者は、加美郡武川郷戸主大伴直牛麻呂の戸口の大伴直荒当である（『正倉院宝物銘文集成』三一五頁）。大伴直は膳大伴直を指し、牛麻呂や荒当は無邪志国造の系統を引く人物とみられる。(9)『氏文』第一章は、安房浮島宮で磐鹿六鴈命とともに、「無邪志国造上祖大多毛比」らが景行天皇の御食の調理を行ったと記すが、無邪志国造の氏姓は「膳大伴（部）直」であり（『続紀』神護景雲元年十二月壬午・甲申条、『日本後紀』弘仁二年九月壬辰朔条）、かつて膳氏のもとで御食供進に従事した一族とみることができる。

したがって宍人直石前が、（膳）大伴直牛麻呂・荒当の本貫地（武蔵国加美郡）の郡領であることは偶然ではなく、彼もまた無邪志国造の流れを汲む人物で、宍人部の設置に伴い、無邪志国造（膳大伴直）の一部が分立して、宍人直を名乗るようになったと推測してよいであろう。

以上により、首・直姓の宍人両氏は膳臣・宍人臣と密接な関係を持ち、その管掌下に置かれた地方の伴造・トモと解して差し支えない。一方、造姓の宍人氏は、天武十年（六八一）四月に宍人造老が連を賜姓されたと記すのが史料にみえる唯一の事例で（『書紀』）、その実態はよく分からない。ただ『書紀』によれば、宍人造老とともに連姓を与えられた人物の大半は、渡来系氏族の出身者である。前述のように、雄略紀の分注には百済より献上した宍人部の存在を記すので、あるいは宍人造はこの百済系宍人氏の一族とみるべきかもしれない。いずれにせよ、この氏と膳臣や宍人臣との関係は不明である。

次に雄略紀にみえる宍人部のうち、菟田御戸部真鋒田と高天の二人は、膳臣・宍人臣系の宍人部と推測される。菟田御戸部の本拠地は大和国宇陀郡に比定できるが、『姓氏録』和泉国皇別・膳臣条には「宇太臣。松原臣。阿倍朝臣同祖。大鳥膳臣等。付二大彦命之後一也」と記す。文意が難解であるが、「宇太臣」を人名でなくウヂ名と解すると、(10)宇陀地方に膳氏や阿倍氏の同族が存したことになり、菟田御戸部も「宇太臣」と結び付く可能性がある。

しかし雄略紀は、右の二人のほかに、大倭国造吾子籠宿禰が貢じた狭穂子鳥別も宍人部とし、さらに「臣連伴造国造、又随ひて続ぎて貢る」と記している（前述）。中央・地方を問わず、豪族層から広汎に宍人部が取られた形跡がうかがえるが、そうであるとすれば、多数の人員を擁する宍人部の組織が、すべて膳臣や宍人臣の支配下に組み込まれていたとは考えがたい。両氏とは直接統属関係のない宍人部も少なからず存したとみるべきであろう。

大倭国造（大倭直）の一族は、大和国の城上・城下・山辺三郡を拠点とし、大和神社（大和坐大国魂神社）を奉祭した伝統的な在地土豪である。天武朝に連を経て忌寸に改姓し、天平期から天平勝宝期には氏人が相継いで宿禰を賜姓されている。大倭国造吾子籠によって宍人部に加えられたた狭穂子鳥別の「狭穂」は、延久二年（一〇七〇）の「興福寺大和国雑役免坪付帳」にみえる「佐保庄」（現天理市佐保庄町）の荘園名に因むが、この地は、あたかも大倭国造の勢力圏の中心部に位置する。狭穂小鳥別は吾子籠の眷属的人物とみられ、大倭国造配下の集団が宍人部の組織内で一つのまとまった勢力を形成していた事実がうかがえる。おそらくこの集団は、伴造・トモとして、膳臣・宍人臣と並立する立場にあったと推測してよいであろう。

⑤膳大伴造

前述のように、『氏文』第一章には、景行天皇が磐鹿六鴈命に若湯坐連等の始祖の物部意富売布連の佩刀を賜わったと記し、さらに後段には「是時上総国安房大神乎御食都神止坐奉天、若湯坐連等始祖意富売布連之子豊日連乎令二火鑽一天、此乎忌火止為天、伊波比由麻閇天、供二御食一……」との文言を掲げ、その割書に「但、云三安房大神為二御食神一者、今大膳職祭神也。今令レ鑽二忌火一大伴造者、物部豊日連之後也」と記している。

佩刀を賜わったということは、物部意富売布連が磐鹿六鴈命の支配下に入り、御食の供進に奉仕するようになったことを意味するが、「天孫本紀」は、物部氏の始祖の饒速日命の七世孫に物部意富売布連と同一人とみられる「大咩布命」の名を記し、「若湯坐連等祖」とする。『姓氏録』にも物部氏系の若湯坐宿禰二氏と若湯坐連一氏の本系を掲げるので、『氏文』の記述は、「天孫本紀」や『姓氏録』のそれと、大筋で符合する。

割書の「大伴造」は膳大伴造の略で、皇子女の養育に関わる湯坐・湯坐部の伴造である若湯坐氏の一族が、御食供進のトモの組織に編入され、膳大伴造の氏姓を与えられたとみることができる。『氏文』の意富売布連の伝承やその氏姓から推して、この氏が膳氏の管轄下に置かれたことは間違いない。

『氏文』によれば、膳大伴造の職掌は、大膳職の祭神の御食つ神（安房大神）や天皇に食事を供するために清浄な火を起こし、それで煮炊きを行うことにあった。『延喜式』神祇七・践祚大嘗祭・卯日条に「伴造燧レ火、兼炊二御飯一」、『儀式』巻一神今食儀条に「膳伴造鑽レ燧即炊二御飯一」と記す「伴造」・「膳伴造」は、この膳大伴造を指すのであろう。(11)

⑥日下部氏（連〈宿禰〉・首・無姓）

天平十七年の内膳司令史に日下部連老人（古二・四〇六）、天平宝字五年（七六一）前後の内膳司膳部に日下部衣嶋の名がみえる（古十五・三二一ほか）。『姓氏録』によれば、彦坐命（王）の後裔の日下部氏に宿禰（旧姓は連）・連・首・無姓の諸氏がおり、さらに酒人造も同族とされる。佐伯有清は天平十七年（七三八）の造酒司員外令史の日下部酒人連毛人（古二・四〇七）も右の諸氏の同族とし、酒人造や日下部酒人連・草鹿酒人宿禰を造酒司伴部の酒部の負名氏と推定する。(12)

「日下部（草鹿）酒人」の複姓は、佐伯が指摘するように、日下部氏から分出した一族であることを示すものとみられるが、そうすると彦坐命（王）系の日下部氏は、早くから御食の供進に携わり、あわせて造酒司前身のトモの組織にも酒人として奉仕したとみてよいであろう。内膳司膳部の日下部衣嶋は無性の日下部氏ともとれるが、連・宿禰・首などのカバネが省略された可能性もある。

以上、①~⑥の諸氏について検討を加えたが、これらの諸氏は、膳氏・阿曇氏とともに大化前代の御食供進のトモや、これと関連する組織に奉仕し、継続的に令制下の内膳司・大膳職や大炊寮・造酒司の官人に就任した一族と推定して差し支えないであろう。もとより令制下の右の諸官司には、①~⑥以外の諸氏の官人も多数所属していた。[13]その中には、①~⑥と同様に、大化前代から御食供進の職務に従事した氏族の出身者も存在する可能性があるが、伝統的な伴造・トモの一族かどうかの見極めは、現状では困難である。

前之園亮一は①・②とともに右の諸官司の補任者に、川辺朝臣・石川朝臣（大膳亮）、小治田朝臣（大炊頭）、田中朝臣（造酒正、二名）のような蘇我系の氏族や、巨勢朝臣（造酒正、二名）、朝野宿禰・林朝臣（大炊助）がおり、これらがいずれも武内宿禰の後裔とされることから、武内宿禰後裔氏族が大化以前より大王の食膳に奉仕する役割・伝統を持っていたと推測している。[14]

興味深い見解であるが、武内宿禰後裔系譜の成立期は七世紀後半まで降る可能性があり、[15]さらに右の諸氏中、朝野宿禰は葛城襲津彦の裔と称してはいるが、渡来系の忍海原連の改姓後の一族であり、林朝臣は林宿禰（旧姓林忌寸、東漢氏の枝氏の一氏）の誤りで、武内宿禰の後裔氏族とは本来、無関係である。前之園は『姓氏録』右京皇別上にみえる御炊朝臣（蘇我氏系）のウヂ名を大炊寮の前身の組織や官司と結びつけて、この氏を食膳に奉仕した氏族とするが、「御炊」の語については、『止由気宮儀式帳』の記述にもとづき、これを神社関係の神稲を舂き炊く職名とする説もあり、[16]朝廷の御食の炊職と直接結び付くかどうかは定かではない。

ただ御炊朝臣はともかくとして、蘇我系の諸氏に食膳奉仕に関わる官司の補任者が多いこと、②の雀部臣（朝臣）と同祖とする巨勢氏から奈良・平安初期の造酒正が二名（巨勢朝臣総成・同康則）も出ていることは注目してよく、大和南部の有力在地土豪の中に、御食供進の職務に伝統的に従事する者が存したことは、あながち否定できない。

このほか多米宿禰（連）の一族も、前述の『姓氏録』の条文やその逸文の記述、および仁和年間の大炊寮の「寮掌」多米貞成の存在（『三代実録』）などより推して、古くから御食の炊職を担当する伴造的地位に就いていたことは、疑問の余地がない。

このようにみてくると、大化前代の御食供進のトモの組織において、膳氏がその統轄的地位を占めていたと断定することは、多分に無理があろう。膳氏の支配下に置かれた氏族や集団は、④の宍人系諸氏・宍人部の一部と⑤の膳大伴造、および全国的に設置された膳大伴部と地方の国造より成るその管掌伴造であった。勢力的にはかなり優勢であるが、それはあくまでも相対的なレベルでの優位性にすぎない。右の諸氏・集団を除く①・②・③・④・⑥や蘇我系諸氏・巨勢氏らは、独自の支配下集団を擁して、膳氏と競合的な立場で御食供進のトモの組織に奉仕しており、伴造としての地位は膳氏と基本的に対等であったとみて差し支えない。

安曇氏の場合も、状況は全く同じである。令制下の内膳司の長官たる奉膳の定員は例外的に二名とされ、高橋・安曇両氏より任ずるのが慣わしであった（他氏が就任する場合は奉膳ではなく、正と称した）。延暦十一年の安曇氏の失脚まで、史料より検出される奉膳は高橋氏四名、安曇氏四名で同数であるが、このほか高橋氏には内膳司の典膳二名、大膳職の亮一名、膳部一名、造酒司の正が一名存する。安曇氏は典膳一名、大膳職の主醤一名で、全体の数ではやや高橋氏の方が上回るが、[17]差はほとんど無いに等しい。安曇氏の占めた官職が、御食供進の伴造職の伝統を継承するものであることは言うまでもないから、膳・安曇両氏の拮抗した関係は、大化前代まで遡るとみて間違いないであろう。

『氏文』第三章は、高橋・安曇両氏の奉仕の由来を取り上げ、『書紀』を参照して、安曇氏が御膳にあずかるようになったのは応神三年の大浜宿禰の時であるが、高橋氏の場合はそれより五代二百年以上も前の景行五十三年の磐鹿六鴈命の時であるとして、高橋氏の奉仕の正統性を説いている。応神紀の大浜宿禰伝承は、彼を「海人の宰」に任じたことを記すだけであるが、『氏文』には「是安曇氏預二奉御膳一之由也」とするから、本来、この話は海人の管掌のみならず、安曇氏が海人を率いて御食の供進に携わることまでをも含意した伝承であることが明らかである。

さらに群書類従本の『本朝月令』などは、『氏文』第三章にみえる安曇宿禰の私記（氏文）中の文言を、「御間城入彦五十瓊殖天皇御世。己等遠祖大栲成吹始奉御膳」と記している。そのため従来は、安曇氏の祖の人名を「大栲成吹《オホタクノナリフキ》」と解する説が一般的であったが、佐伯有清は、人名は「大栲」までで、「成吹」は「吹き成し」と読み、火を吹いて「御食を炊く」ことを意味し、「伴造燧レ火。兼炊二御飯一。安曇宿禰吹レ火」（『延喜式』践祚大嘗祭）とある安曇氏の職掌と関連するものと推測した。[18]

安曇氏は神今食の祭事でも、同様の職務に従事しており（『儀式』巻一）、さらに『姓氏録』によれば、安曇宿禰と同祖関係にある凡海連が、「綿積命六世孫小栲梨命之後也」（摂津国神別）と記され、「大栲」と「小栲《ヲタク》」が互いに対応する。この二つの語は、『古事記』上巻に「栲縄の千尋縄《ちひろなは》打ち延《は》へ釣為《せ》し海人の……」（『古事記』神代）と記すごとく、海人が海中に入る際の命綱とした栲縄《たくなは》に因む言葉とみることができる。

かくして、安曇氏の祖名は佐伯説に従って「大栲」と解するのが妥当のように思われるが、『本朝月令』最古の写本である宮内庁書陵部所蔵九条家旧蔵本（建武三年以前書写）によれば、「己等遠祖」に続く部分は「大栲成吹火始奉御膳」とあり、「吹」の下に「火」の字を記している。おそらく『本朝月令』の原本にも「火」字があったとみて差し支えないから、この部分は佐伯のように、大栲が「火を吹き成し」と読み取ることが可能である。

ただ『姓氏録』は凡海連の祖名を「小栲梨命」とする。『万葉集』巻十六の短歌に「成棗寸三二粟嗣延田葛乃（梨棗《なつめ》黍《きみ》に粟《あは》嗣《つ》ぎ延《は》ふ田葛《くず》の）……」（三八三四）とあり、「梨」の訓仮名に「成」の字を当てるが、すると「小栲梨」と対を成す「大栲」の名も正しくは「大栲成（梨）」とみられ、『氏文』のこの箇所は、「己等（阿曇宿禰）が遠祖大栲成、火を吹き、始めて御膳を奉る」と訓読すべきであろう。「タク」（栲）が、海人の命綱の栲縄に由来すると考えてよいならば、これらの名は安曇部や凡海部などの海人を管掌した安曇氏や凡海氏の祖名に、まさにふさわしいものと言える。

ところが籠谷百合子は、この箇所を「己等が遠祖大浜栲成《オホハマノタヘナリ》、火を吹き始めて御膳を奉りき」と訓読する。祖名の「大浜栲成」の「浜」の字は『本朝月令』の諸本のどれにもみえないが、意によって補ったとし、その理由として「安曇連祖は大浜宿禰であるが、高橋氏遠祖磐鹿六雁の活躍年代より古い時代の人物をこじつけて持ち出したもの。

他書に確認できず、具体的な年代や功績が不明であり、実在が疑われる。安曇氏が自族先祖の功績を挙げるなら、『大梼』ではなく、二行後に出る『大浜』でなければならない」と述べている。[19]

しかしこの解釈はいささか独断に過ぎ、従うことができない。大浜宿禰は前述のように、応神朝に「海人の宰」に任ぜられたとする安曇氏の祖に当たる人物で、『釈日本紀』所引『筑前国風土記』逸文にも名がみえる。安曇氏にとって重要な位置を占める祖であることは確かであるが、安曇氏が大梼成（梨）と大浜宿禰をそれぞれ別の時代の別の祖として伝えていたとするならば、功績を顕彰すべき祖を大浜宿禰に限定する必要は全くない。高橋氏は延暦十一年の太政官符に手を加え、自氏の優位性を強調するために、阿曇氏が主張した崇神朝の大梼成の職務奉仕の伝承を否定しているのであるが、それはあくまでも高橋氏の言い分にすぎない。

大梼成の伝承はおそらく安曇氏の家記などに出典を持つ古伝と判断してよいであろう。あるいはそれは『日本書紀』の原資料とするため、持統五年八月に有力十八氏に詔して上進させた「墓記」中の安曇氏墓記に記されていた伝承かもしれない。『書紀』の採録からは漏れたが、大梼成の話は大浜宿禰の伝承とともに、御食供進の職務奉仕の由来を説いた重要な起源説話であり、膳・高橋氏の磐鹿六鴈伝承に比すべき阿曇氏の祖先伝承であったと推察される。膳・安曇両氏の職掌をめぐる競合的な関係は、両氏の伝承面にも明瞭にその影を落としているのである。

むすびにかえて

以上、御食供進のトモの組織が、多元的な構造によって成り立っており、複数の伴造による並立的な支配形態を取ることを明らかにした。豪族たちによる食膳奉仕を、前之園亮一は服属儀礼としての大王への食物供献の慣行を継承したものと解し、武内宿禰の後裔氏族が令制下の食膳関係官司に関与したのは、五世紀代にこれらの氏族が大王への政治的従属の証として、その食膳に奉仕したからであるとする。[20]

食物供献の服属儀礼の慣行が、御食供進のトモの組織の形成に何らかの影響を及ぼしたことは確かに否定できないが、トモの組織の成立自体は、早くとも王権の伸長する五世紀後半以降で、紀・蘇我・巨勢らの諸氏（いわゆる武内宿禰後裔氏族）が食膳奉仕に従事するようになる時期も、それほど古い頃とは考えられない。トモの組織は段階的に整備され、国造制の進捗にあわせた膳大伴部の設置によって、その裾野は著しく拡大し、組織的な発展を遂げたとみることができる。膳大伴部の管掌伴造である膳氏が、自らをこのトモの組織の本流として意識するようになったのも、このような事情によるのであろうが、トモの構造そのものに本質的な変化はなく、有力伴造が相並んで御食に奉仕する形態が、その後も存続したとみられるのである。

注

（1）直木孝次郎「大蔵省と宮内省の成立」（柴田実先生古稀記念『日本文化史論叢』〔同記念会、一九七六年〕）
（2）津田左右吉『日本上代史の研究』（岩波書店、一九四七年）
（3）古代の木簡にみえる膳大伴部の貢納物には圧倒的に海産物が多く、分布地域も概して臨海部に位置する。膳大伴部の集住地帯である御贄の貢進国の志摩は、『万葉集』に「御食つ国志摩の海人ならし……」とあり（巻六・一〇三三）、志摩の膳大伴部が海人の集団であったことが知られる。
（4）平野邦雄『大化前代社会組織の研究』吉川弘文館、一九六九年
（5）前之園亮一「ウヂとカバネ」（大林太良編『日本の古代11・ウヂとイエ』中央公論社、一九八七年所収）、同「蘇我氏の同族」（黛弘道編『古代を考える・蘇我氏と古代国家』吉川弘文館、一九九一年所収）
（6）狩野久「御食国と膳氏」（同著『日本古代の国家と都城』東京大学出版会、一九九〇年所収）
（7）前之園亮一、前掲注（5）論文がすでにこのことを指摘している。
（8）佐伯有清『新撰姓氏録の研究』考証篇一（吉川弘文館、一九八一年）
（9）佐伯有清、同右

(10) 加藤謙吉「上宮王家と膳氏」(同著『大和政権と古代氏族』吉川弘文館、一九九一年所収)
(11) 虎尾俊哉編『訳注日本史料・延喜式上』(集英社、二〇〇〇年) の頭注は、「伴造」を内膳司の膳部とするが、「膳部」の名はこれとは別に条文の下段にみえるので (『儀式』も同じ)、この説はあたらない。「伴造」・「膳伴造」は、弘仁十四年に淳和天皇の諱を避けて、「大伴」のウヂ名が「伴」に改められた後の (膳) 大伴造の氏姓のこととみられる。
(12) 佐伯有清『新撰姓氏録の研究』考証篇二 (吉川弘文館、一九八二年)
(13) 前之園亮一、前掲注 (5) の論文に、これらの官司の補任者の名が列挙されている。
(14) 前之園亮一、同右
(15) 岸俊男「たまきはる内の朝臣」(同著『日本古代政治史研究』〔塙書房・一九六六年〕所収)
(16) 佐伯有清、前掲注 (12) の書
(17) 高橋氏の内膳奉膳には、高橋朝臣国足 (天平十七)・同子老 (天平宝字三)・同老麻呂 (天平宝字六)・同祖麻呂 (宝亀十)、安曇氏の奉膳には、安曇宿禰刀 (霊亀二年)・同諸継 (宝亀元)・同浄成 (宝亀七)・同継成 (延暦十)、高橋氏の内膳典膳には、高橋朝臣乎具須比 (霊亀二)・同広道 (天平宝字二)、安曇氏の典膳には安曇宿禰諸継 〔宝亀元・典膳↓奉膳〕がいる。このほか『氏文』第三章によれば、宝亀六年の内膳司の奉膳もしくは典膳とみられる人物に安曇宿禰広吉と高橋朝臣波麻呂が存する。高橋氏の大膳亮は、高橋朝臣子老 (天平宝字六)、大膳職膳部は同乙万呂 (天平二十〜天平勝宝三)、造酒正は同国足 (天平十七・兼内膳奉膳)、安曇氏の大膳主醤は安曇宿禰浄成 (天平宝字五ごろ)。
(18) 佐伯有清『新撰姓氏録の研究』考証篇三 (吉川弘文館・一九八二年)
(19) 籠谷百合子 (上代文献を読む会編『高橋氏文注釈』翰林書房、二〇〇六年)
(20) 前之園亮一、前掲注 (5) 論文

付論　磐鹿六鴈命の伝承

『本朝月令』六月「朔日内膳司供忌火御飯事」条と『政事要略』巻二十六「十一月中卯新嘗祭事」条に引く『高橋氏文』（以下、『氏文』と略記）には、膳臣（高橋朝臣）の遠祖、磐鹿六鴈（獦）命の伝承を掲げている。伴信友の『高橋氏文考註』に従って、これら『氏文』の逸文を第一章と第二章に区分すると、第一章は景行五十三年〜五十四年紀と対応する。冒頭の文は五十三年八月条とほぼ同文で、『日本書紀』（以下、『書紀』と略記）を参照したことが知られるが、続く部分は『書紀』の記事をより詳細にした内容と独自の伝承から成る。

伴信友は第一章に「上総国安房」と記すことから、第一章の成立期を『書紀』完成の養老四年（七二〇）以降で、阿波国が上総国に属していた天平十三年（七四一）十二月〜天平宝字元年（七五七）五月の間に求め、さらにそれが古伝を繕写したものであると推測している。仮名遣いの面でも第一章の万葉仮名は、上代特殊仮名遣いの甲類・乙類の使い分けがほぼ正しく行われており、[1]信友の推測はおおむね妥当と思われる。古伝については、持統五年（六九一）八月上進の「膳部氏の墓記」や、『上宮聖徳太子伝補闕記』に古記と記す「膳臣の家記」が想定できるが、あるいはそれ以前より伝えられたものも利用されたかもしれない。

『氏文』逸文の第一章が、古伝に拠っているとすると、いくつか興味深い問題が浮かび上がってくる。内容を要約すれば、景行天皇と大后が小碓王（倭武王）の平定した国々を尋ねて東国に入り、安房浮島宮に至った時、大后の命により磐鹿六鴈命はカクガクと鳴く鳥（覚賀鳥）を捕獲しようとしたが失敗する。代わりに堅魚と白蛤を得て大后に献上し、これを料理して天皇に供したところ、天皇はおおいに喜び、磐鹿六鴈命に以後永く天皇の食膳に奉仕するよう勅し、大伴部を与え、また上総国の安房大神を御食つ神としたという。

注目すべきは、『塵袋』第三所収の『常陸国風土記』逸文（古風土記の原文そのままではなく、省略・書き換えが行われた形跡が認められる）にこれと類似の伝承を掲げることである。常陸国河内郡の浮嶋村に賀久賀鳥という鳥がおり、この村の行宮にいた景行天皇が伊賀理命を遣わしてこの鳥を捕らえさせ、伊賀理命に鳥取の姓を与えたと記す。常陸と安房という違いはあるが、傍線部の天皇名や鳥名、宮名（村名）は『氏文』のそれと一致し、傍点を施した伊賀理命のイカリの名も磐鹿六鴈命のイハカムツカリの名と共通する。

常陸国には、水戸市渡里町（旧那賀郡）の台渡《だいわたり》廃寺跡より出土した文字瓦に「□里鳥取」「阿波郷□□里鳥取□」と記したものがあり、鳥取氏が実在するから、伊賀理命と磐鹿六鴈命は別人とすべきであろう。ただ両伝承は、景行天皇の東国巡狩に結びつけて、どちらも覚賀鳥の捕獲という筋立のもとに伴造としての職務奉仕の由来を述べており、伝承の骨子は同じとみて差し支えない。

『新撰姓氏録』（以下、『姓氏録』と略記）右京皇別上・若桜部朝臣の本系には、磐鹿六鴈命の名を「伊波我加利命」と記す。橋本稲彦本などの『姓氏録』の刊本は「伊波我牟都加利命」に作るが、古写本には「牟都」の二字を欠くので、「伊波我加利命」が本来のものと考えられる。「牟都」（六）は、「ムツ（親・睦）」の意で、むつまじいさまを表す形状言とみられる(2)。すると「イハ（磐・伊波）」もまた磐のように堅固で永続的なことを示す褒め言葉と解することができ、小谷博泰が指摘するように(3)、この膳氏の遠祖の名のエッセンスは「狩り」を意味する「カリ」にあったと思われる。『常陸国風土記』逸文の伊賀理命も同様で、「カリ」の上に「神聖な」の意の接頭語「イ（斎・忌）」を冠したものであろう。

筆者は以上の点から、磐鹿六鴈命や伊賀理命の話を、東国で発生した「カリ（狩り）型伝承」とでも呼ぶべき、この地方独自の伝承様式にもとづく話と理解してよいと思う。すなわちそれは「カリ」の名を持つ祖先の王権への奉仕を通して、伴造職の来歴を説く様式より成り、東国地域に広くこうした伝承が流布していたと推測することができるのである。

『氏文』第一章には磐鹿六鴈命のもとで、御食の調理を行った者に無邪（志）国造の上祖の大多毛比《おほたもひ》、知々夫国造の上祖の天上腹《あめのうははら》・天下腹《したはら》の人等（天上腹・天下腹の二神の子孫にあたる人たちの意）を挙げ、この二神の子孫の一人とみられる知々夫大伴部の祖の三宅連意由《おゆ》の名を記し、(4)「諸氏人」および「東方諸国造の枕子《まくらこ》」を六鴈命に委ねたとする。大多毛比は「国造本紀」无邪志国造条に「兄《え》多毛比命」と記す人物と同一人であるが、無邪志国造の氏姓は、『続日本紀』や『日本後紀』、『西角井系図』によれば、「大部《おおとも》直」・「膳大伴部直」であり、奈良時代の史料にも、武蔵国の住人で、「大伴（部）直」・「大伴」・「大伴部」の姓を名乗る者が認められる。

また『古事記』によれば、無邪志（无邪志）国造は上総の上菟上（海上）国造や伊甚（伊自牟）国造、下総の下菟上（海上）国造と同祖関係にある。伊甚国造は「国造本紀」では安房（阿波）国造と同祖とされるが、伊甚の地は上総国夷灊《いしみ》郡を指し、安房国長狭郡に隣接する。安閑紀元年四月条には勅を奉じた「内膳卿」の膳臣大麻呂が、伊甚国造に命じて珠を献上させようとし、最終的に伊甚屯倉が設置された有名な話を掲げるが、安房国造は「国造本紀」に大伴直大瀧を成務朝に国造に定めたと記し、安房国安房郡には大伴部を姓とする者の分布が認められるから、伊甚国造もまた現地の大伴部（膳大伴部）を管掌する伴造として、大伴直の氏姓を名乗っていたかもしれない。

『氏文』第一章よりも成立の遅れる第二章には、さらに景行天皇の宣命として、「六鴈命の子孫らを永く膳職の長、上総国の長、淡路の国の長と定め、他氏を任ずることなくこれを治めさせよ」との意の記述がみられる。淡路は伴信友が指摘するように、淡（安房）の誤りであろうが、第一章とあわせるならば、『氏文』の舞台は、安房・上総を中心に武蔵（知々夫を含む）へと広がりを示している。第一章には、景行が「葛飾野」（下総国葛飾郡の原野）で狩りを行ったと記すから、下総も当然その中に含まれるとみて差し支えない。下総国の諸郡に膳大伴部が設置されたことは、奈良時代の史料によって明らかである。

『氏文』の伝承中、とくに注意を要するのは、第一章で安房大神を御食つ神としたとし、割書に安房大神が今の大膳職の祭神であると記していることである。安房大神は御食つ神として大膳職に勧請されたことになるが、この話は『氏文』独自の伝承で、他にはみえない。安房大神とは、『延喜式』神名帳の安房国安房郡二座中に、「安房坐神社〈名神大、月次新嘗〉」と記す安房坐神社（現館山市の安房神社）にあたる。

一方、同神名帳によれば、大膳職の祭神三座中に「御食津神社」の名がみえる。川尻秋生は、安房郡が神郡である事実にもとづき、出雲・紀国造のケースと同様に、安房国造の大伴直一族が、安房坐神社の社司と安房郡の郡司を兼ねていたと説く。そして『類聚三代格』巻十、供御事条所収の天平三年九月十二日付の格に「阿房之刀自部」とあることに着目し、「阿房之刀自部」が安房坐神社を奉祭した安房国造一族出身の女性祭祀集団で、早い時期から上番して膳職で膳神を祀っていたと推測する。[5]

従うべき見解と思われるが、すると前述した磐鹿六鴈命伝承との関係が問題となる。『氏文』第二章には「是以、六鴈命乃御霊乎波膳職尓伊波比奉天、春秋乃永世乃神財止仕奉志迷牟」と記すが、これによれば、安房大神（御食つ神）とは磐鹿六鴈命にほかならないことになろう。磐鹿六鴈命伝承が東国の「カリ（狩り）型伝承」の一形態として誕生したものであるとすれば、王権への食膳奉仕を通して、東国の在地土豪の祀った神が御食つ神となり、一方でそれが始祖的人物に転化して、伴造職の由来を説く伝承に結実したとも考えられるのである。

『古語拾遺』に安房郡は阿波国より移住した忌部の居所で、安房社は忌部氏の祖の太玉命を祀る社であると記すことから、従来、安房大神の奉祭者や安房郡の郡司を忌部氏とする説が有力であった。しかし『古語拾遺』以外にそうした記述はみえず、古代の残存史料による限り、安房国には忌部氏や忌部を姓とする者がまったく存在しない。現在、安房神社の祭神は太玉命とされるが、これも創祀当初からのものかどうか、疑わしい。

『新抄格勅符抄』によれば、大同元年に安房神の神封は九十四戸で、香取神の七十戸を上回り、東国では鹿嶋神の一〇五戸に次いでいた。東国屈指の名社であるが、したがって逆に津田左右吉のように、『古語拾遺』の記述を虚構とみて、安房の神と忌部氏を結合させることにより、中臣氏の鹿嶋の神に対抗しようとしたと推測すること[6]も可能である。少なくとも忌部氏と安房大神との関係は本来的なものではなかったとみるべきであろう。

以上、磐鹿六鴈命の伝承が東国で成立し、その神として位置づけられたものが安房大神（御食つ神）ではないかと推測した。仮説の域を出るものではないが、このように想定すると、膳氏を大王や朝廷の食膳に奉仕した中央の統轄的伴造と一方的に理解することにも疑問が生じる。膳氏というウヂの組織の中に地方出身者が含まれ、東国出身のそれがかなり大きなウェートを閉めていた可能性も考慮してみる必要があるのではなかろうか。

周知のように、武蔵国造の系統に連なる墳墓とみられる埼玉県行田市の稲荷山古墳出土の鉄剣銘には「多加利足尼」と「弖已加利獲居」の人名がみえる。どちらも「カリ」を名の一部としており、あるいはこれらも東国特有の「カリ（狩り）型」の祖名の事例として把握することができるかもしれない。この問題も含めて、今後さらに食膳奉仕のトモの組織と東国との関係について、検討を深めていくことにしたい。

注

（1）小谷博泰「高橋氏文の筆録年代について」（『甲南大学紀要』文学篇一七、一九七四年）、植松茂「氏文の成立と構造―高橋氏文」（『日本神話の成立と構造』講座日本の神話二、有精堂、一九七六年）

（2）田中卓『新撰姓氏録の研究』（田中卓著作集九、国書刊行会、一九九六年）

（3）小谷博泰、前掲論文

（4）佐伯有清（『新撰姓氏録の研究』考証篇一、吉川弘文館、一九八一年）の解釈に従う。

（5）川尻秋生「古代安房国の特質―安房大神と膳神―」（『延喜式研究』一〇号、一九九五年、のち同著『古代東国史の基礎的研究』（塙書房、二〇〇三年）に収録）

（6）津田左右吉『日本古典の研究』下（津田左右吉全集第二巻、岩波書店、一九六三年）

第五章　讃岐の国造勢力と因支首
―『和気系図』の解釈をめぐって―

はじめに

古代の地方豪族の研究を進める上で最大の障害となるものは、文献史料の欠如、もしくは不足という抜き差しならぬ現実である。近時、木簡を中心とする出土文字資料の増加に伴い、各地の豪族の分布状況については徐々にデータが蓄積されつつあるが、その多くは断片的なものにとどまり、中央権力との関わり、豪族相互の政治的諸関係、さらにそれらにもとづく個々の豪族の地域支配のあり方といった核心的な部分に関しては、まだほとんど何も解明されていないのが現状である。

ただその一方で、比較的文献史料に恵まれ、文字資料や考古資料（遺跡・遺物）と照合することにより、ある程度古代の豪族の動向をうかがうことが可能な地域が存する。本章で考察の対象とする讃岐もその一つであるが、この国は平安初期に明法道の学者や空海・円珍といった高僧を輩出したため、その直接・間接の影響下に、改姓記事や京への移貫記事など、豪族や住民のことが中央の記録に取り上げられることが少なくない。さらに円珍の出身氏族、和気公（旧姓因支首）一族には、現存する最古の竪系図である国宝『和気系図』（『円珍俗姓系図』、園城寺蔵）が存し、他にみえない独自の伝承や記録を掲げている。

本章では、このような史料をもとに、讃岐の豪族層の実態を、国造制の展開と関連づけて考察し、讃岐西部における因支首の豪族としてのあり方を、その出自をめぐる問題や佐伯直との関係を通して論じることにしたい。

第一節　凡直国造の性格

山陽道や南海道の瀬戸内海沿岸諸国には、「粟凡直」のような「地名＋凡＋直」の氏姓、または「凡直」の氏姓を持つ者の分布が広く認められ、これらは一般に凡直国造の名で知られている。

凡直国造については、八木充以来、「凡」を「あまねく」「おしなべて」の意にとり、すでに成立していた小国造の上に立って二次的に編成された統括的な大国造と解する説が有力視されてきた。[1] しかしこのような見方に対しては、（Ⅰ）令制下においては、大国造である凡直国造の後裔の一族と、その支配下に組み込まれた小国造の系統の一族との間に、政治的な勢力差が存在せず、むしろ並立的な関係にあること、（Ⅱ）すでに篠川賢が指摘するように、凡直国造制がそれ以前の国造制に比べてより発達した地方支配制度として成立したものならば、凡直国造が山陽道・南海道の地域にのみ偏在する理由が説明できないこと、[2] の以上二点の疑問が生じるのであり、この疑問が解消されない限り、安易にこの見解に従うことはできない。

一方、大国造説に対しては、「凡」は「横にひき束ねる」・「聚め束ねる」の意味で、「聚め束ねられた」ものの中には、上下関係は本来認められないとして、これを否定する服部良男の説や、[3] この説を基本的に継承し、凡直氏には、「地名＋大押＋直」（紗抜大押直）、「地名＋凡＋直」（粟凡直）、「凡＋直」（凡直）、「凡＋費」（凡費）のような区別があり、それらは凡直氏内部の上下関係を表すもので、凡直国造制を設置する時、既存の小国造のうちあるものを「地名＋大押＋直」の国造とし、既存の小国造の領域外に新たに設置した国造を「凡直」としたもので、擬制的な同族関係に立って、凡直国造の本宗となるものを「大押直」「大直」としたと推測する松原弘宣の説、[4] 凡直国造と他の小国造との間に本来上下の関係はなく、その地位も固定せずに、複数の国造の間を移動したとする小野里了一の説[5]などがある。

凡直国造については別の機会に詳論することとし、ここでは当面の問題にしぼって私見を述べると、「凡」が「大」に通じることは、凡河内直の氏姓を「大河内直」（安閑紀元年七月条）とも記すことにより明らかである。[6] さらに『続日本紀』（以下、『続紀』と略記）天平神護二年九月丙寅条には、伊予国人の「大直足山」の名を掲げるが、伊予には「凡直」氏の一族の分布が確認できるので、足山は「凡直」姓の者とするのが妥当であろう。すなわち「凡」と「大」は同じ意となり、服部の解釈には無理が生じる。

松原の説は、『続紀』延暦十年九月丙子条の讃岐国寒川郡人、凡直千継の言上に、千継らの祖の皇直（「皇」はウヂ名ではなく、人名であろう）が敏達朝に「紗抜大押《さぬきのおほし》直」を賜姓されたと記すことなどを根拠とするが、「紗抜」や「大押」の表記は他に全く例がない。千継が讃岐公の氏姓を賜わろうとして、「讃岐凡直」を仰々しく「紗抜大押直」と書き換えた疑いが持たれる。「凡直」や「凡費」の表記の違いも、松原が説くような明確な氏族的序列の差にもとづくものではなく、讃岐凡直や粟凡直の一族内部の本流・傍流の違いを示す程度のものと理解すべきであろう。

紀伊国造（紀直）の系図である『国造次第』や『紀伊国造系図』（和歌山市立博物館寄託）、神宮文庫所蔵『紀伊国造系図』は、第十代紀伊国造の豊布流の譜文に「初賜㆓大直㆒」と記す。この「大直」はカバネ「直」に「大」の字を冠した美称で、東漢直を「山東漢大費直」（元興寺塔露盤銘）と記す例と一致し、後に東漢氏の族長、坂上氏のカバネを「大忌寸」「大宿禰」と称することとも共通する。一方、紀伊国もまた瀬戸内海に通じる南海道諸国の一国であるから、豊布流の「大直」を「凡直」と同意と解することができるが、そうすると「凡」「大」は直接的にはカバネの直にかかる美称であって、大国造を示す文字ではないことになる。

勿論、美称とはいえ、瀬戸内海沿岸諸国の国造に共通して凡直姓の者が存在することは、凡直国造が同一地域の他の国造とは異なり、中央から何らかの特殊な任務や性格を付与された国造であったことを示唆しよう。それは対外的な軍事任務の遂行（兵士の徴発や指揮・統率）と関わるものかもしれないし、あるいは新興豪族層を対象としたより官僚的な国造の創設を意図したものであったかもしれない。実態は不明とせざるを得ないが、「凡直」姓はそのような「特別」な国造に対して、一般の直姓国造と区別する目的で与えられた美称と推測することができる。

したがって凡直国造と他の国造との間には、小野里了一が説くように、本質的に上下関係はなかったとみるべきである。ただ凡直国造の地位が複数の国造の間を移動するような状況が存したとは考えがたく、直姓の国造と凡直姓の国造は、互いに併存関係にあったとみられる。凡直国造の成立は直姓国造よりは若干時期的に遅れるが、それが統括的な大国造でなかったことは確かであろう。

第二節　讃岐国造の諸系統

史料にみえる讃岐国造には次の三系統の豪族が存する。

Ⅰ　讃岐凡直系（景行天皇皇子神櫛命の後裔）
Ⅱ　未詳（鷲住王の後裔）
Ⅲ　佐伯直系（倭胡連の後裔）

Ⅰは「国造本紀」に「讃岐国造　軽嶋豊明朝御世、景行帝児神櫛王三世孫須売保礼命、定㆓賜国造㆒」とし、景行紀四年二月条や「天皇本紀」にも神櫛（別）命を讃岐国造の祖と記す。一方、前述の凡直千継らは延暦十年（七九一）九月に讃岐公の氏姓を賜わり、その子孫が承和三年（八三六）三月に讃岐朝臣、貞観六年（八六四）八月にはさらに和気朝臣を賜姓されているが、『続日本後紀』や『三代実録』は、彼らの祖を神櫛命と記し、『新撰姓氏録』（以下、『姓氏録』と略記）右京皇別下・讃岐公条も「大足彦忍代別天皇皇子五十香彦命〈亦名神櫛別命。〉之後也」とする。『和気系図』にも「次神櫛皇子〈讃岐公等祖（本姓凡直）〉」とあるから、讃岐凡直系の国造が存したことは確かである。

Ⅱは履中紀六年二月条に、鯽魚磯別王の子で、履中妃の太姫郎姫・高鶴郎姫の兄にあたる鷲住王が強力軽捷であることを聞いた天皇が、彼を再三召したが来たらず、王は恒《つね》に住吉邑に居したと記し、続けて「是（鷲住王）、讃岐国造・阿波国脚咋別、凡二族之始祖也」とする。Ⅱの氏族的な系統は未詳であるが、履中紀の伝承は鷲住王の後裔氏族の家記より出たものと推察され、讃岐国造とともに後裔氏とされる阿波国の脚咋《あしくい》別の「脚咋」は、阿波国名方郡〔現徳島県神山町・徳島市〕を北東流する鮎喰《あくい》川の名、もしくは同国海部郡宍喰《ししくい》〔現徳島県海部郡海陽町〕の地名によるとみられる。したがって阿波国の在地土豪と同族関係を持つ讃岐国造の一族が実在したと考えてよい。

Ⅲは『三代実録』貞観三年十一月十一日条に、讃岐国多度郡人の佐伯直豊雄（空海の甥）ら十一人（空海の兄弟〔故人〕とその子たち）が、佐伯宿禰の氏姓を賜わり、左京に貫付されたことを記す。豊雄が欵状で申請した内容を、時の中納言、伴善男が奏言によって虚偽でないと証明しているが、豊雄の欵状には、

先祖大伴健日連公、景行天皇御世、随二倭武命一平二定東国一、功勲蓋レ世、賜二讃岐国一、以為二私宅一。健日連公之子、健持大連公子、室屋大連公之第一男、御物宿祢之胤、倭胡連公、允恭天皇御世、始任二讃岐国造一。倭胡連公、是豊雄等之別祖也。

とある。健日連から御物に至る四代の人物は、いずれも大伴連の祖先で、本来、讃岐の佐伯直の祖にあたる人物ではない。佐伯直の直接の祖は「別祖」と記す倭胡連公（正しくは倭胡直か？）で、この人物が允恭朝に讃岐国造に任ぜられと豊雄は述べている。

以上の三系統の讃岐国造のほか、「天皇本紀」には櫛見皇命の裔とする讃岐国造と、五十河彦命の裔の讃岐直（どちらも景行天皇の皇子）の名を掲げるが、前者は神櫛命（皇子）の名を別人として記したもの、後者も『姓氏録』が神櫛別命の別名とする五十香彦命を重複して掲げたものと推測され、讃岐国造の系統は結局、右の三氏に限定することができる。

このうちⅠの讃岐凡直は、讃岐東部の寒川郡を拠点とし、Ⅲの佐伯直は西部の多度郡を拠点としている。氏族名の

系図１　『和気系図』

＊園城寺編『園城寺文書』第一巻による。ただし部分的に訂正を加えた。
＊□内は推定文字、「　」内は円珍の自筆部分。
＊系図１から系図２へと接続する〔(A)→(A)、「一」→「一」〕。

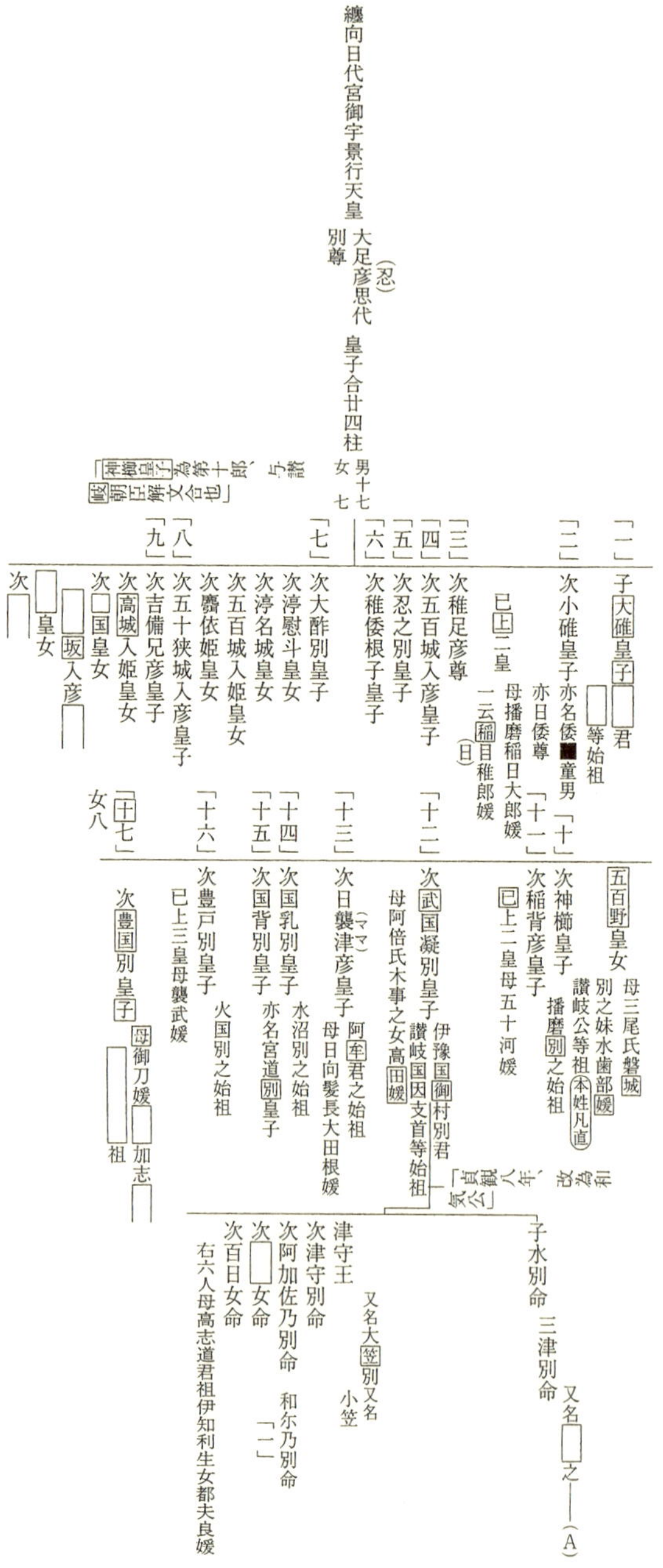

判明しないⅡは、国造氏である以上、讃岐凡直や佐伯直と比べて遜色のない有力氏とみられ、かつこの両氏とは別の地域を勢力圏とした豪族と解するのが妥当であろう。その蓋然性がもっとも高いのは、讃岐中部の阿野郡を本拠とし、天平宝字七年当時の山田郡大領でもあった綾公の一族である。

景行紀五十一年八月条は日本武尊と吉備穴戸武媛の子の武卵王を讃岐綾公の始祖としており（景行記も同じ）、鯽魚磯別王の子の鷲住王を讃岐国造の始祖とする履中紀の記述と一見矛盾するかのようであるが、『書紀』は鯽魚磯別王や鷲住王の出自について何も記しておらず、彼らが武卵王と系譜的に結び付く可能性も一概に否定できない。

綾公は天武十三年に朝臣に改姓している（『書紀』）。一方、『続紀』延暦十年九月戊寅条には、讃岐国阿野郡人の綾公菅麿らの祖が天武朝の朝臣賜姓に漏れ、己亥年（文武三年〔六九九〕）に初めて朝臣姓を賜わったが、養老五年（七二一）の造籍以降、旧姓の公として戸籍に記されていたため、延暦十年（七九一）に菅麿らが言上して朝臣姓への復帰を請い、許されたとある。

しかし実際には奈良・平安朝の史料に綾朝臣の氏姓を名乗る者は一人も存在せず、すべて旧姓の綾公にとどまっている。おそらく朝臣を賜姓された綾氏の本流の一族は勢力的に振るわず、讃岐在住の綾公の一族だけが史料に名をとどめる結果となったのであろう。ただ朝臣賜姓期は天武朝や文武朝であるから、この氏は、延暦十年に公、承和三年に朝臣に改姓した讃岐凡直や、承和・嘉祥・貞観の各時期に宿禰を賜姓された佐伯直よりも、相対的に優勢であったとみられる。

いずれにせよⅠ～Ⅲの三氏は、勢力的には国造にふさわしいあり方を示している。いま、香川県の後期古墳の分布状況と照合すると、善通寺市我拝師山《がはいしやま》南麓と大麻山《おおあさやま》北麓にかけて（旧多度郡）、六世紀前半から六世紀後半に連続して営まれた王墓山・北原・宮ガ尾古墳は讃岐国西部の盟主的首長一族の墳墓とみられ、佐伯直を被葬者に比定することができよう。同様に六世紀後半～七世紀前半の高松市久本・山下古墳（旧山田郡）や坂出市（旧阿野郡）の新宮・綾織塚古墳・醍醐古墳群などは、大規模な横穴式石室を有し、讃岐中部の有力首長の奥津城と推定できるが、これも綾公一族と結び付く可能性がある。さぬき市（旧寒川郡）の六世紀末の巨石墳、中尾古墳も、讃岐東部を勢力圏とした讃岐凡直一族の墳墓とみてよいであろう。

「国造本紀」は令制下の讃岐国に属する国造として、「讃岐国造」の名だけを記しており、他の史料とあわせても、国内に別の国造が並立して存在した形跡は認められない。しかし一方で「讃岐国造」とされる豪族が現に三氏存在し、讃岐国を三分割する形でその勢力圏が形成されている。このようなケースでは、国造の職位が一氏に固定されることなく、勢力バランスや畿内政権との関係変化に応じて、三氏の間を移動したと考えるのが妥当であろう。すなわち讃岐凡直・綾公・佐伯直のいずれもが讃岐国造としての経歴を持つ氏族であったとみられるのである。

第三節　因支首の実態

貞観八年（八六六）十月に讃岐国那珂郡人の因支首秋主・多度郡人の因支首純雄ら九人が和気公の氏姓を賜わったが（『三代実録』）、貞観九年二月十六日付の「讃岐国司解」には、賜姓に至るまでの細かい経緯と、那珂・多度両郡六烟の改姓者全員（四十三人）の名と続柄が記されている。「讃岐国司解」に引用する秋主らの解状によれば、延暦十八年（七九九）十二月の本系帳提出を命じた太政官符により、因支首は伊予別公らとともに、具《つぶさ》に「為二同宗一之由」を注し、翌十九年七月に本系帳を進上したとあり、因支首は伊予別公の同族とされる。

一方、『和気系図』（系図1）には「次武国凝別皇子〈伊予国御村別君讃岐国因支首等始祖〉」とあり、因支首は伊予国御村君と同族で、景行天皇の子の武国凝別皇子の裔と記し、景行紀四年二月条にも、因支首の名は掲げないが、武国凝別皇子を伊予国御村別の始祖とする。『書紀』は景行五十一年八月条に、日本武尊の子の十城別王の名を挙げ、「伊予別君」の始祖とするので、『書紀』によれば伊予別公と伊予御村別君とは別族となる。

佐伯有清は、『和気系図』（系図1・2）が武国凝別皇子の子の水別命と阿加佐乃別命の二つの系（後者は因支首の系統の系図）のうち、水別命の系統の佐久□別命のもとに「又名十城別命」と記し、その子の□尼古乃別命のもとに「此別君之」とするのは、「此れ別君の祖」という文の断片であろうとし、水別命の系統の系図は伊予別公氏の系図で、伊予別公と伊予御村別公とは、もともと同じ氏族であり、『和気系図』が十城別命を佐久□別命の別名とし

表1　「奈良・平安朝の綾公・讃岐凡直・佐伯直」

綾公		
綾君	聖武朝の人、香川郡坂田里の富者	日本霊異記中・一六
綾公人足	天平宝字七、外正八位上・山田郡大領	図録東寺百合文書二一号
綾公川主	山田郡池田郷の人	長岡京木簡八五八号
圀勝	山田郡宮処郷戸主	平木概三十・三二頁（二条大路木簡）
綾公船守	宝亀三、内豎、大初位上。東大寺写経所造帙所領	古六・四〇四、四一七頁ほか
綾公菅麿	延暦十、阿野郡の人、正六位、賜姓朝臣	続紀
綾公姑継	嘉祥二、阿野郡人、外従五位下内膳掌、左京へ貫付	続後紀
綾公武主	嘉祥二、阿野郡人、従八位上主計少属、左京へ貫付	続後紀
綾波津女	寛弘元、大内郡入野郷の人	讃岐国入野郷土戸籍
讃岐凡直		
凡直千継	延暦十、寒川郡人、正六位上、賜姓讃岐公	続紀
	延暦二四、従五位下、備前権介・大判事	続後紀
	大同三、刑部少輔→従五位上	続後紀
讃岐公広直	大同二、明法博士	政事要略六七、五六五頁
讃岐公棟公	大同三、蔭孫、正八位上、勲七等	越中国官倉納穀交替帳
讃岐公永直	承和三、寒川郡人、外従五位下大判事明法博士、右京へ貫付	続後紀
讃岐公永成	承和三、寒川郡人、右少史兼明法博士、右京へ貫付	続後紀
讃岐公全雄	承和三、山田郡人、従七位上、右京へ貫付	続後紀
讃岐朝臣高作	貞観六、右京人散位従五位上、賜姓和気朝臣	三代実録
讃岐朝臣時雄	貞観六、右京人右大史正六位上、賜姓和気朝臣	三代実録
讃岐朝臣時人	貞観六、右京人右衛門少志正六位上、賜姓和気朝臣	三代実録
凡直［闕名］	天平宝字七、従八位上・少領	図録東寺百合文書二一号
凡直小野□	延暦三、山田郡三谷郷の人	平木概三一・一三頁
凡直佐留	山田郡田井郷の人	平木概二四・三十頁（二条大路木簡）
凡（四八八）	寛弘元、大内郡入野郷の人	讃岐国入野郷戸籍
讃岐（三五人）	寛弘元、大内郡入野郷の人	同右

佐伯直

佐伯直道長	延暦二四、正六位上、多度郡方田郷戸主 空海はその戸口	平遺八・四三一四号
空海	多度郡方田郷の人、承和二、大僧都伝灯大僧師位	続後紀
佐伯直真継	承和三、讃岐国人、散位、左京に貫付	続後紀
佐伯直長人	承和三、同右。承和四、賜姓宿祢、従七位上	続後紀
佐伯直真持	承和四、賜姓宿祢、正八位上	続後紀
佐伯直正雄	嘉祥三、讃岐国人、大膳少進・従七位上左京貫付、賜姓宿祢	続後紀
佐伯直田公	（故人）貞観三、多度郡人、空海の父、賜姓宿祢	三代実録
佐伯直鈴伎麻呂	（故人）貞観三、多度郡人、田公の子、外従五位下、賜姓宿祢	三代実録
佐伯直酒麻呂	（故人）貞観三、多度郡人、田公の子、正六位上、賜姓宿祢	三代実録
佐伯直魚主	（故人）貞観三、多度郡人、田公の子、正七位下、賜姓宿祢	三代実録
佐伯直貞持	貞観三、多度郡人、鈴伎麻呂の子、従六位上、賜姓宿祢	三代実録
佐伯直貞継	貞観三、多度郡人、鈴伎麻呂の子、大初位下、賜姓宿祢	三代実録
佐伯直葛野	貞観三、多度郡人、鈴伎麻呂の子、従七位上、賜姓宿祢	三代実録
佐伯直豊雄	貞観三、多度郡人、酒麻呂の子、書博士正六位下、賜姓宿祢	三代実録
佐伯直豊守	貞観三、多度郡人、酒麻呂の子、従六位上、賜姓宿祢	三代実録
佐伯直粟氏	貞観三、多度郡人、魚主の子、従八位上、賜姓宿祢	三代実録
佐伯宿祢真持	貞観三、玄蕃頭従五位下、貞観三以前に京に貫付	三代実録
佐伯宿祢政雄	貞観三、正六位上、貞観三以前に京に貫付	三代実録
佐伯［　］	那珂郡金蔵郷の人	長岡京木簡五七二
佐伯直赤猪	三野郡阿麻郷戸主	平木概二二・三九頁（二条大路木簡）
真雅	元慶三、僧正法印大和尚位、空海の弟　卒伝	三代実録
実恵	空海の弟子、多度郡人、俗姓佐伯宿祢、延暦五年生	弘法大師弟子伝
道雄	空海の弟子、多度郡人、俗姓佐伯	同右
佐伯［闕名］	天平宝字七、従八位下・山田郡少領	図録東寺百合文書二一号
佐伯吉［　］	山田郡（?）宮処郷の人	長岡京木簡八五二号
佐伯（一一人）	寛弘元、大内郡入野郷の人	讃岐国入野郷戸籍

【備考】平木概＝平城宮発掘調査木簡概報、古＝大日本古文書、続後紀＝続日本後紀、平遺＝平安遺文

たのは、古い所伝によったためと推測される。すなわちこの氏は十城別王を始祖として伝えていたが、後に十城別王を日本武尊の子に結び付け、その子孫とする系譜と、景行の子の武国凝別皇子の子孫とする系譜のように、二つの異伝が生じたと推測する。(7)

これに対して義江明子は、武国凝別皇子と十城別王の名は、景行紀の中でも一方は景行の皇子女を列記した部分、他方は日本武尊をめぐる物語の中に記されていて異質であることから、伊予別公と伊予御村別公とはごく近い同族関係にはあるものの別族であること、ただし「讃岐国司解」によれば延暦十九年の本系帳提出に際して伊予別公と因支首は「同宗」とされているから、この頃までには伊予別公と伊予御村別公の系譜は統合されていたのであろうとし、松原弘宣も義江説を支持している。(8)

「天皇本紀」の景行天皇条は、天皇の子の国乳別命を「伊与宇和別祖」とし、武国皇別命を「伊与御城別・添御杖君祖」と記す。武国皇別命は武国凝別命、伊与御城別は伊与御村別の誤記とみられるが、別系統の別氏である可能性も否定できない。伊与宇和別は伊予国宇和郡の郡名に因み、この地を本拠とした豪族と推察されるが、これにより「国名＋地名＋別」を氏姓とする氏が、伊予国内に複数存したことが明らかになる。

すると逆に「国名＋地名＋別」型の伊予御村別公と、地名の部分を欠く伊予別公は、前者をフルネーム、後者をその略称的な氏姓とみて、両者を同一の氏と解する方が妥当なのではなかろうか。(9)そもそも因支首自身が「讃岐国司解」所引の秋主の解状で伊予別公らと同宗と主張し、『和気系図』では伊予国御村別君と同祖とするのであるから、両氏は当然同一の実体でなければならず、あえて義江のように、延暦十九年（八〇〇）頃までに別氏であった両氏の系譜が統合されたと考える必要はない。『和気系図』の円珍自筆の裏書には、彼が参照した系図として、『伊予別公系図』の名がみえるが、これも伊予御村別君の系図にほかならないことになろう。(10)

ところで前述の「讃岐国司解」所引の因支首秋主らの解状には、

系図2「和気系図」

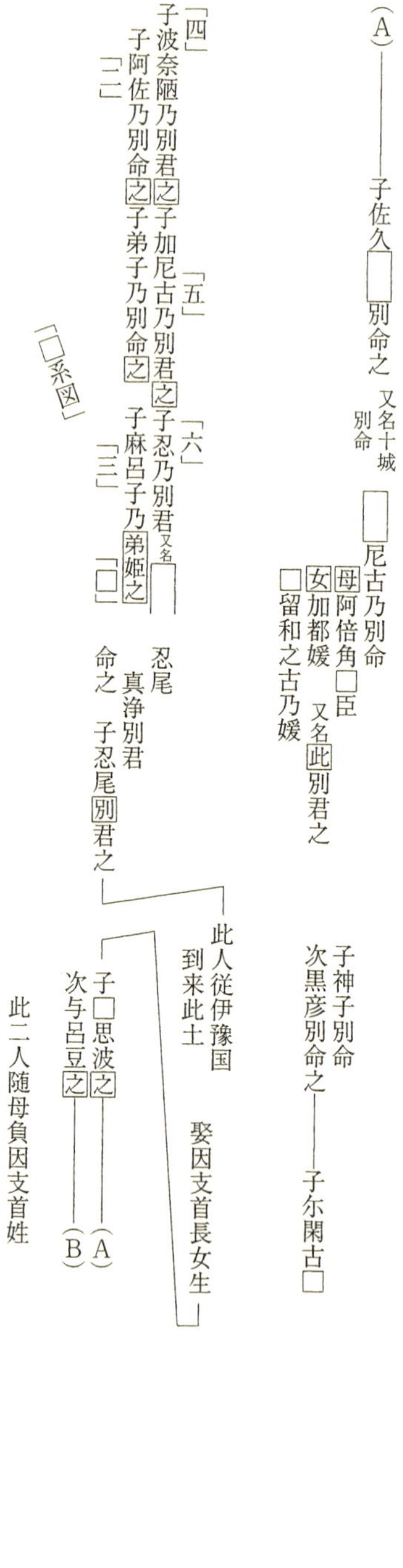

望請、幸被二言上一、忍男五世孫少初位上身之苗裔、在二此部一者、皆拠二元祖所レ封郡名一、賜二和気公姓一、将レ貽二栄後代一。

とあり、因支首の実質的な始祖にあたる人物として忍男の名を挙げているが、この人物は『和気系図』（系図2）には忍尾別君とみえ、その譜文に「此人従二伊予国一到三‐来此土二」と記し、続けて因支首の女を娶って□思波と与呂豆を生んだとする。さらに□思波と与呂豆の譜文に「此二人随レ母負二因支首姓一」とあるから、忍尾別君（忍男）が、伊予より讃岐に到来し、因支首の女との間に生まれた二人の男子が、母姓によって因支首を名のったことになる。

すなわち『和気系図』の因支首の系図は、一見すると非父系的な構造から成り、そのためその出自構造に関して、これまで様々な説が立てられてきた。しかし因支首の系譜を、父系・母系または双系といった出自の問題として取り上げる前に、そもそも忍尾別やその二人の子に関する『和気系図』の譜文が史実を伝えているのかどうかを明らかにする必要があろう。従来の説のほとんどは、忍尾別が伊予国から到来したことを既定の事実として論を展開してきたのであるが、はたしてそのように断定してよいのであろうか。

秋主の解状には「皆拠二元祖所レ封郡名一、賜二和気公姓一……」とあるから、その郡とは伊予国和気郡を指すとみられ、この地が伊予別公（御村別君）の本拠地にあたろう。しかし忍尾別が伊予別君の一族で、実際に伊予国和気郡から讃岐に移住してきた人物かどうかは保証の限りではない。秋主らは因支首から和気公への改姓を請願し、改姓を正当化する理由として「一族の先祖が封じられた地が和気郡であるから」と主張しているのである。

したがって移住云々は全くの虚構で、延暦十九年以前に成立していた伊予別公氏と因支首の擬制的な同族関係にもとづき、忍尾別を和気郡から讃岐へ移った伊予別公氏の一族と位置づけ、忍尾別の婚姻の結果、その子孫が誤って母姓により因支首を名乗ったとする話を、改姓の根拠とする目的で創作した疑いが持たれる。母姓を負ったために父姓や父姓に依拠した新姓への改姓を請願する例は枚挙に遑がないが、国史や『姓氏録』にみえるかかる事例は、父系とされる氏族との血縁関係を実態として伴わない場合がほとんどである。

伊予国に関するそのようなケースを一、二挙げてみよう。『続紀』によれば、延暦十年（七九一）十二月に、伊予国越智郡の越智直広川らが請願して紀臣の氏姓を賜わったが、その言上に、広川らの七世の祖の紀博世が推古朝に伊予国に派遣され、博世の孫の忍人が越智直の女を娶って在手を生んだ。在手は庚午年籍で本源を尋ねず、誤って母姓に従い、それ以来子孫が越智直の氏姓を負うことになったので、本姓に復帰したいと申し出たとある。

越智直は越智郡の郡領氏族で、「国造本紀」の小

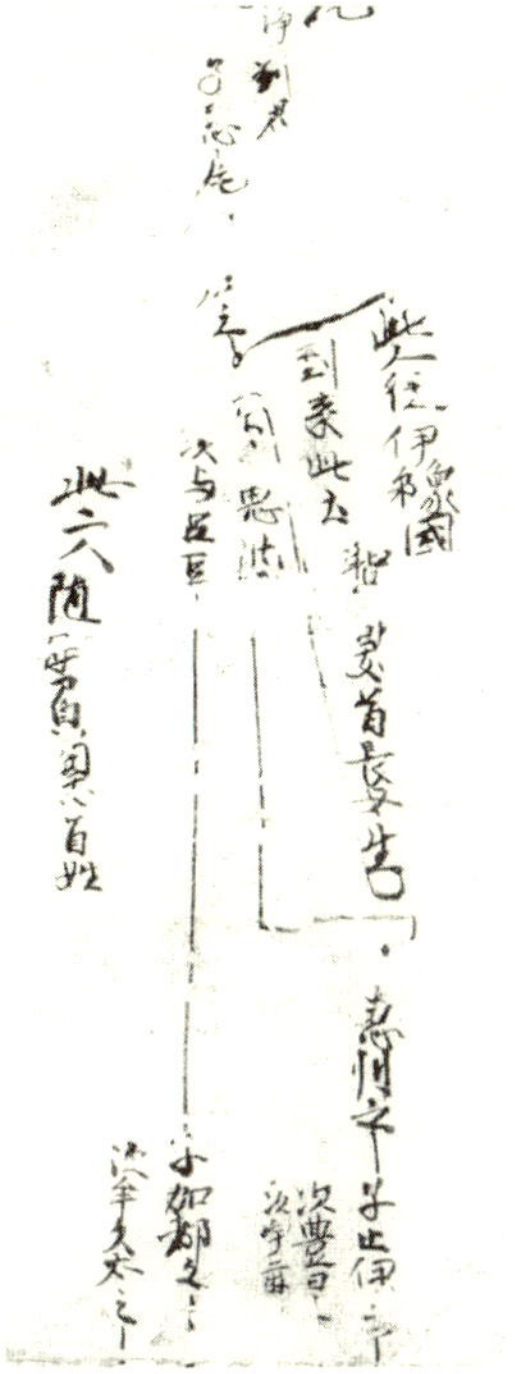

「和気系図」（系図2、部分）

市国造にあたる。「国造本紀」や「天孫本紀」は物部氏系の氏とするが、大和政権の対外交渉に従事した紀臣一族が瀬戸内海航路に沿って南海道諸国に勢力を扶植すると、現地の勢力の中には紀氏と結び、同族関係を形成する者が現れた[11]。越智直らもこのような紀氏との関係にもとづき、紀臣改姓の口実として紀博世の子孫と称したのであり、越智直が母姓であるという主張は事実ではない。

同じく天平神護二年（七六六）三月には、伊予国人の秦毗登（首）浄足らが、孝徳朝に朱砂の採取のため伊予に派遣された安倍小殿小鎌の子孫と称し、母姓の秦首から父姓の阿倍小殿朝臣への改姓を求めて許されているが、浄足の言上も改姓のための理由付けとして述べられたものにすぎず、浄足らはもともと伊予の秦首の一族の者とみるべきであろう。

以上の二例はどちらも中央豪族の氏姓（紀臣・阿倍朝臣）への改姓のケースであるが、因支首の和気公改姓についても、同様の理由付けが行われたと考えてよい。『書紀』で武国凝別皇子や十城別王の裔とされるのは伊予御村別や伊予別公だけで、因支首の名はみえない。この事実は因支首が後に伊予別公（御村別君）の同族と称するようになったこと、換言すれば本来、伊予別公とは無関係な讃岐の独立した小豪族であったことを意味しよう。両氏の同族関係は伊予と讃岐の豪族間の地域的な連携を前提として形成された擬制的な関係にすぎず（前述の履中紀に記す讃岐国造〔綾公〕と阿波国脚咋別の同族関係も同じであろう）、忍尾別は讃岐土着の人物で、多度・那珂両郡を拠点とした因支首の始祖（父系の）にあたる人物と推断して間違いない。

第四節　因支首と佐伯直

因支首の氏姓は、大和政権の地方官職であった稲置に由来する。稲置について、（Ⅰ）『古事記』景行天皇段は、天皇の皇子女のうち、七十七王はすべて「国々の国造、亦和気、及《また》稲置、県主に別け賜ひき」とし、（Ⅱ）成務紀五年

九月条には、「諸国に令して、国郡に造長を立て、県邑に稲置を置く」と記す。また（Ⅲ）『隋書』倭国伝には、

有二軍尼一百二十人一、猶二中国牧宰一。八十戸置二一伊尼翼一。如二今里長一也。十伊尼翼属二一軍尼一。

とあり、（Ⅳ）孝徳紀大化元年八月庚子条の「東国国司への詔」の中には「若し名を求むる人有りて、元より国造・伴造・県稲置に非ずして、輙く詐《いつは》り訴へて言さまく『我が祖の時より、此の官家を領し、是の郡県を治む』とまうさむは、……」との文言が存する。

（Ⅰ）の文意にもとづくならば、稲置は県主と同等の官職または称号とされ、国造、和気（別）の官職・称号よりはランクが下である。また（Ⅱ）の「国郡」「県邑」は中国風の文飾にもとづく対句表現で、「国邑に造長を立て」とは国造の設置、「県邑に稲置を置く」とは県稲置の設置を指し、稲置の支配する領域は国造のそれよりも狭いことが明らかとなる。

次に（Ⅲ）について、「軍尼」はクニで国造、「伊尼翼」は「伊尼冀」の誤りで稲置を指すとみられるが、上田正昭はこの記述は文飾豊かなもので、一軍尼―十伊尼翼も、隋の百家一里制を念頭に置いて記述されており、信用できないとする。[12] これに対して井上光貞は、百二十人の軍尼、一軍尼十伊尼翼、一伊尼翼八十戸とする（Ⅲ）の記述は、隋の百家一里制とは異なっており、日本風の「軍尼」「伊尼翼」の表記や百二十、八十といった独特の数字は、机上の産物とは考えられず、日本から中国にもたらされた情報により記述されたもので信用できるとし、大化前代に国県の二段階的地方組織（国造の国〔クニ〕の下部組織として稲置の県〔コホリ〕を設置）が成立していたと説く。[13]

井上の説を基本的に踏襲して、大化前代にコホリが存在し、国造―稲置（クニ―コホリ）制が成立していたことを承認する説は現在でも有力である。例えば篠川賢は、（Ⅲ）の記事には「七世紀初め頃の倭国の中央権力による国制の整備を誇示するための誇張が含まれている可能性」が否定できず、したがって（Ⅲ）が記すような整然とした地方

行政組織が存在したかどうかは疑問であるとしつつも、(Ⅳ)の詔によれば、七世紀中頃の東国に「官家」を領し、「郡県」を治める国造・稲置が存在していたことになるから、少なくとも七世紀前半においては、国造―稲置という地方行政組織がほぼ全国的に成立していたことは事実とみて間違いないとする。(14)

筆者もまた、井上・篠川説を妥当と考えるので、以下、国造配下の県稲置(コホリノイナギ)の存在を前提として論を進めるが、いま古代の稲置の分布をまとめると、表2のようになる。

表2のうち、次の四氏はウヂ名が郷名と一致する。

1闘鶏稲置	大和国山辺郡都介郷
3須知之稲置	伊賀国名張郡周智郷
4那婆理之稲置	伊賀国名張郡名張郷
14漆沼稲置(印支)	出雲国出雲郡漆沼郷

このうち14の漆沼《しつじ》稲置(印支)に関しては、漆沼稲置の支配下にあったとみられる稲置部・印支部を姓とする者が、漆沼郷と建部郷に存在するので(15・16、さらに出雲郷にも分布)、かつて漆沼郷とその周辺地域を範囲としてコホリが設けられ、出雲国造の下に漆沼稲置がこのコホリを管掌していた事実がうかがえる。残る三氏も、ほぼ令制下の都介郷や周知郷・名張郷にあたる範囲を管轄した稲置とみて差し支えなかろう。すなわちクニの下部の行政組織としてコホリが設置されたとするならば、コホリの規模は令制下の郷(里)と同じか、ややそれより広い範囲(二郷程度)であったと推量できるのである。(15)

すると『隋書』倭国伝の「一伊尼翼八十戸」も、一～二郷に相当するコホリの戸数の平均値を表した可能性が高いが、(16)讃岐国の多度・那珂両郡を拠点とした因支首のコホリの規模も、ほぼこれと同様に考えて差し支えないであろう。

表2　「稲置の分布」（篠川賢『日本古代国造制の研究』所収の表をもとに一部加筆して作成）

	稲置名	国郡郷	出典
1	闘鶏稲置	大和国山辺郡都介郷	仁徳紀六二・是歳
2	稲置壬生公	山城国	姓氏録左京皇別下
3	須知之稲置	伊賀国名張郡周智郷	安寧記
4	那婆理之稲置	伊賀国名張郡名張郷	安寧記
5	三野之稲置	伊賀国（伊賀郡？）	安寧記
6	稲置代首	伊賀国阿拝郡〔擬主帳〕	天平感宝元「伊賀国阿拝郡拓殖郷舎宅墾田売買券」
7	稲木大夫	伊勢国飯野郡（兄国郷？）	治暦四・二「伊勢国大国荘司解案」
8	田子之稲置	尾張国（丹羽郡稲木郷？）	景行紀二七・一〇癸酉条
9	乳近之稲置	尾張国（丹羽郡稲木郷？）	景行紀二七・一〇癸酉条
10	尾張大印岐	尾張国	天孫本紀
11	蒲生稲寸	近江国蒲生郡（蒲生野？）	神代記天安河之宇気比段
12	稲木	御野国本簀郡栗栖太里〔戸口〕	大宝二年戸籍
13	印支部	但馬国出石郡牟呂郷〔戸口〕	天平宝字五・二「奉一切経所解」
14	漆沼稲置（漆沼印支）	出雲国出雲郡漆沼郷・建部郷〔戸主・戸口〕	天平十一「出雲国大税賑給歴名帳」
15	稲置部	出雲国出雲郡漆沼郷・出雲郷〔戸主・戸口〕	天平十一「出雲国大税賑給歴名帳」
16	印支部	出雲国出雲郡建部郷〔戸主・戸口〕	天平十一「出雲国大税賑給歴名帳」
17	稲置部	出雲国神門郡日置部〔戸口〕	天平十一「出雲国大税賑給歴名帳」
18	印支首	讃岐国多度郡・那珂郡	三代実録貞観八・一〇戊戌条、貞観九・二「讃岐国司解」、『和気系図』
19	伊□首？（＊）	讃岐国多度郡藤原郷	平木概一九・九頁
20	葦井之稲置	不詳	懿徳記
21	稲木之別	不詳	垂仁記

＊「伊□首」は18の印支首と同一氏の可能性がある。

では因支首の本拠地は多度郡・那珂郡のどちらであろうか。『三代実録』貞観八年十月二十七日条に和気公の氏姓を賜わったと記す因支首は那珂郡人三名、多度郡人六名であり、貞観九年の「讃岐国司解」の和気公改姓者は那珂郡三烟・多度郡三烟であった。「讃岐国司解」によれば、大同二年（八〇七）三月の太政官符にもとづき改姓を申請したのは、多度郡人の国益や那珂郡人の道麻呂であるが、貞観七年（八六五）もしくは翌八年の改姓申請の際には、那珂郡人の秋主が中心となって解状を提出し、和気公への改姓が認められている。

円珍は那珂郡金倉郷戸主の宅成（道麻呂の子）の戸口で、宅成の子（俗名広雄）にあたり、[17]『和気系図』も、佐伯有清が指摘するように、多度郡の因支首一族の人物に書き漏らしが存することから、系図の作り手は那珂郡居住者（円珍やその叔父の仁徳〔宅麻呂〕か？）と推察できる。[18]したがってこの点を重視すると、那珂郡の一族が因支首の本流と考えられなくもないが、因支首の氏人は多度・那珂両郡にほぼ均等に分布しているので、必ずしもそうとばかりは言えない。

むしろ因支首の本拠地に関しては、善通寺市に「稲木町」（旧多度郡稲木村）の地名（令制の行政区画では讃岐国多度郡良田郷に含まれる）が存することに注目する必要がある。

応永三十年（一四二三）十一月の「良田郷田数支配帳事」と題する文書（善通寺市金倉〔蔵〕寺所蔵）には「地頭方内稲毛方六町壱段百歩……」と記しており、これは地頭の段銭納入分の中に「稲毛方」が含まれることを意味するが、[19]松原弘宣は「稲毛」を「因支」の転化とし、これを因支首の居所であったことにもとづく古地名と推察する。[20]

多度郡良田郷の稲木の地は多度郡と那珂郡の郡境をなす金倉川中流域に位置するが、因支首はこの地を本拠とし、金倉川沿い（現在の流路とはやや異なる）に、因支首宅成や円珍の居所のあった下流の那珂郡金倉郷方面へと進出したと推測することができるのではないか。金倉郷は金倉川流域の善通寺市と丸亀市にまたがる地域に比定でき、稲木町ときわめて近い距離にある。郡こそ異なるものの、多度・那珂両郡の因支首の居住区域はほぼ一体的にとらえることが可能であろう。

　一方、讃岐西部を勢力圏とした讃岐国造家の佐伯直は、表3に明らかなように、多度郡に氏人の分布が集中するから、この郡が本拠地であったとみて間違いない。ただ那珂郡金倉郷には「佐伯□」がおり（長岡京出土木簡）、佐伯直もしくは佐伯部の一族の者と推定できる。佐伯直の一族の分布は多度郡に隣接する三野郡や讃岐中部の山田郡にも認められ、[21]寛弘元年の「讃岐国大内郡入野郷戸籍」によれば、東部の大内郡にも十一名の佐伯をウヂとする者が存するが、山田郡や大内郡がいわば二次的な進出地であるのに対して、那珂郡や三野郡の地は、佐伯直一族にとって多度郡と並ぶ重要拠点とみられる。

　多度郡の佐伯直は、延暦二十四年九月十一日付の太政官符に、「留学僧空海〈俗名讃岐国多度郡方田郷戸主正六位上佐伯直道長戸口同姓真魚〉」（『平安遺文』四三一四号文書）とあり、方田郷は『和名抄』の弘田郷を指すとみられるが、[22]空海（田公の子）の戸の戸主、佐伯直道長は彼の近親（田公の兄弟か？）にあたる人物と推察される。[23]道長が正六位上の位階を有し、田公の子や孫にも有位者が多い事実に鑑みると、田公や道長、および表1の真継・真持・長人・正雄らはいずれも佐伯直の本流の一族にあたり、多度郡弘田郷がその本拠地と推断してよいであろう。

　多度郡弘田郷は現善通寺市弘田町の一帯にあたる。弘田町の北東約二キロメートルの距離に位置するのが善通寺市稲木町で、多度郡内の佐伯直と因支首の拠点は互いに近接する。前述のように、那珂郡金倉郷でも「佐伯□」と円珍ら因支首の居所が重複するから、讃岐の国造勢力の一つである佐伯直一族と、讃岐国造管轄下の県稲置とみられる因支首の一族は、本拠地や勢力圏がほぼ一致し、互いに緊密な関係を維持していたと推定されるのである。

　しかも三善清行が延喜二年（九〇二）に撰した『智証大師伝』（『天台宗延暦寺座主円珍伝』）には、

　　天台宗延暦寺第五座主入唐伝法阿闍梨少僧都法眼和尚位円珍、俗姓和気公、讃岐国那珂郡金倉郷人也。……母佐伯氏。故僧正空海阿闍梨之姪也。

表3「那珂・多度両郡の氏族分布」

郡	氏名・人名	事項	出典
那珂	佐伯［　］	金倉郷人	長岡木五七二
	布師？	百済の役で捕虜となり、慶雲元年に帰国	長岡木一〇六
	錦部刀良	慶雲元・百済の役で捕虜となる。	続紀慶雲四・五・癸亥
	因支首秋主	貞観8・賜姓和気公	三実貞観八・一〇・二七
	因支首道麻呂	同右	同右
	因支首宅主	同右	同右
	因支首道麻呂の烟八名	和気公に改姓	貞観九・二・一六付「讃岐国司解」
	道麻呂・宅成・宅麻呂　広雄・福雄・綿子女　氏成女・時成女		
	因支首宅主の烟六名	和気公に改姓	同右
	宅主・秋吉・秋主　秋継・秋益・玉成女		
	因支首金布	和気公に改姓	同右
多度	大伴部首豊国	天平17・藤原郷戸主	大日古二五・一二二
	大伴部田次	天平17・豊国の戸口	同右
	神奴鳥	神亀5・御井郷人	平木概三四・二六頁
	伊□首智万	藤原郷人	平木概一九・九頁
	伊西部□		平木概二三・一四頁
	漢部大野	良田郷人	長岡木八六一
	佐伯直道長	延暦24・正六位上、弘田郷人	平遺八・四三一四号
	空海（俗姓佐伯直）	承和2・大僧都伝灯大法師位	続後紀承和二・三・庚午
	佐伯直田公（故人）	賜姓宿祢、左京へ貫付	三実貞観三・十一・辛巳
	佐伯直鈴伎麻呂（故人）	田公の子、外従五位下、同右	同右
	佐伯直酒麻呂（故人）	田公の子、正六位下、同右	同右
	佐伯直魚主（故人）	田公の子、正七位下、同右	同右
	佐伯直貞持	鈴伎麻呂の子、従六位上、同右	同右
	佐伯直貞継	鈴伎麻呂の子、大初位下、同右	同右
	佐伯直葛野	鈴伎麻呂の子、従七位上、同右	同右

多度		
佐伯直豊雄	酒麻呂の子、従六位上、同右	同右
佐伯直豊守	酒麻呂の子、従六位上、同右	同右
佐伯直粟氏	魚主の子、従八位上、同右	同右
真雅（俗姓佐伯宿祢）	僧正法印大和尚位、空海の弟	三実元慶三・正・三
実恵	空海の弟子、多度郡人、俗姓佐伯宿祢	弘法大師弟子伝
道雄	空海の弟子、俗姓佐伯	同右
刑部造真鯨	貞観5・正六位上・斎院権判官、左京へ貫付	三実貞観五・八・二二
秦子上成	貞観6・正六位上・美作掾、賜姓忌寸	三実貞観六・八・八
秦子弥成	貞観6・賜姓忌寸	同右
因支首身	小乙上、孝徳朝に主帳に就任、少初位上、忍男五世孫	『和気系図』、貞観九・二・一六付「讃岐国司解」
因支首純雄	貞観8・賜姓和気公	三実貞観八・一〇・二七
因支首国益	同右	同右
因支首臣足	同右	同右
因支首男縄	同右	同右
因支首文武	同右	同右
因支首陶道	同右	同右
因支首国益の烟一七名 国益・末総・高主 岑成・総持・浄貞 安宗・安道・持成 純雄・岑雄・得雄 生雄・京雄・秋雄 浄生・富永	和気公に改姓	貞観九・二・一六付「讃岐国司解」
因支首男綱（縄）の烟五名 男綱・稲村・渠成 黒人・黒成	和気公に改姓	同右
因支首臣足の烟六名 臣足・常生・真門 貞野・常吉・貞村	和気公に改姓	同右

【備考1】松原弘宣『古代の地方豪族』所収の表をもとに、その後の新出文字資料を加えて作成。

【備考2】『和気系図』だけに見える忍尾別命や因支首身の子孫の名は除いた。

と記す。空海の姪が円珍の母で、佐伯直と因支首の間に姻戚関係の存したことが知られるが、三善清行は円珍と親交があり、伝記の撰述期は、円珍死後間もない頃であるから、その記述は十分に信用することができる。

空海と円珍はどちらも平安仏教を代表する著名な僧侶であり、出自や経歴がよく知られていたため、たまたま円珍の伝記を通して、両者の関係が後世まで伝えられることになった。しかし佐伯直と因支首の姻戚関係は、何もこの時に限られるわけではあるまい。史料にこそ現れないものの、大化前代の讃岐西部を基盤とした国造とその配下の稲置という関係にもとづき、佐伯直と因支首の間に、幾世代にもわたって婚姻が重ねられたと推測して差し支えないであろう。

注

（1）八木充（『律令国家成立過程の研究』塙書房、一九六八年・「凡直国造とミヤケ」（『古代の地方史』二所収、朝倉書店、一九七七年）、石母田正『日本の古代国家』（岩波書店、一九七一年）、吉田晶（『日本古代国家成立史論』（東京大学出版会、一九七三年）

（2）篠川賢『日本古代国造制の研究』吉川弘文館、一九九六年

（3）服部良男「『凡連』に関する解釈論的一考察」『日本歴史』三三五号、一九七六年

（4）松原弘宣『日本古代水上交通史の研究』吉川弘文館、一九八五年

（5）小野里了一「凡直国造に関する基礎的考察」『王権と信仰の古代史』所収、吉川弘文館、二〇〇五年

（6）ただし凡河内直（凡河内国造）の場合は、摂・河・泉をあわせた本来の広義の河内の範囲を「凡河内」と称しているのであって、この氏は「凡河内」の地域を管轄する国造である。したがって山陽・南海両道の凡直国造とは、性格が全く異なる。

（7）佐伯有清①『古代氏族の系図』（学生社、一九七五年）・②『新撰姓氏録の研究』考証篇二（吉川弘文館、一九八二年）。なお、吉川敏子は「此別公之」の四文字は、二世代後の「子尓閇古□」の下にあったものが誤って貼付されたとし、こ

の部分の本来の記述を「子尓閇古□乃別君之」（「此」は「乃」の誤り）と復元している（同著『律令貴族成立史の研究』塙書房、二〇〇六年）。現状では確定的とは言えないが、吉川説に従った場合も、佐久□別命の譜文の「又名十城別命」により、水別命の系統の系図が、伊予別公氏と関わるものであった蓋然性は高いとみるべきであろう。

（8）義江明子『日本古代の氏の構造』（吉川弘文館、一九八六年）、松原弘宣『古代の地方豪族』（吉川弘文館、一九八八年）

（9）吉川敏子（前掲書）は、十城別王と『和気系図』の十城別命を別人とみなし、伊予別公氏には、日本武尊の子の十城別王を始祖とする氏と、武国凝別皇子を始祖とする異宗同姓のものがあり、日本武尊系の伊予別公氏は『和気系図』には現れていないとする。そして『和気系図』の水別命系の系譜は伊予御村別君氏、阿加佐乃別命の系の系譜は伊予別公氏から分かれた因支首氏のものと推測する。吉川説では武国凝別皇子を始祖とする伊予別公と伊予御村別君は同族ではあるものの別氏となるが、十城別王と十城別命を別人とすることや、伊予別公氏に異宗同姓の二氏があったと断定することに無理があり、承服しがたい。

（10）伊予別氏と伊予御村別氏の始祖名が違うことも、佐伯説（前掲注（7①・②）の書）のように解して差し支えないであろう。

（11）岸俊男「紀氏に関する一試考」（同著『日本古代政治史研究』（塙書房、一九六六年）所収）

（12）上田正昭『日本古代国家成立史の研究』青木書店、一九五九年

（13）井上光貞『日本古代国家の研究』岩波書店、一九六五年

（14）篠川賢、前掲注2の書

（15）5の三野之稲置は確定的ではないが、「三野」を持統紀三年八月条に記す伊賀国伊賀郡の「身野」の地に比定できるならば、やはり郷（里）と同規模の範囲の地域を指すとみることができる。11の蒲生稲寸の「蒲生」も太田亮（『全訂日本上代社会組織の研究』（邦光書房、一九五五年））が指摘するように、近江国蒲生郡の郡名ではなく、郡の一部を構成した「蒲生野」の地名に由来すると考えるべきであろう。

（16）毛利憲一が欽明紀元年八月条の「秦人」の戸数七〇五三戸と『新撰姓氏録』山城国諸蕃秦忌寸条の秦民」九二部一八六七〇人の記述から、一部（戸）＝約七六・七戸＝約八〇戸で、秦人の「編戸」単位と「一伊尼翼八十戸」が近似す

ると指摘することも参考となろう（同「六・七世紀の地方支配」『日本史研究』五二三号、二〇〇六年）。

(17) 天長十年三月二十五日付「円珍度縁」（園城寺編『園城寺文書』第一巻〈講談社、一九九八年〉所収）に、「沙弥円珍、年十九〈讃岐国那珂郡金倉郷戸主因支首宅成戸口同姓広雄、□□眉根□□〉……」と記す。

(18) 佐伯有清、前掲注7①の書

(19) 『善通寺市史』第一巻・中世、一九七七年

(20) 松原弘宣、前掲注（8）の書

(21) 天平宝字七年の山田郡主政従八位下佐伯［闕名］がおり、長岡京出土木簡に宮処郷（山田郡?）の「佐伯吉□の名を記す。さらに平城宮出土の木簡によれば、天平七・八年頃の三野郡阿麻郷に佐伯直赤猪の名が認められるが（以上、表1参照）、山田郡にはこのほか高野郷に「佐伯部□□」も存した（『平城宮発掘調査出土木簡概報』三一・三一頁）。

(22) 池辺彌『和名類聚抄郡郷里駅名考証』（吉川弘文館、一九八一年）の説による。

(23) 松原弘宣（前掲注（8）の書）は、『三代実録』貞観三年十一月辛巳条の「倭胡連公、允恭天皇御世、始任㆓讃岐国造㆒、倭胡連公、是豊雄等別祖也……」の「別祖」を「倭胡連が田公やその孫の豊雄の直接の祖ではない」の意にとり、田公らは佐伯直の傍流の一族で、直系は倭胡連公の裔にあたる道長であると推測されるが、これは「別祖」の意味を誤解したもので、倭胡連公（倭胡直）は、讃岐の佐伯直一族の直接の祖（実質的な始祖）にあたり、田公や道長らはすべてその後裔と解すべきである。

第六章　尾張氏・尾張国造と尾張地域の豪族

第一節　尾張氏の氏族的構造

尾張を本拠地として尾張国造に任ぜられ、熱田神宮の祭祀にもあずかった一族が、火明命の後裔と称する尾張氏（連・宿禰）であったことは、周知の事実である。尾張国造について「国造本紀」は、

尾張国造　志賀高穴穂朝。以二天別天火明命十世孫小止与命一。定二賜国造一。

と記しており、『古事記』景行天皇段は、倭建命が東征の途次、伊勢から尾張の国に到り、「尾張国造之祖、美夜受比売」の家に入ったとする。また『続日本紀』天平十九年三月戊寅条には、命婦従五位下尾張宿禰小倉に従四位下を授け、尾張国の国造としたとあり、尾張宿禰小倉（小倉はもと尾張国某郡の郡領尾張氏より貢進された采女であろう）の叙位と尾張国造（律令国造）就任を伝えている。

このほか、『塵袋』第三に引く『尾張国風土記』逸文とされる文に、尾張国春部郡の「国造川瀬連」の名がみえるが、続けて「此事ヲ菅清公卿ノ尾州記ニ云ヘルニハ、……」と記すので、これは官撰風土記の逸文ではなく、菅清公卿（菅原清公）の『尾州記』を参照したものとみられる。

「国造本紀」の小止与命は、「天孫本紀」には火明命（天照国照彦天火明櫛玉饒速日尊）の十一世孫の乎止与命とするが、「天孫本紀」の尾張氏系譜中にみえるそれ以前の人物との続柄が記されておらず、彼が誰の子であるか明らかで

ない。小止与命は、尾張氏系譜によれば、尾張大印岐の女の真敷刀婢を娶って建稲種命を生み、建稲種命は邇波県君の祖の大荒田の女、玉姫を妻として尻綱（調ヵ）根命・尾綱（尻調ヵ）真若刀俾命・金田屋野姫命ら二男四女（ヵ）を生んだとある。

系図　「天孫本紀」の「尾張氏系譜」

尾張大印岐――真敷刀婢
　　　　　　　＝
　　　　　乎止与命
　　　　　　　｜
　　　　　　建稲種命
　　　　　　　＝
（邇波県君祖）大荒田――玉　姫
　　　　　　　｜
　　　　（二男四女ヵ）
　　　　　　　├尻綱（調ヵ）根命
　　　　　　　├尾綱（尻調ヵ）真若刀俾命
　　　　　　　└金田屋野姫命

新井喜久夫は、「天孫本紀」において、乎止与命・建稲種命の二世代が初めて尾張の豪族との間に婚姻関係を形成したように記され、しかもそれ以前の系譜とうまく接合していないことから、乎止与命以後の系譜がまず最初の尾張氏系譜として成立し、火明命以下十世代の系譜は後に架上されたものとする。さらに『古事記』の美夜受比売の名が「天孫本紀」の系譜にはみえないことにも注目し、ヤマトタケルとミヤズヒメ（美夜受比売）の婚姻の話は、尾張氏の多くの皇妃伝承の成立を背景に、尾張氏の先祖の一人として付け加えられたもので、ミヤズヒメの名を欠く「天孫本紀」の尾張氏系譜は比較的古い形態を伝えていると推測する。(1)

新井の説に従うと、小（乎）止与命は元来、尾張国造家の尾張氏が始祖として伝承していた人物である可能性が大で、右に掲げた系譜は、この氏が他の尾張国の有力在地首長と婚姻などを通して結び付き、徐々に国造勢力へと発展を遂げていった過程を投影したものとみることができる。

ここで尾張国における尾張氏とその同族の分布状況を表示すると、次のようになる（表1）。

この表によれば、尾張氏とその同族の分布地域は尾張国の八郡中五郡に及び、郡司に就任した者が少なくない。

郡不詳の欄の尾張連若子麻呂と牛麻呂の二人は持統の尾張行幸に供奉した郡司とみられ、尾張宿禰小倉も前述のように尾張国某郡より貢せられた采女であった。

表1「尾張国の尾張氏とその同族」（ゴシックは郡司任命者）

郡名	人名	事項	出典
中嶋	**尾張連【闕名】**	天平六、中嶋郡大領？・（外）従八位下	同国正税帳
	尾張宿禰久玖利	聖武朝、中嶋郡大領	霊異記中二七
	＊甚目□多岐麻呂	天平六、中嶋郡少領？・（外）□八位上	同国正税帳
	＊国造族【闕名】	天平六、主帳・外大初位上・勲十二等	同国正税帳
	尾張連由加麻呂？	真清田神社の宮人	大同類聚方
海部	**尾張連田主**	天平六、海部郡主帳・无位	同国正税帳
	尾張宿禰宮守	延暦十八、海部郡少領	日本後紀
	尾張宿禰常村	応和三、海部郡大領・外従八位上（没死）	類聚符宣抄
	尾張宿禰是種	応和三、海部郡大領・正六位上（補任）	同右
	尾張惟平	応和三、海部郡少領	同右
	＊甚目連久良	天平十九以降、三宅郷戸主	正倉院文書（丹裏文書）
	＊甚目連乎佐美	天平十九以降、久良の戸口	同右
	＊甚目百足	天平勝宝二、志摩郷戸主	同右
	＊甚目子牛養	天平勝宝二、百足の戸口	同右
	＊甚目連公宗氏	貞観六、海部郡人、治部少録・従六位上、賜姓高尾張宿禰	三代実録
	＊甚目連公冬雄	貞観六、海部郡人・尾張国医師・従六位上、賜姓高尾張宿禰	同右
	＊高尾張宿禰松風	元慶元、海部郡人、玄蕃少允・従六位上、山城国に移貫	同右

	＊甚目連久良	天平十九以降、三宅郷戸主	正倉院文書（丹裏文書）
	＊甚目連乎佐美	天平十九以降、久良の戸口	同右
	＊甚目百足	天平勝宝二、志摩郷戸主	同右
	＊甚目子牛養	天平勝宝二、百足の戸口	同右
	＊甚目連公宗氏	貞観六、海部郡人、治部少録・従六位上、賜姓高尾張宿禰	三代実録
	＊甚目連公冬雄	貞観六、海部郡人・尾張国医師・従六位上、賜姓高尾張宿禰	同右
	＊高尾張宿禰松風	元慶元、海部郡人、玄蕃少允・従六位上、山城国に移貫	同右
春部	**尾張宿禰人足**	天平二、春部郡大領・外正八位上	同国正税帳
	尾張連石弓	天平二、春部郡主政・外大初位上・勲十二等	同右
	尾張宿禰弟広	仁和元、春部郡大領・外正六位上	三代実録
	尾張宿禰安文	仁和元、弟広の子	同右
	尾張宿禰安那	仁和元、弟広の子	同右
	尾張連孫	天平十九以降、山村郷戸主・大初位下	正倉院文書（丹裏文書）
	尾張連牛養	天平十九以降、孫の戸口	同右
愛智	**尾張宿禰乎己志**	和銅二、愛智郡大領・外従六位上	続日本紀
山田	＊小治田連薬	神護景雲二、従六位下、賜姓尾張宿禰	続日本紀
不詳	尾張宿禰大隅	壬申の乱の功臣	書紀・続日本紀
	尾張連馬身	壬申の乱の功臣	続日本紀
	尾張連若子麻呂	大宝二、持統太上天皇の尾張行幸時に宿禰賜姓	続日本紀
	尾張連牛麻呂	大宝二、持統太上天皇の尾張行幸時に宿禰賜姓	同右
	尾張宿禰小倉	天平十九、命婦、従四位下昇叙、尾張国造に任命	続日本紀

表中の＊印を付した諸氏中、「甚目（はため・ひじめ）連」は、尾張国海部郡甚目寺《じもくじ》の地を本拠とした一族(2)である。貞観六年（八六四）に甚目連は高尾張宿禰の氏姓を賜わったが、「高尾張」は神武即位前紀に「高尾張邑」（葛城邑）とみえ、大和国葛城地方の地名を指す。後述するように、葛城の地一帯は大和に移住した尾張氏の居住地とみられるが、「高」の字は美称として冠せられたもので、高尾張宿禰は尾張宿禰の氏姓と実態的には同じである。さらに甚目連のカバネが「連」で、尾張宿禰の旧姓と一致するから、甚目連は尾張連と同族関係で結ばれた、海部郡から中嶋郡（天平六年〈七三四〉度の「尾張国正税帳」に中嶋郡少領とみられる甚目□多岐麻呂の名がみえる）にかけての一帯を拠点とした在地土豪と推察することができよう。

次に「小治田連」であるが、小治田連薬の位階は『続日本紀』によれば従六位下であるから、彼はすでに実質的な拠点を山田郡から畿内に移し、官人として朝廷に出仕していた人物か、尾張国の在住者ならば、山田郡の郡領クラスの有力者であったろう。旧姓が「連」で尾張宿禰を賜姓されているので、この氏は尾張氏と同族関係を形成していた氏族とみて差し支えないが、村尾元融『続日本紀考証』や新訂増補国史大系本『続日本紀』は、「小治田連」の「田」を衍字とし、「小治連」＝尾張（治）連とする。ただ『続日本紀』の諸本はいずれも「小治田」と記しているから、この説は想像の域を出ない。

小治田は新たに開墾された田を意味する「小墾田」である。「小墾（治）田」の地名は各地に数多く存し、大和国高市郡小墾（治）田の地は、畿内に移住した尾張氏の拠点の一つとみられる（後述）。『万葉集』巻十三・三二六〇には「小治田之年魚《あゆち》道之水」とあり、この「年魚道」は尾張愛智郡の語源となった「年魚《あゆち》市」の地を指し、小治田は愛智郡内に設けられた墾田に因む地名と解することが可能である。後に言及するように、尾張氏の本流・中核となる一族は、六世紀代には尾張国南部の愛智郡を拠点としていたとみられるが、そうすると「年魚市」に所在した「小治田」の地名が逆に尾張の国名や尾張氏のウヂ名のルーツになったと想定することも可能である。

尾張氏の一族の者は、前掲表1によれば尾張国の四郡（中嶋・海部・春部・愛智）で郡司の任に就いており、山田郡の同族小治田連も、前述のように同郡の郡領家と推察される。尾張氏以外の郡司任命者で、大・少領になっている者は、春部郡の民連石前（天平二年〔七三〇〕、少領、同国正税帳）、和爾部臣若麻呂（天平六年〔七三四〕、智多郡〈カ〉少領、同国正税帳）の二名だけである（時期の遅れる寛平九年〔八九七〕には、宗我部某が愛智郡権大領に在任しているが、これはあまり参考にならない〔『周易抄』紙背文書〕）。

他は海部郡主帳額田部〔闕名〕・爪工連〔闕名〕（天平六年、同国正税帳）、同郡主政刑部岡足（神護景雲元年〔七六七〕、続日本紀）・同郡主政刑部粳虫（延暦十八年〔七九九〕、日本後紀）、中嶋郡〈カ〉主帳他田弓張（天平六年、同国正税帳）、春部郡主帳三宅連〔闕名〕・語部有嶋（天平二年、同国正税帳）、愛智郡主政三宅連麻佐（『万葉集註釈』巻一所引『尾張国風土記』逸文）、智多郡〈カ〉主帳伊福部大麻呂（天平六年、同国正税帳）などの事例に明らかなごとく、どれも主政・主帳どまりである。

尾張氏の勢力が国内に万遍なく広がり、他の在地土豪を圧倒していた事実が看取できるが、このような尾張氏一氏にのみ権力が集中するケースはきわめて稀で、全国的にみても特異な現象と言える。郡領に任用された尾張氏には、宿禰姓の者と連姓の者が混在し、甚目連から高尾張宿禰、小治田連から尾張宿禰への改姓が行われており、他にも小塞宿禰から尾張宿禰、尾張（無姓）から尾張益城宿禰へと改姓した者が存する。小塞宿禰は尾張国中嶋郡小塞郷（『和名抄』）を本拠とした豪族で、平城宮出土の木簡に「尾張小塞真国」と記す人物も同族とみられる（『平城宮発掘調査出土木簡概報』四〇、二一頁）。『続日本紀』によれば、延暦元年（七八二）十二月に小塞宿禰弓張が、「小塞は庚寅年籍以降の居地名に従った姓なので、庚午年籍によって尾張の姓を賜わりたい」と言上し、許されている。一方、尾張益城宿禰は天平神護元年（七六五）に尾張須々岐と同豊国が与えられた氏姓（『続日本紀』）であり、「益城」は安閑紀二年五月条の「尾張国間敷屯倉」の所在地の名にもとづく可能性がある。

御野国加毛郡半布里戸籍の「尾治国造族」（前述）や山背国愛宕郡出雲郷雲上里計帳の「尾張連族」（神亀三年〔七二六〕、正倉院文書）のような族姓者が存することなどを勘案すると、実は尾張氏とは一系的な氏族集団ではなく、尾張国の各地を拠点とした様々な系統の在地首長集団が連合して、対外的に「尾張」をウジ名とする同族集団を形成していた可能性が高いとみるべきではなかろうか。

第二節　尾張氏中核勢力の実態とその故地

以上により、尾張氏の本質は、国内各地に拠った在地首長の結集による大規模な擬制的同族集団と推断することができそうである。しかしその場合も同族団を指揮・統率する有力な中核的グループが存在したと考えなければならない。そしてこのようなグループの中から尾張国造に任ぜられたり、畿内に進出し中央豪族化する者が出現したとみるべきであろう。

この中核的グループに比定すべき勢力は、尾張国の古墳の変遷という観点に立つと、〔Ⅰ〕五世紀代から六世紀にかけて庄内川中流域（現春日井市）に、白山神社古墳（八六メートル、前方後円墳）・御旅所古墳（直径三一メートル、円墳）・二子山古墳（全長九五メートル、前方後円墳）・春日山古墳（全長七四メートル、前方後円墳）などの味美《あじよし》古墳群を造営した春部郡のグループ、〔Ⅱ〕瑞穂台地に高田古墳（推定復原全長八五メートル、前方後円墳）・八幡山古墳（直径八五メートルの大円墳）・八高古墳（推定復原全長七〇メートル、前方後円墳）などを築造した愛智郡のグループ、〔Ⅲ〕熱田神宮に隣接する熱田台地南西端に東海地方最大の前方後円墳である断夫山古墳（全長一五〇メートル）や白鳥古墳（現存長七〇メートル）、熱田台地中央部（名古屋台地）に大型前方後円墳の大須二子山古墳（推定復原全長一三八メートル？）などを造営した愛智郡のグループの三つにしぼることができる。

尾張氏が熱田社の祭祀をつかさどった一族であることを考慮すると、六世紀前半に巨大前方後円墳の断夫山古墳を出現せしめた〔Ⅲ〕の愛智郡の首長グループが、当時の尾張氏の中核的勢力であったことは容易に想像が付く。しかも同古墳の築造期は、尾張連草香の女、目子媛がヲホド王（継体）との間に安閑・宣化の二王子を生み、その後ヲホド王が畿内に入って即位する時期、すなわち尾張氏が大王家の外戚として勢力を急速に拡大する時期とほぼ符合する。したがって南尾張の熱田台地を拠点とした〔Ⅲ〕の首長グループが、周辺の首長たちを糾合、もしくはこれと連携しながら、「尾張」氏という擬制的同族団組織を形成し、その盟主的地位に就くことによって、尾張国造家としての素地を築いていったとみられるのである。

しかし海に突出した熱田台地には、断夫山古墳に先行する大型古墳が存在せず、〔Ⅲ〕の首長グループは他の地域からこの地に移住してきたと考えざるを得ない。新井喜久夫は〔Ⅲ〕の前身を〔Ⅱ〕の瑞穂台地の首長グループと推定する。[3] 知多半島北端の愛知県東海市名和の兜山古墳（四世紀末、南北四三メートル・東西四九メートルの円墳）の被葬者を、系譜的に〔Ⅱ〕の首長グループへと繋がる有力首長とみて、このグループが五世紀末に瑞穂台地から熱田台地へ移ったとするのである。

寛平二年（八九〇）成立の『尾張国熱田太神宮縁記（起）』（以下、『熱田神宮縁起』と略記）は、尾張国愛智郡に至った日本武尊に対して、稲種公（宮酢姫〈美夜受比売〉の兄、「天孫本紀」の尾張氏系譜では、前述のように火明命の十二世孫で、乎止与命の子とする）が、「当郡氷上邑有㆓桑梓之地㆒」と語ったとし、尾張氏の発祥地を「氷上邑」とする。『延喜式』神名帳は愛智郡十七座中に火上（氷上）姉子神社の名を掲げるが、[4] 現在、名古屋市緑区大高町にミヤズヒメを祭神とする氷上姉子神社が存在する。『熱田神宮縁記』によれば、ミヤズヒメの居所は奈留美（成海）郷にあったとするが、これは「氷上邑」が『和名抄』の愛智郡成海郷内に含まれる事実を意味しよう。

『熱田神宮縁起』はさらに続けて

宮酢姫下世之後、精霊為㆑神、号㆓氷上宮天神㆒。其社在㆓愛智郡氷上邑㆒。以㆓海部氏㆒為㆑祝。〈海部、是尾張氏別姓也〉

と記している。氷上姉子神社の社地は、新井喜久夫が指摘するように兜山古墳と至近の距離にあり、しかもこれらの社や古墳は伊勢湾や年魚市潟を見下ろす台地上に位置している。[5]したがって少なくとも『熱田神宮縁起』に記す尾張氏やミヤズヒメの伝承によるかぎり、尾張国造家の故地は年魚市潟から瑞穂台地にかけての一帯に求めるのが妥当のように思われる。

加えて『熱田神宮縁起』は、氷上姉子神社（氷上宮天神）の祭祀氏族を、右のように尾張氏の同族（別姓）の海部氏とする。火明命の後裔氏には凡海連（『新撰姓氏録』〈以下、『姓氏録』と略記〉未定雑姓・右京）、但馬海直（『姓氏録』左京神別下）、海部直（「天孫本紀」尾張氏系譜・籠神社蔵「海部氏系図」）・大海部直（「天孫本紀」尾張氏系譜）らの海部氏がおり、尾張国八郡中には海部郡が存する。海部・愛智・葉栗・丹羽諸郡には実際に海連や凡海部の一族の者の分布が認められ、[6]「天神本紀」にも「尾張中嶋海部直」の氏姓を記すから、中嶋郡にも海部氏が存在した可能性があろう。

尾張氏と凡（大）海・海（部）氏、およびその配下の海人集団（凡海部・海部）が密接な関係で結ばれていたことが明らかになるが、新井喜久夫は兜山古墳が出現する四世紀末頃、大和の政治的な影響力が尾張南部に及び、尾張氏がこの時期以降、海の民を支配する豪族の一人として大和王権の従属下に入り、伊勢湾沿岸の塩や魚介類を贄として貢進するようになったと推察し、和田萃も同様の見解を示している。[7]

これに対して熱田台地の尾張国造家の前身を〔I〕の味美古墳群を築造した春日井市の首長グループに比定する説も存在する。赤塚次郎は六世紀前半より前は味美古墳群が勢力的に優位な立場にあったとし、熱田台地における断夫山古墳の出現を、味美古墳群を基盤とする集団の歴史的な墓域の移動、目的的な場の設定にあったと推定する。[8]

断夫山古墳は墳丘の規格が実際の継体陵とみられる大阪府高槻市の今城塚古墳と類似することが知られており、被葬者と継体大王家とのつながりを示唆するものとして注目されるが、同様のことは味美古墳群の二子山古墳にも当てはまる。しかも二子山古墳と断夫山古墳から出土する大型円筒埴輪は、赤塚によれば、二分割倒立技法という特殊な技法を用い、どちらも春日井市の下原《しもはら》古窯で焼成されたとのことである。(9) したがって味美古墳群の首長集団が、新しい基盤を求めて六世紀代に断夫山古墳の造営へと飛躍していった可能性は、確かに否定できない。

ただ二子山古墳は断夫山古墳と同時期（六世紀前半）の築造と推定され、味美古墳群では最後の前方後円墳として二子山より若干遅れる時期に全長七四メートルの春日山古墳が造営されている。したがって赤塚説を認めるにしても、味美古墳群の首長グループのすべてが熱田台地に移ったわけではなく、移住した主力集団に対して、味美地区に継続して拠点を構えるグループも存したと考えるべきであろう。

以上の二説のほかにも、味美地区の首長勢力と五世紀後半以降熱田台地中央部に台頭した首長勢力（那古屋山古墳・大須二子山古墳などの被葬者）との間に同盟関係が生じ、その結果、熱田台地西南端に統合者（尾張氏）の墓として、断夫山・白鳥古墳が成立したとする説が存在する。(10) しかし那古野山古墳は遺存状態が悪く墳形やその規模が不詳であり、大須二子山古墳も築造の時期が五世紀後半か六世紀前半頃なのか判然としない。五世紀後半期の熱田台地中央部に、この説が説くように有力な首長勢力が勃興していたかどうかはいまひとつ疑問であり、問題が残ろう。

『熱田神宮縁起』に尾張氏の桑梓（産土）を愛智郡の氷上邑（成海郷）と記すことは、一見すると尾張国造家の前身を瑞穂台地の首長グループに求める説に好都合な印象を与えるが、逆にミヤズヒメを祀る氷上姉子神社が氷上邑に所在することを踏まえて、『熱田神宮縁起』が『記紀』の話に手を加え、草薙剣を祭神とする熱田社の起源を説いたのではないかとの疑いももたれる。

そもそもヤマトタケルがミヤズヒメと結ばれる『記紀』の話は、草薙剣を祭神とする熱田社の起源を説くことに本来の意味があり、草薙剣が尾張国に存し、この地で神剣として祀られるようになった理由を説明するために挿入された話と解することができる。すなわち熱田社の縁起譚として、ヤマトタケルの東征と結びつける形で二次的に成立した話にほかならない。「天孫本紀」の尾張氏系譜がミヤズヒメの名を掲げないのはまさにこのためであって、「国造本紀」が乎（小）止与命を成務朝に尾張国造に任ぜられたとすることとあわせると、『熱田神宮縁起』は、時代的な整合性という立場からミヤズヒメを建稲種公（平止与命の子）の妹とし、あわせて建稲種公がヤマトタケルの東征に同行するというストーリーを作り上げたものとみられる。同縁起は建稲種公が覚賀鳥を捕らえようとして、駿河の海中に入り没したと記すが、話の内容は『本朝月令』所引『高橋氏文』逸文、『塵袋』三所引『常陸国風土記』逸文に掲げる磐鹿六鴈命や伊賀理命の伝承と同工異曲であり、造作の跡が明瞭である。

草薙剣が熱田社の祭神とされるようになる時期については、天武紀朱鳥元年（六八六）六月戊寅条に「卜二天皇病一、祟二草薙剣一。即日、送二置于尾張国熱田社一」と記すことから、朱鳥元年とする説がある。[11] 一方、八剣宮と呼ばれ、現在熱田神宮の境内社となっている延喜式内社（小社）の八剣神社の存在に注目し、この神社が剣を祭神とする神社であることから、その剣神は本来尾張の地方神として祀られていたもので、ヤマトタケルの東征の話に登場する草薙剣はこの剣神を反映しており、尾張氏がその剣神を王位のシンボルである草薙剣と結びつけて熱田社を創祀したため、八剣神社は地方神の剣神を祀る熱田社の別宮となったとする吉田研司の説も存する。[12]

いずれとも決しがたいが、ただ熱田社が草薙剣を祀るようになるのはそれほど古い時期ではなく、朱鳥元年以降、おそらく『記紀』編纂と重なる頃と推測することができる。そしてそのように考えて支障ないとすれば、六世紀前半の熱田台地に断夫山古墳を造営した盟主的首長と、五世紀代の瑞穂台地に高田古墳や八高古墳を営んだ首長グループとを短絡的に結びつける必要はない。尾張氏の中核となったのは味美地域から熱田台地に勢力を拡大したグループであり、瑞穂台地のグループは二次的に前者のグループと結び付き、尾張氏という擬制的同族組織の中に組み込まれていったと想定することも可能である。

さらに尾張氏の産土を愛智郡氷上邑とする『熱田神宮縁起』の記述が、氷上姉子神社の存在を前提として作られた話にすぎないとすれば、新井喜久夫や和田萃のように、尾張氏の前身を「年魚市《あゆち》」県の県主とし、この氏が早い時期から大和の王権に伊勢湾沿岸の魚介類を貢進していたと考える必要もあるまい。[13]「年魚市」県は、『万葉集』にみえる「年魚市方《あゆちがた》」（巻三・二七一、巻七・一一六三）の「方」を県《あがた》と解することにもとづいているが、「年魚市方」は「年魚市潟」

で、尾張国愛智郡の伊勢湾に面した干潟を指すことは明瞭である。

新井は『熱田神宮縁起』にヤマトタケルが甲斐酒（坂）折宮でミヤズヒメを想い詠んだ

阿由知何多《アユチガタ》　比加弥阿祢古波《ヒカミアネコハ》　和例許牟止《ワレコムト》　止許佐留良牟也《トコサルラムヤ》　阿波例阿祢古乎《アハレアネコヲ》

の歌の「阿由知何多、比加弥阿祢古」は、「年魚市県にいる氷上姉子（ミヤズヒメ）」の意に取ることができるとするが、ミヤズヒメの居所の氷上邑は年魚市潟と接する位置にあるから、干潟をことさら県と解する必要はない。そして年魚市県が存在しないとすれば、尾張氏を県主とする根拠は失われることになる。

『熱田神宮縁起』が尾張氏の別姓の海部氏を氷上姉子神社の祝と記すように、この神社は本来、海と関わりの深い社で、愛智郡の海部を率いた海部氏がその祭祀にあずかったのであろう。氷上姉子はもとは海部氏の伝承上の祖にあたる女性で、後にミヤズヒメのモデルとされた人物と推察される。したがって新井や和田の指摘のように、海部氏が伊勢湾や東海道沿岸の水上交通に従事するとともに、漁撈民集団が生産・捕獲した塩や魚介類を贄として大和の王権に納めていた蓋然性は高いとみなければならない。

ただこのような貢納体制が整備される時期は、国造制の成立以降とみるのが妥当であろう。尾張氏が尾張国造に就任し、漁撈民（海人）を率いた長が国造の統率の下に、伴造として「大海部」や「海部」のトモ（部）に編成された漁撈民を管掌し、贄の貢上に奉仕する体制が整う時期、すなわち六世紀前半以降とみられるのである。尾張国造の管理下に入った海部系諸氏（伴造）の多くは、国造と系譜的同祖関係を結び、尾張氏の同族として扱われるようになる。『姓氏録』や「天孫本紀」の尾張治氏系譜にみえる凡海連・海部直・大海部直（前述）らがそれにあたるが、『熱田神宮縁起』の愛智郡の海部直もそのような海部氏の一つと考えて差し支えない。

以上、尾張氏の中核をなす盟主的首長の実体について検討を進めたが、尾張東部の味美古墳群を造営した春部郡の首長グループが、六世紀に入って尾張南部愛智郡の熱田台地南西端に勢力を拡大し断夫山古墳を築造したこと、国造制の成立に伴い、この盟主的グループの首長が尾張国造となり、尾張各地の首長たちと広域的な連合関係を形成し、尾張氏の擬制的な同族団組織を作り上げたことなどを推測することができた。先の予測通り、尾張氏は尾張各地の在地首長の結集により成立した組織であり、「尾張」というウヂ名もまた、単一のウヂを対象とするのではなく、同族団組織の総体を示す族称としての意味を担ったと理解すべきであろう。

第三節　尾張国の他の在地首長

しかし尾張の在地首長たちの中には、尾張氏の同族団組織には属さず、これとは別に独自の同族関係を形成したグループも存在する。『古事記』神武段には神八井耳命の後裔氏族十九氏の名を挙げるが、十九氏中には意富（多・太）臣・小子部連・坂合部連・阿蘇君らとともに、尾張国を本拠とした尾張丹羽臣（丹羽郡丹羽郷）・嶋田臣（海部郡嶋田郷）が存する。さらに阿蘇君の一族に伝わる『阿蘇家略系譜』は、神八井耳命九世孫の大荒男別命の尻付に「是県連、県主前利《さきと》連、嶋田臣、伊勢船木直、丹羽臣等祖也」と記すが、県連は県主前利連氏益が承和八年（八四一）四月に賜わった氏姓であるから（『続日本後紀』）、県主前利連と同一氏で、丹羽郡の式内社、前利神社はこの氏が奉斎した神社とみられる。

前述のように、「天孫本紀」の尾張氏系譜では、火明命十二世孫の建稲種命は邇波県君の祖の大荒田の女、玉姫を妻として二男四女を生んだとあるが、大荒田と『阿蘇家略系譜』の大荒男別命は同一人と解することができ[14]、邇波県君もまた、県主前利連や丹羽臣と同じく、丹羽郡丹羽郷に拠った神八井耳命の後裔氏とみて誤りない。丹羽郡の式内社には大県神社（名神大社）があるので、県主前利連や邇波県君は、丹羽県を管掌した丹羽県主より分出した一族（もしくは「邇波県君」は尊称の類にすぎず、丹羽県主そのものを指すと考えるべきか）と推察されるが、丹羽郡の有力氏である丹羽臣（式内社爾波神社の祭祀氏族か）も、同様に丹羽県主から分かれた一族であろう。

　右の大県神社の境内地（現犬山市楽田）には四世紀末から五世紀初頭頃に築造された全長一一三メートルの大型前方後円墳、青塚古墳がある。丹羽郡内の現犬山市犬山の地には青塚古墳より時期的に遅れるが、古墳時代中期の前方後円墳である甲塚古墳（全長七〇メートル？）や妙感寺古墳（全長九五メートル）があり、同じ地域内の木曽川を臨む丘陵上には古墳時代前期の前方後方墳、東之宮古墳（全長七二メートル）が存在する。丹羽郡では後期に入っても現江南市曽本に曽本二子山古墳（全長六〇メートル、六世紀中葉）のような前方後円墳が確認でき、有力首長を葬ったとみられる墳墓が前期から後期まで継続的に造営されている。あるいはこれらの墳墓の被葬者は、丹羽県より興った右の諸氏やその前身の首長に比定することが可能なのではなかろうか。「天孫本紀」に伝える尾張氏と邇波県君の婚姻は、両氏の同盟関係の形成を目的としたものであろうが、それはとりもなおさず尾張国内における後者の勢力が強盛であったことを意味すると思われる。

　次に嶋田臣は八世紀以降はもっぱら中央官人として活動しており、学術関係で名を成した人物が少なくない。嶋田臣清田は弘仁三年（八一二）～四年の日本紀講書に受業者として参加し（『日本書紀私記』「弘仁私記」序）、『文徳実録』斉衡二年（八五五）九月甲子条の卒伝に「少入レ学、略渉二経史一。奉二文章生試一、遂及二科第一」と記された人物である。日本紀講書との関係では、元慶二年（八七八）の講書でも大外記の嶋田朝臣良臣が博士善淵朝臣愛成の下で都講をつとめており、ほかにも貞観元年、「能く文を属る」をもって、渤海国副使の周元伯と唱和した嶋田朝臣忠臣が存する。

　この氏は学者の家柄で、とくに『日本書紀』（以下、『書紀』と略記）の研究に精通していたことがうかがえるが、神八井耳命の後裔氏中では多（太）氏に同様の傾向が認められる。『古事記』の撰者である太朝臣安麻呂は「弘仁私記」序によれば、舎人親王とともに『書紀』を撰したとあり、養老五年の日本紀講書では彼が博士をつとめている（『日本紀竟宴和歌』奥書）。さらに弘仁期の日本紀講書の際の博士は多朝臣人長であった（『日本後紀』弘仁三年六月戊子条・「弘仁私記」序）。安麻呂と『書紀』との関わりについては、これを疑問視する向きもあるが、筆者は別稿で壬申紀の述作者を安麻呂に比定し、彼が『書紀』編纂の中心的人物であった事実を推測した。[15]

多・嶋田両氏が学術的分野で共通性を有することは（嶋田臣清田はおそらく多朝臣人長の弟子にあたろう）、両氏が神八井耳命を始祖とする同族の立場にあったことにもとづくとみられる。『延喜式』神名帳は尾張国中嶋郡の名神大社として太神社（現一宮市大和町於保所在）の名を掲げる。中嶋郡と木曽川を隔てた美濃国安八磨郡には大海人皇子の湯沐があり、湯沐令としてそれを管理していたのは、壬申の乱の功臣で、安麻呂の父とされる多臣品治（『和州五郡神社神名帳大略註解巻四補闕』所引「多神宮注進状」草案・『阿蘇家略系譜』）であった。品治の勢力基盤は美濃国に近い中嶋郡の太神社の地にあったと推測されるが、海部郡嶋田郷に比定される愛知県あま市の七宝町・旧美和町の辺りは、太神社の地と比較的近接する距離（一一～一二キロメートル）にある。

筆者は別稿で述べたように、太氏の本拠は尾張国中嶋郡の太神社の地で、後に中央に進出し、大和国十市郡飫富郷（式内社多神社〔多坐弥志理都比古神社〕の所在地）に定住した氏族と考えている。そうすると尾張国内には多・丹羽（丹羽県主系）・嶋田ら神八井耳命を始祖とする同族諸氏がおり、尾張氏に準ずる勢力を誇っていた事実が推知されよう。壬申の乱の際には「尾張国司守」の小子部連鉏鉤が二万の軍勢を率いて大海人軍に帰順しているが、小子部氏もまた神八井耳命の後裔氏である。鉏鉤の軍勢の性格や帰順の理由については別稿に譲るが、彼が近江朝廷によって「尾張国司守」に任命されたのは、尾張国内に神八井耳命後裔の諸氏が一大勢力を形成していたことに起因すると思われる。[16]

尾張国にはこれ以外にも尾張氏とは系統を異にする首長グループが存在する。『古事記』孝昭天皇段の天押帯日子命後裔氏族系譜には、春日臣以下十六のワニ氏系氏族の名を掲げるが、その中に知多臣の名を記す。知多臣の名は他の史料には一切みえず、実像は明らかでないが、尾張国智多郡には木簡などの史料により、奈良時代に十数名のワニ部（和爾部）臣とワニ部（和爾部・丸部）の分布が確認できるので、[17]知多臣も智多郡を本拠とした氏族とみて支障ないであろう。

とくに注目すべきは、天平六年度の「尾張国正税帳」に、智多郡と推定される郡の少領として和爾部臣若麻呂の名を記すことである（前述）。ワニ部関係者の豊富な分布とあわせると、ワニ部氏は智多郡内においてかなり有力であったとみてよいであろう。岸俊男は地方のワニ部の管掌者の中に、後にワニ氏の同祖系譜に組み込まれた者の存したことを推測しているが、[18] 智多郡の和爾部臣もそのような氏族の一つで、ワニ部を管掌した知多臣が職掌にもとづきワニ部臣の氏姓を名乗ったと解すことができるかもしれない。

尾張国には山田郡や愛智郡にもワニ部のいた可能性があり、葉栗郡にも真偽のほどは不明であるが、ワニ氏系の葉栗臣が居住していたとする伝説が存する（『塵袋』五所引『尾張国風土記』逸文？）。ワニ氏系の勢力が尾張国に浸透し、智多郡の有力首長たちが、後にその同祖系譜に結び付いていった状況を、そこに読み取ることができそうである。

第四節　尾張氏の中央進出

『姓氏録』は左京神別に尾張宿禰、左京・右京・山城・大和・河内の各神別に尾張連の本系を掲げる。京と畿内に本貫を持つ尾張氏が計六氏も存することは、この氏の一族の中央への移住がかなり活発に行われた事実を意味しよう。

河内国の尾張連の本拠地は『和名抄』の河内国安宿郡尾張郷とみられる。畿内諸国の中で、「尾張」を郡郷名とするのは安宿郡の尾張郷のみである。『姓氏録』によれば、河内国を本貫とした火明命の後裔氏が、尾張連のほかに七氏おり（襷多治比宿禰・丹比連・若犬養宿禰・笛吹・吹田連・身人部連・五百木部連）、山城の五氏、大和の四氏を上回るから、河内が畿内における尾張氏の最重要拠点の一つであり、尾張郷がその中心を占めていたことがうかがえる。

大和国の拠点としては、葛城地方の「高尾張邑」や高市郡の小墾田の地を挙げることができる。「高尾張邑」の名は神武即位前紀にみえ、別称を「葛城邑」と記すが、前述のように「高」は美称であるから、この記事は葛城地方に

「尾張邑」が存した事実を伝えたもので、尾張氏がこの地に居住していた可能性を示唆する。

允恭紀五年七月条には、天皇の命により反正天皇の殯宮大夫であった玉田宿禰（葛城氏の族長）のもとに遣わされた尾張連吾襲が殺害され、玉田宿禰が武内宿禰の墓域に逃げ隠れたとする話を掲げるが、『帝王編年記』巻五に引く一書は、武内宿禰の墓を「室破賀墓」とし、現奈良県御所市室の宮山古墳（室の大墓、推定復原全長約二五〇メートルの前方後円墳）に比定している。おそらく『書紀』の編纂段階から、葛城地方中心部（後の葛上郡）に築かれたこの巨大古墳が武内宿禰の奥津城と想定されていたとみてよいが、そうするとこの話に尾張連吾襲が登場する理由は、葛城地方がある時期以降、尾張氏の大和における拠点であったことによると思われる。

尾張氏と葛城地方との結び付きを示す史料はほかにも認められる。『古事記』孝元天皇段は尾張連らの祖の意富那毘の妹の名を葛城之高千那毘売とし、「天孫本紀」の尾張氏系譜では、火明命三世孫の天忍人命・天忍男命がそれぞれ角屋姫（亦名、葛木出石姫）と葛木土神劔根命の女賀奈良知姫を妻とし、以下七世孫までが葛城氏または葛城の名を付した女性と通婚しており、四世孫の瀛津世襲《おきつよそ》命の亦名も葛木彦命とされる。瀛津世襲命の妹、世襲足媛《よそたらしひめ》（余曾多本毘売《よそたほびめ》命）は掖上池心宮（葛城掖上宮）を宮居とした孝昭天皇の皇后とされ（『記紀』）、皇極四年の乙巳の変に刺客として加わった葛城稚犬養連網田（『書紀』・『藤氏家伝』上）は、『姓氏録』や「天孫本紀」で火明命の後裔とする若犬養宿禰（若犬甘連）の一族の者であった。これらはどれも、新井喜久夫が指摘するように尾張氏が葛城地方を拠点とした事実を反映していると解することができよう。[19]

さらに右の允恭紀の話には小墾田采女が登場し、彼女の報告により玉田宿禰が誅殺されたとするが、和田萃はこの采女を尾張氏の貢上した采女とし、高市郡飛鳥の小墾（治）田の地の開墾者が尾張氏であり、小墾田は中央に進出したこの氏の居住地であったと推定する。平城宮跡より出土した大宝元年（七〇一）〜霊亀二年（七一六）頃の木簡に、藤原京の左京小治町の笠阿曽（朝臣）弥安の戸口で、近江国蒲生郡阿伎里の阿伎勝足石のもとで田作人として働いていた阿伎勝伊刀古麻呂と大宅女が、本籍地にもどる際に携行していた過書符が存する（『平城宮木簡』一・

一九二六号）。発行者は阿伎里の里長の尾治都留伎であるが、和田は藤原京左京の「小治町」は尾張氏の居所である飛鳥の小墾田の地にほかならず、過書符を発行したのが尾治都留伎とされるのも、偶然ではないとする。[20]

小墾田の地の開墾が進むのは六世紀末頃とみられるから、大和に移住した尾張氏はまず葛城地方に居を定め、都が磐余から飛鳥へと遷る頃にさらに小墾田の地に進出したと推測することができるのではないか。『姓氏録』大和国神別条の尾張連の本貫は葛城地方か高市郡小墾田の地とみて間違いないであろう。

そうすると次に問題となるのは尾張氏の中央進出の時期である。新井喜久夫や和田萃は既述のように、尾張氏が「年魚市」県の県主として大和王権に魚介類を納め、さらに采女の貢進を通して、早い時期から内廷と深い関わりを持っていたとし、『記紀』に尾張氏出身の后妃記事が多いのも、内廷との関係を反映したものであるとする。[21]しかし尾張の在地首長による贄の貢上が五世紀代から行われていた可能性は部分的に否定できないものの、それが恒常化する時期は尾張氏が国造に就任し、漁撈民集団が海部に編成される六世紀に入ってからと解すべきであろう（前述）。

尾張氏出身の后妃の中で、実在の后妃は継体妃の目子媛の一人だけである。他はすべて伝承、もしくは二次的な造作の所産とみられるが、欽明の大后（皇后）で敏達の母である石姫皇女が、目子媛所生の宣化の娘であることから、尾張氏の血統は目子媛を通して確実に敏達以後の大王家へ受け継がれている。したがって『記紀』の尾張氏の后妃記事は、この大王家と尾張氏との血縁関係を踏まえて形成されたとみるべきで、尾張氏の内廷との伝統的関係を反映したものとは考えられない。尾張氏が采女を貢進するようにする時期もまた、尾張氏の国造就任以降とするのが妥当であろう。

かくして尾張氏の中央進出の時期は、継体の即位の頃かそれ以降（安閑・宣化の時代）に求めることができる。新井は「天孫本紀」尾張氏系譜の尾治坂合連（火明命十六世孫）の譜文に「此連、允恭天皇御世、為二寵臣一供奉」とあり、『書紀』が允恭の使者となった尾張連吾襲の話を記すこと（前述）から、尾張氏は五世紀後半頃にはすでに大和王権へ一族の子弟を貢進させる態勢を整えていたとするが、[22]これは江田船山古墳出土大刀銘・稲荷山古墳出土鉄剣銘の无利弖や乎獲居臣にも共通して認められる現象で、大和王権と結んだ地方の首長やその子弟が中央に出仕し、職務奉仕を通して大王と人格的な主従関係を形成することは、必ずしも尾張氏に限ったことではない。しかも首長たちは一定の出仕期間を終えると、また地方へ帰還するのが通例であったから、中央への進出や移住とは明らかに性格を異にするのである。

『姓氏録』河内国皇別には尾張部（無姓）の本系を掲げ、「彦八井耳命之後也」と記す。尾張部は尾張氏の支配下の部民で、『姓氏録』の尾張部氏はその管掌氏族とみられるが、彦八井耳命は神八井耳命の兄弟（『古事記』・「天皇本紀」）、もしくは子（『姓氏録』・『阿蘇家略系譜』）とされる。ただ彦八井耳命後裔氏の茨田連や茨田宿禰が『姓氏録』では「多朝臣同祖」とされることから（右京皇別下・河内国皇別）、尾張部氏も多氏の同族とみて差し支えない。前述のように尾張国では多・丹羽・嶋田らの神八井耳命後裔氏が、尾張氏に次ぐ勢力を保持していた。多氏系の尾張部氏の存在は、神八井耳命後裔氏と尾張氏が尾張国内で緊密に連携していた事実をうかがわせるが、さらに両者がそろって中央に進出した事実をも示唆するものと言えよう。

むすびにかえて

中央に定住し官人となった八世紀代の尾張氏の氏人は、ほとんどが下級官人の地位にとどまり、五位に叙せられた者は、尾張連豊人（延暦二年〔七八三〕、従五位下）・尾張連粟人（延暦二十三年〔八〇四〕以前、外従五位下）・尾張宿禰東人（天平宝字八年〔七六四〕、外従五位下）の三人しかいない。六・七世紀の段階でも壬申の乱の功臣で、尾張国を本拠としたとみられる尾張宿禰大隅と尾張連馬身を除くと、この一族の者の活動は全く史料に現れない。勢力的には弱体で、尾張氏の基盤は中央進出後も依然として本国の尾張にあったと解すべきであろう。

ヲホド王と婚姻関係を結んだことにより、尾張氏を継体擁立を実現せしめた一大同盟勢力とみなす説が有力であるが、この氏の役割を過大に評価することは慎まなければならない。継体の即位によって尾張氏がその政治的地位を飛躍的に向上させたことは事実であろうが、この氏が新たな大王家を創出するだけの巨大な力を有していたかどうかは疑問で、あくまでも継体支持勢力の一つとしてその立場を理解した方が合理的のように思われる。

注

（1）新井喜久夫①「古代の尾張氏について」（『信濃』二十一―一・二、一九六九年）・同②「古代の尾張と尾張氏」（網野善彦・門脇禎二・森浩一編『継体大王と尾張の目子媛』〔小学館、一九九四年〕に所収）

（2）同地所在の甚目寺（寺院）は、寺伝によれば推古五年に甚目竜麿が創建したとするが、境内からは古瓦（軒丸瓦・軒平瓦）が出土しており、伝甚目寺採集品として奈良県の奥山廃寺と同形式の素弁蓮華文軒丸瓦が存在する。尾張でもかなり古い時期に創建された寺院で、甚目連一族の氏寺に比定することができる。

（3）新井喜久夫、前掲注（1）①論文

（4）『尾張国神名帳』や『熱田神宮縁起』には「氷上名神」・「氷上宮天神」とあり、「火上」を「氷上」に作る。

（5）新井喜久夫、前掲注（1）①論文

（6）海部郡に海直赤麻呂（同郡嶋里〔「平城宮発掘調査出土木簡概報」一〇・五頁〕）、愛智郡に海直馬手と同津守（天平勝宝二年〔七五〇〕・同郡大宅郷〔正倉院文書・丹裏文書八十八号〕）が存し、『万葉集註釈』巻一所引『尾張国風土記』逸文には聖武天皇の時代の人として、葉栗郡人の凡海部忍人の名を記す。さらに時期は下るが、『小右記』長徳二年（九九六）十月十三日条に、丹羽郡擬少領の海宿禰〔闕名〕の名がみえ、その先祖を尾張氏と記している。

（7）新井喜久夫、前掲注（1）①論文、和田萃「継体王朝の成立」・同「伊勢神宮と熱田神宮」・同「尾張氏をめぐる伝承と史実」（『春日井シンポジウム資料集』第七～第九回、一九九九～二〇〇一年）、

（8）赤塚次郎「造墓への憧憬」（『考古学の広場』第三号、一九八六年）

（9）赤塚次郎「尾張の土器と埴輪」（網野善彦・門脇禎二・森浩一編『継体大王と尾張の目子媛』〔小学館、一九九四年〕所

収）
(10) 大下武「味美二子山古墳の時代（1）」（春日井市教育委員会文化財課編『味美二子山古墳の時代』第一分冊〔一九九八年〕所収）
(11) 重松明久「尾張氏と間敷屯倉」（『日本歴史』一八四号、一九六三年）、内川敬三「熱田社と尾張氏」（遠藤元男博士還暦記念『日本古代史論叢』〔同刊行会、一九七〇年〕所収）
(12) 吉田研司「熱田社成立の基礎的考察」（竹内理三編『古代天皇制と社会構造』〔校倉書房、一九八〇年〕所収）
(13) 前掲注（7）論文
(14) 佐伯有清『新撰姓氏録の研究』考証篇二（吉川弘文館、一九八二年）
(15) 加藤謙吉、本書第一部第三章
(16) 加藤謙吉、同右
(17) 尾張国のワニ系氏族やワニ部については、加藤謙吉『ワニ氏の研究』（雄山閣、二〇一三年）を参照されたい。
(18) 岸俊男「ワニ氏に関する基礎的考察」（同著『日本古代政治史研究』〔塙書房、一九六六年〕所収）
(19) 新井喜久夫、前掲注（1）①論文
(20) 和田莘「尾張氏をめぐる伝承と史実」（前掲注（7）論文）
(21) 新井喜久夫、前掲注（1）①論文、和田莘、前掲注（7）の諸論文
(22) 新井喜久夫、前掲注（1）②論文

第三部

七・八世紀における渡来人の活動

第一章　初期の藤原氏と渡来人の交流

はじめに

蘇我氏が渡来人勢力と連携し、彼らを朝廷内に設けられた内政・外交上の官司的職務分掌組織に配置することで、大和政権の行政機構に対する支配権を強め、六・七世紀の中央政界に確固たる地位を占めたことは、周知の事実である。

蘇我氏は同時に、大王家と重層的な姻戚関係を結び、そのミウチとしての権力基盤を確立していったが、このミウチ化という政略は、倉本一宏が指摘するように、[1] 蘇我連子の娘娼子を正妻に迎えた藤原不比等に継承され、やがて石川氏（蘇我氏）に代わって、藤原氏がミウチ氏族の主役の座を占めるようになる。政治権力の構築にあたって、藤原氏が蘇我氏の政略を踏襲したことは興味深いが、渡来人との関係においても、この氏はかつての蘇我氏と同様に、積極的に彼らとの接触をはかり、交流を深めていったようで、その対象は移住間もない第一・第二世代の文人・学者・僧侶たちから、移住後相当の歳月を経たフミヒト（史部）を中心とする旧来の渡来人まで、広範囲に及んでいる。

これら学術・知識に秀で、卓越した行政能力を有する渡来人たちは、七世紀半ばの鎌足から八世紀半ばの仲麻呂のころまで、藤原氏のブレーン的存在として、初期のこの氏の政治的台頭を陰で支え、さらにはその施策の立案・推進の立役者になっていたと推測することができる。

しかるに従来の研究では、こうした点はほとんど顧みられることがなかった。おそらくそれは、律令制が成立し施行される時期ともなれば、令制官司における官人たちとの公的な関係が優先され、特定の渡来系集団や渡来人との個人的な関係などは、藤原氏の権力形成にとって、さしたる意味をなさないという先入観が働いているためではないかと思われる。

しかし藤原不比等は県犬養宿禰三千代を妻に迎え、後宮に隠然たる勢力を有した彼女の援助によって、天皇家と姻戚関係を結び、藤原氏繁栄の基礎を築くことになるが、その端緒となった三千代との婚姻は、鎌足・不比等と中・南河内のフミヒト系氏族との私的な交流を通して実現したものであった。また藤原仲麻呂政権を支えたいわゆる「仲麻呂派」の実務官僚の多くも、中・南河内のフミヒト系氏族の出身者である。渡来人との結合が藤原氏の興隆に果たした役割は、決して過小評価すべきではないと思われる。

以下、本章では鎌足・不比等から武智麻呂（南家）、仲麻呂（恵美家）と続く家系を中心に、初期藤原氏の各人物と渡来系知識人・僧侶・官人などの関係を世代順に追い、そこに何らかの歴史的な傾向や特性を検出できるかどうかを探ってみたい。あくまでも基礎的な作業にすぎないが、初期藤原氏の権力基盤の形成過程を解明するためには、このような作業もまた無意味ではないと思われるのである。

第一節　鎌足と渡来人

鎌足と親密な関係にあった新参の渡来系僧侶・文人に、道顕や沙宅紹明がいる。道顕は『日本書紀』（以下、『書紀』と略記）に「高麗沙門道顕日本世記曰……」・「釈道顕日本世記曰……」とあり、『書紀』の外交関係記事の原資料の

一つとされた『日本世記』の著者であるが、鎌足の死を伝える天智紀八年十月条所引の『日本世記』には、

内大臣、春秋五十薨㆓于私第㆒。遷殯㆓於山南㆒。天何不㆑淑、不㆓憖遺㆑者。嗚呼哀哉。

との鎌足に対する誄を掲げている。また『藤氏家伝』上では、斉明天皇不予の際に鎌足の取った行為を称える道顕の文を載せ、また同書の貞慧伝には、貞慧に対する彼の長文の誄を載せている。

道顕の『日本世記』は、『書紀』に斉明六年七月条から天智八年十月条まで、全部で四条が引用されているが、このほか天智元年四月条の釈道顕が高句麗滅亡を占ったとある記事も、『日本世記』からの引用とみられ、さらに天智紀にみえる高句麗関係記事や百済王紀解（豊璋）の名を記す記事も、同様に『日本世記』にもとづいて書かれたとみられている。[2]

道顕は「高麗沙門」とあるように、高句麗からの渡来僧であるが、来日の時期は明らかでない。『日本世記』の初見は斉明六年七月条で、内容は同年（六六〇）の百済滅亡について記しているから、おそらくそれ以前に渡来したとみるのが妥当であろう。斉明紀二年八月条には、高句麗が達沙らを遣わして調を進上したと記し、その分注に大使は達沙、副使は伊利之で、使者の数を全部で八十一人とする。時期的にみると、この八十一人のなかに道顕が含まれる可能性も一概に否定できない。

『書紀』や『藤氏家伝』上に記す道顕の誄や賛辞には、中国の古典からの引用がふんだんにみられ、貞慧への誄には対句表現や押韻が試みられており、彼が当代きっての文人であったことがうかがえる。僧籍にありながら、宗教家としての活動が一切記されておらず、その史書『日本世記』が、同時代の外交記録的性格を持つことを勘案すれば、道顕は外交顧問として、実際に斉明・天智朝の対外政策に関与していたのかもしれない。[3]鎌足との親密な関係は、こうした政治との関わりのなかで醸成されていったとも考えられるのである。いずれにせよ、彼が鎌足の側近として、

その知恵袋的な役割を果たしたことが推察される。

次に沙宅紹明は亡命百済官人である。沙宅氏は欽明紀に「上佐平沙宅己婁」、斉明紀に「大佐平佐宅千福」の名を記し、どちらも百済十六品官位第一位の佐平の位を帯びる。『隋書』百済伝にも、大姓八族中の一氏として沙氏の名がみえ、二〇〇九年に韓国益山《イクサン》の百済弥勒寺西院石塔址から発見された「金製舎利奉安記」（己亥年〔六三九〕奉安）には、当時の百済王、武王の王后を「佐平沙乇積徳の女」と記している。さらに皇極紀元年（六四二）七月条によれば、大佐平の「智積」が百済使として来朝しているが、彼は甲寅年（六五四）に作成された「百済砂宅智積堂塔碑」（韓国国立扶餘《プヨ》博物館蔵）にみえる堂塔建立者の砂宅智積と同一人である。これにより沙宅氏が百済でも屈指の名門の一族であったことが分かる。

沙宅紹明の渡来記事は『書紀』にはみえないが、おそらく白村江敗戦後に亡命した佐平余自信（進）・達率（十六品官位の第二位）木素貴子・谷那晋首・憶良福留らとともに来日したのであろう。『藤氏家伝』上には「小紫沙吒昭明、才思穎抜、文章冠レ世」とし、鎌足の死に際して、その「令名不レ伝、賢徳空没」を傷み、鎌足の碑文（墓碑銘か？）を製したとある。『懐風藻』には大友皇子が皇太子となった時、広く「学士」の沙宅紹明・塔本春初・吉太尚・許率母・木素貴子らを招いて賓客としたとあり、天武紀二年閏六月条の卒伝にも「為レ人聡明叡智、時称二秀才一」とするから、『藤氏家伝』上の「才思穎抜、文章冠世」の記事は誇張ではなく、事実を伝えていると思われる。『書紀』によれば、天智十年には法官大輔（のちの式部大輔）とあり、彼はまた有能な官人でもあった。鎌足との交流は鎌足晩年の数年間にかぎられるが、鎌足の碑文の作成者である彼は、誄を作成した道顕とともに、鎌足ときわめて近しい関係にあったと考えて差し支えない。

鎌足は、道顕や沙宅紹明のような新参の文化人以外にも、旧来の渡来人と結び付いていた。鎌足が仏教に対して強い信仰心を持っていたことは、長男の貞慧を出家させたことによって明らかであるが[4]、貞慧は白雉四年（六五三）[5]、十一歳の時に学問僧として入唐している。『書紀』に記すこの時派遣された十三人の学問僧のなかには、摂論宗もしくは法相宗の将来者とみられる道昭が含まれる。

道昭は河内国丹比郡野中郷を本拠とした船史（連）の出身である。父は『書紀』に乙巳の変の際、蘇我蝦夷が死に臨んで天皇記、国記、珍宝を焼こうとした時に、国記をすばやく取り出し、中大兄皇子に献上したと記す船史恵尺で、敏達朝に高句麗の国書を読解した「烏羽の表」の話で有名な王辰爾もその祖にあたる。船氏は六世紀半ば～後半に、朝廷の文筆・記録の任を担当するために渡来人を糾合して編成されたフミヒト（史部）の一員であり、道昭の父の恵尺も、推古朝に厩戸皇子と蘇我馬子が行った天皇記や国記などの歴史書編纂事業に加わっていたのであろう。(6)

船氏は同じ丹比郡野中郷を拠点とするフミヒト系の白猪（葛井）氏や津氏と同祖と称し、八世紀末には百済の貴須王の孫、辰孫王（智宗王）の後裔と主張したが、本来は野中郷と隣接する河内国古市郡古市郷の王仁後裔氏族（西文氏・馬（武生）氏・蔵氏）などとともに「野中古市人」と呼ばれる百済系フミヒトより成る擬制的な同族集団を形成していた。(7)

渡唐した道昭は大慈恩寺で玄奘三蔵に師事し、斉明七年（六六一）頃に帰国。『三国仏法伝通縁起』には法相宗の第一伝とするが、法相宗は玄奘の弟子の窺基の時に成ったもので、道昭の在唐時代には未成立であったとし、彼が伝えたのは摂論宗であるとする田村圓澄の説も存在する。(8)道昭の将来した教学が法相・摂論のどちらであったかを断定するだけの能力は筆者にはないが、少なくとも道昭が摂論宗の教学に通じていたことだけは確かであろう。

鎌足の子の貞慧は、『藤氏家伝』上によれば、渡唐後、長安の慧日道場に住み、神泰法師について学んでいる。神泰は玄奘の弟子であるが、その著作には『摂大乗論疏』十巻がある。(9)また横田健一によれば、彼は慧日道場で、道因からも『摂大乗論』の講説を受けた可能性がある。(10)田村圓澄が指摘するように、(11)貞慧が長安で主として学んだのは、摂論宗であったと解すべきかもしれない。

摂論宗は無著の『摂大乗論』に依拠する学派であるが、奈良時代には元興寺に摂大乗論門徒が存在し、しかも「始興之本、従二白鳳年一、迄二淡海天朝一、内大臣割二取家財一、為二講説資一」（『類聚楽三代格』巻二、天平九年三月十日太政官奏）とあるように、鎌足の財政的援助のもとに、『摂大乗論』の講説が行われていた。

おそらく鎌足は子の貞慧との関係にもとづき、法興寺の摂大乗論門徒の経済援助に乗り出したのであろう。ただその期間については、白鳳年号が公年号の白雉（六五〇―六五四）と一致するものの、白雉が孝徳朝の五年間で終了するのに対して、白鳳は斉明・天智朝にまで及び、天武朝にも天武二年白鳳への改元が行われたとする説（『扶桑略記』）や、天武十四年を白鳳十三年とする史料（『坂上系図』所引『新撰姓氏録』（以下、『姓氏録』と略記）逸文）が認められるので、鎌足の援助の始まった「白鳳年」を何時に求めるかが問題となる。

一般的にはそれを白雉年間とし、道昭・貞慧渡唐（白雉四）の頃とする見方が有力のようであるが、むしろ道昭帰国の斉明七年（六六一）頃とみるべきではなかろうか。帰国後、彼は元興寺（法興寺）の東南の隅に禅院を建てて住んだと『続日本紀』（以下、『続紀』と略記）の卒伝にあり、『三代実録』はそれを壬戌年（六六二）三月とする。鎌足は帰国した道昭から、在唐中の貞慧の学問の内容について詳細な報告を受け、貞慧の帰国に備え、さらに摂論宗に造詣の深い（その将来者であるかどうかは別として）道昭のために、法興寺で『摂大乗論』講説を行うための資を提供したと思われるのである。天智四年（六六五）に帰国した貞慧は、結局法興寺に入ることなく、鎌足の大原の第で没した。しかし摂大乗論門徒に対する援助はその後も継続する。「迄二于淡海天朝一」と記すのは、それが天智八年の鎌足の死亡時まで及んだことを意味するのであろう。そしてさらに援助は、不比等や光明子へと受け継がれていくことになる。

以上、いささか迂遠な考察を行ったが、鎌足は長男の貞慧を介して、船氏出身の道昭と結びつき、その外護者として彼の仏教活動を援助した形跡がうかがえる。藤原氏と船氏・白猪（葛井）氏など、河内国丹比郡野中郷を拠点としたフミヒト系氏族との私的な交流は、後述するように鎌足の子孫たちに継承され、さらに緊密化の傾向をたどることになるが、その基礎は鎌足の代に築かれたとみられるのである。

船氏や白猪氏と同様、南河内に本拠を構えたフミヒト系の氏族で、鎌足・不比等や初期の藤原氏と関係の深いものに田辺史がいる。この氏は『日本書紀私記』弘仁私記序所引『諸蕃雑姓記』や『姓氏録』右京諸蕃上の田辺史の本系にうかがえるように、本来は百済系の氏族であるが、天平勝宝二年（七五〇）に田辺史難波が上毛野君（公）に改氏姓し、弘仁元年（八一〇）に朝臣姓を賜わり、皇別の上毛野氏（公・朝臣）の同族に列した。

雄略紀九年七月条には、河内国飛鳥部郡人の田辺史伯孫が誉田陵の近くで馬を交換した奇談を掲げるが、田辺氏の本拠地は河内国安宿《あすかべ》（飛鳥部）郡の田辺、すなわちこの氏の氏寺とみられる田辺廃寺（奈良時代の寺院址、薬師寺式伽藍配置）のある大阪府柏原市田辺の辺りである。このほか摂津国住吉郡田辺郷や山背国宇治郡山科郷にも一族の者が居住し、「田辺里《たなべがり》」の条里名が存する山背国乙訓郡や、中世の「田辺郷」の郷名のある山背国綴喜郡（現京都府京田辺市田辺）もこの氏の拠点であった可能性が高い。山背国宇治郡山科郷の地は、奈良時代の北陸道のルート上に位置し、山科駅に近接するが、六世紀後半の高句麗との外交の開始にともない、田辺氏はフミヒトとして、山背から近江へと通じるこの交通の要地に配置され、河内国安宿郡より山科の地に移住したのであろう。[12]

『尊卑分脈』の藤氏大祖伝、不比等伝には、

内大臣鎌足第二子也。一名史。斉明天皇五年生。公有二所レ避事一。便養二於山科田辺史大隅等家一。其以名レ史也。

との伝承を載せている。これによれば、不比等は山科（山背国宇治郡山科郷）の田辺史大隅らの家で養育され、そのために史と名付けられたことになる。不比等の名が史上に初見するのは、持統紀三年二月条の判事任命記事であるが、その氏姓名は「藤原朝臣史」とある。上田正昭が指摘するように、[13]「史」が彼の本来の諱とみられるが、そうすると『尊卑分脈』の伝承は、大筋で歴史的事実を伝えているとみることができよう。

『尊卑分脈』の「公有二所レ避事一」については、天智朝末年の政情不安や壬申の乱の勃発と照応させて、少年期の不比等が難を避けるために田辺史大隅の家で養われたと解する見方が一般的である。しかし壬申の乱には、田辺小隅

が近江朝軍の別将として戦闘に参加している。小隅の名は大隅の名と対をなし、同一人か、あるいはその近親にあたる人物とみられるから、大友皇子側の陣営に属した田辺氏のもとに不比等が身を寄せても、難を避けることにはならない。

「公有㆓所㆑避事㆒」の文言は、不比等を天智天皇の落胤とする後世の俗説などにもとづいて付け加えられた疑いもあり、本来は不比等の乳母が田辺史大隅の妻か身内の者であったために、誕生と同時に大隅の山科の家に預けられたと理解すべきではなかろうか。

山科には鎌足の家があった。『扶桑略記』斉明三年丁巳条には、

内臣鎌子於㆓山階陶原家㆒〈在㆓山城国宇治郡㆒〉始立㆓精舎㆒。乃設㆓斎会㆒。是則維摩会始也。

と記し、維摩会の起源を説いているが、『藤氏家伝』上にも、庚午年（天智九、六七〇）に鎌足が「山階之舎」（「山階精舎」）で火葬に付されたとある。『興福寺縁起』によれば、天智即位二年（天智八年、己巳年）十月、嫡室の鏡女王が臨終の鎌足に請うて、山階に伽藍を開基したとし、鎌足の死とともに寺が造られたように説いているから、寺の建立の時期は鎌足の死後と解するのが妥当かもしれない。

しかし「山階陶原家」はそれ以前から存在したと考えて差し支えない。京都市山科区大宅鳥井脇町の大宅廃寺（白鳳寺院址）をその所在地とする説があるが、この寺院址は発掘調査の結果、平安期まで存続したことが知られ、興福寺前身の山階精舎（山階寺）の跡とするには不適切である。山城国宇治郡を本拠としたワニ系氏族の大宅氏の氏寺とみるべきであろう。[14]

これに対して「陶原家」を「山科郷古図」に「陶田里《すえたがり》」（条里里名）と記し、周辺に須恵器窯跡が残るＪＲ山階駅付近の地に比定する説もある。[15]一見、この説が妥当のように思われるが、むしろ「陶原」は「陶田」と対をなす地

名とし、「山科郷古図」で「陶田里」の東に接する「大槻里」の地に存したとする吉川真司の説に従うべきではなかろうか。『安祥寺資材帳』は、安祥寺の下寺地の四至の南限を「興福寺地」と記すが、吉川はこの「興福寺地」が「大槻里《おおつきがり》」の北半にあたり、ここが「山階陶原家」の跡であり、山階寺・興福寺地へとつながったと想定するのである。[16]

一方、『安祥寺資材帳』には「三条石雲之北里之内田辺村」とあり、「山科郷古図」の「石雲北里《いしくもきたがり》」内に「田辺村」の存したことが判明する。田辺の地名は田辺史の居住に因むもので、前述のように田辺氏は、六世紀後半にはすでに河内国安宿郡から山科の地に進出しているから、『尊卑分脈』の「山科田辺大隅家」もここにあったと推察することができよう。[17]「陶原家」と「田辺村」は、山科において隣接する位置関係にある。したがって不比等が田辺史大隅の家で養育された理由は、鎌足と田辺氏が地域的な交流を通して密接に結びついていたことによると断定して間違いあるまい。

表1は田辺氏の一族で、七世紀から九世紀にかけて外交・学術・文芸とかかわった人物、および学識を必要とする官職への就任者を列挙したものである。一瞥すれば、この氏が長期にわたって、有能な人材（学者・文人・官僚）を輩出した事実が明らかになろう。しかもそれは田辺氏にかぎったことでなく、文筆・記録に従事したフミヒト（史部）系の氏族に、大なり小なり共通して認められる現象である。鎌足が交流を持った船氏や、不比等以降に関係が深まる白猪（葛井）氏など南河内のフミヒト系諸氏には、ことのほかそうした傾向が顕著で、田辺氏と同様、多数の優れた人物が出ている。

鎌足は高句麗僧道顕や百済の亡命貴族沙宅紹明と親交を結び、当時の国政の中枢に携わった要人の立場から、彼らの知識を積極的に導入し、活用した。横田健一が指摘するように、[18]鎌足は外交に際して僧侶を交渉にあたらせている。『書紀』によれば、天智三年（六六四）十月、帰国する唐使郭務悰に物を賜わったが、鎌足はその使いとして僧の智祥を遣わした。また同七年（六六八）九月には、新羅使金東厳に付して、新羅の上臣金庾信に船一隻を賜わり、法弁と秦筆の二人の僧が鎌足の使者となった。彼らの名は他にみえず、詳細は不明であるが、道顕と同様に渡来僧で

表1　「田辺氏と外交・学術・文芸および学術系官職」

1	田辺史鳥	〔白雉五・二〕遣唐判官・小乙下、入唐。〔斉明元・八〕帰朝。	『書紀』
2	田辺史百枝	〔文武四・六〕追大壱、大宝律令撰定の功により、禄を賜わる。 〔?〕大学博士・従六位上、『懐風藻』に五言詩一首。	『書紀』 『懐風藻』
3	田辺史首名	〔文武四・六〕進大弐、大宝律令撰定の功により、禄を賜わる。	『書紀』
4	田辺史秋庭	〔天平八・六〕遣新羅使。	『万葉集』
5	田辺史橿(樫)実	〔天平勝宝二・三〕中内記・従七位上。	『大日本古文書』十一―一七八
6	田辺史福麻呂	〔天平二十・三ほか〕造酒司令史、万葉歌人。	『万葉集』
7	田辺史立万里 (上毛野君立麻呂)	〔天平勝宝七・六〜八・四〕大学直講・従七位上。	『寧楽遺文』下・六一七頁ほか
8	田辺史広浜(瀬) (上毛野君広浜)	〔天平宝字五・十〕遣唐使船を安芸国に造る。	『続紀』
9	池原公禾守 (上毛野君粟守)	〔天平宝字五・神護景雲元〜三・宝亀八〕大外記、外従五位下→従五位下	『続紀』
10	上毛野公大川(河)	〔宝亀八・六〕遣唐録事任官、正六位上。〔同九・六〕帰朝。 〔天応元〜延暦五〕大外記、外従五位下→従五位下 〔延暦五・六〜同九・八〕光仁朝に『続日本紀』二一〜三四巻のもととなる天平宝字〜宝亀年間の記録を編集。	『続紀』 『続紀』・『外記補任』 『類聚国史』
11	上毛野公穎人 (上毛野朝臣穎人)	〔延暦初年?〕文章生(大川の子)。 〔延暦二十〕右少史任官 〔延暦二三〕遣唐録事任官、入唐 〔延暦二四〕対馬に帰着。遣唐録事・左少史、正六位上 〔延暦二五〕右大史任官、正六位上 〔大同元〕左大史任官、正六位上	『類聚国史』 『外記補任』 『類聚国史』・『日本後紀』 『平安遺文』八・四三〇七号 『外記補任』 『外記補任』

		〔大同元・七〕大内記任官、正六位上 〔大同二〜弘仁八〕大外記、外従五位下→従五位下 〔弘仁六・七〕この時まで『新撰姓氏録』の編纂に従事。 〔弘仁七以降〕東宮学士任官。	『外記補任』 『外記補任』・『類聚符宣抄』 『新撰姓氏録』 『類聚国史』
12	池原諸梶(雄)	〔延暦八〕権少外記。〔延暦九〜同十〕少外記 〔延暦十一〜同十二〕大外記	『外記補任』 『外記補任』
13	上毛野諸嗣	〔延暦十五〜同二二〕少外記	『外記補任』
14	上毛野公継(嗣)益	〔弘仁元・十二〕送渤海客使録事（遣渤海録事）任官。 〔同二・十〕渤海からの帰路、遭難。	『日本後紀』 『日本後紀』
15	上野毛朝臣永世	〔貞観二・正〕音博士、尾張介任官。 〔貞観十一・四〕『貞観格』編纂に従事し、この時、完成。	『三代実録』 『三代実録』
16	上毛野公赤子	〔貞観五・十二〕内教坊頭・従七位下。	『三代実録』
17	上毛野朝臣沢田(由)	〔貞観六・正〕権大外記任官、正六位上	『外記補任』

あった可能性が高い。鎌足の身辺には、こうした対外交渉に長じた人物が少なからず結集していたと推察されるのである。

一方で鎌足は、船氏や田辺氏のような旧来のフミヒト系氏族とも結び付いていた。おそらく令制下の文書実務官人の先駆けとなった文筆・記録担当者（フミヒト）と連携し、彼らを私的に掌握することで、来たるべき律令官制に向けて氏族的発展を遂げようとしたのであろう。幼少の不比等をあえて田辺史大隅に預けた根底には、一種の英才教育を施そうとする意図が垣間みられる。すなわち田辺氏の「学」や「文」の環境下に不比等を置くことにより、彼を将来、律令官人の上に立つ有能な指導者へと育てる狙いが存在したのではなかろうか。そしてこのような方針は、鎌足から不比等へ、さらに不比等からその子供たちへと、脈々と受け継がれていくのである。

第二節　不比等・県犬養三千代と渡来人

藤原不比等と渡来系氏族との交流、とくに南河内の渡来人との関係については、岸俊男が不比等の妻、県犬養宿禰三千代に関する考察を通して、詳細に論じている。[19]県犬養氏については、『続紀』大宝元年七月壬辰条で県犬養連大侶（大伴）の氏名が、ほとんどの写本で「郡犬養」とされることから、「県犬養」は「アガタノイヌカヒ」ではなく、「コホリノイヌカヒ」と訓むべきであるとする鎌田元一の説があるが、[20]「アガタ」・「コホリ」のどちらであるにせよ、県犬養連の本拠地は岸が指摘するように、奈良・平安時代における氏人の居住が認められる河内国古市郡とみて間違いない。

古市郡は前述した百済系フミヒトの「野中古市人」のうち、王仁後裔と称した西文氏・馬（武生）氏・蔵氏などの本拠地であるが、県犬養氏は隣接する丹比郡野中郷の船・白猪（葛井）・津氏（辰孫王後裔氏）らもあわせて、「野中古市人」に属する諸氏と密接な関係を持っていた。『西琳寺文永注記』所収「天平十五年帳」によれば、王仁後裔氏族の関係寺院である古市郡の西琳寺（古市寺）の住僧延達は、古市郡尺土郷鴨里戸主の県犬養連弓足の姪《おい》で、俗名は県犬養連乙麻呂であった。さらに『続紀』天平二十年八月己未条には、聖武天皇が散位従五位上の葛井連広成の宅に行幸し、翌日広成とその室従五位下県犬養宿禰八重に正五位上を授けたとあるが、丹比郡野中郷の葛井連（旧姓白猪史）と古市郡の県犬養氏の間に婚姻の成立していたことが知られる。

河内のフミヒトの分布地域は、表2に明らかなように、南河内や中河内に集中している。ただ交野郡・茨田郡（北河内）と河内郡（中河内の北部）の分布例は、郡名・郷名と氏名が一致するために掲出したものにすぎず、確実性を欠く。フミヒトの居住地はほぼ現在の大阪市平野区や八尾市以南に限定されるとみてよいと思われる。[21]すると、県犬養氏は「野中古市人」にかぎらず、広く中・南河内のフミヒトたち全体と氏族的交流があったと推測することができよう。当然、安宿郡の田辺史とも接触があり、岸俊男のように、[22]藤原不比等と県犬養三千代の婚姻の仲介の労を取ったのは、実は田辺史であったと解することも可能となる。

周知のように、大宝元年（七〇一）に不比等と三千代との間に生まれた光明子の諱は、『東大寺要録』巻一本願章第一に「皇后藤原光明子。〈諱安宿又号二仁政皇后一。……〉」、同書所収『延暦僧録』に「仁政皇后菩薩〈諱安宿媛尊。号二天平応真天皇一〉」とするように「安宿媛」であるが、この諱は河内国安宿郡の郡名にちなむ。さらに言えば、不比等の場合と同じく、光明子の養育に安宿郡を本貫とする田辺史がかかわっていたために、この名が付されたのではなかろうか。

表2　「河内国のフミヒト」

郡名	氏族名
錦部郡	高向史
石川郡	板持（板茂）史・山田史・島史？
古市郡	西文首・蔵（倉）首・蔵史・馬史・金集史（金□史）・白鳥史
丹比郡	野中川原史（河原史）・筑紫史・船史・白猪史・津史・（穴太）野中史？
安宿郡	田辺史
大県郡	大県史（和徳史）・大里史・牟久（久牟？）史・馬首
志紀郡	岡田史・白猪史・林史？
高安郡	八戸史・三宅（三家）史
若江郡	栗栖史・栗栖首
渋川郡	伊岐（壱伎・伊吉・雪）史・飽田史・船史
河内郡	川内史？
茨田郡	大窪史？
交野郡	山田史？・三宅（三家）史？
未詳	大友史・古志（高志）史

『続紀』文武四年（七〇〇）六月甲午条には、大宝律令の撰定に加わった刑部親王・藤原不比等以下十九名に対して、禄を賜わった記事を掲げるが、撰定者のなかには田辺史百枝と田辺史首名の名がみえる。上田正昭は、不比等が皇族の代表ともいうべき刑部親王と並んで、官僚層の代表ともいうべき資格で新律令の編纂に加わったとし、さらに田辺史百枝と田辺史首名が編纂に携わった理由を、不比等の養育氏族としての田辺氏との個人的な関係に求めている。(23)皇族は刑部親王一人であるから、彼の立場は多分に名目的なものであり、律令撰定の実質的な最高責任者は不比等と考えて差し支えない。

百枝・首名が撰定者とされたことは、もとより彼らの学識（フミヒトとしての伝統にもとづく）に負うところが大きいが、不比等との個人的な関係も見逃すことができない。光明子の誕生は文武四年の翌年にあたるから、安宿媛の諱が田辺氏の養育への関与にもとづくことは、ほとんど疑う余地がないであろう。そしてそれは、父の不比等のみならず、古市郡出身の母三千代の意向にも沿ったものであったと思われる。

文武四年の律令撰定者のなかには、フミヒト系の伊吉連（旧姓は史）博徳、白猪史骨の名もみえる。博得は『書紀』編者が外交記事の参考資料とした「伊吉連博徳書」の著者で、七世紀後半から末期に唐・新羅などに派遣された外交官、骨（宝然）も天武朝に帰国した唐派遣の留学生である。どちらも律令に対する該博な知識を買われて撰定者に加わったのであろうが、表2によれば、伊吉氏は河内国渋川郡に居所があり、(24)白猪史も前述の「野中古市人」の一員で、河内国丹比郡野中郷と志紀郡に拠点があった。したがって中・南河内のフミヒトとして、彼らは不比等や三千代とも親しい関係にあったとみられ、それが田辺史百枝や首名とともに律令撰定者に抜擢された直接の原因と思われる。

一方、不比等死後のことであるが、岸俊男は、三千代と古市郡周辺の渡来系諸氏とのつながりを示すものとして、『続紀』天平三年（七三一）正月丙子条の叙位記事を挙げる。(25)光明子の立后後の最初の大規模な叙位であるが、古市郡周辺を拠点とした船連薬・田辺史広足・葛井連広成・高丘連河内が正六位上から外従五位下に叙せられている。

葛井連広成は前述したように、県犬養宿禰八重の夫であり、その叙位は、当時まだ健在であった三千代、もしくは光明子の引き立てによるものであろう。船連薬・田辺史広足についても、これまで述べてきたこの両氏の性格よりみて、同様に推測することができる。

残る高丘連河内は、神亀元年（七二四）に高丘連の氏姓を賜わるまでは楽浪河内を名乗った人物で、白村江の敗戦により百済から亡命した沙門詠の子である。養老五年（七二一）正月、皇太子首親王の教育にあたるため退朝後に東宮に近侍し、同月、文章において「学業に優遊し、師範たるに堪ふる者」（『続紀』）として褒賞され、後には大学頭に任ぜられた。『藤氏家伝』下（武智麻呂伝）にも、神亀六年（七二九）頃、「文雅」として高名であった人物の一人に彼の名を挙げている。

このように河内は文章（漢詩文・歴史）の学の第一人者であったが、彼の子の高丘連（のち宿禰）比良麻呂は『続紀』に河内国古市郡人とあるから、彼もまた古市郡を本貫としたとみられる。河内は年代的には藤原武智麻呂とほぼ同世代の人物であるが、後述するように、武智麻呂も大宝四年（七〇四）に大学助、慶雲三年（七〇六）に大学頭に就任しており、武智麻呂と河内はおそらく昵懇の間柄であったと思われる。

実は河内の子の比良麻呂は、藤原仲麻呂の側近であった。比良麻呂は『続紀』の卒伝に「少遊㆓大学㆒、渉㆓覧書記㆒」とし、大外記に歴任したと記すごとく、父親譲りの学者肌の人物であったが、その履歴をみると、天平勝宝三年（七五一）頃から十年間ほど紫微中台（坤宮官）の少疏・大疏（主典）の職にあり、その間、天平勝宝五年頃には美濃員外少目も兼任している。天平宝字五年（七六一）には越前介に任ぜられたが、紫微中台は天平勝宝元年の設置とともに、仲麻呂が長官たる紫微令（紫微内相）に就任し、彼の権力の拠り所となった官司である。仲麻呂は天平十七年（七四五）に近江守に就任し、以後そのポストを独占して、近江国は事実上彼の領国と化したが、(26)さらにその勢力は近江に隣接する美濃国や越前国にも及んだ。ちなみに比良麻呂の越前介在任中に守の任にあったのは、藤原薩雄ついで辛加知であり、どちらも仲麻呂の子である。

比良麻呂は天平宝字八年、仲麻呂が叛を企て、兵士を増すため太政官印を私用し文書を偽造した時、「禍の己に及ばむことを懼れ」てこれを密告、そのため謀反が発覚した（『続紀』）。比良麻呂は保身のために仲麻呂を裏切ったことになるが、逆にそれまでの彼の官歴は、すべて仲麻呂との関係にもとづいて得られたものであったとみて差し支えない。おそらく比良麻呂のかかる立場は、古市郡出身の学者・文人であった父の河内と藤原氏との結びつきのなかから生み出されたもので、河内の場合には、岸の指摘した県犬養三千代や光明子とのつながりに加えて、仲麻呂の父武智麻呂との関係を想定してよいと思われる。

第三節　武智麻呂・仲麻呂と渡来人

武智麻呂については、幸いにも僧延慶の著した武智麻呂伝（『藤氏家伝』下）が残されていて、この人物の人となりがよく分かる。

延慶は仲麻呂の意を受けて、武智麻呂の功績を称賛することを目的に伝を記しているから、もとよりその記述を額面通り受け取ることはできない。しかし潤色の疑いが濃厚な部分を割り引いても、なおそこに、病弱ではあるが学問好きで、仏教に対する信仰心の厚い、律儀で温厚な良家出身の御曹司の姿が浮かび上がってくる。おそらくそれは武智麻呂の実像と推断して間違いあるまい。

近江守に任官する三十代前半までの彼は、刑部省品官の中判事から大学助・頭、図書頭・侍従などを歴任しているが、これらはいずれも学問的素養を必要とする官職である。大学寮の頭・助は「簡㆓試学生㆒」（養老職員令大学寮条）を職掌とし、毎年学生に年終試を課す任務（同学令先読経文条）を負っていたから、教官と並んで高い学識を持つことが不可欠とされた。「経籍図書、修㆓撰国史㆒」を職掌とする図書頭も同様である。[27]

『藤氏家伝』下によれば、武智麻呂が中判事に就任した時、刑部省には判決に必要な詳細な式（細則）がなかったため、奏して拠るべき条式を定めたと記す。ついで大学寮の助就任後は、碩学を招いて藤原京遷都以降衰退していた大学を復興し、刀利康嗣に命じて釈奠の文を作らせ、頭に昇進後は、自ら学生に詩書礼易を講じたとする。また図書頭時代には官書が零落し、欠少していたので、民間を訪ねて書写し、その欠を補ったとする。勿論、これらの記述はかなり誇張されているとみなければならないが、基本的には学者的体質を持つ武智麻呂が、それに適した官職に就き、任務に鋭意専心した事実を伝えていると判断してよいであろう。

刀利康嗣は百済系の渡来氏族で、和銅三年（七一〇）に従五位下に叙せられたが（『続紀』）、『懐風藻』には「大学博士従五位下」で、「年八十一」とある。康嗣の大学博士任官の時期は不明であるが、武智麻呂の命により釈奠の文を作成した慶雲二年（七〇五）には、すでに大学の教官（博士または助教）に就任していたとみてよいであろう（『藤氏家伝』下には「宿儒」とする）。武智麻呂と康嗣の間には、単なる公的な上下関係だけでなく、私的な交流も行われていたと思われる。康嗣が従五位下を極位として和銅三年以降に八十一歳で死去したと解するならば、彼は年齢的には百済滅亡後に日本に亡命した百済人と推測しても決して不自然ではなく、あるいは藤原氏との結びつきは、鎌足・不比等の時代まで遡るかもしれない(28)。

武智麻呂は近江守時代に比叡山に登り、そこに淹留したが、その時柳樹一株を植えている（『藤氏家伝』下）。『懐風藻』には、近江守に任官した藤原仲麻呂が、亡父武智麻呂の比叡山の旧禅房に植えた柳樹を詠んだ詩に、麻田連陽春が和した五言詩（「和㆘藤江守詠㆓裨叡山先考之旧禅処柳樹㆒之作㆖」）一首を掲げる。麻田陽春は『懐風藻』のほか、『万葉集』にも和歌四首を残し、『万葉集』巻五の撰者の一人に擬定されている。百済系渡来人で、旧姓は答（塔）本。神亀元年（七二四）に陽春が麻田連の氏姓を賜わったが、『懐風藻』に沙宅紹明らとともに、大友皇子の賓客とされたと記す「学士」の塔本春初（前述）は、陽春の父か祖父（またはそれに準ずる近親）にあたり、百済滅亡後に来日した亡命者の一人であろう。春初から陽春へとつながるこの学者・文人の家系もまた、初期の藤原氏と親密な関係にあったとみてよいかもしれない。

ところで『藤氏家伝』下には、

至二于季秋一、毎与二文人才子一、集二習宜別業一、申二文会一也。時之学者、競欲レ預レ坐。名曰二龍門点額一也。

との記述が認められる。毎年九月に武智麻呂の習宜の別業で、文人・才子を集めて学問・文章の会が催され、学者たちが競ってそれに参加しようとし、その会を「龍門点額」と称したとある。参加した文人・才子は、岸俊男が指摘するように、[29]『藤氏家伝』下がその前に記す「文雅」の紀朝臣清人・山田史御方・葛井連広成・高丘連河内・百済公倭麻呂・大倭忌寸小東人（大和宿禰長岡）、「宿儒」の守部連大隅・越智直広江・肖奈行文・箭集宿禰虫麻呂・塩屋連吉（古）麻呂・楢原造東人を指すとみるべきであろう。

これらの学者・文人のうち、葛井連広成と高丘連河内は、前述のごとく不比等・県犬養三千代夫妻や光明子・武智麻呂とかかわりがあり、山田史御方は表2に示したように、河内国石川郡を本拠地（『上宮聖徳法王帝説』にみえる「川内志奈我山田寸」）とする南河内のフミヒトの出身者であった。渡来系ではないが、大倭忌寸小東人・箭集宿禰虫麻呂・塩屋連吉（古）麻呂の三人も、不比等のもとで養老律令の撰修に携わった人物である。藤原氏と縁のあった人々を中心に、広く文人・才子を結集して、武智麻呂主催の会が開かれたとみてよいであろう。当時、この種の会合としては、長屋王の佐保の宅における詩宴が有名であり、長屋王宅に参集した学者・文人のなかには、右に掲げた人々も含まれている。佐保の宅の詩宴と武智麻呂の習宜の文会は時期的に重複し、互いに競合的な関係にあったのであろうが、長屋王の変後、習宜の文会はとくに隆盛を極めたと推察することができる。

武智麻呂は、その好学的な性格の故に、多くの学者・文人と積極的に交流を深めていったと思われる。鎌足や不比等の培ってきた伝統がここでも脈々と受け継がれているが、武智麻呂の場合には、彼らを自己のブレーンとして政治的に利用しようとする意識よりも、学の世界に対する彼自身の純粋な憧憬の方が勝っていたのではなかろうか。

『藤氏家伝』下には武智麻呂が豊成と仲麻呂の二人の子を博士の門下に学ばしめ、しばしば絹帛を贈って、その師を労ったと記すが、そこには学を好み、子の教育に熱心であった武智麻呂の人となりがよく示されている。鎌足・不比等的な交流の方法は、むしろ一代おいた仲麻呂と渡来人との関係の方により強く継承されていったとみられるのである。

仲麻呂の身辺には、南河内のフミヒト系氏族の出身者が集中的に認められる。まず家司をみると、岸俊男が指摘するように、(30) 天平勝宝元年頃の仲麻呂家の家令に、田辺史（闕名）の名がみえる（『大日本古文書』三巻二七三頁、以下、『大日本古文書』の書名・巻・頁を記す場合は、古三―二七三のように略記）。もっとも仲麻呂の異母弟の乙麻呂家の知宅事（私設の家司）も田辺史立万里（天平二十年、古二四―五二五）であり、藤原氏諸家の家司には、鎌足・不比等以来の縁故で、田辺氏を中心に南河内のフミヒト系の者の就くことが多かったのかもしれない。時代は下るが、貞観期の藤原良房家の家令も「野中古市人」に属した、旧姓が津史（連）の菅野朝臣弟門であるから（『三代実録』）、こうした傾向が藤原氏の間では定着していたと推測することもできよう。なお、田辺史立万里は、表1に掲げたように、天平勝宝期の大学直講であった上毛野君立麻呂と同一人物とみられる。家司にはこれらフミヒト系の出身者のなかでも、とくに学術に明るい者が選ばれたのであろう。

次に仲麻呂の勢力拡大の基盤となった紫微中台に目を転じると、次のような南河内のフミヒト系官人が認められる。

①川原蔵人凡（旧姓川原史）
皇后宮職少属（天平十八～天平勝宝二年、古九―一三九）→紫微大疏（天平勝宝四～同八年、古三―五八五ほか）

②上毛野君（公）牛養（旧姓田辺史）
紫微少疏→大疏（天平勝宝五～天平宝字二年、古三―六四〇ほか）

③池原公禾守（上毛野君粟守）
紫微少疏→坤宮官少疏（天平勝宝九～天平宝字五年、『寧楽遺文』中巻六二六頁ほか）

④葛井連（闕名）
紫微少忠（天平宝字元年、古四―二三九）
⑤葛井連（闕名）
紫微史生（天平宝字元年、古二―二四二）

①の川原蔵人の旧姓川原史は、表2に掲げた野中川原史（河原史）のことで、河内国丹比郡野中郷を拠点とし、「野中古市人」に属する百済系のフミヒトである。[31] ③の池原公（後に住吉朝臣、池原朝臣に改姓）も、『日本書紀私記』弘仁私記序の『諸蕃雑姓記』の注記に、田辺史・上毛野公・池原朝臣・住吉朝臣らの祖として、百済より化来した思須美と和徳の名を挙げており、田辺史より分かれた一族かもしくはその同族とみられる。

①～⑤の人物たちが、紫微令（内相）仲麻呂の息のかかった者たちで、その側近勢力を構成したことは容易に想像が付くが、②の上毛野君（公）牛養と③の池原公禾守は、天平宝字五年と同八年にともに美濃介に就任しており、岸俊男が推測するごとく、[32] 二人が仲麻呂の勢力の浸透していた美濃国の国司に任ぜられたのは、彼の政治的配慮にもとづくものと思われる。紫微中台（坤宮官）の少疏・大疏で、美濃員外少目を兼任し、後に越前介に転じた古市郡出身の高丘連比良麻呂（前述）も同様のケースと理解すべきであろう。

このほか、仲麻呂と結び付く可能性の高いフミヒト系の官人や僧侶を列挙すると、表3のようになる。南河内の田辺（上毛野）・葛井・船の諸氏出身者がここにも顕著に認められ、前代の文筆・記録の職務を継承した彼らが、いわば行政面における仲麻呂の股肱の臣として、彼の政権を根底から支えていたことが明らかになろう。仲麻呂にとって、このようなスタッフの存在は、政治権力を掌握し、それを維持していく上で不可欠のものであった。そしてそれは取りも直さず、曾祖父の鎌足以来、藤原氏が率先して構築してきた貴重な財産にほかならない。渡来系の豊富な人材を縦横に駆使し得たことが、藤原氏の政治的台頭をもたらした要因の一つとみられるのである。

最後に『藤氏家伝』下の著者、僧延慶を船連夫子と同一人とする薗田香融の説に[33]触れておきたい。船連夫子は『続紀』天平勝宝六年十一月辛未条に「大唐学生无位船連夫子」とみえ、外従五位下を授けられたものの、「出家を以ての故」にこれを辞退したとある。彼の名がみえるのはこの記事だけであるが、天平勝宝四年発遣の遣唐使は、同五年十二月から翌六年四月にかけて、第一船を除く三船が相次いで帰国している。彼もそのどれかに乗船していたことになるが、この時副使の大伴古（胡）麻呂の第二船に乗って来日したのが鑑真一行であった。鑑真らは『唐大和上東征伝』（淡海三船撰）や『東大寺要録』所引『大和上（尚）伝』（思託撰）によれば、延慶に率いられて大宰府に入り、入

表3「仲麻呂派とみられるフミヒト系の官人・僧侶」

	人名	事項
①	葛井連根道	天平勝宝元年〜天平宝字七年まで造東大寺司主典・判官。仲麻呂専権下の造東大寺司にあって、仲麻呂派の一角を形成。天平宝字七年十二月、飲酒に及び、話が忌諱にわたるとの理由で、隠岐に流される。孝謙上皇と道鏡の関係に言及したか。
②	田辺史真人（上毛野君真人）	天平二十年〜天平宝字六年まで造東大寺司判官。天平宝字八年以降、仲麻呂の乱に連座し、官位を奪われる。神護景雲元年、外従五位下復位。翌年、造東大寺大判官となる。
③	田辺史広浜（上毛野君広浜）	東大寺大仏建立に際し、銭一千貫を寄進。天平宝字八年正月、近江介任官。仲麻呂の配慮に基づくか？
④	上毛野公[闕名]	天平宝字元年閏八月、越前少目・正七位下。仲麻呂の与党であることによる登用か？
⑤	上毛野公[闕名]	天平宝字三年十二月、越前少目・従七位上。仲麻呂の与党であることによる登用か？
⑥	田辺来女	天平神護二年十月、右京四条一坊の戸主従七位上の上毛野公奥麻呂の戸口。越前国足羽郡道守村に墾田を所有していたが、天平宝字八年の仲麻呂の乱の際、罪人支儻の罪により没官された。
⑦	上毛野公奥麻呂	天平神護二年十月、右京四条一坊の戸主、従七位上。その戸口に田辺来女がいた。岸俊男（『藤原仲麻呂』）は、④・⑤の闕名の上毛野公を奥麻呂と同一人と推定する。
⑧	慈訓[俗姓船連]	興福寺僧。法相・華厳兼学。少僧都。仲麻呂と結んで勢力を拡大し、興福寺別当となる。天平宝字七年に少僧都を解任され、代わって道鏡が就任。道鏡失脚後の神護景雲四年に少僧都に復任した。
⑨	慶俊[俗姓葛井連]	大安寺僧。三論・法相・華厳の学に通じる。慈訓とともに台頭。天平勝宝八歳、律師となる。道鏡の圧力により解任。宝亀元年に慈訓とともに少僧都に返り咲いた。

京の際にも延慶が訳語《をさ》として随伴している。

延慶は『続紀』天平宝字二年八月辛丑条に「外従五位下僧延慶、以レ形異二於俗一、辞二其爵位一。詔許レ之。其位禄・位田者、有レ勅不レ収」とあり、僧侶であることを理由に、外従五位下の爵位を辞退している。薗田は、船連夫子が延慶の人物像にはなはだ相通じるものがあるとして、両者を同一人とし、延慶は初め留学生船連夫子として入唐したが、彼の地で出家し法諱を延慶と名乗ったとするのである。薗田説によれば、彼は天平勝宝六年（七五四）に爵位を辞退したものの、特例的に外従五位下を賜わり、天平宝字二年（七五八）の再度の辞退により、ようやくそれが認められたということになろう。

岸俊男はこの説を確たる証拠がないとして否定するが、[34]船連夫子・延慶どちらの場合も、僧籍にある者に対する叙位は異例であり、しかも両人は同じ時の遣唐使船で帰国しているのであるから、それら偶然の一致とすることには無理があろう。特別の優遇策の背後には、仲麻呂の思惑がみえ隠れする。仲麻呂と南河内のフミヒトとの関係に依拠すれば、おそらく船連夫子は仲麻呂の庇護の下に入唐し出家して、帰国後は仲麻呂家（恵美家）の家僧[35]として仏事に従事し、仲麻呂の要請によって武智麻呂伝（『藤氏家伝』下）を著したと推察されるのである。船連夫子と延慶は同一人とみてよいであろう。

むすびにかえて

以上、まとまりのない論に終始したが、初期の藤原氏と渡来人との交流について、おおよそその実情を跡付けることができた。律令国家体制の実質的な支柱の役割を果たした、官僚・学者・文人より成るフミヒト系および新参の渡来系知識人と積極的に連携し、彼らを自己の側近勢力として取り込むことによって、藤原氏はライバル関係にあった他の有力諸氏を圧倒することができたのではないかと推量される。もとよりこの氏の政治的台頭については、様々な理由を考えてみる必要があるが、少なくとも渡来人との交流がその要因の一つであった蓋然性は高いとみてよいであろう。

注

（1）倉本一宏「壬申の乱と蘇我氏」（黛弘道編『古代を考える・蘇我氏と大和国家』（吉川弘文館、一九九一年）所収、のち「古代氏族ソガ氏の終焉」と改題して、同著『日本古代国家成立期の政権構造』（吉川弘文館、一九九七年）に収録）

（2）池内宏「百済滅亡後の動乱及び唐日羅三国の関係」（『満鮮地理歴史報告』十四、一九三二年、のち同著『満鮮史研究』上世第二冊（吉川弘文館、一九六〇年）に収録）、坂本太郎「天智紀の史料批判」（『日本学士院紀要』一三―三、一九五五年、のち同著『日本古代史の基礎的研究』上（東京大学出版会、一九六四年）に収録）

（3）沖森卓也・佐藤信・矢嶋泉著『藤氏家伝〈鎌足・貞慧・武智麻呂伝〉注釈と研究』（吉川弘文館、一九九九年）も、『藤氏家伝』上の注釈で、白鳳十三年五月に朝倉橘広庭宮に遷った斉明天皇が「以聴二海表之政一」とある海表之政に、高句麗出身の道顕がかかわっていたかもしれないと推測している。

（4）鎌足と仏教の関係を論じた代表的な論文には、横田健一「藤原鎌足と仏教」（同著『白鳳天平の世界』（創元社、一九七三年）所収）がある。

（5）『書紀』がこれを白雉四年（六五三）のこととするのに対して、『藤氏家伝』上は白鳳五年（六五四）とし、一年間のズレがある。

（6）加藤謙吉『大和政権とフミヒト制』（吉川弘文館、二〇〇二年）

（7）加藤謙吉、同右

（8）田村圓澄「摂論宗の伝来」（同著『飛鳥白鳳仏教論』（雄山閣、一九七五年）所収）

（9）富貴原章信『日本唯識思想史』大雅堂、一九四四年

（10）横田健一、前掲注（4）論文

（11）田村圓澄、前掲注（8）論文

(12)　加藤謙吉、前掲注(6)の書
(13)　上田正昭『藤原不比等』朝日新聞社、一九七六年
(14)　加藤謙吉『ワニ氏の研究』雄山閣、二〇一三年
(15)　坪井清足「大宅廃寺の発掘」(『佛教藝術』二三四、一九九七年)
(16)　吉川真司「安祥寺以前—山階寺に関する試論—」(第一四研究会編『安祥寺の研究Ⅰ』所収、二〇〇四年)
(17)　吉川真司、同右
(18)　横田健一、前掲注(4)論文
(19)　岸俊男「県犬養橘三千代をめぐる憶説」(『末永先生古稀記念古代学論叢』〔同記念会、一九六七年〕所収、のち同著『宮都と木簡』〔吉川弘文館、一九七七年〕に収録)
(20)　鎌田元一「評制施行の歴史的前提—いわゆる大化前代の『コホリ』について—」(『史林』六三—四、一九八〇年、のち同著『律令公民制の研究』〔塙書房、二〇〇一年〕に収録)
(21)　加藤謙吉、前掲注(6)の書
(22)　岸俊男、前掲注(19)論文
(23)　上田正昭、前掲注(13)の書
(24)　表2では省略したが、伊吉(岐)氏が渋川郡に居住したことを示す史料を挙げると、次のようになる。まず『続日本後紀』承和二年九月乙卯条によれば、「河内国人左近衛将監伊吉史豊宗」とその同族、あわせて十二人が滋生宿禰の氏姓を賜わったが、貞観四年二月二十三日付「検非違使移」(『政治要略』八十一)には、「河内国渋川郡人従六位下滋生宿禰春山」の名がみえ、伊吉史(滋生宿禰)の拠点が河内国渋川郡にあったことがうかがえる。
(25)　岸俊男、前掲注(19)論文
(26)　岸俊男『藤原仲麻呂』(吉川弘文館、一九六九年)
(27)　「修二撰国史一」とあるが、六国史の編纂は、実際には撰日本紀所、撰国史所などの臨時の国史編纂局で行われた。しかし奈良時代の図書頭には、吉田連宜や津連真道(菅野朝臣真道)らの知識人が任ぜられており、図書頭の任務が学識を

必要としたことは間違いない。
(28)　刀利氏出身の学者・文人には、他に康嗣の近親とみられる宣令がおり、養老五年正月、退朝後に東宮に侍している。
(29)　岸俊男「習宜の別業」(同著『日本古代政治史研究』所収、塙書房、一九六六年)
(30)　岸俊男、前掲注(19)論文
(31)　加藤謙吉、前掲注(6)の書
(32)　岸俊男、前掲注(26)の書
(33)　薗田香融「恵美家子女伝考」(『史集』三二・三三号、一九六六年、のち同著『日本古代の貴族と地方豪族』(塙書房、一九九一年)に収録)
(34)　岸俊男、前掲注(26)の書
(35)　延慶を仲麻呂家の家僧とする説には、竹内理三「寧楽遺文解説」(同編『寧楽遺文』)下巻〈訂正版〉所収、東京堂出版、一九六二年)、横田健一「武智麻呂伝研究序説」(前掲注(4)の書所収)、勝浦令子『日本古代の僧尼と社会』(吉川弘文館、二〇〇〇年)などがある。

第二章　古志史とコシ国
―『日本霊異記』中巻七の記事の解釈をめぐって―

第一節　問題の所在

『日本霊異記』（以下、『霊異記』と略記）中巻七は、行基について「俗姓は越史なり。越後国頸城郡の人なり。母は和泉国大鳥郡の人、蜂田薬師なり」と記し、さらに「天平十六年甲申の冬十一月を以て、大僧正に任ず」とする。

周知のように「大僧上（正）舎利瓶記」（文暦二年〔一二三五〕、生駒山竹林寺の行基の墓所より出土した舎利容器に刻されていた墓誌。奈良国立博物館所蔵の舎利容器の銅筒破片には四行十八字分が残存するだけであるが、発掘時の注進状に添えられた「大僧上舎利瓶記」には、墓誌の全文三百九字を掲げる。墓誌は天平二十一年〔七四九〕の行基の死から五十一日目〔七七斎の二日後〕の三月二十三日に、弟子の真成が記したものとされる）には、行基の俗姓は高志氏で、父は高志才智（字は智法君）、母は河内国大鳥郡の蜂田首虎身の長女、古爾比売と記す。

高志氏は『新撰姓氏録』（以下、『姓氏録』と略記）河内国諸蕃や和泉国諸蕃に「文宿禰同祖。王仁之後也」と記す古志連のことで、旧姓は古志（高志）史。[1]西文氏と同じく、王仁の後裔と称する百済系の渡来氏族で、六・七世紀に朝廷の文筆・記録の任に就いたフミヒトのトモの組織の一員である。[2]『竹林寺略録』は行基の父の名を「高志貞知」、『行基菩薩縁起図絵詞』や『行基菩薩伝』は、「高志宿禰佐陀智」・「高志史羊〈又云佐陀智〉」とするが、「貞知」・「佐陀智」の名は才智と同名であろう。

河内国の古志史の居所は、西文氏や同族の蔵（倉）氏・馬（武生）氏の本拠地のあった河内国古市郡古市郷か、その近隣の地域と推定されるが、和泉国の古志史の本貫は、「高石」・「高脚」・「高師」・「高磯」（タカシ）の古地名の残る和泉国大鳥郡内に求めることができる。

　和泉国には天平神護年間（七六五―七六七）に高志毗登（史）の一族の者の居住が認められ、堺市土塔町大野寺址より出土したとみられる文字瓦にも「高志史（闕名）」の人名がみえる。[3]『和泉国神名帳』に「従四位上古志《コシ》本《モトノ》社前」と記す古志本社は、吉田靖雄が指摘するように、『延喜式』神名帳の大鳥郡高石《たかし》神社の系統に連なる神社で、大鳥郡日部（日下部）郷に存したとみられ、さらに『行基年譜』に行基が神亀元年（七二四）に創建したとする清浄土尼院（行基四十九院の一つ）も、大鳥郡早部（日部・日下部）郷高石村に所在する。[4]したがって古志史の本拠地は大鳥郡日部郷のタカシ（コシ）の地と断定して差し支えない。四十九院に含まれる大野寺（前述）や清浄土院（高渚院）が大鳥郡内に存したことも、これを傍証しよう。

　一方、「舎利瓶記」に行基の母の出身氏族とする蜂田首も、大鳥郡蜂田郷を拠点とした豪族とみられ、『行基年譜』は、慶雲元年（七〇四）に行基が生家を仏閣に改めて家原寺を創建したと記している。堺市西区家原寺町（旧大鳥郡蜂田郷）所在の同名寺院がその跡であるが、蜂田郷と日部郷高石村とは至近の距離にあるから、一般的には大鳥郡の豪族間の通婚の結果、行基が母の家で誕生したと理解されている。

　そうすると行基を「越後国頸城郡人」とする『霊異記』の記事だけが齟齬を来すことになり、何故、このような異伝が生じたのかが問題となろう。『霊異記』によれば、俗姓の「越史」の「越（コシ）」もまた、越前から越後にかけての北陸地方の総称であるコシ（越・高志）か、大宝二年（七〇二）に頸城郡などとともに、越中国から越後国に編入されたコシ（古志・高志）郡の地名に拠ったことになり、行基と越（古志・高志）史一族は、和泉国大鳥郡のタカシ・コシの地とは直接的には結び付かないことになる。

　加えて「舎利瓶記」が行基の母の出自を蜂田首とするのに対して、『霊異記』はこれを蜂田薬師と記す。さらに行基の大僧正補任の時期も、天平十六年（七四四）十一月とし、『続日本紀』（以下、『続紀』と略記）の天平十七年正月、

「舎利瓶記」の天平十七年とは異なる。

越後国頸城郡には、神護景雲三年（七六九）の同郡大領に高志公船長がおり（宝亀十一年『西大寺資財流記帳』）、降って貞観期（八五九—八七七）にも高志公今子の名が認められる（『日本三代実録』（以下、『三代実録』と略記））。それ故、『霊異記』の著者景戒は、行基の出自をコシの国造勢力の流れをくむこの頸城郡の高志公一族と結びつけ、誤って俗姓越史・頸城郡人と記したとする説が、これまで有力視されてきた(5)。

しかし『霊異記』の記載事項を、すべて景戒の誤解にもとづくものと即断してしまってよいであろうか。「舎利瓶記」が行基の母方氏族とする蜂田首の一族の名は、古代の他の史料には全くみえない。大鳥郡蜂田郷を本拠とし、その実在が確認できる氏族は『霊異記』に掲げる蜂田薬師の方であって、しかもこの氏は後述するように、出自や職掌の面で古志史と共通する部分が少なくないのである。

正和五年（一三一六）頃成立の『行基菩薩縁起図絵詞』（巻中「菩薩誕生絵篇第十二」）には「母御諱曰二蜂田薬師子一」とあり（『行基菩薩伝』は「蜂田薬師古」、『行基大菩薩行状記』は「蜂田薬師女」と記す）、諱（人名）とウヂ名とを取り違えてはいるものの、これらの記述は行基の母方を蜂田薬師とする古伝承に依拠した可能性があり、『霊異記』の記述も、景戒の誤解とばかりは言い切れない面がある。

行基の大僧正補任の年月についても、『続紀』は天平十六年十一月壬申条に「甲賀寺に始めて盧舎那仏の像の体骨柱を建つ」と記し、聖武天皇が自らその縄を引いたとする。『行基年譜』によれば、この年行基は封戸九百戸を施されており、これは翌十七年正月の大僧正補任とともに、大仏建立に協力した行基に対する褒賞としての性格を有するから、景戒が大仏の体骨柱の建てられた十六年十一月を大僧正補任の時期としたのも、それなりに理由があってのことと推察されるのである。

かようにみると、行基の俗姓越史・頸城郡人説(6)も、一方的に景戒の無知や不注意による誤りとすることは控えるべきであろう。筆者は先に別稿で、景戒の家の在処を紀伊国名草郡苑部郷と推定し、『霊異記』の紀伊・大和南部・和泉の説話群がほぼ例外なく、菀部郷を交点とする東西南北の水陸交通路に沿って展開すること、その多くは景戒が自ら交通路を行き来し、蒐集した話とみられること、説話の随所に行基と彼の集団の宗教活動の影響をみいだすことができ、舞台とされる場も行基の開発・敷設した諸施設や四十九院の所在と重複・近接するケースが少なくなく、行基に対する景戒の並々ならぬ憧憬の念が読み取れることなどを指摘した。[7]

通説に従って、『霊異記』の初稿本の成立を延暦六年（七八七）とすると、[8]この年は行基没後三十八年目に当たり、景戒の周りには生前の行基を知る人が、まだ少なからず生存していた可能性がある。行基の熱烈な鑽仰者で、紀伊国名草郡菀部郷と和泉国大鳥郡の間を往還した経験も持つとみられる景戒が、行基の出生地（大鳥郡蜂田郷）や古志史の居所（大鳥郡のタカシ〔コシ〕）に無知であったとは考えがたい。おそらく彼はそうした事実を知悉しつつ、一方で然るべき根拠にもとづいて、俗姓越史・頸城郡人説を提示したと推察されるのである。

では、その根拠とは一体何であったのか。もとより確かなことは何一つ分からないが、古志史のフミヒトとしての性格や執務形態を探ることにより、いくつかその根拠を解明する手がかりが得られるのではないかと思われる。以下、臆測を交えながら、順を追って私見を披瀝することにしたい。

第二節　フミヒトの地方派遣

大和政権の地方支配の進展にともない、フミヒトの中には、書記官的な役割を担って、地方に設けられた国家的施設に派遣される者が存した。すでにこのことについては別著で詳しく論じたので、[9]ここでは要点だけを述べることにしたいが、『日本書紀』は欽明三十年正月に白猪史胆津が白猪田部（白猪屯倉の田部）の丁籍を検定するために吉備に派遣され、同四月、丁者を検閲して籍を定め、田戸を編成した功により白猪史の氏姓を賜わり、田令に任ぜられたこと、敏達三年十月、蘇我馬子大臣が吉備に遣わされ、白猪屯倉と田部を増益し、田部の名籍を胆津に授けたことを記している。また持統五年正月条には、「筑紫大宰府典」の直広肆筑紫史益が、二十九年間の精勤を賞せられたとある。

白猪史胆津の「白猪」は百済の二字姓であり、『書紀』の記述とは逆に、百済系のフミヒトである胆津がこのミヤケの経営に関与したために、その族称を取って白猪屯倉と呼んだもので、このミヤケは欽明・敏達紀にみえる吉備の児島屯倉（地名にもとづく呼称）と同一のミヤケを指す。(10)

筑紫史益については、別著で分析したように、天智二年（六六三）に大宰府の前身である筑紫大宰に実務官人として派遣され、四等官制の成立により第四等官の典に就任。官位相当制や官人の六年遷代制が整い、筑紫大宰が筑紫大宰府として新たに発足するのをまって、持統五年（六九一）に官職を退き、その際、褒賞にあずかったものとみられる。

白猪史の本拠地は河内国丹比郡野中郷から志紀郡にかけての一帯、筑紫史のそれも丹比郡野中郷である。(11) 白猪史は野中郷を拠点とした船史・津史とともに、後に辰孫王（百済の貴須王の孫とする）の子孫と主張し、筑紫史は、野中郷の（野中）川原史と同じく、魏の陳思王植（魏の太祖の子、曹植）の後裔と称した。しかしいずれももとは、野中郷に隣接する古市郡古市郷の王仁後裔諸氏（前述の西文・蔵・馬などの諸氏）とともに擬制的な同族団組織を形成し、「野中古市人」の総称で知られた百済系のフミヒトである。

筑紫史の場合は、「筑紫」のウヂ名が益の筑紫大宰派遣と関連し、フミヒトとして活動する時期も他の諸氏より遅れる可能性があるが、（野中）川原史との関係にもとづくならば、この氏がある時期以降、「野中古市人」の一員に加わったことは確かと思われる。

フミヒトに属する諸氏には、①高善史、②目久史、③和徳史、④金集史、⑤八戸史、⑥板持史、⑦三宅史らのように、他にも地方に派遣された形跡をとどめるものが存する。

①は天平五年（七三三）勘造の『出雲国風土記』に、楯縫郡少領の高善史（闕名）の名がみえ、②は天平十一年の「出雲国大税賑給歴名帳」に、出雲郡河内郷戸主日置部臣波也の戸口として、目久史床足の名を記す。楯縫郡の郡領

である高善史は、出雲の伝統的な在地勢力とみられがちであるが、『続紀』天平神護二年（七六六）四月甲寅条には大和国人の高善毗登久美咩の名を記している。別著で明らかにしたように、フミヒト系諸氏の分布は畿内とその周辺諸国に集中・偏在する傾向が認められるので、高善史の本拠も出雲ではなく大和と解した方が妥当であろう。

②の目久史については、天平勝宝六年（七五四）九月、河内国大県郡家原里（邑）の住人が知識として奉仕した大般若経巻四二九の奥書に、牟久史広人と久牟史玉刀自売の名がみえる。[12]「久牟」は牟久の誤写とみられるが、[13]目久（メク）と牟久（ムク）はウヂ名が類似する。

万葉仮名の用例では、一字一音節の場合、「目」はマおよび乙類のメであるが、「巻目之由槻我高仁（巻向《まきむく》〔纏向〕の由槻〔弓月〕が嶽に）」（『万葉集』巻七・一〇八七）のように、「目」をムクと読み、二音節の多音節仮名として用いるケースも存する。したがって「目」と「牟久」（あるいは「牟」）が音通し、目久史と牟久史が同一氏であった可能性もあながち否定できない。

そうすると、②の氏もまた河内国大県郡の出身となり、①・②ともに、一族の者が畿内から出雲に赴き、そのまま土着したケースと捉えることができる。畿内政権が出雲を支配下に収める六世紀後半ごろに、現地のミヤケなどの諸施設で書記官的任務に就くため、両氏が派遣されたと理解してよいのではなかろうか。[14]

同じことが、③以下の諸氏についても該当しよう。③の和徳史は河内国大県郡、④の金集史は河内国古市郡（後述）、⑤の八戸史と⑦の三宅史は河内国高安郡、⑥の板持史は河内国石川郡に、それぞれ本拠地があった（詳細は別著参照）。

一方、③は多賀城跡出土の木簡に、「火長（?）」の「和徳三衣」の名がみえる。この木簡は白河団（神亀五年〈七二八〉設置の軍団）より進上した射手の総数や内訳を記しており、[15]和徳三衣は陸奥国白河郡かその近隣の住人とみられる。三衣の氏姓は和徳史で、木簡ではカバネが省略されたのであろう。『続紀』によれば、神亀二年に和徳史竜麻呂ら三十八人が大県史の氏姓を賜わっているので、三衣らはそれ以前に河内国大県郡から陸奥に移住し、賜姓にはあずからなかった傍流の一族と推察される。

④の金集史は、『西琳寺文永注記』所収の「天平十五年帳」に、西琳寺の住僧として願忠の名をあげ、「伊預国宇麻郡常里戸主金集史挨麿弟操麿」とする。「金集史挨（族）」と記すように、本姓は金集史ではなく族姓者であるが、彼は天平十五年（七四三）より前のある時期に(16)、西文氏ら王仁後裔氏の氏寺である西琳寺に止住していたことになる（「天平十五年帳」には「不レ知レ去」と注記）。『西琳寺文永注記』は、この寺を建立した「七姓人」の一氏に「金集」をあげ（同書所収「承安元年七月寺僧慶深〈常光房〉記」）、長屋王家木簡には河内国古市郡古市里の「金□史［闕名］」の名がみえる（「平城宮発掘調査出土木簡概報」二十一）。「金□史」は金集史を指すと思われるから、古市郡古市郷を本拠とした金集史一族の者が伊予国宇麻（摩）郡に移住し、王仁後裔氏との親密な関係（別著で推測したように、金集史も野中古市人の一員であろう）にもとづいて、宇麻郡の族姓者出身の願忠が西琳寺僧となったとみることができる。

次に⑤については、近年、石川県河北郡津幡町の加茂遺跡から出土した木簡に、加賀郡主政の八戸史（闕名）の名が認められる(17)。この木簡は古代北陸道西側溝に連なる平安時代前期の大溝から発見された牓示札で、管内の村々に下した嘉祥二年（八四九）二月の加賀国加賀郡の郡符を、路頭に掲示する目的で作成したものであるが、郡司署名者の中には大領錦村主、擬大領錦部連真手麿の名もみえる。

錦村主を氏姓とする者は、奈良・平安時代の近江国に存在し、滋賀郡錦部郷や浅井郡錦部郷がその拠点とみられる(18)。『続日本後紀』承和四年十二月癸巳条によれば、近江国には春良宿禰を賜姓された錦部村主がいるので、錦村主と錦部村主は同一の氏を指すとみて差し支えない。

さらに『姓氏録』山城国諸蕃には、錦織村主と同祖とする錦部村主の本系を掲げ、山背（城）国愛宕郡錦部郷がその本貫と推測される。『三代実録』貞観六年八月八日条には、近江国犬上郡人の春良宿禰諸世の本居を改め、山城国愛宕郡に貫附したとあり、愛宕郡と近江国の錦（部）村主（春良宿禰）は同族であった確率が高い。『坂上系図』所引『姓氏録』逸文にも、阿智使主の「本郷《もとつくに》の人民《たみ》」の後裔として錦部村主の名を記すから、これらの諸氏（村主姓の錦・錦部・錦織氏）はいずれも東漢氏配下の漢人集団を率い、錦の織成にあたった渡来系の村主（漢人の長を指す称号、後にカバネ化）の子孫で、互いに同族関係を維持しながら、畿内や近江国に分散して居住した一族と推測できる。

錦部連の本拠地は河内国錦部郡か同国若江郡錦部郷に比定できよう。『姓氏録』河内国諸蕃には錦部連の本系を掲げ、百済国の速古大（太）王の後裔とする。旧姓は首で、造姓を経て天武十年（六八一）に連に改姓している。仁徳紀四十一年三月条に石川錦織首許呂斯の名がみえ（石川は河内国石川郡と錦部郡をあわせた古地名）、奈良・平安時代の史料により、錦部郡と若江郡錦部郷の双方に錦部連の一族の者が居住していた事実が確認できる。[19]村主の称号を名乗った氏の中には、定姓化の過程で、首や造・連へと改姓する者が存在するので、[20]錦部連も本来は漢人を率いた村主であり、村主姓錦部氏と同系の氏と思われる。

『姓氏録』によれば、和泉国にも錦部連がおり（河内国の錦部連の同族）、『和泉国神名帳』の大鳥郡の錦氏社、和泉郡の錦大南社の辺りを本貫としたとみられる。この氏はすでに指摘されているように、河内から和泉へ移住した錦部連の一族と解すべきであろう。[21]このほか錦部連の旧姓である首を帯する氏に、『姓氏録』山城国神別の錦部首が存し、饒速日命の後裔（物部氏系）と記すが、神別氏と称したのは、二次的な仮冒で、元来は山背国愛宕郡を本拠とした錦部村主（前述）と結びつく渡来系の氏と推測される。

かくして加賀郡牓示札の大領錦村主と擬大領錦部連真手麿は、どちらも畿内やこれに隣接する近江から越国に派遣され、後の加賀国加賀郡に定住し、後世、郡司に任用されるまでに勢力を拡大した錦部氏（渡来系）の末裔とみることができる。主政の八戸史についても同様に考えてよく、彼の祖は河内国高安郡からの移住者と推断して誤りあるまい。錦部連真手麿の故地は、さらに河内国錦部郡か若江郡錦部郷に特定することができそうであるが、そうすると平安前期の加賀国加賀郡の郡司の中に、中・南河内を出身地とする渡来系の一族の者が二人も存在したことになる。

⑥・⑦の両氏については、延喜八年（九〇八）の『周防国玖珂郡玖珂郷戸籍』に、板持名丸の人名と三宅（家）史を氏姓とする者二十数人の名を掲げる。この戸籍は内容的に延喜八年当時の現状を正確に伝えたものかどうか疑わしい点もあるが、記載されている氏族の存在までをも否定すべきではあるまい。板持名丸は板持史の一族とみてよい

が、戸籍には葛井春房・同秋益・白猪法師丸の名も記しており、彼らもまた白猪史（葛井連）の関係者とみられる。すなわち玖珂郷には中・南河内を拠点としたフミヒト系の三氏がそろって居住していたことになり、これを偶然の一致とみなすことはできない。ある時期にこれらの諸氏が、相次いで河内から周防に移住したと理解するのが妥当であろう。(22)

さらに⑦の三宅史については、新潟県柏崎市箕輪遺跡より「三宅史御所」と記した木簡が出土している。(23)同遺跡は古志郡（九世紀前半以降に分立して三嶋郡となる）の官衙関連施設とみられるが、木簡は八世紀末〜九世紀前半の河川跡より検出された。

木簡は「三宅史御所」に宛てて、米（?）などの物品を「駅家村」まで運ぶように請求した内容の文書木簡（「牒」）で、運び終えた後に「駅家村」（箕輪遺跡付近の駅家、『延喜式』・『和名抄』〈高山寺本〉所載の三嶋駅か?）で廃棄されたらしい。『延喜式』神名帳は、古志郡（三島郡分立後）の式内社に「三宅神社二座」を記し、現長岡市六日市町と同市妙見町の三宅神社・同市中潟町の宇都宮神社がその論社とされるが、三宅史のいる御所（「御所」は三宅史が所属した官衙的な施設を指すのであろう）は、右の三社の鎮座する長岡市の神倉山山麓に存し、かつてこの地に設けられたミヤケの職務機能を受け継ぐものと思われる。

越後国には、三宅史以外にも三宅人領（天平宝字六年〈七六二〉、越後国人・仕丁、『大日本古文書』十五、一六三頁）と三宅連笠雄麻呂（延暦三年〈七八四〉、蒲原郡人、『続紀』）の二人の三宅姓者が史料にみえる。前者は、藤原宮や平城宮出土の若狭国の木簡に、三家人を名乗る者が数多く存し（他に尾張・筑前にも分布）、『姓氏録』摂津国皇別にも、大彦命の男、波多武日子命の後裔とする吉士系の三宅人の本系を掲げるので、三宅人領も「三宅人」が姓（ウヂ）、「領」が名と解すべきであろう。(24)

後者については、『姓氏録』右京諸蕃下と摂津国諸蕃に新羅国の王子、天日桙命の後と記す三宅連と、天武十二年（六八三）に連に改姓する三宅吉士（『書紀』）の二系統の三宅連氏が存する。どちらも渡来系の氏で、安閑紀や孝徳紀にみえる難波屯倉（難波狭屋部邑の子代屯倉）の経営に関与した氏族と推測される。

「吉士」を名乗る諸氏は、かつて明らかにしたように、加耶系の渡来人から成り、三宅吉士（連）は、六世紀後半以降、「任那の調」の貢納など「任那問題」の処理に当たるために、それまでの吉士集団を割いて再編成された擬制的な同族組織である難波吉士に属した。三宅吉士のほか、草香部（草壁）吉士・大国吉士・飛鳥部吉士・黒山企師らが難波吉士の同族団を構成し、前述の三宅人もその一員である。彼らは外交交渉に従事する必要上、難波の地に拠点を構え、皇別氏の阿倍氏と結びつき、後に大彦（大毘古）命の後裔と称して、奈良・平安時代には大嘗会などの儀式で、阿倍氏に率いられ吉志舞を奏している。[25]

コシ国一帯は大彦命後裔氏の勢力が深く浸透した地域である。『記紀』の伝承によれば、大彦命は崇神朝に四道将軍として北陸（高志道）に遣わされ、越（高志）国造・道公（越国造か？）など現地の有力首長は大彦命の後裔とされる（『書紀』・『姓氏録』）。さらに膳臣傾子が欽明朝に越に遣わされて高麗使を饗し、「越国守」の阿倍引田臣比羅夫が斉明四年（六五八）から同六年にかけて蝦夷・粛慎征伐を行っている（『書紀』）。

したがって越後国の三宅連は、三宅人とともに大彦命の後裔と称した吉士系の一族と解してよさそうである。ただ前述の長岡市六日市町の三宅神社の社伝によれば、大彦命の男の波多武日子命が天日棒命の女の天美明命を娶り、越国の神倉山に三つの社殿を造って、そのうち二殿（二廟）に大彦命と、天日棒命を祀ったとあり、[26]吉士・天日棒両系統の三宅氏が、古志郡の三宅神社と結びつく内容の話となっている。

もとより右の社伝は後世の言い伝えにすぎないが、この両系統の三宅氏が実際に古志郡に派遣された可能性も一概に否定できない。いずれにせよ越後国古志郡に設けられた畿内政権の公的施設の経営に、難波出身の渡来系の三宅氏が関与したことは確かと思われる。すると三宅史の場合も、同様の経緯で河内国高安郡より移住し、この施設の管理にあたった氏と推断して差し支えないであろう。

以上、畿内から地方の国家的施設に遣わされたとみられるフミヒト系および他の渡来系諸氏の例を取り上げ、個々の状況について検討した。その結果、おおよそ次の五点を歴史的事実として確認することができる。

Ⅰ　派遣はフミヒトの組織の編成期である六世紀半ば・後半からその解体期である七世紀後半・末まで行われており、遠隔地を含む日本各地の広い範囲に及んでいる。任務終了後、中央に帰還するケースとそのまま任地にとどまり土着するケースの二通りが存する。

Ⅱ　複数のフミヒト系諸氏の地方派遣が認められ、またその事例も少なくないことから、書記官的任務を負って地方に赴任することは、限られた特殊ケースではなく、フミヒトの職務に付随する一般的な形態として理解することができる。

Ⅲ　河内国丹比郡野中郷・同国古市郡古市郷を本拠とした「野中古市人」所属の諸氏を始めとして、中・南河内地方のフミヒトの派遣される例がもっとも多い。

Ⅳ　フミヒトに限らず、行政処理能力に優れた渡来系の諸氏が同様の任務を負って難波・南河内・近江などから派遣されるケースも存する。赴任先はフミヒトと地域的に重複する場合が多く、現地に土着する者のいることも、フミヒトと共通する。

Ⅴ　フミヒト、およびⅣの渡来系諸氏のなかには、後の加賀国や越後国などコシ国の公的施設に派遣された者も少なからず存する。

かくして右の五点に立脚すると、従来妄説とされてきた『霊異記』の俗姓越史・越後国頸城郡人説にも、然るべき根拠を見出すことが可能となろう。すなわち七世紀後半頃に、古志史の一族の者、おそらくは行基の父の才智（佐陀智）が、フミヒト的な職務（書記官的職務）に就くためコシ国に派遣され、幼少の行基もそれに随行して、一定期間この地域（後の越後国頸城郡）に居住したと想定することができるのである。

しかし右の想定は、フミヒトの活動にみられる一般的な属性を、古志史のケースにそのまま適用して類推したものにすぎず、現状ではなお仮説の域にとどまる。古志史のウヂ名が、コシ国と直接結び付く可能性があるのかどうかを、改めて別の角度から探ってみることが必要となろう。

第三節　コシ国と古志史の関係

コシの国名は、通常、「越」・「高志」と表記される（前述）。越後国古志郡の郡名も、宝亀十一年（七八〇）の『西大寺資財流記帳』には「高志郡」とし、弘仁九年（八一八）の「酒人内親王御施入状」（『東南院文書』）に至って、初めて「古志郡」と記される。しかしコシに「古志」の字を当用する例は奈良時代にも存し、『出雲国風土記』神門郡古志郷条には「爾時、古志国人等、到来為ㇾ堤」と記している。ただ『出雲国風土記』も他の箇所では「高志国」・「高志」と表記するので、コシを漢字二字で表す場合は、「高」の字を当てる方が一般的であったと解することができる。

「高志」の国名表記は、近年出土の二点の木簡によって、すでに七世紀の後半に行われていたことが明らかとなった。一点は橿原市和田町の藤原京左京十一条一坊西南坪より出土した木簡で、七世紀後半中頃のものとみられる荷札木簡（検出した総柱建物の柱掘方埋め土から出土）に「高志調」と墨書されている。[27]他の一点は飛鳥池遺跡の発掘調査（第九八次）の際に、東の谷SD二〇〇堆積層より出土した木簡で、表面に「高志（国？）新川評」と記し、裏面には「石（背？）五十戸」の文字が確認できる。[28]評―里制に先立つ評―五十戸制の施行期のもので、「高志国新川評石背五十戸」は『和名抄』の越中国新川郡石勢郷に当たる。

このようにコシの国名には、早くから「越」と「高志」の表記が併用されていたとみて間違いない。「高志」と同じく漢字二字の「古志」の表記も、おそらく七世紀代まで遡ると考えてよいであろう。

一方、古志史のウヂ名は奈良時代の史料では、いずれも「高志」と表記される。[29]「古志」と記すのは弘仁六年（八一五）成立の『姓氏録』（河内国諸蕃・和泉国諸蕃の古志連）だけであるが、この氏が平安期に入って「高志」から「古志」へとウヂ名を改めたとも考えがたい。『姓氏録』は右京神別上と大和国神別上に高志連の本系を掲げるので、[30]

神別氏と区別するために、諸蕃のコシ氏の氏姓を古志連と記したとみられる。

『姓氏録』は山城国神別の山背忌寸と左京諸蕃上の山代忌寸のウヂ名を「背」と「代」の字で使い分けている。諸蕃の山代忌寸は実際に「山代」のウヂ名で表記される場合が多いが、「山背」と記す例もあり、両方が併用されていたとみて差し支えない。『姓氏録』の序には「遂使二前姓後姓文字斯同、蕃俗和俗氏族相疑一」との文言があり、平田篤胤も『古史徴開題記』でこのことに触れ、その例として山背（代）忌寸のケースを挙げている。おそらく諸蕃のコシ氏も、「高志」と併せて「古志」と記す場合があり、『姓氏録』は神別氏との混乱を避ける目的で、後者のウヂ名を採択したと推察することができよう。

そうするとコシのウヂ名と国名は、どちらも「高志」・「古志」と記され、「高志」の表記の方が一般的であることも両者一致する。かかる共通性は、ウヂ名がコシの国名にもとづく事実を示唆しよう。『霊異記』の「越史」も、このような前提に立って、便宜的にウヂ名を漢字一字の国名表記「越」で表したものと理解することができる。井上薫のように「越史」の氏姓が他にみえないことを理由に、『霊異記』の記述を誤りとすることは、失当と言わざるを得ない。(31)

フミヒト系の諸氏のウヂ名には、職名にもとづくもの（蔵史）、地名に因むもの（桑原史）、始祖名をそのままウヂ名とするもの（阿智〈岐〉史・和徳史）、渡来前の旧姓や故国・故地の名に拠ったもの（高史・己汶史）など様々な類型が認められるが、地名をウヂとする諸氏の中には、本拠地名のほかに、前述の筑紫史益のように赴任した国の名を名乗るものがおり、次に述べる伊吉（壱伎・伊岐）史のウヂ名の場合も、壱岐の国名にもとづく可能性が高い。

『松尾社家系図』には、真根子命の子孫に乙等・博篤（博徳）ら伊吉史一族の者の名を挙げ、この氏が壱岐国を本拠とし、山城の松尾神社の社家壱岐卜部氏へと連なる中臣氏系の壱岐直と同族のように記しているが、伊吉史と壱岐直は別族で、右の『系図』が伊吉史の一族の名を掲げたのは、後世の作為にすぎない。(32) しかし伊吉史一族には、博徳（斉明・天智・持統朝、遣唐使・送百済使・遣新羅使）、古麻呂（慶雲四年、遣唐使）、宅麻呂（天平八年、遣新羅使）、益麻呂（天平宝字六年、遣渤海使）のごとく、対外使節として海外に派遣された者が少なくないので、朝鮮・中国への航路に位置する壱岐と、この氏は何らかの形で結びつく可能性がある。

伊吉史の本拠地は、別著で明らかにしたように、中河内の渋川郡で、(33) この氏は壱岐国の出身者ではない。おそらく、対外交渉任務の一環として、比較的早い時期に一族の者が壱岐国に遣わされることがあり、その結果、イキをウヂ名とするに至ったと推察することができよう。

伊吉史のウヂ名の由来を以上のように解するならば、古志史についても、筑紫史や伊吉史と同様に、派遣先のコシの国名をウヂ名に負った蓋然性は高いと思われる。しかも筑紫史は河内国丹比郡野中郷、伊吉史は同国渋川郡に拠った中・南河内のフミヒトである。河内国の古志史（『姓氏録』河内国諸蕃の古志連）の本拠地も南河内の古市郡もしくはその周辺であり、地域を同じくするフミヒトとして、この氏は右の両氏と共通の氏族的環境下にあった。すなわち第二節で指摘した地方派遣のフミヒトのⅢの特性に該当する。古志史がコシ国に派遣される歴史的条件は十分に備わっていたと判断してよいであろう。

第四節　古志史の変転

以上、古志史のウヂ名がコシの国名に因み、この氏のコシ派遣を踏まえて、ウヂ名の成立した事実を推定した。したがって次には派遣前後の古志史の氏族的動向を、当時の時代情勢と絡めて解明することが必要となる。

『姓氏録』によれば、古志連（史）は文宿禰（西文氏）と同祖とする王仁の後裔氏である。『行基菩薩縁起図絵詞』巻中「百斉国王仁来朝絵篇第十一」・「菩薩誕生絵篇第十二」には、漢の高祖から王仁に至る系譜と、王仁の子孫の系譜を記している。吉田靖雄はこれらの系譜の詳細な分析を行い、王仁の祖父とされる王狗から王仁までの三代の系譜と、王仁からその子・孫へと繋がる系譜は、すでに八世紀代に成立していたことを推定している。(34)

系譜の成立期は、文忌寸最弟・武生連真象らが、漢の高帝（高祖）の後裔と称し、宿禰への改姓を求めて上表した延暦十年（七九一、『続紀』）に近い頃とみられるが、[35]王仁の孫とされる宇爾子首・博浪子首・河浪子首の三人の男子のうち、宇爾子首は『姓氏録』に文忌寸の祖とする宇爾古首、河浪子首は同書に武生宿禰や桜野首の祖とする河（阿）浪古首と同一人である。『行基菩薩縁起図絵詞』が、行基の父の高志宿禰佐陀知を河浪子の玄孫とすることは、年代的にも無理があり信用できないが、古志史が王仁後裔氏族系譜の中で、武生・桜野両氏とともに河（阿）浪子の系統に位置づけられる一族であった可能性は高いとみてよいであろう。

「王仁後裔氏の系譜」

すると王仁後裔の主要諸氏族の本拠地が河内国古市郡古市郷であったように、古志史の本来の拠点も和泉ではなく河内（おそらくは古市郷）にあり、和泉国大鳥郡の古志史は、二次的にこの地に移住した一族と推察することができよう。[36]この氏もまた「野中古市人」に属する南河内のフミヒトと推察されるのである。

河内国から一族の者が和泉国（大鳥郡または和泉郡）に移り住んだとみられる渡来系氏族には、前述のように、加賀国加賀郡擬大領（嘉祥二年）の錦部連真手麿の同族で、河内国錦部郡ないし若江郡錦部郷を拠点とした錦部連が存する。和泉国は和泉監が設置された八世紀前半の一時期を除き、天平宝字元年（七五七）に独立するまで河内国に属していた。とくに南河内と大鳥郡・和泉郡とは距離的にも近い位置にあったから、書記官的任務を負ったフミヒトや手工業技術を有する渡来系の伴造が、王権の意向を受けてこれらの地に移住するケースは、少なくなかったと思われる。
和泉国の古志史の本貫は、すでに述べたように、大鳥郡内のタカシ（コシ）の地である。「高石」（垂仁紀・『延喜式』）・「高脚」（持統紀・『霊異記』）・「高師」（『万葉集』[37]）・「高磯」（『大鳥神社流記帳』）などに記し、タカシ・タカイハ・タカアシなどと読まれるが、本来の訓はタカシであろう。井上薫は、持統紀の「高脚」に北野本（第二類）がタカアシ、寛文九年の刊本がタカシの訓を付すことから、タカアシが縮まってタカシとなったとするが[38]、この解釈では、「高石」・「高師」・「高磯」の表記が併存することの説明がつかない。タカシの地名が先にあり、それに「高」を冠する漢字二字をあてたとみる方が自然である。

しかしこの地が古志史の居住地であるとすれば、タカシの地名も、もとはコシであったと考えるべきではなかろうか。吉田靖雄は古志（高志）史のウヂ名は明らかにコシであるが、「高脚」・「高石」らの地名はコシ・コウシとも読みうること、『延喜式』の高石神社の系統に連なる『和泉国神名帳』の古志本社の「古志」もコシであることにもとづき、この地域の古名を、古志史のウヂ名と結び付くコシであったと推定する[39]。

筆者もこの説に賛成である。「高」（タカ）は、古代には美称・褒め言葉として用いられた。「高照らす」・「高光る」・「高敷く」・「高御座」・「高天原」など、美称の「高《たか》」の用例は枚挙にいとまがないが、地名についても「倭《やまと》の高佐士野」（神武記）・「高尾張邑」（神武即位前紀）などの例が認められる。

地名の「高《こう》」が後にタカ（美称）と読まれたケースとしては、山背国綴喜郡の「高」の例を挙げることができよう。『和名抄』は綴喜郡に多可《たか》（多河《たが》）郷の郷名（京都府井手町多賀付近）を掲げるが、『万葉集』巻三（二七七）に「山背の高（タカ）」、『延喜式』神名帳には綴喜郡十四座中に高（タカ）神社（井手町多賀に鎮座）の名を記しており、地名を古く「高」の一字で表記する場合のあったことが確認できる。

『続紀』によれば、天平宝字二年（七五八）六月に高麗使主馬養・同浄日ら五人が多可連の氏姓を賜わっている。新氏姓は、綴喜郡の多可の地が高句麗系の高麗使主の本拠地であったことによるとみられるが、別著で明らかにしたように、相楽郡から綴喜郡・久世郡にかけての南山背一帯は、「畝原・奈羅・山村」の高麗人・山背狛氏・狛人・狛部宿禰・狛造・黄文連（造）など、高句麗系渡来人が集中的に居住する地域であった。(40)

「高」の地は、高句麗系の高《こう》史の本拠地で、高神社も元来はこの氏の氏神であったとする伝承がある。『姓氏録』は左京諸蕃下に高史や高《こう》（無姓）、未定雑姓左京に後部高《こうほうのこう》の本系を掲げ、ほかに旧姓が高であった高句麗系の氏族の名も数氏挙げている。(41)『姓氏録』以外にも、高氏の一族の者が古代の史料には少なからず存在し、その中には百済系など他の系統の者も含まれるが、大半は高句麗の出身者と推断して差し支えない。

京内在住者を除くと、高《こう》を姓とする者のほとんどは本拠地が不明である。ただ南山背の一帯が高句麗系渡来人の集住地であった事実に鑑みると、この地域に高姓者が居住していた蓋然性は高いと思われる。綴喜郡の「高《たか》」を高史の本貫の地とする伝承は、このような事実を含意していると解してよいのではないか。

そうすると「高」の地名はコウであり、後にタカの美称（現在の地名はタガであるが、もとは清音のタカであろう）に改められ、和銅六年（七一三）五月の郡里名の改正令（嘉名による漢字二字への改正）を受けて、「多可（河）」と表記されるに至ったと解することができる。

綴喜郡における「高」の地名が、以上のような変化をたどったとすれば、大鳥郡のタカシについても、「高」字をタカと読み、コシからタカシへと地名が改められたと推察することが可能となろう。その場合、本来の地名であるコシが、この地を拠点とした古志（高志）史のウヂ名、さらにはウヂ名の由来となったコシ（高志・古志）の国名に因むことは言うまでもない。

では古志史の南河内から和泉国大鳥郡への移住と、この氏のコシ国への派遣の時期的な関係はどのように理解すべきであろうか。行基は天智七年（六六八）、後に家原寺となる大鳥郡蜂田郷の母の家で生まれている。父の才智（左陀智）が、この時すでに大鳥郡のコシに拠点を移していたのか、まだ南河内に在住し、移住に先だって大鳥郡の蜂田氏（蜂田首または蜂田薬師）と婚姻関係を結んだのかは、よく分からない。前者の解釈が無難と思われるが、後者の可能性も否定できない。いずれにせよ才智のコシ派遣が、行基の誕生後であったことだけは確かである。

「舎利瓶記」が行基の母方氏族とする蜂田首のウヂ名は、先に触れたように、他の古代史料には全く現れない。そのため『姓氏録』和泉国神別の蜂田連の旧姓（カバネ）を首とし、首から連に改姓したと推測する説も存在する。(42)

しかし蜂田連は『姓氏録』によれば、大中臣朝臣と同祖で、天児屋（根）命の後裔とする中臣氏系の一族である。『姓氏録』和泉国神別には、他に狭山連・和太連・志斐連・殿来連・大鳥連・評連・畝尾連・中臣表連ら中臣氏系の連姓氏族八氏の本系を掲げるが、右の諸氏中、連に改姓したことが史料より知られるものは一氏も存在しない。蜂田連も含めて、これらの氏はいずれも中臣氏（朝臣）の旧姓が連であったように、当初から連のカバネを帯していたと理解すべきであろう。井上薫は蜂田連について、蕃別の蜂田首が神別と称したにすぎないのではないかと推測するが、(43)この説も連・首とカバネが異なる点に矛盾が存する。結局、蜂田連と蜂田首は別族と考えざるを得ないであろう。

一方、『霊異記』が行基の母方氏族とする蜂田薬師は、『姓氏録』和泉国諸蕃によれば二氏あり、呉主の孫権王または呉国人の都久爾理久爾（怒久利）の後裔とする。ただ『続日本後紀』承和元年六月辛丑条には和泉国人の蜂田薬師文主・同安遊らが深根宿禰の氏姓を賜わったとし、「其先百済国人也」と記すから、この氏は実は中国系でなく百済系の渡来氏族であったことが明白である。

蜂田薬師のカバネ「薬師」は、医術を職掌とした伴造であったことに由来する。『令集解』や『政事要略』に引く医疾令の逸文に宮内省典薬寮所属の医生・按摩生・咒禁生・薬園生は、まず薬部や世習（三世以上、医業を継承した家）より取れとあり、『令義解』医疾令（塙保己一本）の医生等取薬部及世習条は、薬部について「謂。薬部者。姓称二薬部一者。即蜂田薬師。奈良薬師類也」と記している。蜂田薬師は薬部の負名氏の一員として、代々医術を世襲した一族であり、佐伯有清が指摘したように、九〜十世紀には深根宿禰宗継（針博士・医博士・内薬正・侍医、貞観期〜仁和期）、蜂田岑範（典薬大属、仁和期）、深根輔仁（典薬寮権医博士、延長期）らを輩出している。(44)

これと関連して注目されるのは、天平十一年八月十一日の「施薬院返抄」（『大日本古文書』二、一八〇頁）に、同院の官人とみられる高志史広道の名がみえることである。吉田靖雄はこの事実を踏まえて、古志史が薬に関する知識技能を有した氏族で、行基にもそれが受け継がれたのではないかと推測する。[45]

興味深い指摘であるが、もしそうであれば、古志史や行基の医術との関わりは、古志史と蜂田薬師との氏族的交流によって培われたものとみるべきではなかろうか。吉田は行基の母を蜂田首とする「舎利瓶記」の記述に信を置き、医術との関わりを古志史固有の知識技能と理解するのであるが、古志史と蜂田薬師がともに百済系の氏族であること、蜂田首の実態が不明であること、『霊異記』以外にも、前述のように母の諱を「蜂田薬師子（古・女）」とするものがあることなどを考慮すると、一等史料とされる「舎利瓶記」の記述も、いま一度疑ってかかる必要があるように思われる。

すなわち「舎利瓶記」の文と現存する銅筒の残欠十八字が一致するからといって、前者の三百九字がそのまますべて、天平二十一年の真成の筆になると解することは控えるべきであろう。天福二年（一二三四）に行基の託宣があり、翌文暦二年に律僧の寂滅らが行基の墓所を掘ったところ、舎利容器がみつかったという発見の経緯そのものが、いかにも作為的で、事実とは認めがたいのである。[46]

「舎利瓶記」は、行基の家系を「本出㆓於百済王子王爾之後㆒焉」とし、王爾（王仁）を百済の王子と記すが、これも後世の加筆の疑いが持たれる。『記紀』は王仁を百済からの来朝者とするだけで、王子とは記していない。吉田靖雄や速水侑は「舎利瓶記」の記述を、真成が師の行基の家系を過剰に修飾したものとするが、[47]渡来系の諸氏が出自を中国の皇帝や朝鮮諸国の王に結びつけるようになる時期は一般に八世紀後半以降で、天平期にはまだそのような風潮は認められない。

王仁の後裔氏の場合も、延暦十年（七九一）四月に、文忌寸最弟や武生連真象が、漢の高帝の裔の王狗（王仁の祖父）が百済に転じたと上奏したのが文献にみえる最初で（前述）、延暦期に入って出自の改変が行われ、それにともなって先に掲げた系譜が成立したとみられる。ただ王仁後裔氏が元来は百済系の渡来人であること、前年の延暦九年七月の津連真道らの上表で、「野中古市人」を構成した葛井・船・津の三氏が、百済の貴須王の孫辰孫王の子孫と称していること（『続紀』）などに依拠すると、彼らも最初は王仁を百済の王子と主張し、ついで辰孫王後裔氏への対抗意識から出自を中国系に改め、漢の高帝に系譜を接合させたものと推測される。

『西琳寺文永注記』所収の「承安元年七月寺僧慶深〈常光房〉記」は、西琳寺の創建者とされる文首阿志高（書大阿斯高君）を百済国の王子とするが、これは「舎利瓶記」に記す王仁百済王子説より派生した二次的な伝承形態と捉えることができる。(48) 換言すれば、王仁を漢の高帝の子孫と称するようになった後もなお、後裔氏族の間で永く百済王子伝承が流布・定着していた事実がうかがえるが、もとよりそのような主張が成立するのは八世紀後半に入ってからであり、行基墓誌の作成期（天平二十一年）まで遡るものではない。

このようにみるならば、行基の母方氏族の氏姓も、「舎利瓶記」の蜂田首ではなく、『霊異記』の蜂田薬師の表記の方を妥当とすべきであろう。もっとも『姓氏録』の和泉国の条には、掃守田首・登美首・池田首（以上皇別）、高岳首・安幕首・掃守首・和山守首・和田首・高家首・川枯首（以上神別）、信太首（諸蕃）、椋椅部首・鵜甘部首・猪甘首・大部首・工首・小豆首・近義首（以上未定雑姓）のように、首をカバネとする氏族が少なくないので、蜂田薬師の一部が蜂田首に改姓したと考えられなくもない。ただその場合も、改姓の時期は『姓氏録』の完成する弘仁六年（八一五）以降でなければならず、天平二十一年に蜂田首の氏姓が存在したわけではない

最後に古志史の改名前のウヂ名が何であったかを検討してみよう。前掲の系譜によれば、古志史は馬史・桜野首と同じく河浪子（阿良古）首の裔とする。井上薫は古志史を西文首の分派と見、吉田靖雄は系譜的な一致という点を重視して、馬史の分派と推測する。(49) 系譜の成立は前述のように延暦期とみられるが、八世紀末から九世紀初頭の古志氏が、馬史（武生連・宿禰）や桜野首と同祖・同系と称したのは、前提となるしかるべき根拠が存したためであろう。古志史の前身は、馬史であった蓋然性が高いと思われる。(50)

ただ別著で論証したように、王仁後裔氏の中心を占めた西文・蔵（倉）・馬（武生）の三氏は、互いに血縁的な同族

関係で結ばれていたのではなく、「野中古市人」のうち、河内国古市郡古市郷に拠った百済系のフミヒトが結集して、擬制的な同族関係を作り上げたものと推定される。[51]しかもこのような関係は、当然他の同族にも及ぶとみなければならないから、馬史と古志史が、本来、血縁的には無関係であった可能性も一概に否定できない。

したがって現状では古志史を馬史の分派と断定することは控えたいが、少なくとも古志史が古市郷もしくはその周辺に本拠地を有する「野中古市人」の一員で、馬史や桜野首ととくに密接な関係にあり、王仁の後裔と称する擬制的な同族集団に属していたことだけは、事実と認めてよいであろう。

むすびにかえて

以上、臆測に終始した嫌いもあるが、コシ国との関連に立って、行基の父方氏族である古志史の七世紀後半期の動向を追い、そのウヂの成り立ちを検討した。本章では、これまで景戒の単純な誤記として顧みられることのなかった『霊異記』の行基の出自記事を新たな視点から見直し、その史実性を論証することを狙いとしたが、あわせて六・七世紀のフミヒトや他の渡来系諸氏の地方派遣の実態を見極めることも心がけた。

大和政権の地方支配の発展過程を跡づけるためには、ミヤケなど王権直属の公的施設の設置という問題と絡めて、中央から派遣され、施設の開発・経営の担い手となった渡来系実務官人の具体的なあり方を解明することが不可欠であると、筆者は考えている。

すでにその成果の一部は、フミヒトや吉士の研究を通して公表済みであるが、[52]本章では古志史というフミヒト系の諸氏のなかではさほど有力でない一氏族に焦点を当て、『霊異記』の記述と照合させることで、その地方派遣の実相を推測してみた。

不十分な論考に終わったが、所期の目的は一応達することができたと思うので、この辺で筆を擱くことにしたい。

注

（1）『続紀』によれば、天平神護二年十二月に和泉国人の高志毗登（史）若子麻呂ら五十三人が、連の姓を賜わっている。

（2）加藤謙吉『大和政権とフミヒト制』吉川弘文館、二〇〇二年

（3）注（1）参照。大野寺址出土文字瓦の「高志史（闕名）」については、森浩一「大野寺の土塔と人名瓦について」（『文化史学』十三、一九五七年）参照。ただし堺市教育委員会『史跡土塔―文字瓦聚成―』（二〇〇四年）によれば、この文字瓦はかつて島津康雄夫氏・藤澤一夫氏が所蔵されていたが、現在は所在不明とのことである。

（4）吉田靖雄『行基と律令国家』吉川弘館、一九八六年

（5）井上薫『行基』（吉川弘文館、一九五九年）、吉田靖雄、前掲注（4）の書

（6）行基の生まれた天智七年には、越後国はまだ存在せず（七世紀末に建国）、しかも頸城・古志・魚沼・蒲原の四郡は、前述のように、大宝二年に越中国より分割され、越後国に編入されている。したがって『霊異記』の「越後国頸城郡人」は、厳密には正しい歴史的表記とは言えないが、『霊異記』の成立期にはすでに頸城郡は越後国に属していたのであるから、景戒は追記的にこのように記したものにすぎず、誤りとすべきではない。

（7）加藤謙吉「聞く所に従ひて口伝を選び……」（小峯和明・篠川賢編『日本霊異記《にほんりょういき》を読む』〔吉川弘文館・二〇〇四年〕所収）

（8）『霊異記』下巻序（前田家本）の冒頭に「自二仏涅槃一以来、迄三于延暦六年歳次二丁卯一、而逕二一千七百廿二年一……然日本従二仏法僧適一以還、迄二于延暦六年一、而逕二二百卅六歳一也」とある。延暦六年を基準として年代の算出が行われており、この年に『霊異記』初稿本が成立したとみられる。

（9）前掲注（2）の書

（10）栄原永遠男「白猪・児島屯倉に関する史料的検討」（『日本史研究』一六〇号、一九七五年）

（11）『続紀』延暦四年（七八五）二月丁卯条によれば、筑紫史広嶋が野上連の氏姓を賜わっているが、「野上」は丹比郡の野の上（野々上）の地名に因み、野中郷の郷域に含まれる。

（12）『寧楽遺文』中、六二一四頁。『大日本古文書』二五巻一七四頁、五来重「紀州花園村大般若経の書写と流伝」（『大谷史

学』五号・一九五七年）
(13)　五来重、同右
(14)　詳細は、加藤謙吉「隠岐の氏族・部民と畿内政権」（『原始・古代の日本海文化』所収、同成社・二〇〇〇年）
(15)　平川南「東北地方出土の木簡について」（『木簡研究』創刊号・一九七九年）
(16)　「天平十五年帳」作成の経緯や時期については、加藤謙吉「『西琳寺文永注記』について」（『寺院縁起の古層―注釈と研究―』〈法蔵館、二〇一五年〉所収）を参照されたい。
(17)　平川南監修・石川県埋蔵文化財センター編『発見！古代のお触れ書き・石川県加茂遺跡出土加賀郡牓示札』（大修館書店、二〇〇一年）
(18)　『大日本古文書』六巻五九九・六〇〇頁、『文徳実録』斉衡二年九月己巳条、『三代実録』貞観十六年九月二十九日条
(19)　錦部郡に、錦部連高麻呂ら十六人（旧姓　錦部毗登、天平神護元年に連に改姓、『続紀』）・錦部連三宗麻呂・同安宗（貞観五年、『三代実録』）、若江郡錦部郷に、錦織（錦部）連足国・同吉足・同乙万呂（天平年間・天平勝宝九歳、『大日本古文書』二五巻八三頁・同四巻二二七頁）など
(20)　佐伯有清「新羅の村主と日本古代の村主」（同著『日本古代の政治と社会』所収、吉川弘文館、一九七〇年）
(21)　今井啓一『帰化人』綜芸社・一九七四年
(22)　戸籍には河内国茨田郡からの移住者の子孫とみられる茨田連子常の名も記す。
(23)　『木簡研究』二十二号（二〇〇〇年）、新潟県埋蔵文化財調査事業団編『箕輪遺跡Ⅰ―一般国道8号柏崎バイパス関係発掘調査報告書』（新潟県埋蔵文化財調査報告書一〇九、二〇〇二年）
(24)　佐伯有清『新撰姓氏録の研究』考証篇二（吉川弘文館、一九八二年）
(25)　加藤謙吉『吉士と西漢氏』白水社、二〇〇一年
(26)　鈴木昭英「三宅神社」（『日本の神々―神社と聖地』8北陸〈白水社、一九八五年〉所収）
(27)　『奈良県遺跡調査概報　二〇〇〇年度』〈第三分冊〉（奈良県立橿原考古学研究所、二〇〇一年）
(28)　奈良文化財研究所『飛鳥・藤原宮発掘調査出土木簡概報』十五（二〇〇二年）、『木簡研究』二十四号、（二〇〇二年）

(29) 史料上の初見は、天平二十一年二月の行基墓誌（「舎利瓶記」）の「俗姓高志氏」。このほか天平十一年八月の「施薬院返抄」（『大日本古文書』二巻一八〇頁）や堺市土塔町大野寺址出土文字瓦、（前掲注〔3〕）、『続紀』天平宝字八年十月庚午条・同天平神護二年十二月乙酉条に「高志史」・「高志毗登」・「高志連」の氏姓を持つ者が認められる。なお『姓氏録』によれば、高魂命や天押日命の裔とする神別の高志連が存するが（右京神別上・大和国神別）、『続紀』慶雲四年二月甲午条や同養老七年正月丙子条に名を記す高志連村君や高志連恵我麻呂、天平勝宝四年十月の「酔胡従面袋白絁裏銘」（『正倉院宝物銘文集成』）にみえる高志連倭麻呂は、高志史の連賜姓（天平神護二年）に先だって高志連の氏姓を名乗っているので、これら神別系の一族の者とみられる。平安期の人物には、貞観十二年四月の「某郷長解写」（『平安遺文』一巻一六三号）に高志連継俊の名を記すが、この人物も佐伯有清が指摘するように、大和国神別の高志連の一族の者であろう（同『新撰姓氏録の研究』考証篇五、吉川弘文館・一九八三年）。

(30) 注（29）参照

(31) 井上薫、前掲注（5）の書

(32) 坂本太郎「日本書紀と伊吉連博徳」（同著『日本古代史の基礎的研究』上〔東京大学出版会、一九六四年〕所収）

(33) 加藤謙吉、前掲注（2）の書

(34) 吉田靖雄「王仁の系譜について―『行基菩薩縁起図絵詞』から見た―」（『続日本紀研究』二四二号、一九八五年、のち同著『日本古代の菩薩と民衆』〔吉川弘文館、一九八八年〕第三部に収録）

(35) 加藤謙吉、前掲注（2）の書

(36) 井上薫（前掲注（5）の書）も、河内国の古市から和泉国大鳥郡への移住を説いている。

(37) 「高師」は慶雲三年（七〇六）、文武天皇の難波宮行幸時の置始東人の作歌に、「大伴乃高師浜乃松之根乎……」（巻一・六六）とみえる。ただ行幸先が難波宮であり、身人部王の「大伴の御津の浜」（「大伴の御津」は難波津を指す）の歌一首（六八）も収録されているので、この「大伴の高師の浜」が、難波と距離的に離れた和泉国大鳥郡のタカシの浜を指すのかどうかは、なお明らかでない。

(38) 井上薫、前掲注（5）の書

(39) 吉田靖雄、前掲注(4)の書
(40) 加藤謙吉、前掲注(2)の書
(41) 左京諸蕃下の御笠連・新城連・男捄連
(42) 佐伯有清『新撰姓氏録の研究』考証篇四、吉川弘文館、一九八二年
(43) 井上薫、前掲注(5)の書
(44) 佐伯有清『新撰姓氏録の研究』考証篇六、吉川弘文館、一九八三年
(45) 吉田靖雄、前掲注(4)の書
(46) 舎利容器出土の状況については、『僧寂滅注進状』や『竹林寺略録』(『大日本仏教全書』「寺誌叢書」三)による。なお、吉田一彦は「この骨蔵器出現の経緯については、多分に演出めいたところがあり、同じ律宗の尼の信如が、夢告によって、法隆寺の蔵から天寿国曼荼羅繡帳を発見した経緯ときわめて類似した作為が看取される」として、「舎利瓶記」の慎重な史料批判の必要性を説くが、その通りであろう(吉田「行基と霊威神験」〔速水侑編『日本の名僧2　民衆の導者行基』吉川弘文館、二〇〇四年〕所収)。
(47) 吉田靖雄、前掲注(4)の書、速水侑「行基の生涯」(同編前掲注〔46〕の書所収)
(48) 加藤謙吉、前掲注(16)論文
(49) 井上薫、前掲注(5)の書、吉田靖雄、前掲注(4)の書。このほか古志史を船史の分かれとする藤沢一夫の説があるが(「僧・行基の出自」『古代文化』九巻六号、一九六二年)、船史の同族であれば、『姓氏録』の本系には菅野(津)・葛井(白猪)・宮原(船)ら辰孫王後裔氏と同祖として記されるはずであるから、この説はあたらない。
(50) 『竹林寺略録』は、河浪古首の子を武生宿禰真象、その子を武生連国人とし、さらに「如レ是苗裔連続不レ絶。数代末孫有二高志貞知者一。是行基菩薩之父也」と記している。この系譜記事は、時代や世代的な前後関係を無視して、河浪古の子や孫に『続紀』に名のみえる真象(延暦期)や国人(天平～天平神護期)を配し、行基の家系と結びつけただけの杜撰なもので、全く信用するに足らないが、古志史を武生氏(馬氏)の苗裔とすることは、注目される。
(51) 加藤謙吉、前掲注(2)の書

(52) 加藤謙吉、同右、同『吉士と西漢氏』白水社、二〇〇一年

第三章　四天王寺と難波吉士

第一節　四天王寺の創建年代

『日本書紀』（以下、『書紀』と略記）の崇峻即位前紀は、五八七年に起こった守屋合戦（丁未の役）について次のような記事を掲げる。

仏教受容をめぐり排仏派の大連物部守屋と対立した崇仏派の大臣蘇我馬子は、諸王子や群臣（大夫・マヘツキミ）たちと連携し、討伐軍を編成して河内国渋川郡跡部郷の守屋の家（「渋河の家」「阿都の家」、現大阪府八尾市跡部・植松付近）を襲ったが、苦戦に陥り三度退却した。この時討伐軍に加わっていた厩戸皇子は白膠木《ぬりで》（霊木の一種）で四天王像を作り、「いまもし我をして敵に勝たしめたまはば、必ず護世四王の奉為に、寺塔を起立《た》てむ」と発願し、その結果、守屋を滅ぼし、勝利を収めることができたので、乱の後、摂津国に四天王寺を造立し、守屋所有の奴・宅地を寺に寄進した。

『書紀』は推古天皇元年是歳条にも「是歳、始めて四天王寺を難波の荒陵《あらはか》に造る」とし、記事が重複するが、四天王寺の創建が守屋合戦の際の厩戸皇子の四天王への誓約・発願に由来するとすることは、『上宮聖徳法王帝説』・『上宮聖徳太子伝補闕記』・『聖徳太子伝暦』などの太子伝にも共通してみえる。ただ平安初期に成立した『上宮聖徳太子伝補闕記』には、四天王寺は初め摂津国東生郡の玉造《たまつくり》に建立され、後に現在の荒陵の地に移ったとあり、『聖徳太子伝暦』所引の「暦録」も推古元年（五九三）に、最初の寺を壊し移して荒陵の東に四天王寺を建立したとし、さらに同寺所蔵の『四天王寺御手印縁起』（十世紀末〜十一世紀初頭成立）にも、守屋合戦の丁未歳に玉造に創建、癸丑歳（推古元年）に荒陵の東に移転と記している。

玉造創建説は平安期に入ってから成立した二次的な所伝で、『書紀』が崇峻即位前紀と推古元年条に重複して四天王寺の造営を記すことに引かれて、新たに説かれるようになった話であろう。すでに指摘されているように『書紀』の重複記事は、四天王寺の創建を、創建の由来と造寺着工の二つに分けて記したもので、本来、同一の内容からなる。玉造の周辺域に古代寺院が存した形跡も現状では確認できないから、四天王寺は当初から荒陵の地（寺地の周辺に陵墓があったことに因む）に存したと解するのが妥当である。

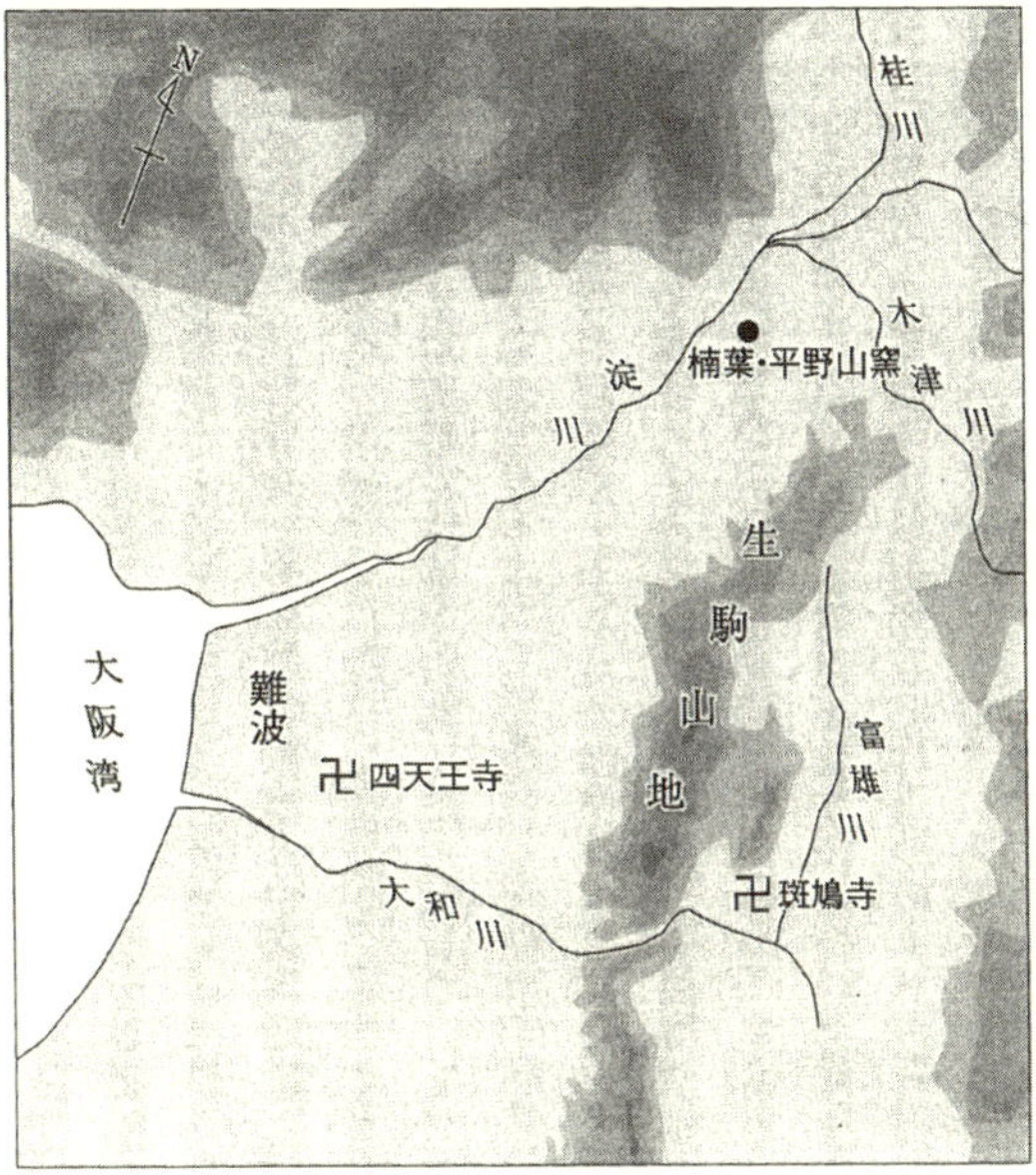

地図　「斑鳩寺・四天王寺と楠葉・平野山窯」
（瀬川芳則・中尾芳治著『日本の古代遺跡 11 大阪中部〔保育社〕所収の地図を一部改変）

では四天王寺は実際に推古元年に造寺着工されたとみるべきであろうか。もしそうであるとすれば、四天王寺は崇峻元年（五八八）に造営が開始された飛鳥寺と並んで、わが国最古の本格的寺院ということになるが、『書紀』は飛鳥寺の造営の経緯については順を追って詳細に記述するものの、四天王寺に関しては推古三十一年七月条に新羅使が献じた舎利・金塔・灌頂幡らを四天王寺に納入したことを伝えるだけで、その造営がどのように進められ、いつ竣工したかは全く記していない。しかも『書紀』の四天王寺創建記事は、つとに久米邦武[1]や津田左右吉[2]らが指摘したように、本来、丁未の役（守屋合戦）とは無関係であった四天王寺の創立を、厩戸皇子の発願とすることによって、無理に守屋の滅亡に結びつけたものにすぎないと思われる。

『上宮聖徳法王帝説』や『上宮聖徳太子伝補闕記』は、守屋合戦の時の厩戸皇子の年齢を十四歳（数え年）とし、これはほぼ史実を伝えているとみられるが、久米・津田両説ともに、わずか十四歳の少年が参戦し、しかも勝敗を決するような力を有したとは到底信じられず、守屋合戦を仏教受容をめぐる対立より生じた宗教戦争とみなすことはできないとして、崇峻即位前紀の四天王寺創立の縁起譚を後世の造作にもとづく虚構と断じている。

筆者もかつてこの『書紀』の所伝を分析し、この話は四天王寺の創建を聖徳太子に仮託する目的で四天王寺側が言い出したもので、四天王寺が飛鳥寺と同等あるいはそれ以上の権威を持つ寺であることを主張し、寺造営の動機を歴史的に正当化するために、寺の起源を早め、本来、蘇我氏と物部氏の政治的抗争による武力衝突であった守屋合戦に、宗教的意義を付与したものであるとした。すなわち物部守屋を仏法興隆を阻む仏敵と位置づけ、厩戸皇子が四天王に誓願することによって仏敵退散が実現したと説き、四天王寺がかかる宗教的意義を踏まえて建立された寺のように作文したと推定したのである。(3)

四天王寺は一九五五年から五七年にかけて、文部省文化財保護委員会の手により大規模な発掘調査が行われ、これまで戦火や天災により幾度となく再建が繰り返されてきたにもかかわらず、南大門・中門・塔・金堂・講堂が南から北へと一直線に並ぶ個々の伽藍の位置が、創建以来全く移動しておらず、現在まで同一であることが判明した。(4)さらに四天王寺の創建瓦である素弁八葉蓮華文軒丸瓦は、斑鳩寺（法隆寺）の若草伽藍出土の軒丸瓦と同笵（同一の木型で製作）であることが明らかとなったが、木型がまだ新しい時期につくられた若草伽藍の瓦に対して、四天王寺のそれは木型が摩耗してから製作されたものであることから、四天王寺の創建は若草伽藍より時期的に遅れることが推定できるようになった。

次いで一九七八年と一九八五年には、大阪府枚方市楠葉《くずは》と、これに接続する京都府八幡市平野山《ひらのやま》から、須恵器と瓦を焼いた八基の窯（楠葉・平野山窯）が発見され、四天王寺の創建瓦がこの窯で焼かれた事実が確認された。斑鳩寺（若草伽藍）の瓦の製作に用いられた瓦当笵は、後に瓦工集団とともに楠葉・平野山窯に移動したものとみられている。(5)

『書紀』は推古九年二月条に「皇太子、初めて宮室を斑鳩に興《た》てたまふ」とし、同十三年十月条に「皇太子、斑鳩宮に居《ま》す」と記す。斑鳩宮の造営が推古九年（六〇一）頃に始まり、同十三年頃に竣工。宮の完成とともに厩戸皇子の移住が行われたと推察することができる。宮と寺の建立が同時に進められた可能性も考慮する必要があるが、厩戸が宮の西に寺院を建立する時期は、むしろ推古十三年の斑鳩遷居後とみるべきであろう。

『法隆寺伽藍縁起幷流記資財帳』は推古十五年に建立された聖徳太子建立七寺の中に法隆学問寺や四天王寺の名を挙げ、『書紀』は推古十四年に皇太子が岡本宮で法華経を講じ、天皇から賜わった播磨国の水田百町を斑鳩寺に納めたと記している。法隆寺金堂の薬師如来光背銘は、寺と薬師像の完成を丁卯年（推古十五）とする。どれもあまり当てにはならないが、推古十四年から十五年頃を斑鳩寺の創建期とする点では一致する。推古十五年の前後の約十年間は、厩戸皇子が王族を代表して蘇我馬子と共同執政を行っていた時期にあたるから、[6]通説のように、この頃に斑鳩寺（ただし金堂のみ）の建立を求めるのが、もっとも妥当なのかもしれない。

しかし四天王寺の創建瓦と同笵の若草伽藍の軒丸瓦は、これまで斑鳩寺創建時のものと考えられていたが、若草伽藍跡の金堂基壇周辺の排水溝から出土した素弁九葉蓮華文軒丸瓦が斑鳩寺の創建瓦であることが明らかとなった。この瓦は飛鳥寺の軒丸瓦と同笵であり、飛鳥寺の造営が一段落した頃（『元興寺伽藍縁起幷流記資財帳』所収「丈六光銘」によれば、飛鳥寺の竣工期は、本尊の安置される推古十七年頃とみられる）に、瓦当笵が豊浦寺を経て斑鳩寺の工房にもたらされたものであるらしい。[7]

すると斑鳩寺の金堂建立の時期は、瓦の製作に瓦工集団の移動（瓦当笵の移動だけでなく）を伴ったとするならば、飛鳥寺の造営が終了する推古十七年頃よりさらに遅れる可能性が存する。いずれにせよ、金堂の建立期は推古十五年頃から二十年代前半頃までの間に比定できると思われるが、いま特に留意しなければならないのは、四天王寺の創建瓦と同笵の若草伽藍の素弁八葉蓮華文軒丸瓦が、実は斑鳩寺の創建期の瓦ではなかったという点である。これによれば、斑鳩寺の二次的な軒丸瓦供給のために用いられた瓦当笵に笵崩れが生じた時点で、瓦工とともに斑鳩寺から楠葉・平野山の地に移り、四天王寺の創建瓦焼成のために再びそれが使用されたことになり、斑鳩・四天王両寺の金堂の造営は、接続して行われたのではなく、その間に一定の空白の時期が存在したと考えなければならない。

佐藤隆は楠葉・平野山窯が瓦と須恵器を焼く瓦陶兼業窯であることに着目して、須恵器の年代観をもとに、四天王寺の創建時期を検討し、その結果、楠葉・平野山窯の須恵器の多くが七世紀第2四半期に相当すること、四天王寺の創建瓦も須恵器との共伴関係から、製作期が同時期とみられることを明らかにした(8)。これに対して、網伸也は楠葉・平野山窯跡は、瓦の焼成を主目的として開窯されたものであり、四天王寺金堂の完成後に須恵器が併焼されるようになり、塔の造営とともにまた瓦が焼かれたとし、笵崩れの激しい瓦は金堂の創建瓦ではなく、これより時期の遅れる塔造営段階で焼成されたものであるとする。すなわち瓦と須恵器の焼成時期に前後差を想定し、四天王寺の金堂の造営は七世紀第2四半期より前にすでに始まっていたとする(9)。

考古学に暗い筆者には、この対立する両見解のいずれを是とすべきか、にわかに判断が付かないが、四天王寺金堂の創建が斑鳩寺金堂よりもかなり遅れるという右の推定事実に依拠するならば、前者の見解に従うべきであろう。その場合、改めて注目されるのが、『書紀』推古三十一年七月条の記事である。前述のように、崇峻即位前紀や推古元年是歳条の四天王寺創建の縁起譚の次に、『書紀』に四天王寺の名が現れるのがこの条であるが、新羅調使の智洗爾らが来朝し、献上した舎利・金塔・灌頂幡が四天王寺に納められたとあり、さらに大唐学問者の僧恵斉・恵光および医（薬師）恵日・倭漢直福因らが智洗爾らに従って、新羅経由で帰国したことを伝えている。

さらに嘉禄三年（一二二七）成立の四天王寺本『太子伝古今目録抄』に引く『大同縁起』（延暦二十二年〔八〇三〕勘録の四天王寺の資財帳。『大同縁起』と呼ばれる理由は明らかでない）には、

二重金堂一基
阿弥陀三尊

右恵光法師従二大唐一請坐者
弥勒菩薩像一軀〈蓮華座〉
右近江朝庭御宇天皇御世請坐

とあり、恵光が大唐より請来した阿弥陀三尊（阿弥陀仏像一体と脇侍の菩薩像二体）が、四天王寺の金堂に安置されたとあるが、福山敏男が推測するように、この阿弥陀像は創建当初の金堂の本尊と推測することができる。したがって四天王寺の創建も実際にはこの頃（推古三十一年頃）であった可能性が高いとみられるのである。[10] ただ『書紀』（推古紀と皇極紀）の古写本の岩崎本（寛平・延喜年間の書写）は、推古紀三十一年条を三十年条として掲げるから、これに従うならば、その時期は一年早まることになろう。新羅使の智洗爾と任那使奈末智（遅）は、「新羅の調」と「任那の調」（実質的には新羅が貢上。大和政権は新羅に併合された任那〈金官国〉を名目上独立国のように扱い、新羅に「任那の調」の代納を義務づけた）を貢上する目的で、新羅王が派遣したものであるが、彼らは新羅との交渉のために大和政権が遣わした吉士磐金と吉士倉下に伴われて来朝しており、唐に留学した者たちもまた、その遣新羅使の船に同乗して帰国したことになる。

吉士磐金と吉士倉下は、六世紀後半に吉士系諸氏を結集してつくられた「難波吉士」の氏族組織に属する一族であった。吉士は「吉志」「吉師」「企師」にも作り、古代朝鮮で族長・首長を意味するキシの語に由来する。伽耶系の渡来人より成り、当初は日鷹吉士・坂本吉士・穂浪吉士・草香部（草壁・日下部）吉士のように、紀臣・坂本臣・大伴連など対朝鮮外交や軍事行動に従事した大和政権の有力豪族のもとに所属し、渉外実務を担当したが、伽耶諸国滅亡後の六世紀後半に、その主要勢力は、王権の手によって「難波吉士」という擬制的な同族団組織に編成される。難波吉士を構成する諸氏（草香部吉士・吉士・三宅吉士・飛鳥部吉士・大国吉士・黒山企師・三宅人・難波・大戸《おおへ》首など）は難波津を拠点とし、難波やその近隣の交通の要地に居所を構え、滅亡後の伽耶問題（とくに「任那の調」の貢上をめぐる折衝）を担当する外交専従者として活動している。[11]

四天王寺のある荒陵は、『和名抄』の摂津国西成郡安良郷の地とみられ、荒墓移転前の四天王寺の旧地とされた玉造（前述のように移転は事実ではない）は、摂津国東生郡に属し、どちらも古代の難波の領域に含まれる。いま、史料にみえる奈良時代の西成・東生郡の郡司の名を列挙すると、次表のようになる。

表の人名中、三宅忌寸の旧姓は三宅吉士、難波忌寸と日下部忌寸の旧姓は草香部（日下部）吉士とみられるから、判明する奈良時代の郡司のうち、難波吉士系以外の者は、西成郡擬主政の津守連白麻呂と東生郡主帳の高向毗登真立の二人に限られ、郡領（長官・次官の大領・少領）の地位は、難波吉士系の諸氏がほぼ独占していたことがうかがえる。慶雲三年（七〇六）九月から十月にかけての文武天皇の難波行幸に供奉した難波忌寸浜足と三宅忌寸大目も、東生郡と西成郡の郡領と推察することができ（『続日本紀』）、ほかに大国忌寸（旧姓大国吉士）・三宅人・難波らも難波の地を拠点としている。

これにより、難波の地一帯が難波吉士の勢力圏であり、その一大集住地であった事実が明らかとなるが、このことは、後述するように四天王寺の性格を考える上で重要な意味を持つと思われる。四天王寺の創建を岩崎本の係年に従って推古三十年とすると、この年は天寿国繡帳銘や法隆寺金堂釈迦像光背銘などに記す厩戸の薨年（流布本の『書紀』は薨年を推古二十九年とするが、これは一年間のズレによる誤りであろう）と一致する。したがって田村圓澄のように、葛野の秦寺と四天王寺に納められた仏像や仏具は、厩戸皇子の追善のためで、四天王寺は厩戸が建立した寺ではなく、彼の追善ために立てられた寺であると考えることも可能である。[12]

承和三年（八三六）成立の『広隆寺縁起』（『朝野群載』所収）は、推古天皇即位戊午の歳（推古三十年）に、「聖徳太子の奉為に、大花上秦造河勝、広隆寺を建立す」と記す。広隆寺の創建は実際にこの年に求めて誤りないが、[13]新羅使の智洗爾らが献上した舎利・金塔・灌頂幡を四天王寺に納めたとする推古紀三十一（三十）年七月条（前述）は、この時彼らがもたらした仏像一具が葛野秦寺（広隆寺）に安置されたとするから、四天王寺と広隆寺は、同じ頃、同じような経緯で創建されたと解することができる。ただ新羅王（真平王）が仏像や仏具を贈ったのは、厩戸の追善のためではなく、大和政権の圧力により新羅や任那の調を貢上した際に、政治的意図にもとづき、友好関係の証《あかし》として贈呈したものとみるべきであろう。したがってそれらの仏像や仏具は、「厩戸皇子の追善」という名目のもとに広隆寺や四天王寺に納入されたにすぎず、両寺の創建は、本質的には厩戸皇子と関わりがないと解すべきである。

表「奈良時代の西成郡・東生郡の郡司」（＊出典欄の古は『大日本古文書』の略）

人名	事項	年紀	出典
［西成郡］			
吉士船人	擬大領・従八位上	天平宝字四年十一月	古四巻四五一～四五二頁
三宅忌寸広種	擬少領・少初位下	〃	〃
津守連白麻呂	擬主政・正八位下	〃	〃
［東生郡］			
難波忌寸浜勝	擬大領・正八位上	天平宝字四年十一月	古四巻四五一～四五二頁
難波忌寸［闕名］	擬大領・正七位下	神護景雲三年九月	古五巻七〇一～七〇二頁
日下部忌寸主守	擬少領・少初位下	天平宝字四年十一月	古四巻四五一～四五二頁
日下部忌寸人綱	擬少領・無位	神護景雲三年九月	古五巻七〇一～七〇二頁
日下部忌寸諸前	副擬少領・無位	〃	〃
高向毗登真立	主帳・無位	〃	〃

第二節　難波吉士と四天王寺創建の経緯

文化財保護委員会の発掘調査報告書『四天王寺』(14)によれば、飛鳥瓦を多量に出土したのは、塔・金堂の周辺と中門の三箇所（南大門がこれに次ぐ）で、回廊では白鳳時代以前の瓦はきわめて少量であることから、四天王寺の伽藍の完成には年月を要し、塔・金堂・中門・南大門などは飛鳥時代に造営されたが、回廊と講堂は当初から基壇は築成されてはいたものの、実際に建造されたのは七世紀後半の白鳳時代であるとする。要するに、四天王寺の造営は推古三十年頃に開始されるが、七世紀半ばになっても、なお未完成の状態にあり、工事が一旦中断されたかどうかは明らかでないが、おそらく乙巳の変後の難波遷都（大化元年）を契機に、これまでとは異なる形で、四天王寺の造営が継続されたと推測することができよう。

孝徳紀大化四年二月己未条には、

> 阿倍大臣、四衆を四天王寺に請《ま》せて、仏像四軀を迎へて、塔の内に坐《ま》せしむ。霊鷲山の像を造る。鼓を累積《かさ》ねて為《つく》る。

と記し、阿倍倉梯麻呂が比丘・比丘尼・優婆塞・優婆夷の四衆を四天王寺に招き、仏像四体を迎えて塔内に安置し、鼓を重ねて霊鷲山（釈迦の浄土）の像を造ったとするが、『大同縁起』の五重塔一基の項に「安倍大臣敬請坐」と記す小四天王像四口と、塔内に安置したとする天宮一具（「五重塔一基〈内安㆓置天宮一具㆒〉」）がそれに該当するとみられる。

さらに同縁起は、塔内に越《おち》天皇（斉明）の崩後、その菩提を弔うために造られた大四天王像四口の名、金堂内に天智天皇の時、安置された弥勒菩薩像一軀の名を掲げており、大化期から天智朝の頃にかけて、回廊や講堂の造営とあわせて、中央政府の本格的な梃子入《てこい》れのもとに、寺の整備が急ピッチで進められたことがうかがえる。天智朝以降は、福山敏男が指摘するように、(15)推古朝に恵光が唐から請来した阿弥陀像に代わって、右の『大同縁起』の弥勒菩薩像（前掲）が金堂の本尊になるが、これは『四天寺御手印縁起』に「金銅救世観音像一躯」と記す救世観音を指すとみられる。

おそらく荒陵寺が四天王寺という寺号を有するようになるのも、小四天王像や大四天王像が安置された孝徳朝から天智朝にかけての頃であろう。仏法の守護神とされる四天王は、北涼の玄始年間（五世紀前半）にインド僧の曇無讖《どんむしん》が訳出した『金光明経』において、国王がこの経典を読誦すれば、四天王が国土を擁護し人民を安穏すると説かれているため、護国経典として流布するようになり、四天王信仰が広まった。わが国でも天武五年（六七六）以降、再三護国経として仁王経とともに金光明経（曇無讖の訳経かまたは隋の宝貴ら訳の『合部金光明経』）の講説が行われるようになる（『書紀』）。

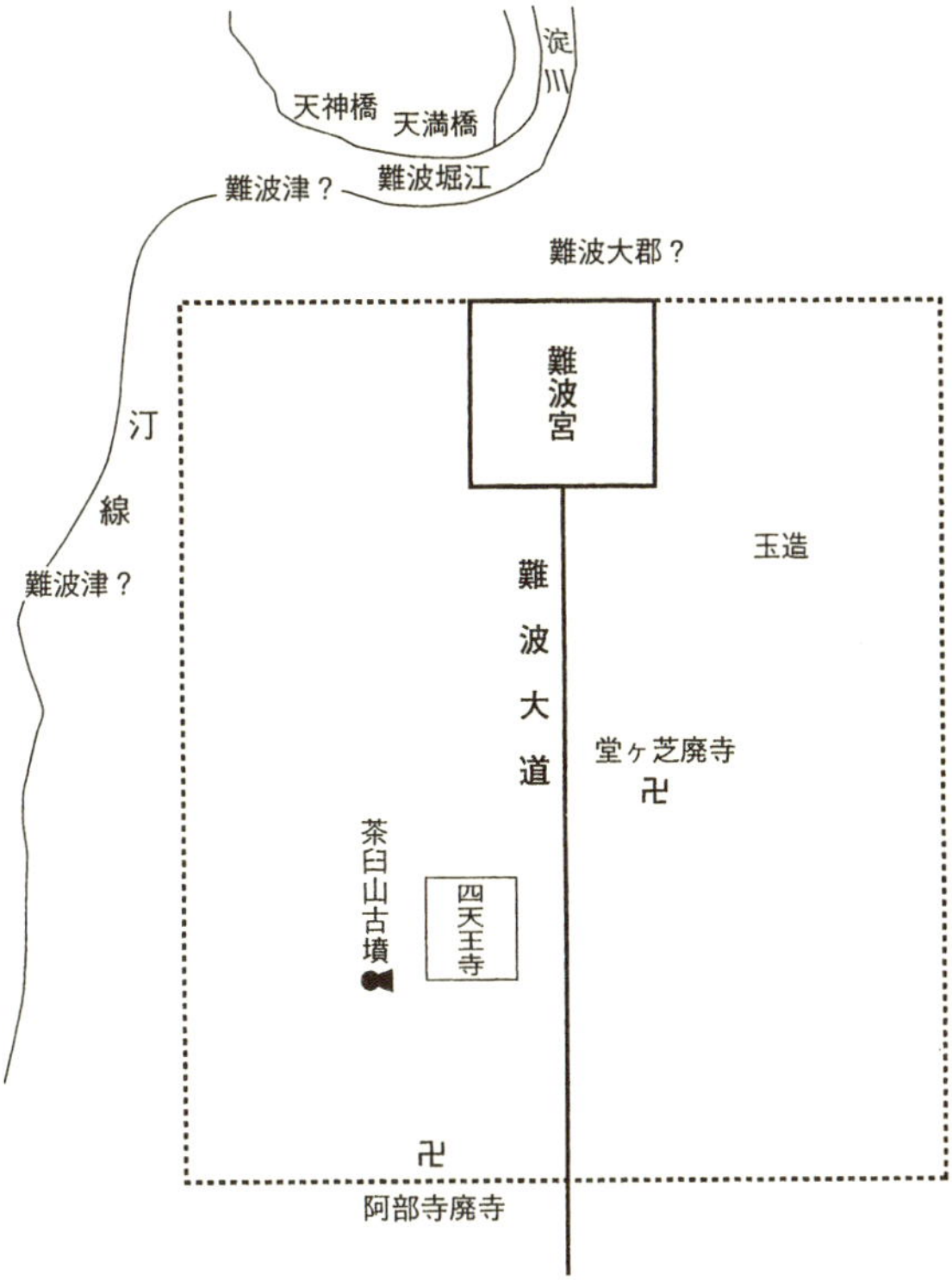

地図　「難波の推定復元図」
（『新修大阪市史』第1巻所収の図を一部改変）

鎮護国家的な思想のもと、東アジア諸国と直接相対峙する国際港難波津所在の寺院に、四天王像が安置され、国の守りとされた蓋然性は高いとみて差し支えない。(16)四天王寺では、異例の四天王像西向一列の安置法が長く行われてきたが、これなどもこの寺の護国の役割を遺憾なく示すものである。とくに天智二年（六六三）の白村江の敗戦後は、こうした傾向が強まったと解してよいであろう。『四天王寺御手印縁起』には、

百済高麗任那新羅、貪狼の情、恒に以て強盛なり。彼等が州《くに》を摂伏し、帰伏せしめんが為、護世四天王像を造り、西方に向け置く。

と記しており、四天王寺の寺院としての有り様をうかがい知ることができる。

したがって大化期以降の四天王寺は、私寺ではなく官寺的要素の強い寺院と位置づけることができるが、ただ『書紀』が阿倍倉梯麻呂の仏像安置や霊鷲山造像を特筆していることは、彼が四天王寺の外護者的な立場にあったことを推測せしめる。田中重久は阿倍氏を四天王寺の創立者とするが、(17)四天王寺を阿倍氏の純然たる私寺（氏寺）と解することには無理がある。難波の地における阿倍氏の氏寺は、大阪市阿倍野区松崎町（旧東生郡）にある四天王寺式伽藍配置の阿部寺廃寺（白鳳期）に比定すべきであろう。「阿（安）倍野」の地名は『山槐記』補遺の永万元年（一一六五）四月二十七日条にみえ（「安部野」と記す）、古地名たることが知られるが、言うまでもなくこの地名は阿倍氏一族の拠点が存したことにもとづく名称である。四天王寺と直線距離にして一・二キロメートルほどしか離れていないから、倉梯麻呂はこの阿倍野の地に居宅を構え、近在の未完成寺院、四天王寺（荒墓寺）の整備・発展に寄与したと推察できるのではなかろうか。

では推古三十年頃に創建された大化前代の四天王寺はどのような寺であったのだろうか。ここで大化以後の四天王寺の外護者が阿倍倉梯麻呂であったことに再度、注目したい。

『新撰姓氏録』に掲げる難波吉士系の氏族は、すべて阿倍氏と同祖で、大彦命の後裔と称している（吉志・三宅人〔摂津国皇別〕、日下連・大戸首・難波忌寸・難波〔河内国皇別〕）。これらはすべて仮冒によるものであるが、大嘗祭の豊

明節会で奏された吉志舞は、『北山抄』巻五に、

次に安倍氏、吉志舞を奏す。〈五位以上これを引きゐる。（中略）高麗の乱声を作《な》す。而して進みて舞う者廿人。楽人廿人。安倍、吉志、大国、三宅、日下部、難波らの氏供奉す。（下略）〉

とあり、阿（安）倍氏が吉志・大国以下の吉士系諸氏を率いて奏する形を取った。吉志舞は本来、吉志集団の舞う異国風の戦闘歌舞の一種と推察されるが、彼らが阿倍氏と同祖と称し、阿倍氏の指揮下に吉志舞を舞ったのは、難波吉士が阿倍氏と緊密な氏族的連携を保っていたからであろう。おそらくその連携は、難波の地における阿倍氏と難波吉士一族の地縁的結合に由来すると推察される。(18)

そうすると、阿倍倉梯麻呂が四天王寺に霊鷲山像と四天王像四体を寄進したのは、四天王寺が難波吉士一族ゆかりの寺であったからと考えるべきではなかろうか。田村圓澄は四天王寺がもとは難波吉士の氏寺であったと説く。(19)網伸也も難波の中心地である東生郡と西成郡に渡来系の寺院が存在しないのは不可解であるとして、それは吉士集団が独自の氏寺を造営せず、阿倍氏との関係に立脚して四天王寺との関係を深めていったからではないかと推測している。(20)

田村は、難波吉士が仏教を含む大陸文化に接する機会が多く、それを受容するだけの条件に恵まれていたから、難波吉士氏が本拠の難波に氏寺を持つ可能性は高いとし、厩戸皇子の追善をかねて私寺の造営を始めたのだとする。そして金堂の本尊とされたのは、『大同縁起』に天智朝請坐と記す「弥勒菩薩一軀〈蓮華坐〉」で（恵光請来の阿弥陀像を本尊とする説は否定）、この弥勒像も天智朝請坐は疑わしく、難波吉士が新羅と関係が深いため、推古三十一年（三十年）に新羅使によってもたらされ、創建間もない四天王寺の金堂に安置されていたと推定するが、四天王寺と厩戸皇子との関わりは、前述のごとく本質的には認めがたいし、難波吉士も新羅系ではなく伽耶系の渡来人である。恵光が大唐から阿弥陀三尊を請来したことも、あえて疑う必要はない。網説もまた、四天王寺を本来、非渡来系の寺

院であるとする根拠そのものが曖昧である。

かように田村・網両説にはいくつかの点で問題があるが、四天王寺が難波吉士の関係寺院であったことは確かとすべきであろう。前述のように、推古紀三十一（三十）年是歳条によれば、新羅と任那（実際には新羅）へ派遣され、両国の調使を伴って帰国したのは、難波吉士の一族の吉士磐金と吉士倉下であり、この時新羅の調使智洗爾が献上した仏具が四天王寺に納められ、大唐学問者の恵光も一緒に帰国しているのである。難波の地が難波吉士氏の一大勢力圏であった事実を踏まえると、四天王寺が難波吉士の手によって創建され、恵光請来の仏像が金堂の本尊とされ、新羅よりもたらされた仏具が寺に納入されたと想定するのが、もっとも自然な解釈と思われる。

しかし難波吉士は、「任那の調」の貢上を前提とする対外交渉に専従させるために、王権が六世紀後半に吉士集団を再編成してつくりあげた擬制的な同族団組織であり（前述）、王権直属的な性格を持ち、外交官的任務を負って海外へ派遣される時以外は、難波の地に設置された対外用の施設（「難波屯倉」や外交用庁舎の「難波大郡」、迎賓施設の「難波館」「三韓館」「難波百済客館堂」など）を執務の場としていた。難波の地は難波津が倭国の代表的国際港として機能するようになる六世紀以降、大和政権の外交上の枢要の位置を占めるようになり、蘇我・物部・大伴・阿倍らオホマヘツキミ・マヘツキミ層の有力豪族の拠点もこの地に設けられている。

したがって大化前代から渉外用の諸施設とタイ・アップする形で、宗教的施設として准官寺的な寺院が難波の地に建立されていたと考えても不都合ではなく、筆者はそれが本来の四天王寺の姿ではなかったかと推測するのである。田村が指摘するように、四天王寺の実質的な創建者は難波吉士と解して誤りないであろう。その意味で、この寺は難波吉士の私寺的性格を持つが、一方で難波吉士の同族団に属する人々は、いずれも官人的体質を色濃く有することから、むしろ四天王寺は難波吉士が中心となって創建し、その管理運営に積極的に関与した寺院ととらえる方が妥当なのではなかろうか。

新羅が「任那の調」を貢上する慣例は大化二年で終わる。『書紀』は代わりに新羅の王族を質として取ることが定められたとするが、これは大和政権の外交政策の転換（「任那」の名目的支配権の放棄）を意味するもので、難波吉士にとっては、彼等が果たした渉外活動の本質的な意義が失われたことを示すものにほかならない。難波吉士の諸氏はその後もしばらくは外交業務に従事するが、天武朝頃には難波吉士の同族団組織そのものが解体される[21]。すなわち大化以後、この氏はその実態を喪失していくことになるが、これに代わって難波吉士と緊密な関係にあった大化の左大臣阿倍倉梯麻呂が積極的に四天王寺の造営に乗り出すことになる。国家的支援のもとに、四天王寺の護国的体質が強化され、「四天王寺」と寺号も改められて、この寺はその後、発展の一途を辿るのである。

注

（1）久米邦武『上宮太子実録』（井洌堂、一九〇三年、のち『聖徳太子実録』と改題し、一九一九年に増補改訂版を丙午出版社より再刊）
（2）津田左右吉『日本上代史研究』岩波書店、一九三〇年
（3）加藤謙吉「中央豪族の仏教受容とその史的意義」『論集日本仏教史1・飛鳥時代』雄山閣、一九八九年所収
（4）文化財保護委員会『四天王寺』吉川弘文館、一九六七年
（5）花谷浩「斑鳩寺の創建瓦」『飛鳥時代の瓦作りⅡ』一九九八年（第二回古代瓦研究会発表要旨）、網伸也「古代寺院の創建と瓦陶兼業窯―四天王寺の創建瓦を中心として―」『あまのともしび』（原口先生古稀記念集、二〇〇〇年）所収
（6）加藤謙吉『蘇我氏と大和王権』吉川弘文館、一九八三年
（7）森郁夫『日本古代寺院造営の諸問題』雄山閣、二〇〇九年
（8）佐藤隆「四天王寺の創建年代」『大阪の歴史と文化財』第三号、一九九九年所収
（9）網伸也、前掲注（5）論文
（10）福山敏男「四天王寺の建立年代」（同著『日本建築史研究』〈墨水書房、一九六八年〉所収）
（11）加藤謙吉『吉士と西漢氏』白水社、二〇〇一年

(12)　田村圓澄『日本仏教史1・飛鳥時代』法蔵館、一九八一年
(13)　加藤謙吉『秦氏とその民』白水社、一九九八年
(14)　前掲注(4)の書
(15)　福山敏男、前掲注(10)論文
(16)　三舟隆之は、四天王寺の対外的護国寺院としての性格を否定し、王権の護持や追善供養的な目的で創建された寺院とするが(「四天王寺の創立とその後」〔『続日本紀研究』三三四号、二〇〇一年〕、のち同著『日本古代の王権と寺院』〔名著普及会、二〇一三年〕に収録)、四天王寺が国際港のある難波の地に設けられ、後述するように対外交渉の任を担当した難波吉士氏と関わりの深い寺院であることを念頭に置くと、この寺の本質的な意義は、やはり鎮護国家的な性格にあったと解すべきであろう。
(17)　田中重久『聖徳太子御聖蹟の研究』全国書房、一九四四年
(18)　加藤謙吉、前掲注(11)の書
(19)　田村圓澄、前掲注(12)の書
(20)　網伸也「摂津の渡来系寺院」(『渡来系氏族と古代寺院』帝塚山考古学研究所、一九九四年所収)
(21)　加藤謙吉、前掲注(11)の書

第四章　高麗若光と高麗福信

第一節　高麗若光の実像

『日本書紀』天智天皇五年（六六六）十月己未条によれば、高麗（高句麗）が、大使の乙相奄鄒、副使達相遁と二位玄武若光を派遣して、調を進上したとある。天智五年は高句麗の滅亡の二年前にあたるが、当時の高句麗は前年もしくはこの年の六月以前に泉蓋蘇文が没し、父の地位を継いだ子の男生が弟たちと内紛を生じ、男生が唐に救援を求めるという混乱状態に陥っていた。この年、唐の高宗は高句麗征討を決め、十二月には李勣を遼東行軍大総管に任じて、征討軍を派遣することになるが、乙相奄鄒らの使節は、宝蔵王のもとで、兄の男生に代わって莫離支（男生は六六一年に父から継承）となった男建が遣わしたもので、国の窮状を訴え、日本の救援を要請する目的で行われたと推察することができる。

大使乙相奄鄒の「乙相」は、『三国史記』巻四〇（雑志第九・職官下）に、「主簿」に次ぐ高句麗第二の官位として記す「大相」[1]を指すとみられ、副使の達相遁や二位玄武若光の「達相」・「玄武」も、同様に官位の可能性が存する。「二位」は谷川士清の『日本書紀通証』（宝暦元年〈一七五一〉成稿）が指摘するように、副使の意にとるべきか。いずれも詳細は不明であるが、彼らが緊急かつ最重要の任務を帯びて日本に派遣されたことは確かであり、使者も高句麗の高官の中から選ばれた可能性が高いとみるべきであろう。

『書紀』（以下、『日本書紀』を『書紀』と略記）は彼らに先立って、天智五年正月にも、前部能婁が調進上のため高麗より派遣されたと伝えるが、『新撰姓氏録』（以下、『姓氏録』と略記）左京諸蕃下の福当連条には「出㆑自㆓高麗国人前部能婁也」と記している。福当連は、天平宝字五年（七六一）三月、渡来系氏族に対する大量賜姓の一環として、高麗人の前部高文信が与えられた氏姓であり（『続日本紀』、以下『続記』と略記）、前部高氏の一族であった文信は、高句麗五部の前部出身の能婁（高能婁）の子孫にあたる人物であることが明らかである。能婁は天智紀五年六月戊戌条に「高麗前部能婁等罷帰」とあり、半年後には帰国しているから、高句麗滅亡後に、亡命者として再び日本の地を踏んだのであろう。

これに対して乙相奄即鄙らの帰国記事は、『書紀』にはみえない。高句麗は滅亡直前の天智七年七月にも日本に使者（名は不詳）を派遣するが、『書紀』は「風浪高。故不レ得レ帰」と記し、使者が帰国を果たすことができなかったとするから、乙相奄鄙一行も帰国の機会を逸して、日本で高句麗滅亡を迎えた公算が大である。

『続紀』大宝三年（七〇三）四月乙未条には、

従五位下高麗若光に王の姓を賜ふ（原文「従五位下高麗若光賜二王姓一」）

との記事が認められる。この高麗若光については、天智五年に乙相奄鄙とともに使者として来日した前述の玄武若光と同一人とする説が有力であり、[2]筆者もこの説に従いたい。渡来時からすでに三十七年が経過しているが、来日当時若年であったとすれば、若光がまだ生存していた蓋然性は高く、八世紀初頭の高句麗系渡来人の中で、長老的な存在として彼らを束ねる地位にあったと推察してよいのではないか。大宝三年の王姓賜与は、律令政府がそのような若光の立場を配慮した優遇措置とみられるのである。

藤原宮跡東面北門付近の外濠遺構（SD一七〇溝）より出土した木簡群中に「高麗若光」と判読できるもの一点が存在する。この遺構より出土した紀年木簡は戊戌（六九八）年以降に集中し、和銅二年（七〇九）を下限とするから、「高麗若光」の木簡もその当時のものとみることができ、内容的には宮内省・中務省とその被管、王家、門とその警備などと関わる木簡が多い。(3) これにより高麗若光が、少なくとも大宝三年の賜姓の時点まで都に在住していた事実がうかがえる。

ただ『続紀』の王姓賜与については、次の二通りの解釈が可能である。第一は八・九世紀の高句麗系渡来人の中に王姓の者が少なからず存在することから、高麗若光も王氏の一員として王姓を名乗ることが公認されたとする見方であり、第二は余禅広（善光）への「百済王」賜号と同様に、若光が「高麗王」の号を賜わったとする見方である。

このうち第一の解釈については、渡来系の氏族が、移住前の本姓（旧姓）に代えて、日本風の新たなウヂを賜姓されるケースは頻繁に認められるものの、その逆は稀で、したがって「高麗」から「王」への改姓が行われたとは通常、考えがたい。ただ高麗若光の「高麗」は姓ではなく、高句麗出身者であることを示す通称であった可能性が存する。延暦十八年（七九九）には信濃国小県郡の高麗家嗣と高麗継楯の二人が「未だ本号を改めず」との理由で改姓を請い、「御井」の氏姓を賜わっているが（『日本後紀』）、この本号の「高麗」も通称的なものとみられ、高麗若光のケースと共通するとみてよいであろう。

すなわち大宝三年の賜姓は、若光が通称の高麗から本姓の王姓に正式に復帰したか、あるいは本来高句麗の王氏とは別族であった若光が、擬制的にその同族に列したために、王姓を与えられたと理解することができそうである。

一方、第二の解釈は、余禅広が義慈王の実子で、百済の王族であったことを勘案すると、「高麗王」の号を与えられた高麗若光もまた、高句麗の王家の出身と考えなければならない。それを裏付ける証拠はないが、天智五年十月の高句麗の使節が乞師のため有力者を派遣したものであるとするならば、使節の中に王族が含まれた可能性はあながち否定できず、原島礼二のように、(4) 若光が高句麗王族のひとりとして王姓（高麗王姓）を認められたとする説も確かに成りたちうる。

余禅広が「百済王」号を与えられた理由は、彼とその一族を、成立間もない「日本」の「天皇」に臣事する内臣として位置づけ、外臣（外蕃）たる新羅とともに、日本の帝国秩序体制下に置こうとする政治的意思にもとづくものと思われる。[5]したがって若光の場合も、第二の解釈に依拠すると、「高麗王」は単なる賜姓ではなく、天皇が高句麗王族出身の若光に「高麗王」号を与え、内臣として「高麗王」を支配することに意味があったとみるべきであろう。[6]「百済王」号が成立した持統朝の具体的な年次を、余禅広とその近親の遠宝・良虞・南典が物を賜わった持統五年（六九一）正月（『書紀』）に比定すると、[7]「高麗王」の成立はその十二年後となるが、大宝律令の制定を受け、当時の政府は「百済王」に次いで「高麗王」を天皇が冊立することによって、[8]新羅を含めた内外の藩屏を従属させる「日本帝国」の確立を企図したことになる。

ただ第二の解釈で問題となるのは、若光の後、「高麗王」を氏姓とする者の名が、古代の史料には全く現れないことである。百済王氏が余禅広以来、平安期まで継続的に四位・五位クラスの官人を輩出し、南典（従三位）・敬福（従三位）・明信（女官、従二位）・慶命（女官、従二位〈贈従一位〉）のような高位昇進者や、桓武天皇女御の教法や嵯峨天皇女御の貴命（忠良親王らの母）らを出したのとは、明らかに性格を異にする。百済王（余）禅広は持統七年正月頃に没したらしく、この月に正広参（従二位に相当）を贈られているが（『書紀』）、死後の贈位とはいえ、正広参は持統四年、右大臣に就任した丹比真人嶋が授けられた冠位であり、禅広が持統朝でいかに厚遇されていたかがうかがえる。これに対して高麗若光は、時期こそ異なるものの、大宝三年当時、従五位下の中級の官人にすぎない。「百済王」と「高麗王」の間には歴然たる差が認められるのである。

このようにみると、たとえ実態のないものとはいえ、若光が日本の帝国秩序構想の中に取り込まれ、「高麗王」号を与えられることで、「百済王」とともに天皇の内なる藩屏としての役割を担ったと解することは、いささか無理があるように思われる。第一の解釈に従い、高麗若光が与えられた姓は「高麗王」ではなく、「王」であったと考えるのが妥当ではなかろうか。前述の王仲文や上部王虫麻呂、後部王安成、上部王弥夜大理、王吉勝のほかに、高句麗系の王姓者とみられる人物には、奈良時代だけでも、後部王同（『続紀』、和銅五年正月）、後部王起（『続紀』、神亀二年閏正月ほか）、後部王吉（『続紀』、天平勝宝六年）らが確認でき、出身国不明の王姓者も加えると、さらにその数は増えるから、高麗若光の子孫がこれらの王姓者の中に含まれる可能性は大である。「高麗王」氏の一族の者が史料にみえないのは、もともとそのような号や姓が存在しなかったためと理解すべきであろう。

しかし現状では、第二の解釈、つまり高麗若光が「高麗王」姓を賜与されたとする説が有力である。[9] 武蔵国高麗郡所在の高麗神社に伝わる「高麗氏系図」は、高麗王若光を武蔵国の高麗氏の始祖とし、その没後、「従来貴賤相集、埋二屍城外一、且依二神国之例一、建二霊廟御殿後山一、崇二高麗明神一、郡中有レ凶、則祈レ之也。長子家重継レ世也。……」と記す。すなわち高麗王若光が高麗神社の祭神とされ、[10] その子孫の高麗氏が代々祭祀を継承してきたとするが、この系譜の記事に信を置いて、高麗王若光が東国に移り、武蔵国高麗郡に定住して高麗氏の祖となったと説くのである。さらに若光が武蔵国高麗郡に定住するようになるまでの経緯については別に口伝が存し、若光が日本投化後、一路東海を目指し相模湾から大磯に上陸して、大磯村高麗の地に邸宅を営んで住んだが、朝廷より従五位下に叙せられ、ついで大宝三年に王姓を賜わり、霊亀二年（七一六）、東国七カ国の高麗人に武蔵野の一部を賜う詔が降った時に、若光は高麗郡の大領に任ぜられ、大磯を去って武蔵国高麗郡に赴いたと伝えている。[11]

「高麗氏系図」によれば、正元元年（一二五九）十一月の火災により、高麗氏の古系図は他の宝物と一緒に焼失してしまったため、一族老臣をはじめ、高麗の百苗が相集して、諸家の故記録を取り調べ、作り直したものが現存の系図であるとする。これが事実であるとすれば、十三世紀に再記録された若光に関する記述が、どこまで史料的に信用できるかは疑問であり、若光の伝説も、『書紀』や『続紀』にみえる七世紀後半から八世紀初頭にかけての高句麗系渡来人の東国移住の事実（後述）にもとづき、相模国大住郡の高麗山（高麗寺山、現神奈川県大磯町）所在の高来神社の伝説と結びつけて説かれた話にすぎない。

高来神社は旧名を高麗神社と言い、明治元年（一八六八年）の神仏分離令制定以前は別当寺として高麗寺を有したが、この寺は『吾妻鏡』により、建久三年（一一九二）にはすでに存在したことが確認できる。『続紀』霊亀二年五月辛卯条の、武蔵国高麗郡に移されたとする東国七カ国の高麗人の中には相模国の人々も含まれるから、高来神社や高麗寺の地は、かつて東国に移住した高句麗系渡来人の居住地と考えて間違いない。さらに鎌倉初期に成立した『筥根山《はこねやま》縁起』（『群書類従』第二輯）には「奉ㇾ移二高麗大神和光于当州大磯聳峰一。因名二高麗寺一云々」とあり、この「和光」は荒井秀規が推測するように、高麗若光の「若光」と関連するとみることができよう。[12] それ故、高麗王若光が相模の大磯から武蔵高麗郡に移ったとするのは、相模と武蔵の高麗神社の縁起を習合させたものであり、東国の高句麗系渡来人の子孫の間に、広く高麗王若光伝説が流布していた形跡が認められる。

ただそれはあくまでも伝説であって、このような話が作られる時期はかなり後になってからであろう。先に筆者は天智五年の（玄武）若光と大宝三年の高麗若光を同一人と推測したが、霊亀二年の武蔵国高麗郡建郡時に若光が存命であったとすれば、天智五年から五十年後となり、年齢的にいささか無理が生じる。さらに大宝三年当時、若光は従五位下であったが、霊亀二年に武蔵国高麗郡に移された東国七カ国の高麗人の一人と仮定すると、彼は大宝三年以降に東国（相模？）に移り、その後さらに移動を重ねたことになって、これまた不自然の観を否めない。

要するに武蔵国の高麗神社の系図や所伝は、『続紀』大宝三年癸巳条の高麗若光の王姓賜与の記事を根幹とし、後世に流布した高麗王若光伝説を取り入れて作成された高麗神社の縁起として理解すべきものである。したがってかかる起源譚に依拠して、「高麗王」姓の成立を説く第二の解釈は否定されるべきで、『書紀』の（玄武）若光や『続紀』の高麗若光（王若光）は、本質的には武蔵国高麗郡や高麗神社とは無関係の人物とみなければならない。しかし武蔵国高麗郡が、東国に入植した高句麗系渡来人の最重要拠点であったことは紛れもない事実であり、この地からは後に中央で活躍する有能な人材が出ている。以下、東国の高句麗系渡来人のあり方と武蔵国高麗郡の建郡の経緯について、検討を進めることにする。

第二節　東国の高句麗系渡来人

東国地方に大量に渡来人が移住してくる時期は、百済・高句麗が滅亡する七世紀後半以降である。筆者はかつてこれに先だち、吉士系の諸氏や東西両漢氏・秦氏とその支配下の集団などが六世紀半ば頃から畿内の王権によって東国各地に送り込まれ、ミヤケや王権直轄的施設の設置・運営などに関与し、王権による東国支配の先兵的役割を担った事実を指摘した。[13] これに対して七世紀後半から八世紀の移住者は、百済・高句麗の亡命遺民や新参の新羅人を東国の未開地に安置して開発にあたらせ、律令国家体制の基盤となる生産力の増強をはかることにあった。後者は戸令没落外蕃条の「化外人、於㆓寛国㆒附㆑貫安置」の令文に該当するもので、前者とは目的や形態を異にするが、本格的な渡来人の東国移住は、後者の時期に始まったとみて差し支えない。

『書紀』・『続紀』にみえる七世紀後半〜八世紀の渡来人の東国移住の事例を表示すると、次頁の通りである。このうち高句麗系渡来人の移住に関する記事は、③と⑩の2条であるが、もとより①〜⑫は、七世紀後半以降に実施された渡来人の東国移住の全容を伝えているわけではなく、その一部にすぎない。現に⑩の高句麗系渡来人の場合も、東国七カ国のうち、③の常陸をのぞく六カ国については、移住の時期や人数・形態が不明である。六カ国の渡来人のほとんどは、高句麗滅亡時に日本に亡命し、その後東国の諸国に配置されたと解してよいであろうが、『書紀』や『続紀』は、それについては何も記していない。記録に名をとどめない多くの渡来系移住者が背後に存したことは、確かと思われる。

甲斐国には巨麻《こま》郡が存する。郡名の「コマ」は平安時代、甲斐に置かれた三つの御牧のうち二つが巨麻郡に存することから、駒（コマ）の産出にもとづく名とされてきたが、関晃は、河内国大県郡巨麻郷や同国若江郡巨麻郷が高句麗系渡来人の居住に因む名称であることから、甲斐国の巨麻郡も同様に考えるべきであるとし、この郡は高句麗人によって開かれた郡か、あるいは高句麗人の集落が郡の中心をなしていたと推定する。[14] 山梨県甲斐市（旧中巨摩郡

年次	記事の内容
①天智五・冬（六六六）	百済の男女二千余人を東国に配置
②天武十三・五（六八四）	渡来した百済の僧俗二三人を武蔵国に配置
③持統元・三（六八七）	渡来した高麗人五六人を常陸国に配置
④持統元・三（六八七）	渡来した新羅人十四人を下毛野（下野）国に配置
⑤持統元・四（六八七）	渡来した新羅の僧尼・百姓二二人を武蔵国に配置
⑥持統二・五（六八八）	百済の敬須徳那利を甲斐国に配置
⑦持統三・四（六八九）	渡来した新羅人を下毛野国に配置
⑧持統四・二（六九〇）	渡来した新羅の韓奈末許満ら十二人を武蔵国に配置
⑨持統四・八（六九〇）	渡来した新羅人らを下毛野国に配置
⑩霊亀二・五（七一六）	駿河・甲斐・相模・上総・下総・常陸・下野七カ国の高麗人一七九九人を武蔵国に遷し、高麗郡を建郡
⑪天平宝字二・八（七五八）	渡来した新羅の僧尼三四人、男女四十人を武蔵国に配置し、新羅郡を建郡
⑫天平宝字四・四（七六〇）	渡来した新羅人一三一人を武蔵国に配置

表「渡来人の東国移住一覧（七世紀後半以降）」

敷島町）にある七世紀第4四半期の天狗沢瓦窯跡は、令制下の甲斐国巨麻郡に含まれるが、この窯跡から出土した素弁八葉蓮華文軒丸瓦の瓦当文様は、近江に多い高句麗系文様とみられ、高句麗系工人が甲斐に派遣された（もしくは移住した）可能性が想定できる。[15] 関の推定は妥当であり、「巨麻」が郷（里）名ではなく郡名であることを勘案すると、この地は高句麗系渡来人の一大集住地であったと考えて間違いない。

このほか、相模国大住郡の高麗神社（高来神社）や高麗寺については、その起源譚は前述のように信用に値しないが、高麗寺が少なくとも建久三年当時には存在したから、高麗の地が古くから高句麗系渡来人の居住地であったことは事実とみてよいであろう。[16] さらに武蔵国高麗郡は、『和名抄』によれば、高麗郷と上総郷の二郷から成る小郡であるが、上総郷は、上総国からの移住者が居所とした場所であることが明白である。すると東国七カ国中、前掲の表の③で移住の事実が判明する常陸を含めて、四カ国の出身者の足跡を確認することができるから、他の三カ国もこれに準じて考えて支障ない。

武蔵国高麗郡建郡の目的が、東国各地の高句麗系渡来人を結集して北武蔵の地域開発を推し進め、生産力の増強をはかることにあったことは、容易に想像が付く。時期的に先行するとみられる甲斐国巨麻郡の建郡（建評？）も、これと同様に解することができ、瓦の製作に従事した工人だけでなく、多くの高句麗系渡来人が天智朝頃に甲斐国西部に入植してきた可能性が考慮される。武蔵国高麗郡の領[17]や甲斐国巨麻郡の大領に誰が任命されたかは史料に記載がなく、明らかにしがたいが、次にあげる美濃国席田郡と上野国多胡郡の建郡の事例が、それを推察する手だてとなろう。

霊亀元年（七一五）七月、尾張国人・外従八位上の席田君迩今と新羅人七四家は美濃国に移され、新たに席田郡が建置された（『続紀』）。席田郡の場合は新羅系の人々による建郡であるが、席田郡の初代大領に任ぜられたのが、この集団を率いた席田君迩今であることは疑う余地がない[18]。同様に和銅四年（七一一）三月には、上野国の片岡・緑野・甘良三郡の三百戸（六里）を割いて、多胡郡が置かれている（多胡碑・『続紀』）。多胡碑には「上野国片岡郡・緑野郡・甘良郡幷三郡内、三百戸郡成、給羊、成多胡郡」とあり、「羊」についてはこれまで人名・方角・動物・略字・誤字などさまざまな説がなされてきたが[19]、尾崎喜左雄が説くように、「羊」を人名にとり、「給」（給う）は、大領に任じたことを指すと解するのが妥当と思われる[20]。ただ尾崎は「羊」を上野国の無姓の渡来系豪族の人名と解しているが、羊は六世紀半ば～末に畿内より東国に移住した伽耶系渡来氏族の多胡吉士の一族の者で、美濃国席田郡の郡名と同じく、建郡の中心となり、初代の大領に就任した人物のウヂ名が、そのまま郡名とされたと理解すべきである[21]。

かくして席田郡や多胡郡のケースに鑑みるならば、甲斐国巨麻郡や武蔵国高麗郡の初代郡領（大・少領、領）も、高句麗系渡来人の中の最有力氏が任ぜられたと解するのが妥当となろう。

では武蔵国高麗郡の郡領（領）となった最有力氏とはどのような一族であったろうか。高麗王若光の子孫と称し、若光を祀る高麗神社の神官を代々継承した「高麗氏系図」の高麗氏一族をそれにあてる説もあるが、前述のごとくこの一族と若光との関係が疑われる上に、「高麗氏系図」の高麗氏の氏人の中で、郡司に就任したことを記す者が一人もいないことを勘案すると、この氏が実際にそのような立場にあったかどうかは疑わしい。

かえって同系図によると、高麗神社は第十四代の一豊の時に「大宮」号を許され、「高麗大宮明神」と号して、高麗氏が神官となり大宮司と称したと記すから、もしこの記事に何らかの根拠があるとすると、高麗氏が高麗神社の祭祀（正確な創祀の時期は不明であるが）にかかわるようになる時期は、長徳年間（九九五～九九九）頃と解するのが無難ではなかろうか。[22] 高麗神社に近接して勝楽寺があり、同系図は、天平勝宝三年辛卯（七五一）に僧の勝楽が亡くなったので、第三代の弘仁が若光の第三子で勝楽の弟子であった聖雲と協力してその遺骨を納め、勝楽寺を草創したと記している。これによれば、奈良時代半ば～後半に高麗氏の手によって勝楽寺が建立されたことになるが、この記述も果たしてどこまで史実を伝えているか疑問である。結局、高麗神社社家の高麗氏については不明の点が少なくなく、高麗郡内でこの氏が台頭する時期も、大宮司の任に就く十世紀末以降ではないかと推量されるのである。

おそらく高麗郡建郡当時、郡内でもっとも有力であった高句麗系氏族は、著名な高麗（高倉）朝臣福信を出した高麗氏（肖奈公・肖奈王・高麗朝臣・高倉朝臣と改姓）で、高麗郡の初代の領に任命されたのも、高麗氏の一族の人物とみられる。以下、この氏について検討を行いたい。

第三節　肖奈公から肖奈王へ

『続紀』延暦八年（七八九）十月乙酉条は、高倉朝臣福信の死去を記し、その薨伝を掲げている。いまその全文を記すと、次の通りである。

散位従三位高倉朝臣福信薨。福信、武蔵国高麗郡人也。本姓肖奈。其祖福徳、属㆔唐将李勣抜㆓平壌城㆒、来㆓帰国家一、為二武蔵人一焉。福信、即福徳之孫也。小年随二伯父肖奈行文一入レ都。時与二同輩一、晩頭往二石上衢一、遊二戯相撲一。巧用二其力一、能勝二其敵一。遂聞二内裏一、召令レ侍二内竪所一、自レ是着レ名。初任二右衛士大志一、稍遷、天平中、授二外従五位下一、任二春宮亮一。聖武皇帝、甚加二恩幸一。勝宝初、至二従四位紫微少弼一。改二本姓一賜二高麗朝臣一、遷二信部大輔一。神護元年、授二従三位一、拝二造宮卿一、兼歴二武蔵・近江守一。宝亀十年、上レ書言、臣、自レ投二聖化一、年歳已深。但雖二新姓之栄、朝臣過レ分、而旧俗之号、高麗未レ除。伏乞、改二高麗一以為二高倉一。詔許レ之。天応元年、遷二弾正尹一、兼二武蔵守一。延暦四年、上レ表乞レ身、以二散位一帰レ第焉。薨時、年八十一。

福信の本姓は「肖奈」とあるが、『続紀』天平十九年（七四七）六月辛亥条には、肖奈福信・同大山・同広山らに「肖奈王」の姓を賜わったとする。本姓の「肖奈」は、福信と伯父の行文の名を、『続紀』が肖奈公福信（天平十年三月辛未条、同十一年七月乙未条）・肖奈公行文（養老五年正月甲戌条、神亀四年十二月丁亥条）と記すので、正しくは「肖奈公」である。さらに薨伝によれば、高麗朝臣を賜姓された時期を勝宝初年、福信が上書して高倉朝臣への改姓が許された時期を宝亀十年（七七九）とするが、これも『続紀』に該当する記事があり、天平勝宝二年（七五〇）正月二十七日に肖奈王から高麗朝臣へ、ついで宝亀十年三月十七日に高倉朝臣へと改姓したことが確認できる。福信以外に高倉朝臣を氏姓とする者には高倉朝臣殿継や石麻呂がいるが、石麻呂は『続紀』宝亀四年二月壬申条によれば福信の子であり、殿継は福信と同時に高倉朝臣を賜姓されたとみられるが、おそらく彼も福信の子か、近親であろう。弘仁六年（八一五）に成立した『姓氏録』は、左京諸蕃下に高麗朝臣の本系を掲げるから、福信の家族など一部を除き、一族のほとんどは高麗朝臣の旧姓にとどまったと推察することができる。

ところで肖奈公の「肖奈」は、『続紀』の写本中に「肖」を「背」と記すものがあることから、従来、一般に「背奈」とされ、セナと読まれてきた。しかし名古屋市博物館蓬左文庫所蔵本を底本とする新日本古典文学大系本『続日本紀』が「肖」を本来の字とし、「『肖』が『背』に転訛したとすると、福信の姓は肖奈公・肖奴王（肖奴はセウヌ）となり、これは高句麗の五部の『消奴部』から生まれた姓である」と指摘し、[23]佐伯有清が肖奈行文の名を記す『懐風藻』や『藤氏家伝』下の古写本にも「背奈」ではなく「肖奈」と記し、『万葉集』巻十六（三八三六番左注）にも「博士消奈行文大夫」とすること、肖奈公（王）広山の名は『正倉院文書』にも数多く記載されているが、原文書の写真版による限りそれらはいずれも「肖奈」と判読できることなどをあげ、その上で「肖奈」が高句麗五部の消奴部に由来することを論証したことにより、[24]「背」が「肖」の誤写であることが明らかになった。

高句麗五部の「消奴部」の名は、『翰苑』所引『魏略』や『後漢書』東夷伝にみえ、もとは消奴部が高句麗の王であったが、微弱であったため、後に桂婁部がこれに代わったとする。『三国志』魏書東夷伝には「涓奴部」につくり、「涓奴部本国主、今雖不レ為レ王、嫡統大人、得レ称二古雛加一、亦得下立二宗廟一、祠中霊星・社稷上」と記す。涓奴部の「涓」の字は「消」の誤写とみられるが、[25]高句麗の五部については、「貴人の族の組分けであり、王都に集住した支配族団の伝統的な五分組織」とする武田幸男の説に従うべきであろう。[26]消奴部は高句麗の旧王家で、その嫡流の大人は、王族の中の有力者が称したとされる古雛加（『三国志』魏書東夷伝）の官に就くことができ、宗廟を立て、霊星と社稷をまつる権限を有した。

福信の祖父の福徳は、この高句麗五部の消奴部の系統に属するか、もしくはそのように主張した一族で、日本への渡来時に、消奴部の名に因んで「肖奈」をウヂの名としたと解して誤りないであろう。『日本後紀』延暦十八年（七九九）十二月甲戌条には、信濃国人で外従五位下の卦婁真老が「須々岐」の姓を賜わったとし、その祖先は高麗人で、推古・舒明朝に渡来したとするが、旧姓の「卦婁」は、同様に高句麗五部の「桂婁部」に由来するとみられる。[27]

前掲の福信の薨伝によれば、祖父の福徳は高句麗滅亡とともに日本に亡命し、武蔵の住人になったとある。福徳が何時、武蔵に移住したかは不明であるが、高麗郡が建郡される霊亀二年（七一六）には、すでに彼は没していたであろうから、武蔵への移住は渡来時とあまり隔たらない七世紀後半頃と考えられる。福信は伯父の肖奈公行文に伴われ、若年で上京しているが、行文は『続紀』によれば、養老五年（七二一）正月、明経第二博士正七位上で、「学業に優遊し、師範たるに堪ふる者」として、とくに賜品にあずかっており、この時すでに中央の著名な学者であった。したがって逆算すれば、彼が父の福徳らとともに武蔵に居住していた時期は、おそらく七世紀代まで遡ることになろう。

すなわち肖奈公の一族は、武蔵国に東国七カ国から高麗人一七九九人が移住し、武蔵国高麗郡が新置される前から、武蔵国の住人であったことになる。従来は、彼らも七カ国からの移住者と解す説が有力であったが[28]、年代的にみてこの説には無理がある。武蔵国多磨郡には狛江郷（『続日本後紀』・『和名抄』、現東京都狛江市）が存し、中世以降、「駒井」（コマイ）の地名でも記されるようになるので、「狛江」は「高麗居」で、高句麗系渡来人の居住を示す語であるとする見方がある。また武蔵国国分寺跡からは「狛」の文字瓦が出土しており、狛江郷の郷名を表示したものとみられているが[29]、狛首・狛造・狛染部・狛人・狛（無姓）など、古代に「狛」を名乗る高句麗系の氏族は少なくないから、「狛」が氏名である可能性も否定できない。決定的な証拠とはなしがたいが、武蔵国ではかなり広範囲に高句麗系渡来人が居住し、その中には八世紀初頭以前に移住してきた者も存したと考えてよいのではないか。

肖奈公の一族もおそらくそのような移住者であり、霊亀二年の高麗郡建郡時には、すでに武蔵在住の高麗人の中では古参的な存在で、かつ高句麗の五部の消奴部の流れを汲む名門としてあつかわれていたとみられる。経学の大家であった行文や、中央の官人として立身し、従三位まで昇った福信の能力や資質は、故国高句麗時代に培われた伝統にもとづくものであろう。この氏は高句麗の支配階級に属し、有識者を出す家柄であったと推察されるのであり、実際に消奴部の出身であった可能性も高いと思われる。少なくとも日本の社会において、それが「事実」として公認されていたことは確かとすべきである。

天平十九年に福信ら八人は「肖奈王」の氏姓を賜わった。福信は天平十五年五月に正五位下に叙せられ、翌月には春宮亮に任官している（『続紀』[30]）。中央政界において次第に頭角をあらわしつつあるものの、まだこの時点では彼は中級の官人にすぎない。したがって「肖奈王」も、福信の個人的な活動に対してというよりは、高句麗系渡来集団内に占める肖奈氏一族の政治的地位に応じて賜与された可能性が高い。

　先に筆者は、高麗若光の「王」賜姓について、「高麗王」ではなく、高句麗系渡来人の王仲文らの姓と同じく、「王」姓（氏名）を与えられたものであると推測した。いま、『続紀』の若光と福信の賜姓記事を比較すると、前者が「従五位下高麗若光賜二王姓一」とするのに対して、後者は「正五位下肖奈（公）福信……等八人、賜二肖奈王姓一」とある。若光が「高麗王」姓を賜与されたのであれば、後者のように「従五位下高麗若光賜二高麗王姓一」と記されてしかるべきで、表記の面からも、若光が与えられたのが「王」姓であったことがうかがえるが、そうすると逆に「肖奈王」の「王」は、「百済王」の事例と同様に、高句麗の王族の血脈につながる者を対象とした賜姓と判断することができよう。すなわち、この氏がもと高句麗の王家であった消奴部の系統を引く一族として認知されていたことが、「肖奈王」賜姓の要因の一つと考えられるのである。

　もっとも延暦十八年十二月に「須々岐」の姓を賜わった信濃国人外従五位下の卦婁真老も、前述のように「卦婁」は高句麗五部の「桂婁部」を指すが、真老らの言上に「小治田・飛鳥二朝庭時節、帰化来朝。自レ爾以還、累世平民、未レ改二本号一」とあり、高麗・百済・新羅らの渡来系氏族への無制限賜姓を認めた天平勝宝九歳四月四日の勅により、改姓を申請し、信濃国筑摩郡の地名にもとづいて「須々岐」姓を与えられたとする（『日本後紀』[31]）。桂婁部は中国の史書によれば、消奴部に代わって高句麗王となった王族であるが（前述）、「須々岐」の賜姓は「肖奈王」のそれに比べると、格段に処遇が劣る[32]。

　卦婁真老とともに、この時信濃国の「後部」・「前部」・「上部」・「下部」姓、同国小県郡の「上部」「下部」・「高麗」・「前部」姓の高句麗系渡来人が、それぞれ居住地の地名によって「豊岡」・「村上」・「篠井」・「玉川」・「清岡」・「御井」・「朝治」・「玉井」の姓を与えられているが、地名から推測すると、筑摩郡と小県郡のほか、水内郡・更級郡・安曇郡・埴科郡の住人も含み、延暦十八年の賜姓は、信濃国全域にわたって分散的に居住していた、身分的にはほとんど一般庶民層に等しい高句麗系渡来人（「累世平民」）を対象とするものであったとみられる。したがって卦婁真老と桂婁部との関係は、他の「上部」・「下部」・「前部」・「後部」姓者と高句麗五部との関係とあわせて、仮冒・自称の疑いがもたれ、肖奈王の賜姓とは根本的に異なるものと解することができる。

肖奈公が肖奈王を賜姓されたもう一つの要因としては、建郡以来、この氏が武蔵国高麗郡の領（郡領）の職位を占めたことをあげるべきであろう。高麗郡の郡司就任者の名は、史料には全く現れず、居住者も肖奈氏と「高麗氏系図」にみえる高麗神社（大）宮司家の高麗氏（ただし前述のように、郡内で台頭する時期は十世紀末か）以外は不明である。したがって肖奈氏が郡領に就任したかどうかは定かではないが、ただ霊亀二年に高麗郡に遷された一七九九人という人数は、前掲の表によれば、①の天智五年の百済人二千余人に次ぐもので、そのほとんどは平民層より成ると考えて差し支えない。高麗郡内の政治的有力者は限られており、肖奈氏はその中でおそらく際立った存在であったと推量されるのである。新参の多くの高句麗系渡来人を率いて、北武蔵の未開地の開発にあたることが、この氏に課せられた義務であり、「肖奈王」の賜姓も、高句麗王家の後裔であることを律令政府が公認することによって、その権威付けをはかり、郡司として指導力を発揮させようとする意図にもとづくものと思われる。

肖奈王の賜姓が行われた八世紀半ばは、律令政府が渤海を高句麗の後身と見、これを日本に朝貢する従属国と位置づけて、両国間の国際関係を保とうとしていた時期にあたる。したがって賜姓により肖奈氏を高句麗王家の一員として認めたとしても、それはかつての余禅広に対する「百済王」号の賜与のような、天皇による百済王の冊立と内臣化を目的としたものではない。あくまでも東国経営推進の一環として、高句麗系渡来人を結集し新設された郡の最高責任者を、「貴種」として処遇しようとしたものと理解すべきである。近江昌司が指摘するように、百済王の一族の者が正六位上以下から従五位下に昇叙する内階コースを歩んだのに対して、高麗福信は外従五位下に進む外階コースを辿っており、肖奈氏は中央の官界においては門地貴族として認められていない。[33]「貴種」としての特権的な地位は、東国という地方社会のみに限定されているのである。

第四節　行文・福信と肖奈氏

『続紀』の薨伝によれば、高麗福信は延暦八年に八十一歳で死去しており、生誕は和銅二年（七〇九）となる。前述のように、伯父の行文は養老五年（七二一）正月、明経第二博士正七位上の時に、学業優秀を理由に禄を賜わったが[34]、当然それは、行文が一定期間、都で学者としての実績を重ねた成果に対する賞賜とみられるから、すでに彼は生活の拠点を武蔵から京内に移していたのであろう。福信はその伯父に引き取られる形で、高麗郡建郡間もない時期（幼年期）に上京したと推察される。

薨伝では福信は内竪所で竪子として宮中の雑務に供奉した後、右衛士大志（正八位下相当）に初任されたとあるが、天平十年（七三八）、三十歳の時に外従五位下を授かっている。近江昌司は地方出身者である福信が、二十一歳で兵衛として官途についたとすると、三十歳で外従五位下に進むことは不可能であるとして、彼が神亀四年（七二七）に従五位下に叙せられた伯父の行文の養子となり、嫡子または庶子として蔭位制の適用を受けたのではないかと推測する[35]。都入りした時の福信はあまりに幼く、入京には何か特別の理由があったように見受けられるが、その場合、近江の言う養子説がもっとも合理的であろう。行文の弟で、福信の実父にあたる人物の名は史料にみえないが、おそらく彼は、父福徳の後を継いでそのまま武蔵国にとどまり、その子孫（福信の兄弟とその後裔）が高麗郡の郡領家となって、現地に勢力を張ったとみられる。行文と福信が中央で学者・官人の道を歩んだことにより、肖奈氏は同一のウヂの形態をとりつつも、事実上は中央に移った一族と武蔵を基盤とする郡領の一族に二分されることになる。肖奈氏の一族には、福徳・行文・福信のほか、天平十九年、福信とともに肖奈公から肖奈王に改姓した大山と広山、同じく福信とともに宝亀十年に高麗朝臣から高倉朝臣に改姓した石麻呂や殿継がいる。このうち石麻呂は、福信の子であり（前述）、殿継も近親（子か？）とみられる人物であった。一方、大山と広山は、福信が天平勝宝二年に高麗朝臣を賜姓された時、同時に高麗朝臣に改姓したようで、この時以降、『続紀』や『正倉院文書』などの史料は、彼らの氏姓を「高麗（巨万）朝臣」と記すようになる。

大山と広山は、『姓氏録』左京諸蕃下に掲げる高麗朝臣の系統に属する人物であろう。この一族は、高倉朝臣に改姓した福信らの系統とは一線を画し、そのまま旧姓の高麗朝臣にとどまっている（前述）。武蔵から入京した時期も、行文や福信よりは少し遅れ、彼らの活躍に刺激されて都へ移住した傍系の一族と推測することができる。

中央に移住した肖奈氏には大山（天平勝宝六年、遣唐判官・天平宝字五年、遣渤海大使）・広山（天平宝字六年、遣唐副使）・殿継（宝亀八年、遣渤海使）のように、対外交渉任務に従事する者、とくに出身国との関係で遣渤海使に任ぜられる者が少なくなかったことが指摘されている。[36] それは前述したこの氏の氏族的伝統（高句麗の支配階級・知識階級の出身）に負うところが大きいと思われるが、それとあわせて注目しなければならないのは、福信が天平勝宝八歳・宝亀元年・延暦二年の三度にわたって、武蔵守を兼任し（「法隆寺献物帳」・『続紀』ほか）、一方で大山が天平宝字五年、石麻呂が宝亀九年に武蔵介に任ぜられていることである（『続紀』）。

中央の肖奈氏一族が、何人も武蔵国の国司に任官したのは、もとより偶然ではなく、彼らが武蔵の出身者であったからである。とくに福信の場合、大国である武蔵国の守の相当位は従五位上であるが、初任時の天平勝宝八歳当時、彼の位階はすでに従四位上であった。この時、福信は紫微少弼の職にあり、藤原仲麻呂の信を得ていたから、あるいは武蔵守の兼任は仲麻呂が天平十七年に近江守を兼任して以降、長期にわたってそのポストを独占し、近江の実質的な領国化をはかったことと、相通ずる部分があるかもしれない。しかも仲麻呂の死後も、福信はさらに二度、武蔵守に就任しており、彼の武蔵国に対する影響力は並々ならぬものがあったと思われる。おそらく大山・石麻呂の武蔵介就任も、石麻呂が福信の子であることを念頭に置くと、彼の政治的配慮によるところが大きいとみるべきであろう。武蔵国高麗郡の郡領家である同族の肖奈氏と密接に連携しつつ、少なくとも福信が没する奈良時代末期まで、中央の肖奈氏による武蔵国の私的な支配が行われていたと推量されるのである。

注

（1）『書紀』にも「上部大相可婁」（天智十年年正月丁未条など）、「上部大相桓父」・「下部大相師需婁」（天武八年二月壬子条）の名がみえる。

（2）『新編埼玉県史通史編1』〔原島礼二担当執筆〕（埼玉県、一九八七年）

（3）奈良文化財研究所編『藤原宮木簡』三、一三一六号木簡。「□□《〔高麗カ〕》若光」と記す。同解説によれば、ＳＤ一七〇溝出土の紀年木簡は辛巳年（天武十年、六八一）から和銅二年までに及ぶが、辛巳年木簡（一四〇五号）は記録木簡の可能性があり、これを除くと、戊戌年以降に集中するとのことである。なお、近年発表された鈴木正信「武蔵国高麗郡の建郡と大神朝臣狛麻呂」（アジア遊学一九九『衝突と融合の東アジア文化史』〔勉誠出版、二〇一六年〕所収、のち「大神朝臣狛麻呂と武蔵国高麗郡」と改題し、同著『日本古代の氏族と系譜伝承』〔吉川弘文館、二〇一七〕に収録）もこの木簡の存在を取り上げ、高麗若光が大宝三年当時、中央に居住していた可能性を指摘している。

（4）前掲注（2）の書

（5）筧敏生「百済王姓の成立と日本古代帝国」（『日本史研究』三一七、一九八九年、のち同著『古代王権と律令国家』〔校倉書房、二〇〇二年〕に収録）

（6）田中史生（『日本古代国家の民族支配と渡来人』校倉書房、一九九七年）は、「高麗王」賜姓を「日本王権に取り込まれた『高句麗王権』を律令国家の中に位置づけようとする日本側の意識」によるものとする。

（7）山尾幸久『古代の日朝関係』（塙書房、一九八八年）ほか。後述するように、余禅広は二年後の持統七年正月頃に没しているから、この説がもっとも妥当であろう。

（8）朝鮮半島統一を目指す新羅は、文武王の十年（六七〇）高句麗遺民の安勝を高句麗王に封じ、領地を与え、日本にも再三朝貢させている。日本からも天武十年（六八一）と同十三年に遣高麗使が派遣されたが、安勝とその族党は新羅神文王の四年（六八四）に討滅された。高句麗遺民の大祚栄の建国した渤海が初めて日本に使者を送り、国交が樹立されるのは神亀四年（七二七）であるから、ちょうどその中間期にあたる大宝三年に若光が「高麗王」に冊立され、天皇の「内臣」として扱われたとしても、解釈上は一応無理がないことになる。

（9）前掲注（2）の説以外に、今井啓一『帰化人と社寺』（綜芸社、一九六九年）、同『帰化人と東国』（綜芸社、一九七七年）、荒井秀規「古代相模の『渡来人』と『帰化人』」（『三浦古代文化』四八、一九九〇年）、宮瀧交二「古代武蔵国高麗郡をめぐる研究の現状について」（『地域のなかの古代史』〔岩田書院、二〇〇八年〕所収）などの説がある。

（10）現在、高麗神社の祭神とされるのは、高麗王若光と猿田彦命・武内宿禰の三神であるが、高麗王若光を除く二神は後に付け加えられたものであろう。

（11）高麗純雄〔高麗神社宮司〕編『高麗神社と高麗郷』（高麗神社、一九三一年）による。

（12）荒井秀規、前掲注（9）の論文

（13）加藤謙吉「上野三碑と渡来人」（『東国石文の古代史』〔吉川弘文館、一九九九年〕所収）、同『吉士と西漢氏』（白水社、二〇〇一年）

（14）関晃「甲斐の帰化人」（『甲斐史学』七、一九五九年、のち関晃著作集第三巻『古代の帰化人』〔吉川弘文館、一九九六年〕に収録）

（15）末木健「甲斐仏教文化の成立」（『研究紀要』五、山梨県立考古博物館・山梨県埋蔵文化財センター、一九八六年）、『山梨県史』通史編一、第四章第四節（十菱駿武担当執筆）

（16）『新編相模国風土記稿』（天保十二年〔一八四一〕）は、高来神社や大住郡高来郷（『和名抄』）の「高来《たかく》」（コウライ）を、「高麗」を音読したコウライに因むとする。

（17）職員令によれば、小郡の郡司は領一人、主帳一人によって構成される。

（18）『続紀』天平宝字二年十月丁卯条によれば、席田郡大領外正七位上の子人らの先祖が賀羅国からの渡来者で、無姓であったため、改姓を奏請して、賀羅造の氏姓を賜わったとある。子人は新羅系ではなく伽耶系の渡来人であるが、渡来人の集住地域である席田郡では、建郡以来、渡来系の氏族が郡領の職位を占めていたと推察される。

（19）「羊」の解釈をめぐる諸説については、高島英之「多胡碑を読む」（『東国石文の古代史』〔吉川弘文館、一九九九年〕所収、のち同著『古代出土文字資料』〔東京堂出版、二〇〇〇年〕に収録）に詳しい。

（20）尾崎喜左雄『上野三碑の研究』（尾崎先生著書刊行会、一九八〇年）

(21) 加藤謙吉、前掲注(13)の論文・書

(22) 同系図の一豊の尻付に「長徳二年七月五日」とあるが、これは一豊の没年であろう。

(23) 新日本古典文学大系本『続日本紀』二　校異補注（六四一頁）

(24) 佐伯有清「背奈氏の氏称とその一族」（『成城文藝』一三六号、一九九一年、のち同著『新撰姓氏録の研究』拾遺篇〔吉川弘文館、二〇〇一年〕に収録）

(25) 佐伯有清、同右

(26) 武田幸男「六世紀における朝鮮三国の国家体制」（東アジア世界における日本古代史講座4『朝鮮三国と倭国』〔学生社、一九八〇年〕）

(27) 高句麗の「平壌城刻字城石」の一つに、「卦婁盖切小　兄加群自　此東廻上　里四尺治」と記すものがあり、六世紀半ば頃の石刻とみられるが（田中俊明「高句麗長安城城壁石刻の基礎的研究」『史林』六八巻四号、一九八五年）、「卦婁」は『日本後紀』の「卦婁真老」の表記と一致し、桂婁部のことと思われる。

(28) 例えば近江昌司「背奈福信と相撲」（直木孝次郎先生古稀記念会『古代史論集』中〔塙書房、一九八八年〕）。なお近江は、『和名抄』駿河国廬原郡に西奈郷があり、「西奈」の訓がセナであることから、福徳らの一族の氏名「背奈」はこの地名にもとづき、彼らは駿河国廬原郡西奈郷から武蔵国に移ったと推測するが、氏名が「背奈」ではなく「肖奈」である以上、この説は成立しがたい。

(29) 石村喜英『武蔵国分寺の研究』（明善堂書店、一九六〇年）

(30) 『続紀』はこの時の福信の氏姓を「肖奈王」とするが、これは追記で、天平十九年以前は「肖奈公」であったとみられる。

(31) 「須々岐」の姓は、『三代実録』貞観九年三月十一日辛亥条に、神階が正六位上から従五位下に昇叙したと記す須々岐水神の鎮座地（筑摩郡山辺郷、現長野県松本市里山辺）の名に因む。

(32) 天平勝宝九歳（七五七）の渡来系氏族への無制限賜姓の勅許からさらに四〇年以上経過して、初めて改姓が実現したこと、しかも「須々岐」はウヂ名のみで、無姓（無カバネ）であることなどにより、それが明らかである。

(33) 近江昌司「仲麻呂政権下の高麗朝臣福信」（『日本古代の政治と制度』〔続群書類従完成会、一九八五年〕所収）。

(34)『続紀』によれば、この時禄を賜わった明経博士は四人おり、令制の大学寮の博士の定員数（一人）と異なるから、桃裕行が指摘するように、この博士は官職名ではなく明経の道の篤学者を表したものとみるべきである（同著『上代学制の研究』〔目黒書店、一九四七年〕）。さらに近江昌司は、「明経第二博士」とあり、大学の助教の相当位が正七位下で、行文の位階（正七位上）とほぼ一致することから、彼はこの時、大学助教の職にあったと推定するが（前掲注（28）の論文）、その可能性は高いと思われる。

(35) 近江昌司、前掲注（33）の論文

(36) 佐伯有清（『新撰姓氏録の研究』考証篇五〔吉川弘文館、一九八三年〕）

あとがき

西暦二千年の三月、筆者はそれまで勤務していた女子高校を退職した。高校での教員生活はそれ以前に所属していた男子校も含めて、二十二年の長きに及んだが、経済的に安定した生活を捨てて、あえて牢籠の身を選んだのは、齢五十を超え、もう少し自由に古代史の研究を進めるための時間を持ちたいと願ったからである。妻もその決断を認めてくれたが、もとより快諾したわけではなく、十年一日のごとく、延々と職場の愚痴を聞かされることに嫌気がさし、毎月最低限度の生活費の入金を条件に、わがままを許してくれたというのが実情である。

幸い多くの方々のご厚意により、大学・高校やカルチャーセンターへ出講する機会を得、やがて加齢化に伴い年金ももらえるようになって、何とか路頭に迷うことなく今日に至っている。

二十一世紀を目前にして、新たな生活に踏み出したことに、当初はいささか因縁めいたものも感じたりしたが、まさに「光陰矢のごとし」で、それから瞬く間に歳月は経過し、来年の三月には到頭、筆者も古稀を迎えることになった。長年、兼任講師を務めてきた二つの大学からも身を引くことになり、好むと好まざるとにかかわらず、今後は現役を引退し、日々を「余生」として過ごしていかざるを得ない立場になった。

この後果たしてどのような「余生」が待ち受けているのか、全く想像がつかないし、またあまり考えたくもない。プロ野球で活躍した野村克也さんが自分の生き方を述懐した「生涯一捕手」という有名な言葉があるが、結局この言葉のごとく、脳細胞が衰え、機能しなくなるまで、筆者も一捕手として学究生活を継続していくことになるのであろうか。ただ名捕手であった野村さんと違って、ずっと草野球生活を送ってきた自分の場合、そんな格好よい求道的な生き方は到底無理で、捕手は捕手でも、日がな一日、ベンチで羽を伸ばしながら、気が向いたときだけ、ミットを手にするような生活になるのであろう。

ともあれ、今が人生の大きな節目であることに変わりはない。自由な研究生活を求めて勤めを辞したにもかかわらず、二十一世紀に入ってから筆者が残した研究成果は、何とも微々たるものにすぎなかった。内心忸怩たる思いがあるが、ただそれぞれの論考を読み直してみると、そこに全体を通して共通する自分なりの研究方法をみいだすことができる。すなわち史料に接し、歴史的事実であると認識したことは、臆測・思い込みと批判されることを恐れずに、徹底して論証しようとする方法である。

おそらくこのようなやり方は、研究方法として正当でないと指摘する人がいるであろう。しかし律令国家成立前の時代を研究対象とする場合、史料が非常に限られていることに留意する必要がある。正史である『日本書紀』だけが、ほとんど唯一の根本史料と言えるが、この史書はどこまでが史実で、どこからが作り話か判然としない難解の書である。序で述べたように、第一部第一章の論考は、史料としての『日本書紀』の可能性を探る日本史研究会の例会報告にもとづいているが、例会開催の趣意は、古代史研究者の『日本書紀』離れをどのように解消するかという点に存したのである。

したがってかかる史書を基本文献としてあつかう以上、そこに記されている内容を、歴史的にいかように解釈するかということが、研究を進める上での大きな課題となる。当然、推測に頼らざるを得ない部分が増えるが、それを躊躇していては、何も生み出すことができない。

一九七〇年代に発表した最初の論考以来、筆者は一貫してこのような姿勢で、研究を続けてきた。その結果、通説とは異なる見解を主張する場合が少なくなかったが、近年はとくにそうした傾向が顕著である。いま、二十一世紀になって作成した論考のうち、主立ったものを選び、収録して一書とした。どれも「ふぞろいの林檎たち」で、賞味するに値しないものばかりであるが、あえてそれを世に問い、読者諸賢のご叱正を仰ぎたいと願う次第である。

本書の刊行に際しては、雄山閣編集部の八木崇・桑門智亜紀両氏に大変お世話になり、また篠川賢氏には出版の仲介の労をお取りいただいた。厚く御礼申し上げたい。あわせて一向に梲が上がらない筆者を、物心ともにずっと支え続けてくれた妻真理子にも感謝したいと思う。

二〇一七年八月

加藤　謙吉

〈著者略歴〉

加藤　謙吉（かとう・けんきち）

1948 年　三重県に生まれる

1976 年　早稲田大学大学院文学研究科博士課程単位取得退学

2001 年　博士（文学）（早稲田大学）

現在　成城大学・中央大学兼任講師

著書　『蘇我氏と大和王権』（吉川弘文館、1983 年）

『大和政権と古代氏族』（吉川弘文館、1991 年）

『秦氏とその民』（白水社、1998 年）

『難波吉士と西漢氏』（白水社、2001 年）

『大和の豪族と渡来人』（吉川弘文館、2002 年）

『大和政権とフミヒト制』（吉川弘文館、2002 年）

『ワニ氏の研究』（雄山閣、2013 年）

『渡来氏族の謎』（祥伝社、2017 年）

平成 30 年 2 月 26 日 初版発行　《検印省略》

日本古代《にほんこだい》の豪族《ごうぞく》と渡来人《とらいじん》

―文献史料から読み解く古代日本―

著　者　加藤謙吉

発行者　宮田哲男

発行所　株式会社　雄山閣

〒 102-0071　東京都千代田区富士見２－６－９

TEL 03-3262-3231　FAX 03-3262-6938

振 替 00130-5-1685

http://www.yuzankaku.co.jp

印刷・製本　株式会社 ティーケー出版印刷

ISBN978-4-639-02554-2　C3021

N.D.C.210 360p 22cm